Governance of Megacities
in the Era of Digital Transformation

数字化转型时期的超大城市治理

顾丽梅 等著

复旦大学出版社

前言

城市数字化转型是一个全新的概念。形神兼具的城市数字化转型是治理手段、治理模式、治理理念的整体性转变和革命性重塑。城市数字化转型指的是,基于数字技术运用和数据要素驱动的城市发展模式的实体结构的转变,包括经济发展、社会生活、政府治理等各方面的数字化转型。城市数字化转型具有泛在化、敏捷化、数治化、共建共治共享等特征,包含技术逻辑、治理逻辑、经济逻辑三重内在逻辑,其标志是"新经济"领域实现高质量发展,"新服务"领域实现高品质生活,"新治理"模式实现融合创新。

数字化转型时期的超大城市治理所关注的治理主体与治理空间主要是超大城市这一特殊治理主体与空间,强调的是数字化转型背景下的治理变革,它与以往的任何一次变革都不一样,主要是随着数字技术与人工智能的发展,数字赋权与数字赋能,管理技术的变革,城市数字经济、数字治理和数字服务等都得到了长足的发展,对社会发展产生了翻天覆地的影响,对城市治理从理念到实践都产生了前所未有的革新,通过点位赋能与技术赋权,将线上服务与线下服务相结合,使得城市管理与城市公共服务都真正实现了线上与线下的结合,虚拟空间与现实空间的治理与服务的有效结合。通过历时三年多的调查研究,笔者发现数字化转型背景下的超大城市治理虽然取得了一定成就,但也依然存在着瓶颈与难点,主要体现在以下几个方面。(1)数字化理念有待提升:数字化认知存在偏差,数字化思维缺失。(2)顶层设计有待完善:市级层面上体制尚需理顺,区级层面上各区建设缺乏统一规划,机构设置上相关机构需要配备到位,两网融合上"一网通治"尚未完全实现。(3)制度机制有待完善:

法制保障有待细化,监管制度有待发展,组织协调机制有待优化,评估机制尚不健全。(4)协同水平有待提高:各主体、各业务部门间目前协同水平不高。(5)数字鸿沟亟须弥合:老年人等社会弱势群体也是数字弱势群体。(6)数字经济有待于提升:缺乏数字经济领域的领军人物与数字产业头部企业。(7)数据安全与治理有待加强:数据共享亟待解决。

课题团队在对上海、深圳、杭州、北京、南京、成都等地开展数字化实践的调研和跟踪历时三年的基础上,同时对国外其他地区进行跟踪调研后发现:上海的"两网融合"对于打破部门壁垒,整合数据资源具有重要作用,真正实现了"一屏观天下,一网管全城",推动了数据的共有、共享与共赢;深圳利用示范区效应,发挥了数字产业的集群优势;杭州建设"城市大脑",推动数字政府"最多跑一次",与数字浙江公司合作,发展数字经济"一号工程",重视智慧社区建设;南京建设"城市大脑"及"智慧门户",打造生态科技岛;新加坡提出"智慧国家"建设理念,寻求与公民合作生产,发展人工智能,注重隐私保护与数据安全;英国完善政策理念,重视安全信息立法,注重数据共享与开放,实践数字即平台理念;荷兰阿姆斯特丹"自下而上"推进数字化治理,多主题建设,多主体合作,侧重项目推广。概言之,数字化转型要注重顶层设计与地方实践相结合;制度建设和政策完善相结合;政府主导与多方参与相结合,技术推广和人文关怀相结合。

针对上述问题,笔者在借鉴国内外经验与超大城市"双网融合"的基础上认为,我国超大城市全面推进城市数字化转型,应遵循整体规划、协同发展,政府主导、多方参与,以人为本、数据驱动的路径,在理论与实践中不断完善、创新、突破,真正实现致力于打造一批具有世界影响力的国际数字化大都市成为应然之举。通过研究,本书指出超大城市全面数字化转型的具体实现路径为:深化数字化思想认识,完善顶层设计,完善制度机制,提高协同水平,着力跨越数字鸿沟,优化数据应用与治理,打造标杆性应用场景等。

总之,超大城市的数字化转型与数智治理已在国内外的诸多实践中成绩斐然。未来已来,中国的超大城市必将在数字化转型的道路上迈出更坚实的步伐,为全球城市治理贡献中国智慧和中国方案。

目录

第一章　导论　/1
　　第一节　数智治理：超大城市数字化转型的未来　/5
　　第二节　技术创新：超大城市数字化转型的现状与瓶颈　/11
　　第三节　模式创新：国内外推进城市数字治理的典型模式　/22
　　第四节　路径优化：超大城市数字治理的未来与发展　/35

第二章　治理转型：数字化时代的超大城市发展前沿　/45
　　第一节　数字治理：数字化时代的治理新理念　/47
　　第二节　城市治理数字化转型的逻辑分析　/56
　　第三节　数字化时代超大城市治理的发展演进　/60

第三章　治理逻辑：超大城市治理数字化转型的内生价值　/71
　　第一节　超大城市治理数字化转型的形态、技术与理念　/74
　　第二节　治理形态：多元主体参与下的平台治理　/80
　　第三节　治理技术：数字技术运用驱动敏捷治理　/87
　　第四节　治理理念：以整体性治理迈向公共服务一体化　/92

第四章　北京模式："接诉即办"　/101
　　第一节　"接诉即办"：首都城市治理的机制创新　/103
　　第二节　机制分析：如何驱动基层治理现代化　/109
　　第三节　要素支撑：如何打造共建共治共享新样本　/114

第四节　智慧大脑:推动"接诉即办"数字化转型　/118

第五章　杭州模式:"数智杭州"　/129
　　第一节　治理愿景:从信息化到数字化再到数智化　/131
　　第二节　"城市大脑":智联万物、聪明可控的底座　/139
　　第三节　应用落地:让盆景变风景、场景变全景　/149
　　第四节　全面激活杭州城市治理的"思考"能力　/153

第六章　深圳模式:数字先锋城市　/159
　　第一节　数字深圳:城市数字化转型的实践探索　/162
　　第二节　政企合作:政府搭台、企业唱戏的深圳样板　/170
　　第三节　万物互联:全球数字先锋城市的治理实践　/180
　　第四节　全国标杆:深圳数字化转型的优势何在?　/189

第七章　成都模式:智慧蓉城　/199
　　第一节　"云上天府":"智慧蓉城"加速发展的新机遇　/202
　　第二节　一键回应:构建整体智治新模式　/211
　　第三节　数字联动:城市数字化转型跨域协同　/220
　　第四节　全域数字:构建数据全要素流动体系　/224

第八章　上海模式:国际数字之都　/235
　　第一节　"一网统管":城运中心的前世今生　/237
　　第二节　"一网通办":一体化政务服务建设　/249
　　第三节　高效处置"一件事"与高效办成"一件事"　/254
　　第四节　"两网融合"了吗?　/258

第九章　实践经验:超大城市治理数字化转型何以有效　/265
　　第一节　转型创新:数字治理理念与制度　/268

第二节　双向驱动：技术嵌入与赋能赋权　/279
　　第三节　价值取向：实战管用与多元参与　/290
　　第四节　以人为本：超大城市数字化转型的应有之义　/300

第十章　现实困境：超大城市治理数字化转型的盲区　/305
　　第一节　顶层设计："四梁八柱"稳了吗？　/307
　　第二节　配套政策："组合拳"落实了吗？　/312
　　第三节　数据、算力与算法：数字治理与区块链　/316
　　第四节　数字鸿沟：何时走向"数字包容"？　/320

第十一章　他山之石：超大城市治理数字化的国外实践　/329
　　第一节　纽约模式：自由发展与数字化建设　/331
　　第二节　伦敦模式："数治合作"　/340
　　第三节　洛杉矶模式："天使之城"的数字化创新　/350
　　第四节　东京模式：亚洲数字化转型典范　/358
　　第五节　其他国家与地区的数字治理模式　/366

第十二章　未来展望：数字化转型时期超大城市治理路在何方　/381
　　第一节　人民城市："以人民为中心"的城市治理　/384
　　第二节　数字孪生：前沿技术赋能城市生命体　/390
　　第三节　应用场景：打造超大城市治理试验场　/400
　　第四节　未来已来：探索新时代的中国经验与中国方案　/407

参考文献　/415

后记　/421

第一章 导论

第一章 导 论

21世纪以来,随着信息技术的发展,随着大数据、人工智能、区块链等新一代数字技术的突飞猛进,人类正在从工业社会向信息社会乃至数字社会转型,由数字技术推动数字化转型是近年来城市提升治理能力的重要途径,也被视为今后一个时期推进治理现代化的核心要素。国家"十四五"规划明确提出,加快建设数字经济、数字社会、数字政府,以数字化转型整体驱动生产方式、生活方式和治理方式变革。随着城市化进程的加速,城市的规模越来越大,城市治理更加复杂,这提出了更高的治理要求。正如时任上海市委书记、现任国务院总理李强同志所言:城市规模越大,城市运行管理的面越宽,各类城市运行的问题和风险就越多;城市生活有多丰富,城市治理就有多复杂。依靠传统的人海战术和一般的技术手段,很多问题看不清楚、管不过来、处理不了。运用现代科技手段,建设超级大脑,把城市全面数字化,从海量数据资源中及早预见潜在风险,为城市治理带来更加持久的推动力,也为尽早应对突发事件提供可靠的决策基础,才能实现城市更有序、更安全、更干净。探索超大规模城市的治理现代化道路,成为当下以及未来城市化发展的重要任务。

数智治理作为一种新兴的治理模式,正逐渐成为全球城市管理者和学者关注的热点。从电子政务的推广到智慧城市的构建,从数据驱动的决策制定到数字平台上的公民参与,数字化在改善公共服务、增强政府透明度和效率方面发挥了关键作用。同时,这一过程涉及的技术、制度、管理和文化等多方面因素,构成了数智治理的复杂性。正是这种复杂性,使得超大城市在数字化转型的道路上面临着独特的挑战和问题。

本书旨在探讨,超大城市如何在数字化背景下进行有效的治理转型。本书将从多个维度对数字化治理进行深入分析,包括其对政府工作方式、城市运营、公共服务,以及市民生活的影响。同时,考虑到各地实践的多样性和复杂性,本书将基于一系列国内外城市的案例研究,展示不同地区在数智治理方面的创新做法和经验教训。这些案例不仅涵盖了中国的北京、上海、深圳等城市,也包括国外其他城市如纽约、伦敦、东京等的实践。通过对这些案例的深入分析,本书将为读者提供一个全面的视角,理解数字化时代超大城市治理的新挑战和新机遇。

从信息化、网络化到数字化,技术革新不断迭代升级,当今社会已经无可逆转地迈入大数据时代,数智治理也已经如火如荼地在中国大地上尤其是城市治理中得以运用、萌芽、生根与发展。城市发展已经进入到数字化阶段。如何顺应潮流,推动并加快数字化转型发展的趋势,深入开发和利用数据资源的价值,利用数字赋能与数字赋权推动城市治理的转型升级,正成为新时期城市可持续发展的重要挑战。数字化转型的基础是数据。数据是核心的竞争力,而算力则是重要的生产力。未来城市之间的竞争不仅是人才的竞争,更是数据资源与数字技术的较量,是数字化水平的比拼。数据、算力与算法等数字技术在超大城市治理中的运用使得超大城市的治理更加智慧化、数字化,数智治理应运而生。超大城市数字化转型顺应了数字技术发展的趋势,城市数智治理是当下城市治理现代化的核心要义,正在成为重塑城市未来的重大历史契机。

第一节　数智治理：超大城市数字化转型的未来

一、何谓数字化转型？

超大城市治理数字化转型起源于20世纪80年代初的经济管理信息化，成长于2002年的国家电子政务建设规划，成熟于2012年的信息惠民和新型智慧城市建设。2002年，《国家信息化领导小组关于我国电子政务建设的指导意见》（中办发〔2002〕17号）提出：建设和整合统一的电子政务网络；建设和完善12个重点业务系统，继续完善已取得初步成效的办公业务资源系统、金关、金税和金融监管（含金卡）4个工程，促进业务协同、资源整合，启动和加快建设宏观经济管理、金财、金盾、金审、社会保障、金农、金质、金水等8个业务系统工程建设；规划和开发4个重要政务信息资源（启动人口基础信息库、法人单位基础信息库、自然资源和空间地理基础信息库、宏观经济数据库的建设）。这是中国数字化转型的重要契机。[①]

从2016年开始，浙江杭州的"城市大脑"建设开启了智慧城市建设的新范式，这也使得中国智慧城市从1.0进入2.0，智慧城市的"智慧性"开始真正凸显。一方面，这一阶段的智慧城市建设开始探索智慧城市中枢系统建设模式，通过中枢系统来整合不同系统，实现智慧城市建设最初的"系统的系统"的建设目标，"城市大脑"代表了这一典型。另一方面，这一阶段的智慧城市建设也与超大城市治理的数字化转型联系在一起，上海、北京、深圳等地开始了多样性的实践探索。与此同时，"城市大脑""数字化转型""数字政府""智能治理""整体智治""一网通办""一

[①] 中国人民大学李文钊教授在第六届首都治理论坛上作的题为"双层嵌套界面建构：超大城市治理数字化转型的方向与路径"的发言中所言。

网统管"等成为描述智慧城市和城市治理数字化转型的新概念。全面推进城市数字化转型的提出则是实现所有这些理念的关键。数字基础设施建设不等同于城市数字化转型,数字化也不等同于城市数字化转型。[①] 数字基础设施建设(如"城市大脑""一网通办""一网统管"等)是城市数字化转型的技术基础,为城市数字化转型赋能;数字化(如产品数字化、服务数字化、业务流程数字化等)是城市数字化转型的外在表现,而形神兼具的城市数字化转型是治理手段、治理模式、治理理念的整体性转变和革命性重塑。

有鉴于此,城市数字化转型指的是,基于数字技术运用和数据要素驱动的城市发展模式的实体结构转变,包括经济发展、社会生活、政府治理等方面的数字化转型。城市数字化转型并非一蹴而就或无中生有,是在智能城市、智慧城市和新型智慧城市等城市发展历程基础上的迭代创新和渐进发展,"转型"强调城市原有形态的转变,是一种过程而非结果,不仅需要协同技术、制度、规则、理念和功能等方面的转型,而且需要与城市建设目标有机融合。在超大城市序列中,上海是最早提出全面推进城市数字化转型的城市之一,其与上海"十四五"期间的"四大功能"布局、"五型经济"发展、"五大新城"和"五大中心"建设相结合。

城市数字化转型具有泛在化、敏捷化、数智化、共建共治共享的特征。泛在化强调互联网络覆盖、万物互联和民众服务享受的广泛普及;敏捷化强调服务响应的敏捷性和灵敏性,适应环境变化和民众生活需求灵活应变;数智化强调数字治理,打造数字化、智慧化、智能化的治理范式;共建共治共享强调"人民城市人民建",营造全民参与数字建设的生态氛围。

[①] 郑磊:《城市数字化转型的内容、路径与方向》,《探索与争鸣》2021年第4期,第147—152页。

二、超大城市数智治理的内在逻辑

(一) 技术逻辑

技术逻辑侧重数字技术的应用,它提供城市转型的动力和支撑。大数据、云计算、人工智能、区块链等数字技术为城市数字化转型赋予了能力,提供了实现转型的可能性。技术的变革降低交易成本,促使政府组织内部以及政府与市场、政府与社会等组织间的关系发生变革。自动化决策、预测性分析和实时动态监管等,改变了政府行政的本质。通过技术应用实现的以数据融通带动组织行动的变革,是城市数字化转型的内在支撑。

(二) 治理逻辑

治理逻辑一方面侧重采用敏捷治理方式重塑公共管理和治理,另一方面侧重推进"数治"新范式,实现数字治理。传统的治理方式难以适应技术快速变化带来的挑战,治理效率落后于技术创新的节奏,敏捷治理是为应对新兴技术快速发展应运而生的新模式,强调主动适应技术变革,具有弹性、回应性和适应性的核心价值,强调多主体的合作治理,以应对高速发展和高度不确定性的动态环境。"数治"强调以数据治理带动城市治理,凭借有效的数据收集、数据挖掘、数据处理和数据分析等技术来治理城市和实施相对应的数据治理。依托物联网,将分散在各处、碎片化、可共享的数据汇集,"人、物、动、态"①皆有数可循,从而使得"数治"成为可能。

(三) 经济逻辑

经济逻辑侧重数据是重要的生产要素,通过数据流动牵引资金、技

---

① 人:人脸人体的算法;物:物品检测的算法;动:事件动态的算法;态:态势感知的算法。

术、人才、知识等要素的区域配置和全球流动,推动产业数字化、数字产业化。数字经济为政府运用大数据、云计算、人工智能等数字技术提升政府服务水平和管理水平创造了条件和工具,政府可以利用数字企业、数字产业的优势技术实现迭代创新,同时与企业合作,借助数字经济优势,带动城市经济发展,为公众提供优质、便捷、精准、高质量的公共服务。

三、超大城市数字化转型:打造国际数字之都

超大城市在城市数字化转型背景下力推数字治理,其主要目标是实现超大城市治理体系和治理能力现代化;结合多样化生活、经济、治理领域的应用场景,超大城市数字化转型的标杆也必然体现在经济领域、服务领域、治理领域,形成新的发展态势和发展格局。

(一)"新经济"领域实现高质量发展

"新经济"发展实现重大突破,数字经济全国领先,数字贸易国际枢纽港功能完善,成为具有全球竞争力的金融科技中心和数字经济创新高地。就超大城市的代表上海而言,上海市政府在《推进上海经济数字化转型 赋能高质量发展行动方案(2021—2023年)》中提出:"到2023年,将上海打造成为世界级的创新型产业集聚区、数字经济与实体经济融合发展示范区、经济数字化转型生态建设引领区,成为数字经济国际创新合作典范之城。"同时,上海经济数字化与"五型经济"中的发展型经济、服务型经济、总部型经济、开放型经济相辅相成,形成一批科技领军人才、标杆品牌、头部企业和流量平台。当前,这一目标已基本实现,为中国超大城市的数字化转型奠定了坚实的基础。

(二)"新服务"领域实现高品质生活

"新服务"领域实现基本覆盖,数字生活成为新风尚,构建充满活力

的数字生活服务生态和数字生活新范式。上海、杭州等超大城市都在积极推动数字治理与数智城市建设,努力成为全球数字生活的新兴技术试验场、模式创新先行区、智能体验未来城。通过数字社区、数字交通、数字医疗、数字养老、数字教育等一系列应用场景的打造,更好地满足群众的诉求,让群众受益。

(三)"新治理"模式实现融合创新

"新治理"模式实现深度融合创新,数字规则更加完备,形成引领全国的超大城市数字治理新模式。例如,上海拥有良好的精细化治理基础,治理数字化转型与精细化治理相融合,既要运用数字技术实现治理智能化,又要通过绣花般的耐心提高治理精细化水平,形成中国特色的超大城市治理的新路子。

深圳在经济数字化、成都在生活数字化、杭州在治理数字化中也都取得了突出的成就。就经济数字化、生活数字化与治理数字化三者的关系而言,经济数字化转型为生活数字化和治理数字化转型提供技术支撑和经济基础,生活数字化是经济数字化和治理数字化的落脚点,而治理数字化为经济数字化和生活数字化转型营造良好的制度环境和发展氛围,三者相辅相成,相互促进。

四、数字治理:数字化转型时期城市治理的新模式

数字治理(digital governance)作为一种新兴治理模式,它不仅仅是一种技术革新,更是一种全新的治理理念。这一理念根植于信息技术对社会结构的深刻影响。在超大城市这样的复杂系统中,数字治理提供了一种更加高效透明且更具参与性的管理方式。通过数据的收集、分析和应用,政府能够更准确地了解市民需求,更有效地规划和调配资源,更快速地响应社会问题。在当今这个日益数字化的时代,超大城市作为社会、经济和文化交汇的重要节点,面临着前所未有的治理挑战。这些挑

战不仅涉及城市规模和人口密度的增长，还包括了经济发展、社会管理、环境保护等多方面的复杂问题。在这样的背景下，数字化治理不仅代表了技术的进步，更象征着治理理念和方法的根本性转变。它强调利用数字技术来提高治理效率、增强决策的科学性和精准性，同时促进政府透明度和加强公民参与度。这种理念的核心在于信息的自由流动和高效利用，进而推动公共服务和政策制定的优化。

然而，数字治理也并非简单地应用数字技术，它需要在制度设计、政策导向、技术支持、人才培养等多个方面协同发展。例如，智慧城市的构建不仅需要先进的信息技术支持，也需要相应的政策框架、法律法规和市民参与。这一理念的实现，依赖于多元主体的合作和协作，包括政府机构、企业、科研机构和公众等。

在探索数字治理的过程中，超大城市作为社会经济发展的核心和科技创新的前沿，扮演着重要角色。这些城市面临着更为复杂的管理挑战，如交通拥堵、环境污染、社会服务需求增加等。数字治理提供了一种全新的解决方案，能够通过大数据分析、云计算、物联网等技术，实现对城市运行的精准监控和智能管理。例如，通过对交通流量数据的实时分析，可以更好地缓解交通拥堵问题；通过对环境监测数据的集成分析，可以更好地制定环境保护政策。

因此，数字治理在理念上强调的是一种基于数据驱动的决策过程，这一过程更加注重效率、透明度和公众参与。它不仅仅改变了治理的手段和工具，更重要的是改变了治理的思维和方法。在这个过程中，政府、企业和公众共同参与，形成了一种全新的社会治理生态。

换言之，数字治理是指以"数字"为治理对象，以信息技术手段为支撑，以数字社会管理和公共服务为目标的数字化系统管理机制。数字治理是数字时代的治理新范式，其核心特征是全社会的数据沟通、数字化的整体协作和跨部门的流程再造，形成"用数据说话、用数据决策、用数据管理、用数据创新"的治理机制。作为数字时代的新治理范式，数字治理至少有三个内涵。

一是数据治理,即将治理对象扩展到涵盖数据要素。数据要素作为新兴的生产要素和关键的治理资源,成为大国竞争的主要领域,数据治理成为数字经济规则制定的重要内容。数据要素的所有权、使用权、监管权、信息保护、数据安全都需要新的治理体系。

二是用数字化技术进行治理。利用数字化、智能化技术优化治理技术体系,提升治理能力。大数据、人工智能等新一代数字技术可以为国家治理提供全方位的数字赋能,提升治理技术、治理手段和治理模式,实现复杂治理问题的超大规模协同、精准滴灌、双向达成和超时空预测。

三是管理数字融合空间。随着越来越多的经济和社会活动转移到数字空间,治理领域也扩展到数字空间。未来,数字融合空间将以全新的方式创造经济价值和塑造社会关系。这需要一个适应数字融合世界的治理体系,有效管理数字融合空间的新事物。

概言之,数字化转型是推动国家治理体系和治理能力现代化的重要因素,也是大数据时代国家治理现代化的发展战略之一。数字化转型时期的超大城市的数智治理强调利用新一代信息技术手段和平台来支撑社会组织,以实现管理过程智能化,提升社会治理能力,促进政府职能转变。

第二节 技术创新:超大城市数字化转型的现状与瓶颈

一、超大城市数字化转型的现状

(一) 数字技术突飞猛进

自 2016 年以来,浙江杭州采用政府与企业合作的新机制,以"城市大脑"为中枢推动智慧城市建设,从治堵、治城到发展,实现了智慧城市建设从自下而上的分散式、集合式模式向自上而下的系统式、集成式模式转变,为智慧城市建设带来新范式。杭州"城市大脑"已经进化到"城市大脑"中枢系统 V3.0 时代,并且已经完成了从 2018 年的《杭州市城市数据大脑规划》到 2020 年 11 月浙江省批准出台《杭州城市大脑赋能城市治理促进条例》的进阶,这意味着杭州"城市大脑"已经从实践上升到法治,完成了"城市大脑"的实践探索、整体规划和立法保障。

上海数字技术建设已有的工作成效主要体现在打造了一流的数字基础设施。近年来,上海围绕科技创新中心、综合性国家科学中心、下一代互联网示范城市、新一代人工智能创新发展试验区等建设,加强网络基础设施、数据中心和计算平台、重大科技基础设施等布局,总体水平一直保持国内领先。一是网络基础设施建设水平国内领先,二是数据中心和计算平台规模国内领先,三是重大科技基础设施能级国内领先。在国家部委的支持下,上海已建、在建和规划建设的设施共计 20 个,涵盖光子、物质、生命、能源、海洋等多个领域,设施数量、投资金额和建设进度均为全国领先水平。[1]

(二) 数字经济发展如火如荼

数字经济是以数字化的信息、知识作为关键生产要素,以现代网络为重要载体,以信息通信技术的有效利用作为效率提升和经济结构优化的重要推动力的一系列经济活动。

为了应对新形势下经济发展的新趋势、新需求,在我国国家治理体系和治理能力现代化的理念推动下,超大城市将加快在线经济和数字经济发展,作为超大城市有效推进新时期经济复苏的重要落脚点、满足生产生活升级需求和技术场景赋能产业转型的重要发力点、强化科创策源功能

---

[1] 朱奕奕:《上海现有 20 个已建、在建和规划建设的国家重大科技基础设施》(2023 年 12 月 19 日),澎湃新闻,https://www.thepaper.cn/newsDetail_forward_25710741,最后浏览日期:2024 年 1 月 23 日。

和高端产业引领功能的重要结合点。以上海为例,目前上海数字经济和在线经济均已驶入发展快车道,逐步呈现出"无中生有""有中启转""转中做大"的三大发展新趋势①。其中"无中生有"是指在新技术、新背景下催生新业态、新模式,引发市场新需求,如远程办公、"无接触"配送、在线研发设计、在线展览展示等。"有中启转"是指将线下成熟的业态、模式转移到线上,形成线上线下相互融合的新业态、新模式,塑造一种新的消费体验,如在线金融、在线教育、在线医疗、新型移动出行等。"转中做大"是指已有的业态、模式在转型期间得到发展壮大,确立行业新优势,如生鲜电商零售和在线文娱等。

数字经济呈现快速发展的态势,已成为超大城市经济发展的新引擎。超大城市在自主知识体系创新理念的推动下,分别出台了各种专项支持政策,持续发力,形成叠加效应,为超大城市数字产业高质量发展打造新亮点、创造新标杆,形成经济发展新增量。例如,上海浦东新区依托张江科学城先发优势和自贸区政策资源,拥有全市50%的互联网产值和企业数量,集聚了喜马拉雅、阅文集团、盛趣游戏等一批数字娱乐、互联网服务领域的重点企业;徐汇区依托漕河泾、滨江地区,吸引了阿里巴巴、腾讯、网易等龙头企业相继落户,成为全国人工智能产业的高地;长宁区围绕大虹桥建设,集聚了拼多多、携程等平台企业,引领全国信息消费;杨浦区依托五角场、长阳等创新创业区域,重点布局云服务、在线教育、数字内容等,集聚了哔哩哔哩、美团点评、优刻得、流利说等优势企业。

超大城市中的深圳也是数字经济的领头羊之一,其数字经济产业规模居全国前列。2021年,深圳数字经济核心产业增加值突破9 000亿元,占全市生产总值的比重升至30.6%,总量和比重均位居超大城市的第一梯队。2025年,深圳已锚定经济总量超4万亿元的目标,深圳"十

---

① 陈宁:《〈2021上海在线新经济发展白皮书〉发布:在线新经济已成上海经济发展新引擎》(2021年5月17日),劳动报网站,https://wap.51ldb.com/shsldb/cj/content/0179798b9b0dc00100005499e74cbcbc.html,最后浏览日期:2024年6月22日。

四五"规划预期2025年数字经济核心产业增加值占GDP的比重为31%,届时,数字经济核心产业的增加值将超1.2万亿。[①]

总之,在超大城市数字经济的发展进程中,企业主体进一步发挥作用,在集成电路、软件和信息服务业、物联网、车联网等领域加强研发应用。数字经济在增进民生福祉、提高生活品质方面发挥着重要作用。算力,正作为核心生产力决定着数字经济发展未来,涉及社会生活的方方面面、关键领域,带动区域数字化转型。

(三)数字治理日新月异

超大城市的数字治理日新月异,各显神通,无论是长三角地区的杭州与上海,抑或是中西部中心城市的成都,在数字治理方面都取得了突出的成就。北京模式突出的是"接诉即办,智慧大脑"建设,杭州模式突出的是"数智杭州,城市大脑"的建设,深圳模式突出的是"数字深圳,政企合作,万物互联",成都模式的特色是"智慧蓉城,云上天府,一键回应,数字联动"。而上海在数字治理方面,积累的工作成效主要体现在政务服务"一网通办"和城市运行"一网统管"。上海聚焦业务、平台、数据、制度四个方面扎实推进"一网通办"建设,取得了显著的成效。第一,"一网通办"的服务和功能体系基本建成。经过近五年的系统性推进,上海"一网通办"改革已基本上实现了以"一网"为核心的统摄各部门、各层级和各事项的城市现代公共服务体系,架构了包含统一受理平台、统一身份认证、统一总客服、统一公共支付、统一物流快递在内的"一梁四柱"政务服务平台,形成了要素完备、配置合理、运行有力、安全保障的城市公共服务结构载体[②],并基本实现了"两网融合"。第二,企业和群众的获得感和满意度显著提升。上海先后出台了《上海市公共数据和一网通办管

[①] 深圳市人民政府发展研究中心:《深圳数字经济发展动能加速释放》(2022年11月29日),深圳市人民政府发展研究中心网站,http://drc.sz.gov.cn/ydd/hdjl/zxft/fthg/content/post_10280784.html,最后浏览日期:2023年7月20日。

[②] 游思静:《"一网通办":新时代城市治理创新》,《联合时报》2021年6月18日,第6版。

理办法》《上海市公共数据开放暂行办法》等政策,以"高效办成一件事"为目标,以"双减边"和"双100"为抓手,以"两个免于提交"和"两转变"为聚焦点,全力推进业务流程再造,切实提升企业和群众办事的获得感和满意度。第三,"一网通办"成为城市数字政府建设的中国品牌。上海"一网通办"在全球城市的数字政府建设中实现了弯道超车,形成与全球领先城市并跑的格局,成为数字化时代全世界认识上海乃至了解中国最新发展的一张名片,入选2020年联合国全球电子政务调查报告经典案例。

作为超大城市的杭州,其"城市大脑"建设提出了"531"的逻辑体系架构(后文将予以详细阐述),在全国城市的数字化转型与数字治理中走在前列。杭州采用大数据、云计算、区块链、人工智能等前沿技术推动了超大城市管理手段、管理模式、管理理念的创新,从数字化到智能化再到智慧化,让城市更聪明一些、更智慧一些,这是推动城市治理体系和治理能力现代化的必由之路,前景广阔。

无论是上海的"一网统管",还是杭州的"城市大脑",都是推动城市治理体系和治理能力现代化的重要探索。上海的"一网统管"以城市网格化综合管理系统为基础,以"态势全面感知、趋势智能预判、资源统筹调度、行动人机协同、隐患实时管控、问题闭环处理"为建设目标,升级建设城市运行管理服务平台,不断提升城市治理现代化水平[①]。在实现路径上,上海以城市运行管理中心为运作实体,以城市运行管理系统为基本载体,打造"三级平台、五级应用"的基本逻辑架构,形成"六个一"(治理要素一张图、互联互通一张网、数据汇集一个湖、城市大脑一朵云、系统开发一平台、移动应用一门户)的技术支撑体系。以公共管理、公共服务、公共安全和应急处置等方面的事务为管理对象,提升线上线下协同的精准治理能力。"一网统管"已经建成城市运行管理和应急联动处置系统。2023年年初,上海围绕超大城市的"生命共同体"建设,面向气

---

① 金晨:《上海:"一网统管"提升城市治理能级》,《中国建设报》2021年5月12日,第3版。

象、交通、公安、网信、住建、应急、生态、卫生健康、市场监管、信访等50多个部门升级或建设了185个系统、730个应用,并接入全市"一网统管"城运平台,形成了耳聪目明、反应迅速的"城市大脑"。围绕"城市生命体"实时动态的管理需求,部门和区大力推动感知端建设和共享,近千万个传感器初步构成了"城市神经元系统"。围绕"高效处置一件事",推动多网格合一和流程再造,在人口管理、应急处置等领域形成人机协同的管理新模式,努力实现"一屏观天下、一网管全城"。

(四)数字服务引领风骚

超大城市数字化转型注重场景应用,在重点领域创新实践,积极打造一批具有标杆示范意义的应用场景。

一是推进城市运行"观管防"一体。超大城市通过城市精细化气象先知系统、智能交通平台、生态环境管理系统、大客流数据平台、水务综合管理系统、供电保障系统、燃气供应系统、电力供应保障系统、城市之眼、网络舆情态势感知系统、12345市民感知平台、防汛防台指挥系统、公卫突发事件应急处置系统、经济运行风险监管系统等重点应用场景建设,"高效处置一件事"的能力明显提升。

二是促进线上、线下业务联动。通过应用场景建设,促进了以信息流带动工作流和业务流的"三流合一"的管理闭环,实现从城市事件生成到快速流转再到处理反馈的全过程监督管理应用场景,有力地支撑部门线上线下协同履行管理服务职能的能力。例如,农业数字化监管平台应用场景促进了农产品质量安全监管工作的有效落实,驱动了食品安全在末端"田间地头"的监管;危险化学品综合监管系统应用场景明确了产品在各监管环节中的监管内容和方式,实现了危险化学品安全监管的无缝对接。

三是实现超大城市运行赋能增效。利用应用场景归集,梳理出超大城市运行中人口、交通、环境、能源、居民诉求等关键要素,在应用场景建设中,通过数据赋能机制,为部门赋能增效。例如,网络舆情态势感知与联动系统实时捕捉城市热点舆情,准确感知城市中的事件、风险和问题;

城市精细化气象先知系统精准预报，预警推送，将各类灾害性天气给城市带来的冲击降到最低；"城市之眼"利用人眼、天眼、智眼三位一体的监控模式和AI分析技术，广泛赋能于市容、街面、社区管理等，大大降低了人力工作量。

四是打造超大城市的便捷生活场景。在数字交通方面，上海市经济信息化委、交通委、久事集团等单位推进公共交通便民服务；上海市道路运输管理局、房屋管理局推动，上汽集团打造出租车统一平台"申程出行"，并针对老年人不善使用手机App叫车的问题，推出"一键叫车"系统。在数字医疗方面，杭州着力打造便捷就医服务，即打造精准预约、智能预问诊、电子病历卡、互联互通互认、医疗付费一件事的数字化应用场景，实现"一部手机走医院"。

二、超大城市数字化转型的瓶颈与挑战

超大城市数字化转型虽然取得了一定成就，但也遇到了一些瓶颈与难点，主要体现在数字化理念有待提升、顶层设计有待完善、制度机制有待完善、协同水平有待提高、数字鸿沟亟须弥合、数字经济发展水平有待提升、数据安全与治理有待加强等方面。

（一）数字化理念有待提升

在城市数字化转型阶段，政府层面的数字化观念意识较强，但是，民众层面的数字化意识仍然较为淡薄。一方面，对数字化认知存在偏差。课题组在调研中发现，依然有些政府部门或民众把数字化视为信息化，认为运用互联网和打造应用平台就是数字化转型，或者认为数字化转型与之前的智慧城市建设并无二致，这些都没有认识到城市数字化转型的本质。另一方面，数字化思维缺失。城市数字化转型需要公众的广泛参与，但是目前部分公众对新技术、新事物的接受度较低，仍然依循传统的生产、生活和社交方式，共享性、创新性等前瞻性思维需要加强。

(二) 顶层设计有待完善

超大城市数字化转型需要各个领域的数字化转型齐头并进。

一是超大城市数字化转型的体制尚需理顺。各个超大城市对于治理数字化、生活数字化、经济数字化三者的牵头部门不一致,导致协同程度不够。

二是超大城市各区政府数字化建设缺乏统一规划。各区及其以下街道的部门各自开发系统和应用,各自为政,容易导致在数据共享时由于系统不兼容和标准不一致的问题,影响数据整合、跨界管理和联勤联动。

三是超大城市数字化转型的相关机构需要配备到位。上海成立了城市数字化转型工作领导小组。城市管理运行中心(简称城运中心)承担着保障城市运行的重要作用,是城市数字化转型的中流砥柱,但是笔者在调研中发现,许多超大城市的城运中心的定位尚不明确,机构人员配置尚不完备,权力也较为薄弱。

四是在两网融合上,"一网通治"尚未实现。政务服务"一网通办"和城市运行"一网统管"是上海城市治理的两块金字招牌,推动两网融合,需要跳出条线各自为战的"小视野"。①

当下,超大城市的数字治理依然没有能从根本上解决部门壁垒、条块分割,以及其中的机构变革和利益分配等问题。换言之,数字化转型中数字治理的关键是打通部门壁垒,这也是自古至今对于政府治理的最大挑战,且这一挑战依然是数字治理中的"肠梗阻"。

(三) 制度机制有待完善

数字化转型的理论框架和制度框架势必给地方政府带来一定程度

---

① 何欣荣:《城市治理如何"两网融合" 看看上海徐汇这个"算法工厂"》(2020 年 8 月 29 日),新华网,http://www.xinhuanet.com/politics/2020-08/29/c_1126426888.htm,最后浏览日期:2023 年 8 月 20 日。

的"供给烦恼"。超大城市数字化转型需要政府步入"制度供给"新阶段，在政策供给、制度供给上更加完善。就政策制度这一层面而言，超大城市现有的法规体系对政府数字化转型的支撑力度是有所欠缺的。

第一，法制保障有待细化。对于数字化转型中的相关法制和规则问题，如知识产权保护、个人隐私保护、道德伦理审查等，需要构建与之相适应的安全体系。目前，公共数据的获取、归集、共享、开放、应用等全环节的法制保障尚未健全，电子政务的标准化和规范化建设有待进一步细化。

第二，监管制度有待发展。对于数字化转型中的管理手段、管理模式的变革，需要建立包容审慎监管制度，既保证能够监管数字化过程中的新技术、新业态、新模式，又能够支持新经济、新产业、新服务的创新发展。

第三，组织协调机制有待完善。在现行的行政体制下，数字化转型发展涉及交通、公安、网信、住建、应急、文卫、监管等多个部门，协调难度非常大。当前，超大城市在领导机制、机构设置与职能配置上仍需进一步推进落实。

第四，评估机制不健全。政府数字化转型的业务指标和数据项不明晰、不细致，数字指标精细度不够，各部门的数字化转型工作成效难以量化展现。

（四）协同水平有待提高

数字化转型是建立在信息网络基础设施上，通过建立开放、包容的共享平台，促进城市不同部门、系统之间的信息共享和协同作业，进而实现及时、科学的决策和预测。由于意识、体制和技术等原因，目前，各主体、各部门、各领域间的协同水平不高。

一是主体协同。超大城市数字化转型离不开政府、个体、市场、社会组织等多方的共同作用。如何让超大城市数字化转型"创新池"里的各项创新要素充分流动起来，为超大城市数字化转型发展提供源源不断的驱动力,是城市数字化转型亟须解决的问题。目前,超大城市企业、平台机构等市场创新主体依然存在数字化转型动能不足、数据开放带动的应用创新成果较少等问题,对数字政府转型的推进和支撑作用尚未充分显现。社会组织作为政府与公众之间的链接纽带,在城市数字化转型中具有其特殊优势。在调研中,笔者发现各超大城市的社会化力量参与数字化转型的总体力度不足,社会组织的专业优势尚未发挥。

二是业务协同。由于现行的行政体制下垂直传递信息,行业间、部门间资源配置和利益相互割裂的制度性缺陷依然存在,跨条线、跨层级之间缺乏业务协同。此外,超大城市数字化转型重项目建设,轻系统业务协同,各条线的信息化建设自成体系。这也导致数字化转型主题分散、主线缺乏、资源浪费、效率低下,继而影响数字化转型的整体步伐与效果。

(五)数字鸿沟亟须弥合

以5G、人工智能、区块链为代表的新一轮科技创新极大加速了数字技术的应用,但随之而来的是范围更广阔、程度更剧烈、影响更深远的新型数字鸿沟。在城市内部,新型数字鸿沟正广泛地在个人和行业之间产生。在个体层面上,老年人和社会弱势群体受限于经济、教育、认知能力等,成为数字弱势群体。尤其是在中国快速发展的老龄化进程下,大量老年人成为"信息贫困者"。上海是全国最早进入老龄化的城市之一,也是国内老龄化程度最高的城市之一。在数字化和老龄化并行的当下,很多老年人都面临着"不会用、不能用、不想用、不敢用"等信息技术问题,数字鸿沟被不断拉大。在企业层面,首先,不同行业的企业之间存在数字鸿沟,零售、文娱、金融等接近消费端的企业,很多已经接近或完成了数字化转型,而制造业、资源性行业的数字化程度则相对较低;其次,即使是在同一个行业内部,企业数字化的程度也有巨大的差异。例如,制造业中有不少数字化转型成功的领军型企业,但依然有超过50%的企业数字化尚处于单点试验和局部推广阶段。

(六) 数字经济发展水平有待提升

超大城市数字经济、数字治理和数字生活发展不平衡。就上海而言,在数字治理和数字生活方面的成绩较为显著,但是,数字经济发展与上海市的地位还不甚匹配。成都在数字生活方面处于超大城市的前列,但是在数字经济与数字产业发展方面依然存在着短板。一方面,超大城市的数字经济发展缺乏领军企业、领军人物、领军产品。杭州有阿里巴巴,深圳有腾讯,而上海、成都等超大城市无论是龙头企业数量还是大型平台型企业和独角兽企业数量相比其他一线城市均不占优势。另一方面,当前国际环境越发复杂,外部挑战不断加剧。全球数字贸易正在发生重大变化,世界各国相继出台数字经济战略,抢占技术制高点。在全球数字贸易竞争激烈的背景下,超大城市作为中国数字经济发展的创新策源地和引领区,势必面临着更为严峻的挑战。[①]

(七) 数据安全与治理有待加强

数据是重要的生产要素,城市数字化转型要重视数据的价值。目前,数据治理存在两个方面的问题。

一是数据安全问题。数据安全是做好数据治理的底线和保障。随着全民数字化参与度的提高,特别是在线医疗、在线金融等涉及个人隐私数据的新业态兴起,将全面挑战数据安全治理体系。目前,数据开放和个人隐私保护方面的数据安全难以保障,除了《中华人民共和国个人信息保护法》(2021年11月1日施行),仍需要在数据安全、隐私保护等方面继续作出努力。

二是数据共享问题。各超大城市在数字化转型中最突出的问题依然是数据共享、数据库建设、数据安全等方面。这是由于目前超大

---

① 顾丽梅、李欢欢:《上海全面推进城市数字化转型的路径选择》,《科学发展》2022年第2期,第5—14页。

城市数字化转型的意识依然不够明确,各部门缺乏数据共享的共赢与合作意识,影响了数据的获取和数字化转型的力度。目前,跨部门、跨产业链的合作机制缺乏,信息资源的整合和协同共享问题尚未解决,"信息孤岛""数据烟囱"现象仍然突出,共建共享依然充满荆棘与坎坷。

第三节 模式创新:国内外推进城市数字治理的典型模式

北京、上海等超大城市的数字治理走在全国前列,各个领域的数字化应用场景引人注目。杭州、南京等地也在开展数字化实践,各地数字化建设取得较好的成效。国外有些地区也在数字化转型方面进行了诸多探索。他山之石,可以攻玉,国内外各个城市的实践经验,对我国推进城市数字化转型具有借鉴意义(详见下页表1-1)。

一、国内部分超大城市的数字治理模式

(一)深圳模式

深圳是中国第一个经济特区,作为我国对外开放的窗口,40多年来,深圳勇立潮头、锐意创新,在地方实践和发展方面积累了大量先行先试的宝贵经验。

1. 利用示范区效应,打造数字经济创新发展试验区

《中共中央、国务院关于支持深圳建设中国特色社会主义先行示范区的意见》中多处提到支持深圳发展数字经济,支持深圳"打造数字经济创新发展试验区","允许深圳立足改革创新实践需要,根据授权对法律、行政法规、地方性法规作变通规定",这些要求赋予深圳先行数字化发展

的任务,也提供了制度创新的最给力的支持。该意见为深圳制度创新赋权赋能,是先行示范的法宝,在一个集中统一的管理体制中,给予一个地区突破空间。深圳紧紧抓住这个窗口期,在多方面(包括数字化转型)以制度创新引导并支撑经济社会向更高层次跃进,成为数字时代的领导者之一。

表1-1 国内外数字治理的典型模式

	地区	基本举措	经验启示
国内	上海模式	1. "一网统管"与"一网通办"两网融合 2. "一屏观天下,一网管全城" 3. 技术赋权与数字赋能 4. 行动人机协同 5. 态势全面感知 6. 趋势智能预判 7. 资源统筹调度	1. 顶层设计与地方实践相结合 2. 制度建设和政策完善相结合 3. 政府主导与多方参与相结合 4. 技术推广和人文关怀相结合
	深圳模式	1. 利用示范区效应 2. 发挥产业集群优势 3. 发挥企业优势	
	杭州模式	1. 建设"城市大脑" 2. 推动数字政府"最多跑一次" 3. 与数字浙江公司合作 4. 发展数字经济"一号工程" 5. 重视智慧社区建设	
	北京模式	1. 建设"城市大脑"及"智慧门户" 2. 推动"接诉即办"	
国外	新加坡模式	1. 提出"智慧国家"建设理念 2. 寻求与公民合作生产 3. 发展人工智能 4. 注重隐私保护与数据安全	
	英国模式	1. 完善政策理念 2. 重视安全信息立法 3. 数据共享和开放 4. 实践数字即平台理念	

资料来源:作者根据相关资料整理。

2. 发挥产业集群优势

深圳的工业化是从信息产业起步的。在家用电器作为终端的主导期,深圳生产的彩电占中国市场的半壁江山。在移动互联网时代,深圳拥有中国最大最全的手机产业群。5G产业链涵盖天线、射频模块、小微基站、核心网、传输网、承载网等各类设备厂商,一批深圳企业是相关细分领域的龙头企业。这种完整的电子信息产业链生态,构成了全球有影响的电子信息加工生产群落。这个群落降低了产业内的生产成本、交易成本,强化了产业的根植性,积累和培养了专业人才,同时,也促进了产业新的生长。电子信息产业在代工的基础上,生长出本土品牌,不断地往产业链高端攀升。华为、中兴不仅在5G领域领先,在云计算、软件等领域也具有一定的优势。有竞争力的产业集群,再加上改革开放以来形成的市场经济体制机制,构成了深圳数字化转型的基础,由此迸发出的活力、能力、动力汇成这个窗口期的爆发力。

3. 发挥企业优势,强调政企合作

腾讯无疑是数字化应用的领先公司,其微信和微信支付已覆盖了几十个国家和地区。2020年3月30日,联合国在纽约总部宣布腾讯成为其全球合作伙伴,为联合国成立75周年提供全面技术方案,并通过腾讯会议、企业微信和腾讯同传在线主办数千场会议活动。[①] 这意味着,迄今为止规模最大的全球对话是在深圳企业的技术支持下进行的。深圳市政府与腾讯开展合作,推动城市数字化建设。深圳基于政企合作推动超大城市数字治理的路径选择目前在城市数字治理中得到普遍应用。此外,关于深圳数字治理的具体理念与举措,本书将在后续章节中予以详细阐述。

---

① 尚绪谦:《腾讯将为联合国成立75周年活动提供远程通讯支持》(2020年3月31日),人民网,http://world.people.com.cn/n1/2020/0331/c1002-31656114.html,最后浏览日期:2023年8月20日。

(二) 杭州模式

杭州的智慧城市建设始终走在全国前列,先后获得"智慧数据之城""智慧办事之城""智慧支付之城"等称号。杭州建设智慧城市的理念与技术水平长期保持领先,其经验做法值得借鉴。

1. 杭州加强大数据、人工智能技术应用

杭州建设智慧城市,以"数据大脑"为基础,以服务市民为目标。正如登哈特夫妇在《新公共服务:服务,而不是掌舵》中所言,以服务公民为根本原则,才是数字政府建设的应有之义。数字杭州以解决群众反映强烈的交通拥堵为突破口,再逐渐扩展到城市治理的各个领域,不断创造城市治理现代化的杭州模式。交通拥堵是杭州城市治理的难题,为加强城市交通治理,2016年,杭州向全球宣布启动城市数据大脑建设,并于2018年5月对外发布全国首个城市数据大脑规划。[①] 杭州"城市大脑"将城市数据大脑与交警有效融合,从交通拓展到城市治理的各领域,各部门可通过其中枢系统的数据融通,有效调配公共资源,用全新的方式治理社会、服务民生、支撑决策。2018年12月29日,杭州"城市大脑"(综合版)上线,"城市大脑"(综合版)发布"欢快旅游""畅快出行""舒心就医""便捷泊车""智慧警务"五大系统,以及基于华数TV的"居家服务"。[②] 交通、公安、城管、旅游、卫健等部门系统直接接入中枢系统,与中枢系统及其他部门产生"化学反应",让数据为整个城市治理和百姓生活提供服务。

2. 推动数字政府"最多跑一次"

在新公共管理理论中,戴维·奥斯本(David Osborne)和特德·盖

[①] 张丽华:《杭州发布全国首个城市数据大脑规划》(2018年5月16日),浙江在线,https://zjnews.zjol.com.cn/zjnews/hznews/201805/t20180516_7277314.shtml,最后浏览日期:2023年8月20日。

[②] 戴睿云、唐骏垚:《杭州城市大脑(综合版)发布 九项惠民举措正式上线》(2018年12月29日),浙江在线,https://zjnews.zjol.com.cn/zjnews/hznews/201812/t20181229_9117196.shtml,最后浏览日期:2023年8月20日。

布勒（Ted Gaebler）强调的"一站式服务"为杭州数字化转型中"最多跑一次"改革提供了理论支撑，使其建立起"让数据多跑路，让公民少跑腿"的理念。杭州紧紧抓住政府这一关键主体，以"最多跑一次"改革为抓手，推动政府数字化转型，倒逼政府职能转变、能力提升、服务优化，打造国内领先的数字政府，为智慧城市建设提供有力主体支撑。按照"为民服务＋整体政府"的先进理念，强化改革系统集成、推进机构职能协同高效，杭州市围绕群众和企业生命周期的重要阶段，聚焦高频办事事项，将每个办事事项拆分成"最优颗粒度"的"零部件"后，再组装为系统集成的"一件事"，让群众和企业到政府办事享受到"一条龙""打包服务"。杭州聚焦部门间、层级间办事多次跑、多头跑、时间长、环节多、签字烦等突出问题，按照"事项简、流程优、材料减、时间压、次数少、平台建"的要求，推动"最多跑一次"改革向机关内部管理领域延伸，达到了对内提升机关运行效能、对外提升服务质量的双重效果。①

3. 与数字浙江公司合作

整合社会资源服务于数字化转型，向社会借力，向市场要资源，在超大城市的数字化转型与数字治理中变得越来越重要。杭州数字化建设以企业为导向，积极动员企业参与。2019年，阿里巴巴联合浙江金控等多家公司成立数字浙江公司，浙江省政府与数字浙江公司开展合作，数字浙江公司为浙江省数字化改革提供顶层设计、平台建设、业务创新、运维保障及运营等服务。② 2020年，数字浙江在浙江省大数据发展管理局的指挥下，投入"数字战疫"，发挥阿里巴巴集团的强大资源优势，共建数字化治理合作、创新、赋能的生态环境。

4. 发展数字经济"一号工程"

基于自然资源匮乏的现实矛盾、互联网产业的发展基础以及传统产业转型升级的迫切压力，杭州率先将发展数字经济作为全市的"一号工

---

① 《"浙"就是"最多跑一次"》（2019年12月26日），浙江在线，https://zjnews.zjol.com.cn/zjnews/zjxw/201912/t20191226_11513874.shtml，最后浏览日期：2023年8月20日。
② 数字浙江网站，http://www.dtzhejiang.com/，最后浏览日期：2023年8月20日。

程"来抓,从各个方面入手全方位布局数字经济。数字经济已经成为推动杭州经济发展新旧动能转换的核心引擎。2018年10月,杭州市委市政府印发《杭州市全面推进"三化融合"打造全国数字经济第一城行动计划(2018—2022年)》,将数字产业化、产业数字化和城市数字化协同融合发展作为打造全国数字经济第一城的主要路径。在产业数字化方面,结合产业基础开展梯次布局,壮大电子商务、云计算、大数据、物联网、人工智能等优势产业,做强集成电路、5G、北斗、工业互联网、数据安全等基础产业,布局区块链、量子技术、虚拟现实等未来产业,推动智能网联汽车、工业机器人、可穿戴设备、智能家电等新型数字化产业发展。在数字产业化方面,将数字产业化成果充分运用到实体经济发展中,加快制造业数字化转型,推动服务业数字化升级,提升农业数字化能力,培育新模式新业态。在城市数字化方面,将"城市大脑"打造成深度链接和支撑数字经济、数字社会、数字政府协同联动发展的城市数字化治理综合基础设施。

5. 重视智慧社区建设

新公共服务理论中的三大理论基础之一就是社区范式和市民社会理论。在数字化转型中,社区变得越来越重要。杭州在发展智慧城市过程中高度重视智慧社区建设。首先,杭州将智慧社区列为智慧城市的有机组成部分,提出建立"和谐、法治、智慧、活力"的现代新型社区。杭州发布了《杭州市城乡社区治理与服务体系建设规划(2017—2020年)》,并制定了《杭州市服务信息化统一平台建设实施办法》《关于全面推进全市"智慧社区"综合管理服务平台工作的意见》等系列文件,不断完善智慧社区的顶层设计和标准规范。其次,杭州在市级层面搭建了统一标准的智慧社区综合信息平台,包含居民信息管理、社区工作平台、社区自治、社工管理、统计分析、社区便民服务等六大模块,基于统一的综合信息平台,各县(市、区)结合自身实际积极开展创新,建立更高标准、更多应用功能的社区治理和服务信息平台。上城区的"平安365"、下城区的"66810"、江干区的"智慧治理一张网"、滨江区的"高新智慧滨江"、西湖区的"三全十服务"等平台是在基础数据库基础上,建立的应用更为丰富、功能更为完善的智慧社区平台,实现了贯通多部门多层级的数据应用。最后,建立全市统一的96345便民服务平台,同时依托浙江政务网杭州平台和96345便民服务平台整合共享相关资源,分别开展政务服务和便民服务,打造"一窗式"的治理服务平台。[1]

二、国外部分国家与城市的典型模式

(一)新加坡模式

新加坡对于数字政府的探索始于20世纪80年代,政府成立国家信息化委员会,并发布了"国家计算机计划",尝试通过信息及通信技术的普及和应用来提高政府管理效率。[2] 经过近40年的发展,新加坡逐渐成为国际上数字政府建设的领头羊,为全球数字政府发展树立了典范。

1. 提出"智慧国家"建设理念

新加坡政府于2014年提出"智慧国家2025"计划。该计划明确提出,要建设超高速、普适性、智能化、可信赖的通信基础设施,产生全球具有竞争力的通信产业和人才。经过多年的不断创新和发展,新加坡在信息技术发展和应用领域已处于世界领先地位。新加坡作为世界上最早确立"智慧国家"建设战略的国家之一,"智慧国家"理念的核心为连接、收集和理解。新加坡积极探索"智慧国家"建设的"3IN原则",具体而言,包含以下三个方面的内容。

第一,创新(innovation)。新加坡的"智慧国家"创新原则主要体现在建立完全以政府为主导的国家创新体系,政府成为推动科技发展与创

---

[1] 何利强:《杭州"智慧社区"建设助推社区治理现代化》(2018年5月8日),中华人民共和国民政部网站,https://www.mca.gov.cn/n152/n166/c40284/content.html,最后浏览日期:2023年8月20日。

[2] 胡税根、杨竞楠:《新加坡数字政府建设的实践与经验借鉴》,《治理研究》2019年第6期,第53—59页。

新的主要力量。

第二,整合(integration)。新加坡政府在电子政务方面一直在不断地尝试"新桃换旧符",实施"整体政府"策略,确立了从电子政府向整合政府转变的战略思想。

第三,国际化(internationalization)。一是政府实行中小微企业走出去战略;二是与跨国公司展开广泛的合作;三是创造国际化的投资、发展环境,吸引知名企业在新加坡投资。

2. 寻求与公民合作生产

新加坡"智慧国家"蓝图旨在建立一个国民互动、共同协作的整体政府。因此,新加坡对"智慧国家"的建设不只停留在IT建设投入、网站建设、信息发布上,更重要的是利用新技术、新模式为民众提供互动平台,增强民众的积极参与,提高内外互动的效率。新加坡政府通过成立"全国对话会"与"民情联系组",以"共产"和"共创"的方式推动"智慧国家"建设,在积极倾听民众心声的同时,充分激发民众参与和民众创造力。[①] 政府还在官方网站开通人机对话与交互服务,推出人工智能虚拟助手,让民众在浏览政府网站的同时得到问答及辅助。新加坡"智慧国家"建设强调以民众为中心,以民众需要为导向。

3. 发展人工智能

新加坡在建设"智慧国家"的过程中,重视发挥技术支撑以及基础设施创新升级的驱动效能。2017年,新加坡出台"国家人工智能计划",旨在凝聚政府、科研机构与产业界三大领域的力量,加强数字人才培养,促进人工智能的发展和应用。2018年,新加坡还出台了"区块链挑战赛计划",鼓励公司探索使用区块链技术进行创新或转型,解决商业模式的挑战。此外,新加坡将技术人才作为政策软着陆的重要支撑,推出了"AI for Industry"和"AI for Everyone"两项新举措,推进人工智能人才的发展。

---

① 马亮:《大数据技术何以创新公共治理?——新加坡智慧国案例研究》,《电子政务》2015年第5期,第2—9页。

4. 注重隐私保护与数据安全

新加坡政府在保护隐私和数据安全方面积累了丰富经验。首先是使用公民身份的双重认证系统。公民在政府网站登录个人账户时，必须经过电子口令和手机密码生成器的双重认证，极大地提高了公民对于数字化业务办理的接受程度。其次，新加坡注重隐私保护与数据安全的立法。新加坡政府早在2012年就颁布实施了《个人信息保护法及个人隐私权法令》（2012年第26号）[1]，旨在保护个人资料不被滥用和拒绝推销来电。2017年，新加坡政府对该法案进行了修订，允许企业在一定的限制条件下，可以利用用户个人资料进行合理的商业活动。

(二) 英国模式

英国作为世界上最早启动智慧城市建设的国家之一，在数据共享、平台建设、跨界整合等领域有显著成效。

1. 完善政策理念

2009年6月，英国政府发布《数字英国》战略，开启了英国的数字化改革，这也是英国进行数字化改革的第一个节点。2017年3月，英国政府发布了《英国数字战略》，阐述了七大发展战略：连接战略、数字技能和包容性战略、数字经济战略、数字企业战略、网络空间战略、数字政府战略、数据战略。同时，英国以发展数字经济为核心发展理念，以数字基础设施建设、数字化能力、数字经济法律规制为主要内容。2011—2016年，英国在开放政府、数字化政府、数字经济和智慧城市领域相继颁布了系统的政策，推进数字政府、数字经济、智慧城市和智慧民生全面发展。该阶段重视政府数据开放，强调数字化发展与规制并重，关注新一代信息通信技术在城市管理服务中的运用，

---

[1] 马亮：《大数据技术何以创新公共治理？——新加坡智慧国案例研究》，《电子政务》2015年第5期，第2—9页。

积极探索政府、经济和城市的数字化转型。自2017年始,随着大数据和人工智能等技术的发展,英国在新技术革命的背景下,提出推进社会转型,重视人工智能和机器人技术的应用,精准化地满足公众的高质量需求。

2. 重视安全信息立法

致力于保护用户的安全信息立法以及安全行政监管是英国实践中的重要内容。首先,英国颁布了一系列体系较为完善的个人信息保护立法。2018年,英国颁布了《2018数据保护法案》,同时与欧盟签订了《数据保护备忘录》,以保证英国在脱欧前后仍然适用欧盟的《通用数据保护条例》。其次,2009年、2011年、2016年,英国相继推出三个不同版本的国家网络安全战略。战略内容主要包括网络安全目标以及指导原则、英国网络空间面临的威胁与风险、未来五年或四年内的行动计划和投资计划等。英国的网络安全目标为"欲将英国建设成一个安全、能有效应对网络威胁的国家,并展现其繁荣与自信",行动方案包括加强防御系统、主动威慑网络犯罪与提高网络安全技术水平。

3. 数据共享和开放

英国《数字经济法案》中的数据共享条款消除了社会组织利用政府数据的障碍;建立国家级数据基础设施登记注册制度,改变政府数据存储和管理方式,尽可能地开放政府数据,并通过使用API数据接口在政府内部和外部打通数据共享渠道;建立数据咨询委员会并任命政府首席数据官,负责管理和协调政府数据的使用。此外,英国开发"Data.gov.uk"一站式数据开放平台,其开放数据包括关联数据、可关联数据、非专属结构化数据、结构化数据和普通公开的数据五个层面。[1] 同时,由工商、地震、地形测量与气象局组成公共数据集团,主要负责协调和督促各部门积极推进数据开放与共享工作,搜集储存不同领域政府部门的信息数据集,并将其整合在一个组织框架之内。开放数据用户小组侧重于收

---

[1] 胡税根、杨竞楠:《发达国家数字政府建设的探索与经验借鉴》,载自《探索》2021年第1期。

集公众诉求与需要,并反馈至数据信息战略委员会,以此确定不同类型数据信息开放利用的优先次序。

4. 实践"数字政府即平台"的理念

"数字政府即平台"是英国政府数字服务建设发展的重要经验。英国政府内阁办公室与政府各部门协商、牵头制定和提供一系列通用的跨政府部门技术平台,范围覆盖数据开放、数据分析、身份认证、网络支付、云计算服务等,以支持新一代政府数字服务的运行。采用"数字政府即平台"模式,可以让政府部门的管理决策团队把更多的时间和精力放在以用户为中心的服务设计上,而不是一切从最初的软硬件环境构建开始,从而使得政府的数字服务更容易创建,运行成本也更加低廉。

三、对我国超大城市推进城市数字化转型和优化数智治理的启示

(一)顶层设计与地方实践相结合

超大城市数字化转型是在城市管理理念和模式上的改革和创新,只有站在全局的高度抓好顶层设计,监督地方执行以及实践,才能最大限度地统筹部门职能和社会资源,畅通资源流动渠道,消除各方资源流动壁垒,使人才、资金、技术等要素和资源高效融合,驱动数字化转型最大效能的发挥。

首先,超大城市应该加强顶层规划。根据国家数字化转型的工作要求,同时要结合超大城市发展的实际和数字化转型领域的最新理念,进一步更新完善超大城市数字化转型的顶层设计。加强与国际国内先进地区的交流合作,积极学习借鉴国内外数字化转型建设的先进经验。

其次,超大城市要在顶层设计的大框架下抓好数字化转型的地方实践。借鉴先进国家以及城市的数字化转型的经验,鼓励以及引导地方在坚持大方向的前提下因地制宜地探索数字化转型路径,形成具有中国地

方特色的数字化转型模式。

(二) 制度建设和政策完善相结合

在数字化转型的过程中,制度建设以及政策完善是政府推行改革或执行决策的重要依托。超大城市在数字化转型建设的过程中应该以循序渐进的战略规划为引领,制定与之相关的法律法规以保障数字化转型的顺利推进。

基于国内外先进城市的发展历程,超大城市的数字治理应从短期和长期两方面着力推进制度建设以及政策完善。

从短期来看,要以渐进式的战略推进数字化转型建设的进程,综合考虑人力、物力、财力、技术成本等问题,因地制宜地制定数字化转型的战略规划,出台相应的指导性政策文件。目前最急需也是最重要的:一是制定对数字化专业人才的培养和激励政策;二是制定数据安全政策;三是制定数字产业发展的政策;四是制定智慧社区建设的相关政策。

从长期来看,要加快数字化转型建设的法制化进程,制定与数字赋能与国际数据交易相关的政策,以力推超大城市数智治理的品牌与地位。注重强调对公民个人隐私和数据信息安全保护的直接性,广泛参考各职能部门的规章制度或行政法规,将其逐步提升到法律层面。同时,要根据不同时期出现的新情况和新问题,及时对相关法律法规进行修正和完善。

(三) 政府主导与多方参与相结合

超大城市的数字化转型是社会治理的重要一环,在这个过程中必须注重发挥政府的主导作用,同时要将多元主体纳入该转型治理过程。

首先,超大城市在数字化转型过程中应不断完善数据资源中心建设,推动各级政府、各部门间的资源共享、匹配与对接。[①] 同时,探索建

[①] 逯峰:《广东"数字政府"的实践与探索》,《行政管理改革》2018 年第 11 期,第 55—58 页。

立数据资源共享的利益协调保障机制,保障政府数据资源在组织架构、业务流程、多元主体等方面的利益协调。

其次,超大城市应优化多元主体共同发力的治理模式。在政府主导的基础上,强调政府、居民、企业及各方组织共同参与数字化转型,促成多元共治的数字化转型场景,借助大数据技术实现"线上＋线下"多主体、多渠道互动模式,不断地扩大平台的数据资源,提高数据质量,形成良性循环。

(四) 技术推广和人文关怀相结合

超大城市的数智治理发生在加快数字化转型的进程中,更要注重发挥底层数字技术的支撑作用。

一是要注重研发数字共享技术。依托跨部门、跨地域、跨系统的云平台,构建具有数据储存、处理、分析功能的大数据中心和公共安全视频图像共享平台,以打通数据孤岛,促进数据共享。

二是要注重研发数据采集技术。推动集成电路、核心芯片等ICT技术的突破升级,大力开发网络爬虫、神经网络、自然语言处理等技术工具,在技术上实现对公民需求、体验、情感等方面的定量分析。[1]

三是注重研发数据安全技术。坚持规划、建设与运行"三位一体"的数据安全系统构建原则,对数据采集、数据储存、数据传输、数据共享、数据应用等全过程进行安全技术升级,夯实大数据安全的技术支撑。

在以技术推广为核心的基础上,超大城市的数智治理也应该秉持公平、普惠、关爱弱势群体等人本发展理念,加大公众隐私保护,促进公众参与数字化转型和数智治理。

---

[1] 郭美晨:《ICT产业与产业结构优化升级的关系研究——基于灰关熵模型的分析》,《经济问题探索》2019年第4期,第131—140页。

第四节 路径优化:超大城市数字治理的未来与发展

在当前的复杂治理环境下,超大城市对数字化治理有迫切需求,数字治理是超大城市面向未来提升城市核心竞争力的关键之举。立足于上述发展成果,借鉴国内外发展经验,我国超大城市全面推进数字治理的路径与举措如图1-1所示。

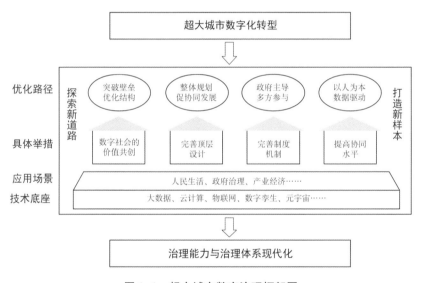

图1-1 超大城市数字治理框架图

一、全面推进城市数字治理的优化路径

我国超大城市释放全面推进数字治理的信号,不仅是立足于党中央国务院提出的国内大循环、国内国际双循环战略的重要部署,也是探索开创全球超大城市发展新样本、中国特色城市治理新道路的重要举措。为此,超大城市应当沿着敢为人先、扬长补短,整体规划、协同发展,政府主导、多方参与,以人为本、数据驱动的路径,在理论与实践中不断完善、

创新、突破,实现超大城市治理能力与治理体系的现代化。

(一) 突破"数据壁垒",优化治理结构

在当下城市治理数字化转型时期,我国超大城市是全国数字治理与数字创新发展的先行者,积极打造国内大循环的中心节点、国内国际双循环的战略链接,在数字治理中也应致力于走在全国乃至全世界的前列。超大城市一般具有全国最领先的信息基础设施,还有海量的价值数据、丰富的应用场景、扎实的科技和产业基础、结构合理的人才梯队。然而,我国超大城市的数字治理依然存在短板与不足,例如重项目建设、轻系统业务协同,"数据烟囱""数据壁垒"等问题突出,数据安全、数字平台有待加强。

因此,在超大城市数字化转型的全过程中,既要凸显全过程人民民主,鼓励公民参与、树立中国标杆、打造中国样本,也要扬长补短,解决硬件与软件、理念与模式等方面的问题。在推进数字化转型的过程中汲取国内外典型城市的经验与教训,走出一条具有中国特色的超大城市数字治理新路径。

(二) 整体规划,促协同发展

超大城市或是已经成立数据局(如上海),或是已成立城市数字化转型工作领导小组,并先后召开过工作会议和推进座谈会,发布了相关制度或指导意见,数字治理框架相对明确。

首先,整体规划。未来推进城市数字化转型,应对超大城市的数智治理进行规划与布局,不断细化生活、治理与经济三大方面各领域的数字化转型方案,力求围绕重点整体规划。

其次,注重实践。对于转型的阶段必须有前瞻性认知,步子既要迈大也应站稳,实践既要有所突破也应避免脱离实际。

最后,整体转型。城市数字化转型强调的是整体转型而非单兵突进,经济、生活、治理数字化本身就是相互促进、互为协同的,协同发展指的既是这三个领域,也是产、城、人三大主体的有机配合。

(三) 政府主导下的多方参与

在城市数字化转型的过程中,必须强化政府的主导地位,但是光靠政府唱"独角戏"显然不行,还应全面激发社会创造力和市场活力,多元主体参与是实现超大城市数字治理的有效路径。

一是要多向赋能,夯实政府在转型中的治理能力基础,并激活社会的积极性,赋予相关主体参与的能力。公众与企业既是数字治理需求的提出者和受益者,更是最大的参与者和实施者。积极引进市场机制,鼓励各类市场主体利用新技术、新解决方案和商业模式参与进来,同时鼓励居民和社会组织参与到数字化转型的过程中。

二是要多维赋责,党委负责引领,政府牵头,各部门协同配合,压实部门、单位、个人的职责,政府外的主体(如企业)有责任维护好商用数据的安全,公众有责任遵守超大城市数字治理的相关法律法规,因此也需强调各主体的受益与履责相结合。

(四) 以人为本和数据驱动

城市数字化转型是践行人民城市核心理念的重要体现,根本上是为了人。人本取向既是超大城市数字治理的发展价值取向,也是重大转型战略的指导思想;数字治理本身要以造福人民为宗旨,符合人民对美好生活的向往要求。城市数字化转型并非简单地提升硬件设施条件或提高信息化水平,而是以数字底座为基础,以信息技术为牵引,更大范围地驱动政府治理效能提高、人民生活水平提升、产业整体高质量发展。

在数字治理的过程中,必须避免唯数据、唯技术的理念,要让数据与技术的发展着眼于基本民生、经济的精准触达;必须避免数字发展的不平等,要全面考虑不同人群的需求,拓展数字化应用场景建设,超大城市数智治理与数字化转型"不能落下一个人"。

二、未来超大城市数字治理的路径依赖

(一) 人民至上：数字社会的价值共创

正如习近平总书记所言："人民城市人民建，人民城市为人民。"超大城市的数字治理必须是全民参与的互动式治理，需要结合中国式的自主知识创新与中国超大城市的特色，营造全社会积极参与、不断创新、共同转型的良好氛围。超大城市数字化转型是全民价值创新的体现，全面推进超大城市的数智治理必须以全社会对于数字社会的价值共创为基础，深化政府部门、公众的数字赋权与数据赋能的意识，营造浓厚的超大城市数字治理之氛围。

(二) 顶层设计：完善制度机制

城市数字化转型是一个数字技术深入运用、数字信息深度挖掘的过程，不可避免地面临着法治、规则和道德伦理等方面的挑战，需要适应数字时代的发展要求重构制度机制。

一是完善法制保障。需要以科学的城市数字化转型工作方案以及数字治理理念为指导，制定政策文件。在此基础上，应区分地区层面、领域层面、场景层面的政策与工作方案，力求转型行动有据可依，形成全面的方案体系。城市数字化转型政策体系的突破之处在于，其不仅包含信息化政策法规体系，还更强调主体应用、人民受益的政策体系，具体而言，需要进一步完善各类政府长期规划、建设方案、指导意见、管理方法，配套建设政务服务、公共数据资源、信息安全、政务云平台、政务网络、资金使用等管理制度，着重健全场景开发、市场参与、公众使用的规则体系。

二是完善监管制度。监管制度是城市数字化转型的支撑体系。在监管体系设计方面，需要出台系统开发、平台建设、服务内容的监管政

策,出台包容审慎的监管制度,由相应的职能部门负责监管。同时,对于城市数字化转型过程中的政府作为和政府工作人员的行为,做好相应的监督和管理,保证城市数字化转型的成效。

三是完善组织协调机制。在不同的区可对应其基础、优势,根据示范区域、示范工程有针对性地制定其转型方案。例如,上海市杨浦区印发了《打造上海市数字化转型示范区　全面推进杨浦区城市数字化转型行动方案(2021—2023年)》,提出培育领军产业集群,发展数字引擎技术、在线文娱、网络视听、数字出版、社交平台、网红经济等为代表的数字内容科技产业。在领域层面,要统筹考虑衣、食、住、行、医等不同方面的特殊性,分别制定工作方案。例如,杭州大力发展微医与线上诊疗体系,打造智慧医院数字化示范场景。

四是健全评估机制。城市数字化转型的总体业务架构、信息架构、应用架构、基础设施架构、安全架构、建设成效等都需要评估考核。对此,要建立第三方评估机制,发挥第三方评估的专业优势,从而发现问题症结,对症下药。同时,人民群众是城市数字化转型的受益者,在具体数字化应用场景的实施中,要鼓励民众进行评估和意见反馈,增强人民群众的参与感和获得感。

(三) 提高协同水平

城市数字化转型是一个开放的系统,以共建共治共享为目标,依托轻应用开发及赋能平台所提供的技术支撑,鼓励更多的市场化、社会化主体参与进来。为此,要做好以下三个方面的协同。

一是主体协同。城市数字化转型"以城市为主场、企业为主体、市民为主人"。要激发多元主体的积极性,形成政府、市场、社会共同参与的数字化转型合作伙伴格局,要让更多的个体、企业、组织参与进来,成为受益者与建设者。首先,市场化力量在城市数字化转型过程中发挥重要作用,要用好市场主体,顺应市场规律,发挥市场作用,在借助市场化力量的过程中实现政府的主导作用。要从制度、机制、创新政策举措等方面激发市场化力量参与的积极性和主动性。为充分激发市场主体活力，在税收、财政、金融等方面给予政策供给和扶持，充分调动国有企业、民营企业、外资企业等市场主体共同参与，引导国有资本、社会资本、民间资本有效支持。其次，社会化力量以其特殊优势推动城市数字化转型。以社会组织为例，社会组织数字化转型是全面推进城市数字化转型的重大战略部署，社会组织本身具有其专业优势，同时可作为政府与公众之间的链接纽带，社会组织开发数字化管理平台能发挥"单项展示、交集筛选、并集求和、独立显示、关联共享、精准搜索"等多项功能，要多方面展示社会组织的"生命体征"，多角度实施社会组织监管，多维度加强社会组织培育。因此，应当在城市数字化转型过程中发挥社会化力量的作用，提升社会化力量的能力水平，强化社会化力量在城市治理领域的功能。总体而言，要处理好政府和市场、社会的关系，形成政府、市场、社会共同参与的数字化转型合作伙伴格局。

二是业务协同。在城市数字化转型工作领导小组的领导和推动下，促进行业间、部门间的资源合理配置，以共同利益目标推动跨条线、跨层级政府之间的业务协同。在此过程中，要加快数据要素市场培育，加强数据流动和开放，建立政府数据开放共享的平台机制，以数据流动带动部门合作。同时，做好业务系统规划，推动超大城市数字治理的深度和广度。

三是领域协同。在持续深化数字治理的基础上，发挥好数字服务的优势，着重发展数字经济，与超大城市在国内、国际发展的定位相匹配。对此，一方面，要培育或引进领军企业、领军人物、领军产品，增强龙头企业、大型平台型企业和独角兽企业的发展；另一方面，要增强超大城市数字经济的研发和创新能力。在特色科技创新领域，加大人才引进和项目引进，助力超大城市数字经济发展，力争在全球数字贸易竞争中成为中国数字经济发展的创新策源地和引领区，更好地应对来自全球贸易的严峻挑战。

(四) 着力跨越数字鸿沟

要着力跨越数字鸿沟,使每一位居民成为数字化转型与数字治理的参与者和受益者。全面推进超大城市数字治理的目标是实现数字包容,而不是加剧数字鸿沟。中国工业和信息化部、中国残疾人联合会提出要进一步做好信息无障碍工作,使老年人、残疾人、偏远地区居民、文化差异人群等信息无障碍重点受益群体能够实现信息普惠。数字鸿沟是城市数字化转型中必须解决的痛点。

一方面,将数字技术应用于基本公共服务的提供中,促进不同领域的专家、学者、研发人员开发新技术新产品,即通过市场化力量参与开发更多具有易用性与有用性的数字化公共产品和公共服务,让弱势群体使用起来更为便利有效;同时,降低个体在适应数字化转型中的时间、财力等成本支出,还要打造更多触达弱势群体需求的数字化应用场景,不断探索普惠性方式与路径,注重应用场景与不同群体之间的适配性。数字公共服务是超大城市数字化转型的应有之义。

另一方面,强化针对数字化弱势群体的技能培训与帮助,倡导政府、社会组织、家庭合力发挥作用,通过政府主导调动社会资源共同参与,例如,组织志愿者队伍在数字化应用场景中引导使用数字化公共产品及公共服务,或与企业合作,采用直播、视频等多种形式,线上线下结合,面向弱势群体进行培训。其基础在于加强宣传,在全社会形成帮扶他人的良好风气。需要注意的是,城市数字化转型并不是将所有要素数字化,在快速变革的阶段必须做好预案机制与备选方案,例如在技术条件难以突破的情况下或数字化服务完全覆盖所有群体之前,应保留线下服务渠道,通过人工服务与数字服务结合的方式,避免部分弱势群体"掉队"。

(五) 优化数据应用与治理

要优化数据应用与治理,在超大城市数字化转型中构建安全、可靠、互信的全流程保护机制。超大城市数字治理不仅要有效度、有温度,还要让人民感知到安全、可靠。在超大城市的数字治理中,数据是关键的生产要素,是连接技术与个体、政府与社会的重要资源。为了实现具有安全性的城市数字化转型,必须优化数据治理与应用,形成完善的数字规则体系,同时,这也是构建具有世界影响力的国际数字之都的内在要求。

首先,需要加速数据流通,深化数据应用。夯实超大城市数字化转型的应用场景建设支撑,打通数据流通、协同、共享和应用的全流程、全链条,为场景应用提供有力的技术支撑,需要推进"城市大脑"指挥系统、市域物联网、智慧城市空间"数字底座"、低代码平台、居村数字化平台等建设,通过技术运用和数据要素的融通,实现各方面的赋能。对于政府部门而言:应打破数据壁垒,减少"数据烟囱",支持部门间数据的流通、共享,依托数字治理平台,拓展政务数据应用场景,应用各类数据进行研判分析、构建模型、提升治理效率;应当面向企业、科研机构、公众等社会主体,通过开放数据集、提供数据接口、数据沙箱等多种方式,开放对于民生服务、社会治理和产业发展具有重要价值的数据,鼓励在保障数据安全、合法合规合理应用数据的前提下,将数据的功能最大化,为生活数字化与经济数字化提供海量、多维、实时的数据支撑。

其次,需要完善数据治理与安全制度体系,构建数据安全屏障。一方面,加快制定关于数据安全与治理的法律法规。全面审视城市数字化转型中所面临的法治问题,针对公共数据、社会数据、企业数据、跨境数据等不同数据要素,推动建立健全相关规则体系,并强化个人信息、个人隐私等保护力度,开展面向企业、公众等主体的数据安全普法活动。另一方面,强化数据全流程监管与责任落实。以新技术应对数据安全问题,要加快研究风险识别与安全防护技术、数据加密保护及其他相关技术。构建数字化全流程的数据监管机制,实现数据在采集、共享、开放、流通、应用等环节规范管理,推动形成违法必究与包容审慎相结合的监管制度与机制。还需要建立健全数据分类标准与数据等级制度,界定数据安全与隐私保护的范围、内容与方式,构建数字技术应用的数据泄露潜在风险评估与防范机制。

(六) 打造标杆性应用场景

要打造标杆性应用场景,坚持以用户视角看待超大城市的数智治理。上海在城市数字化转型中已提出要牵好场景应用这个"牛鼻子",未来必须坚持突出"以人为本"的数字生活体验,"统筹谋划"的转型机制设计;杭州、深圳等超大城市也突出"数字孪生"的未来场景打造,"创新求变"的思维理念再造,推出一批具有标杆示范意义的应用场景。

第一,需要从生活、治理、经济等领域全方位打造多样化应用场景。为此,聚焦经济、生活、治理数字化,从用户视角找准需求和开发场景。生活数字化转型中的应用场景建设,要围绕"数字赋能生态、智惠基本民生、智享质量民生、智达底线民生"四大方面,从小切口出发满足公众最末端的需求。治理数字化的应用场景建设,应当立足于已有的信息化基础,实现治理体系的系统集成、有机衔接、整体提升,让数据与应用场景相互融合、相互促进。经济数字化同样需要供给侧和需求侧双向驱动、协同发力,对制造、商务、金融、科技、航运、农业等实施"一业一方案",既要让市场化的力量参与到应用场景建设中,也要让产业发展受益于应用场景建设。

第二,示范性应用场景的衡量标准应当是多维的。首要考虑的是公众感知。以智慧社区为例,深化人工智能应用,方便企业群众办事生活。超大城市数字治理的质量和水平,关键还是看群众受益不受益、满意不满意,人民群众的感受度是衡量数字化转型成效的重要标准。[①] 因此,要加快基层社会生活、治理的数字化转型,探索建立更优质的公共服务体系,不断增强群众的获得感和满意度。这就需要面向全社会征集应用场景,将人民群众的痛点、难点作为最迫切去解决的问题摆在第一位。其次,需要考虑是否利于政府提供公共服务。例如,智慧社区的应用场

---

① 《龚正调研城市数字化转型,要求将群众感受度作为重要衡量标准》(2021年6月28日),澎湃新闻,https://www.thepaper.cn/newsDetail_forward_13344953,最后浏览日期: 2023年8月20日。

景就具有现实价值,这一应用场景打通了交通、医疗、社区、运营商等多渠道数据,支撑起社区这一基础的社会治理单元,为超大城市的数智治理发挥了积极的作用。最后,示范性场景还必须要以优化效率为目标,充分利用超大城市现有各部门业务条线沉淀的数据和系统,加快场景的标准化,避免重复建设,真正实现超大城市的数智治理,服务于中国特色超大城市的治理与高质量发展之路径。

第二章
治理转型：数字化时代的超大城市发展前沿

第二章 治理转型：数字化时代的超大城市发展前沿

超大城市治理数字化转型是数字治理时代超大城市发展和创新的必由之路，也是实现城市治理体系和治理能力现代化的题中应有之义。超大城市治理数字化转型是数字治理理论与超大城市治理形态的完美契合，既具有数字治理理论的普遍意涵，也具有超大城市治理的独有属性。本章在分析数字治理理论的基础上，剖析城市治理数字化转型的逻辑，继而探究数字化时代超大城市治理的发展演进。

第一节 数字治理：数字化时代的治理新理念

信息革命给城市治理带来新的转型契机。基于城市治理数字化转型的实践，学界从多个理论角度来阐述城市治理数字化转型的过程。本节在阐明城市治理数字化转型相关理论的基础之上，着重介绍数字时代治理理论，以为城市治理数字化转型提供分析范式。

一、城市治理数字化转型的到来

自党的十九大以来，我国高度重视数字建设。党的十九大报告提出建设网络强国、数字中国和智慧社会，这是党中央根据我国发展的新阶段、面向新时代描绘的发展蓝图。《中华人民共和国国民经济和社会发展第十四个五年规划和2035年远景目标纲要》对"加快数字化发展,建设数字中国"明确了发展方向,即"加快建设数字经济、数字社会、数字政府,以数字化转型整体驱动生产方式、生活方式和治理方式变革"。

数字化转型已经成为推动城市经济社会发展的核心驱动力。推动城市数字建设已经成为国家和地方政府的重要发展战略。国家高度重视城市数字化发展,并将其视为推动城市治理体系和治理能力现代化的关键力量,提高城市综合运行能力以保障城市高效高质量运行的重要路径,提高城市数字经济发展、发挥数字治理效能、增强数字服务能力的重要举措,促进国家治理体系和治理能力现代化的重要方式。

数字技术对国家治理的影响得到了学界的广泛关注,并形成了技术治理论、数据治理论、平台治理论和合作治理论等理论视角。[1] 同样,在城市治理领域中,也陆续形成了有关城市技术治理、数据治理、平台治理和多元参与治理等丰富的理论阐述。这些理论从不同的侧重点来解读城市治理数字化转型,并给出了符合城市治理需求的观点阐述。在这些理论视角的支持下,城市治理数字化转型有了发展方向,分别围绕着技术治理、数据治理、平台搭建、多主体参与等议题展开了丰富实践。目前,城市创新和发展的一个显著趋势是城市数字化转型;并且,城市数字化转型是数字时代城市发展响应中央关于"网络强国、数字中国、智慧社会"建设的重要抓手,它是城市发展数字化、智慧化、智能化的证明。

数字城市是城市形态和城市运行在数字时代的一种数字化转型趋势,强调数据整合开放,提高城市运营的透明度,解决日益复杂的城市问题。从世界范围来看,20世纪90年代西方部分国家已经开始智慧城市的探索。美国旧金山国际会议上提出"智慧城市,快速系统,全球网络"议题。韩国在2004年推行u-Korea战略,新加坡在2006年启动

---

[1] 孟天广:《数字治理生态:数字政府的理论迭代与模型演化》,《政治学研究》2022年第5期,第13—26页。

iN2015计划,欧盟 2007 年在《欧盟智慧城市报告》中提出智慧城市设想,都被视为智慧城市概念的发端。2009 年,IBM 公司正式提出智慧城市的概念。西方学者随之关注智慧城市技术,它连接起物理、社会和商业模式。无论是发达国家还是发展中国家,都对智慧城市建设给予重视,许多国家或者地区的城市发展之所以具有较强的吸引力和国际竞争力,智慧化建设发挥了重要支撑作用,如"智慧国"新加坡模式、"天使之城"洛杉矶模式、"未来之城"东京模式、"可持续生活"阿姆斯特丹模式等。

2009 年之后,IBM 将智慧城市概念引入中国,随着数字技术蓬勃发展,新型智慧城市成为数字中国的核心载体。在中国,我们可以观察到的事实是,由于数字技术革命兴起,大数据、物联网、人工智能、区块链等新型数字技术融入城市发展的深度和广度增强,导致不同行业、不同领域的结构要素、运行模式等发生了较大变革,相应地,中国各省份的城市发展运行也发生了显著变化,经济领域、治理领域、服务领域等在数字化转型的冲击下呈现出新的时代特征。其中的突出特点是,数据成为重要的生产要素,数据价值驱动数字经济发展;敏捷治理和"数治"成为治理的主要方式;围绕群众需求创建整体性服务流程,并以"服务共创"增强公共服务创新。城市数字化转型、智慧城市、新型智慧城市、数字城市等概念的提出和地方城市实践,虽然名称不同,但其实质皆是提高城市的智慧化、数字化运行能力。当前,打造和形成具有特色的城市数字化转型模式已经成为中国城市建设的典型特征,例如,北京"接诉即办"推动数字化转型,杭州"数智杭州"激活城市智慧能力,成都"智慧蓉城"打造数字公园城市,上海"城市数字化转型"建设国际数字之都。

二、城市治理数字化转型的理论迭代

伴随着信息技术对城市治理的影响,数字技术的运用和普及不断地推进城市治理信息化的进程。在数字时代,大数据、云计算、物联网、人工智能等数字技术通过技术运用、数据治理、平台系统等影响着城市治理的结果、过程和能力。城市治理数字化转型经历了技术治理论、数据治理论、平台治理论和合作治理论等理论迭代。需要说明的是,这些理论的研究视角并不互斥,也并非前后替代,只是研究的视角不同导致其关注点有所差异,而城市治理数字化转型的良好成效取得需要技术、数据、平台等方面合作发力。

(一) 技术治理论

技术治理论强调技术变革带来治理方式和治理体系的变革。从电子政务到数字政府,从智慧城市到数字城市,是政府运用信息技术的进步,技术与政府流程、城市运行相结合,改变和提升了政府治理的效率,促进了政府能力的提高。从技术治理论的视角出发,诸多学者将技术工具视为数字治理变革的动力,认为数字技术是治理变革的工具。城市治理数字化转型从提升城市治理能力、完善城市治理体系的角度出发,关注技术革新如何赋能城市治理,特别是关注到数字技术的运行给城市治理体系、治理流程、治理能力等方面带来的变革。

但是,此模式主导的城市治理数字化转型往往陷入"技术唯上""技治主义"的陷阱,忽略组织变革、制度完善等方面的重要性。而且,一些治理问题的出现并非由于技术手段的缺失,而是制度痼疾导致的。当下,在城市治理数字化转型的过程中,过度强调数字技术的运用,过度给城市治理包上技术的外壳,往往会增加城市治理的复杂性。

(二) 数据治理论

数据治理论强调数据要素对于城市治理的重要性。数据是重要的生产要素,这已经是共识。在城市治理领域,海量数据蕴藏着重要的价值信息。如果说技术治理强调数字技术的运用和革新,数据治理则强调充分挖掘数据本身的价值和提高利用数据的能力来促进城市治理效率、能力的提升。党的十九届四中全会公报及此后出台的《关于构建更加完善的要素市场化配置体制机制的意见》将数据界定为生产要素。城市治理数字化转型中的数据治理,要求实现数据开放共享,在此基础上,增强城市政府海量数据收集、数据挖掘、数据分析、数据预测的能力,以辅助政府决策、精细治理、快速反应。

然而,目前仍然存在的数据问题,如共享难、开放难、数据本位主义等导致的"数据烟囱""数据孤岛"问题,严重影响着城市政府数据治理能力的提升。上下级政府间、横向部门间以及政府与企业、社会间的数据开放共享需要得到更多的关注。数据治理是城市治理数字化转型的重要组成部分,我们需要关注数据治理对于城市经济高质量发展、治理敏捷、服务高效的赋能作用,进而实现"面向数据、基于数据、经由数据"的治理体系。[1]

(三) 平台治理论

平台治理论强调数字平台在城市治理中的重要作用。数字平台是数据汇聚、流通、共享的"容器",能够连接起利益相关者和多方资源,在很大程度上降低了交易成本。英国政府提出"数字政府即平台"的理念,指的是政府数字服务组(government digital service)提供通用共享平台设施,内阁组成部门或第三方在平台上开发附加应用,推动以平台为基础的政府数字化转型。[2] 从平台治理论的角度出发,城市数字治理领域中的"城市大脑"、城运中心、社会治理中心等数字平台的搭建,构建起政府数据共享的平台,也为企业、公众参与提供了渠道,实现了数据资源的流通开放,为政府协同办公、联勤联动、敏捷协调等提供了支撑。例如,上海市政务服务"一网通办"是政务平台的应用,城市运行"一网统管"是城运平台的应用。由此也可以看出,通过平台治理,不仅实现了数据共

---

[1] 孟天广:《数字治理生态:数字政府的理论迭代与模型演化》,《政治学研究》2022 年第 5 期,第 13—26 页。
[2] 张晓、鲍静:《数字政府即平台:英国政府数字化转型战略研究及其启示》,《中国行政管理》2018 年第 3 期,第 27—32 页。

享,也促进了整体性政府的建设,加强了政府与企业、社会的沟通交流。①

平台治理是推动城市治理数字化转型的必要步骤,通过业务流程再造和信息整合,试图实现便捷服务和整体性治理。但是,目前城市治理数字化转型实践中存在的系统集约程度不足、平台重复建设、标准不一等问题,阻碍了城市数字治理的实现。

(四) 合作治理论

合作治理强调政府、市场和社会的合作共治,即政府不再是唯一的治理主体,市场、社会也参与到治理过程中来。从合作治理理论出发,多主体参与是城市治理数字化转型的组织保障,在政府主导、市场主体、社会参与的机制下,形成多元参与的共建共治共享格局。具体而言,政府发挥引领与主导作用;科技企业、社会组织、专业机构发挥专业优势,为数字化转型提供技术支撑、市场支撑;社会大众既是数字治理红利的享受者,也是数字城市建设的参与者。在数字时代,技术赋权社会参与,强化公众信息获取、意见表达、决策参与、监督政府的权利。数字技术增进了政府与市场、政府与社会的互动,有利于形成合作共治的格局。

需要注意的一个问题是,在技术赋能政府与技术赋权社会之间是否存在张力?例如,政府能力过强是否会抑制社会活力?社会无序参与是否会削弱政府权威?因此,如何保持技术赋能政府与赋权社会的动态平衡是值得深入思考的问题。

三、数字时代治理理论

数字治理是数字化时代的治理新理念。数字治理理论迭代,不同语

---

① 孟天广:《数字治理生态:数字政府的理论迭代与模型演化》,《政治学研究》2022 年第 5 期,第 13—26 页。

境下的数字治理理论具有不同的含义。孟天广认为,工具论强调用技术优化治理,数据论强调将数据用于国家治理,平台论侧重搭建数据共享与服务平台,治理论注重通过协同与合作达成共识。① 这些前后相继的数字治理理论都为本书分析超大城市数字治理提供了借鉴,尤其是英国学者帕特里克·邓利维(Patrick Dunleavy)率先提出的数字时代治理理论影响深远,它从政府与企业、社会互动的角度,来分析数字时代是如何影响政策产出的。②

(一) 数字治理:数字化时代的治理新理念

数字时代治理理论是由帕特里克·邓利维提出的。帕特里克·邓利维等人在2006年发表的《新公共管理已经终结,数字时代治理万岁》中详细分析了数字时代治理理论兴起的原因、内容等。③ 文中指出,在信息技术尚未快速发展的时代,新公共管理理论占据主导地位,但是,新公共管理理论强调分解、竞争和激励,这种管理主题已经不适用于信息技术时代。随着信息技术革命的发展,公共部门的组织和管理也面临着变革。尤其是互联网的运用在很大程度上使得政府系统信息化,优化了政府运作的流程,也影响到政府与公众之间的关系。简言之,由信息技术运用所带来的影响是整体性、革命性的变化,是围绕信息技术和信息系统的运用而发生的变革(如图2-1所示)。

帕特里克·邓利维分析了数字时代治理理论的内容。一是信息技术的根本性变革对公共部门产生影响。公共部门受到的技术影响,包括使用电子邮件、网站和局域网、电子采购系统和电子记录等。二是通过增加信息技术外包带来的公共组织变革。信息技术承包商具有专业优

---

① 孟天广:《数字治理生态:数字政府的理论迭代与模型演化》,《政治学研究》2022年第5期,第13—26页。
② Patrick Dunleavy, Helen Margetts, Simon Bastow, et al., "New Public Management Is Dead—Long Live Digital-Era Governance", *Journal of Public Administration Research and Theory*, 2006, 16(3), pp. 467-494.
③ Ibid.

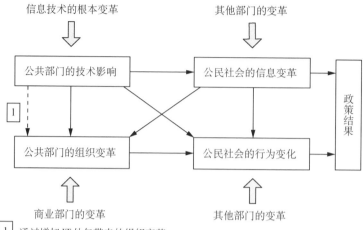

图 2-1　信息技术变革在当代公共管理变革中的中心地位

(资料来源：Patrick Dunleavy, Helen Margetts, Simon Bastow, et al., "New Public Management Is Dead—Long Live Digital-Era Governance", *Journal of Public Administration Research and Theory*, 2006, 16(3), p.479)

势,承包公共部门的相关信息技术服务,商业部门的参与对公共部门的组织变革产生影响,驱动组织结构和组织文化的转型。企业是市场变化的敏感者,最先适应信息技术运用带来的组织变革,促进结构扁平化,以顾客为中心提供服务等。受此启发和影响,公共部门也在组织结构和服务理念上进行创新。[①] 三是信息技术运用所带来的影响也包括对社会系统产生的作用。信息技术的运用和公共部门的技术影响使得公民社会发生了信息变革,这种变化又进一步对公共部门的组织变革产生影响,进而使得公民社会发生了行为变化。上述系列变革,影响了政策结果产出。所以说,信息技术带来的影响是多方面的,既影响了公共部门变革,也影响了公民社会变革,继而影响政府与社会之间的互动关系。

帕特里克·邓利维认为,数字时代治理理论有三个主题。一是强调重新整合。新公共管理理论强调分解,数字治理理论强调在分解的基础

[①] 陈水生:《新公共管理的终结与数字时代治理的兴起》,《理论导刊》2009 年第 4 期,第 98—101 页。

上实现整合,重新整合的内容包括逆部门化和碎片化、协同治理、再政府化、重新设立中央流程、压缩流程成本、重新设计后台服务功能链、采购集中化和专业化、网络简化。二是强调基于需求的整体主义。信息技术的运用变革政府与社会之间的关系,优化政府服务的流程,为公众提供更为便捷的服务,包括基于客户或基于需求的重组、一站式供应、交互式和"询问一次"信息查询、数据仓库、"端到端"服务重组、敏捷政府建设。三是政府的数字化变革。体现在数字化政府的建立,提供数字化服务,建设扁平政府,促进与公众的合作生产,以及促进政府的开放性等。

(二) 数字治理理论与超大城市治理数字化转型

数字时代治理理论是数字治理时代应运而生的理论,此理论对于本书研究超大城市治理数字化转型具有重要的启发价值。

第一,数字技术的运用引发政府组织变革和文化创新,促进治理领域的数字化转型。城市治理数字化转型,重新构架政府组织架构和功能,利用数字技术对公共管理方式进行变革,立足于公众需求,基于需求的整体主义思想,利用数字技术为公众提供服务。

第二,数字技术带来的影响不仅局限于治理领域,也促进社会领域、经济领域的数字化变革。超大城市的治理数字化转型是由数字技术运用所引起的多方面、多领域的综合性变革。数字技术变革所带来的影响包括政府领域、社会领域等多个方面,多领域的数字化转型促进了超大城市治理的数字化转型。

第三,数字治理时代的公共管理以人为中心。数字时代治理理论主张合作生产和公众参与,基于公众需求利用数字技术重塑业务流程,构建信息传递、权力分享、合作治理的管理模式。所以,数字时代治理理论对于研究技术赋能政府、技术赋权社会及促进超大城市治理数字化转型具有重要的价值和意义。

第二节 城市治理数字化转型的逻辑分析

超大城市的治理数字化转型不是从无到有的过程,而是强调超大城市现有治理模式转变的过程。超大城市治理数字化转型的原因可以从两个方面理解:一是外生冲击,即随着现代数字技术的发展,超大城市为了适应数字时代着眼于自身需求而进行转型;二是内生阻力,即现有治理模式存在问题,超大城市着眼于解决问题由问题驱动的转型。

一、外生冲击:数字时代的到来

随着大数据、云计算、物联网、区块链等数字技术的运用,各行各业都在发生数字化转型,一些城市的数字化转型更是起到先锋作用,如杭州的"城市大脑"、上海的"一网统管"和"一网通办"、北京的"接诉即办"等,这些城市在数字化方面的探索,彰显了数字技术赋能城市治理的能力和潜力。

为适应数字治理时代的发展要求,超大城市需要进行治理数字化转型。目前有关技术赋能城市治理的研究大致分为两个层面。

一是技术赋能政府改革。政府治理数字化转型,是将数字技术应用于政府治理中,使得政府拥有互联网思维,实现政府治理工具创新。[1] 数字化转型促进政府改革和创新,促进政府内部治理和政府透明。[2] 此外,数字技术的运用,不仅能够改造政府,使其更加具有参与性、敏捷性、响应性等特征,也使得政府服务的价值观产生变化。这种价

---

[1] 吴磊:《政府治理数字化转型的探索与创新——以广东数字政府建设为例》,《学术研究》2020年第11期,第56—60页。
[2] 刘银喜、赵森、胡少杰:《数字化转型中的政府质量测度与提升路径》,《中国行政管理》2021年第12期,第74—79页。

值观的变化体现在,从"以政府为中心"转变为"以公众为中心"。传统的电子服务是"以政府为中心",数字治理时代的数字政府服务注重公众的评价和态度,以数字化服务提升公众的便利性为出发点,注重公众参与、合作生产,为公众服务是政府数字化转型的重要逻辑。

二是技术赋能城市发展模式创新。数字化转型是信息技术应用不断创新和数据资源持续增长的过程,在此赋能的作用下实现经济、社会和政府的变革。[1] 城市数字化转型不等同于城市建设的数字化,也不等同于大量的数字基础设施建设,城市数字化转型是城市的发展模式和实体形态的转变,这一转变的过程是由技术和数据要素驱动的。[2] 所以,城市数字化转型是能够通过信息、计算、沟通、连接技术的组合,促进城市事务治理发生实质性改变,包括技术体系的建立、政府形态的变化和治理模式的创新等。[3] 城市治理数字化转型的内涵包括治理价值、治理制度、治理技术三个层面。[4]

因此,以大数据技术为架构的城市数字化转型,数字技术的运用是基础和前提。正是由于大数据、云计算、物联网、人工智能等数字技术的运用,才得以建构"城市大脑"、数字政府,使得城市运行"一网统管"和政务服务"一网通办"成为可能,从而加强了城市物理空间和虚拟空间的匹配,实现城市数字治理。[5] 可以说,超大城市治理数字化转型的前提和基础是数字技术工具的运用,也包含了政府服务思维的创新、城市组织结构的转型、政府服务流程的优化等多个方面。超大城市治理数字化转

---

[1] 翟云、蒋敏娟、王伟玲:《中国数字化转型的理论阐释与运行机制》,《电子政务》2021年第6期,第67—84页。
[2] 郑磊:《城市数字化转型的内容、路径与方向》,《探索与争鸣》2021年第4期,第147—152页。
[3] 吴建南、陈子韬、李哲等:《基于"创新-理念"框架的城市治理数字化转型——以上海市为例》,《治理研究》2021年第6期,第99—111页。
[4] 陈水生:《城市治理数字化转型:动因、内涵与路径》,《理论与改革》2022年第1期,第33—46页。
[5] 李文钊:《双层嵌套治理界面建构:城市治理数字化转型的方向与路径》,《电子政务》2020年第7期,第32—42页。

型是多个层面的数字化转型。正是由于数字技术的驱动,才能够实现城市治理理念上、政府权力运行上以及公众参与治理上的创新变革。城市治理数字化转型以新技术体系、新政府体系和新治理模式为主要特征。[1]

二、内生阻力:传统城市治理的困境

传统的城市治理模式面临一系列挑战,包括理念问题、管理体制问题、保障机制问题和数字治理问题等。这些问题制约着城市治理,需要运用数字技术以数字化方式来保障城市运行。

(一) 超大城市治理系统具有复杂性

超大城市是一个复杂的巨系统,不仅人口密度高、人口流动性大,而且城市治理要素复杂,这表现为公众的生产生活需求旺盛、社会风险性高,这些因素都对超大城市治理能力、治理模式、治理方式等提出了挑战。超大城市人多、车多、楼多,面临着基础设施老化、环境污染、突发性安全事件复杂等共性挑战。城市规模越大,各类城市运行的问题和风险就越多;城市生活有多丰富,城市治理就有多复杂。尤其是在数字社会,超大城市面临更为动态复杂的治理挑战,其进行治理的难度也可想而知。面对复杂的城市治理要素,倘若沿用传统的城市治理方式,超大城市难以应对瞬息变化的城市问题,不能够保障超大城市的精准治理和安全有序地运行。伴随着高经济发展、高人口密度、高治理需求、高发展要求,超大城市推进治理数字化转型势在必行。

随着大数据时代的到来,新技术运用、新产业发展、新服务方式等比比皆是,数字化生活场景和运营方式等更是不断涌现,无接触配送、移动

---

[1] 吴建南、陈子韬、李哲等:《基于"创新-理念"框架的城市治理数字化转型——以上海市为例》,《治理研究》2021年第6期,第99—111页。

支付、直播带货等便捷化的生活方式不仅推动市民生活创新,而且推动社会变革。在适应这些数字化生活场景的发展需求之时,政府需要谨慎应对由此带来的新型治理问题。在治理理念、治理方式、治理模式等方面,现有的城市治理主体都难以适应数字社会的发展要求。运用数字技术创新城市治理主体的治理理念、治理模式和治理方式,成为迫在眉睫之事。这突出体现在超大城市进行治理数字化转型,提升现代化治理能力,建立现代化治理体系。

（二）超大城市治理需求具有多样性

由于超大城市的治理对象具有差异性和多样性,所以,相较于一般城市,超大城市治理更具复杂性。例如,从发展状况来看,超大城市既包括高度城市化的地区,也包括城乡接合地区和乡村地区;从社会群体来看,超大城市中的社会群体既包括城市人口,也包括农村人口,既需要管理常住人口,也需要管理大量的流动人口。尤其是进入新时代以来,社会公众对于美好生活向往的需求更是对城市治理提出了新的要求。如何满足公众的多样化需求,如何应对多变的治理问题,并在此过程中提高人民群众的生活满意度和幸福感,是超大城市治理的现实背景。

超大城市的地域范围广泛,各个区域的城市化进程不同,人口结构也存在差异,这就导致居民利益诉求的多样化,需要城市治理主体采取多样化的治理方式、合理的资源配置来应对多样化的城市需求。超大城市的网格化治理已经为城市的有效运行提供了基础,但是,从应对精细化治理的需求来看还远远不足,仍然需要继续深化城市精细化治理,应对超大城市中的公共安全、公共服务等需求。数字技术的运用,能够赋能超大城市进行有效的数据分析、数据挖掘、数据利用等,为创造高质量、可宜居的城市生活提供技术支持。

（三）超大城市治理问题具有综合性

近些年来,越来越多的超大城市治理事务呈现出跨区域的特征,需要跨部门、跨层级的政府合作来应对。但是,政府信息不畅会影响治理效能。"信息烟囱"、数字化素养薄弱以及信息系统的不完善和不协调等,掣肘了部分城市治理创新的进程和效果。同时,由于数字治理的体制、规则、主体、效能之间仍不协同,政府的治理能力尚存提升空间。

超大城市治理运行复杂,如何采用有效的治理手段,在最低层级、最早时间,以相对小的成本解决问题,让城市发展更高质量、更为安全,是城市治理需要破解的难题。在数字治理时代,数字技术已经为政府管理和服务提供了更为丰富的工具和手段,使得城市数字治理成为可能。尤其是公共危机突发加快发展了数字生活,治理数字化转型具有可行性、必要性。

数字治理时代,超大城市治理需要运用数字技术来促进数字生态完善,包括各地区、各层级和各部门政府的协同治理,也包括政府与市场、社会的协同治理。数字共享平台是各主体协同治理的依托和载体,基于数据开放共享、数据整合和数据赋能,增强各主体信息互通、协同联动。目前,在城市生态治理、城市经济发展和城市秩序维护等过程中,应当进一步促进数据融通,加强数字治理,探索智能化治理和法治化数字治理的路径,通过数字化、网络化和智能化推动城市治理创新。

第三节　数字化时代超大城市治理的发展演进

超大城市治理数字化是数字时代城市改革与创新的重中之重。超大城市的繁荣和发展受益于城市治理的有效供给。当前,超大城市治理数字化转型是对城市面临的现实问题的回应,在适应数字化发展的潮流中,逐渐实现数字治理,形成中国特色的超大城市治理方案,提高城市发展的国际竞争力。

一、超大城市治理

城市是国家经济社会活动的中心。中国自改革开放以来推进城镇化建设,中国人口的城镇化比例不断提高。与此同时,超大规模的城市不断涌现,北京、上海、深圳等超大城市的稳定发展和繁荣向上成为国家发展和繁荣的重要组成部分。

相较于一般城市,超大城市的治理层面和治理事务更具广泛性、复杂性,超大城市的治理定位也需要在千针万线和协调多方中找到平衡。由此强调,在数字时代下,城市运行的智慧化、智能化越来越重要,城市治理的数字化需要全面加强。

超大城市治理是国家治理的重要组成部分。有效的超大城市治理,既能够承接国家治理的重要任务,又能够形成具有城市特色的发展模式,遵循自身发展规律,提高城市治理效能,回应城市治理问题。当前,超大城市治理的内在逻辑和实践路径,是以人民为中心的城市治理,在制度、技术和价值三个层面实现有机统一(如图 2-2 所示)。

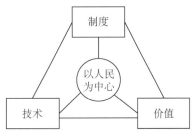

图 2-2 超大城市治理以人民为中心的治理框架

(一) 超大城市治理的制度

由于超大城市治理涉及不同的社会阶层和利益相关者,超大城市治理要形成共建共治共享的制度环境。城市政府部门难以独自承担治理任务,需要从政府一元管理模式向多主体参与的多元合作治理模式转变。联合国全球治理委员会将治理的含义界定为:与公共事务治理有关的各种利益相关者参与到治理的过程中来。这一意蕴下,本书所研究的超大城市治理就是在一定的制度安排下,相关利益者参与应对城市建设和发展中的一系列问题和挑战。完善超大城市治理的制度,首先需要明确政府主体、市场主体和社会主体的责任,及其共同的治理权利和义务,进而形成合作共治的格局。

理想的超大城市治理制度,是能够促进政府、企业和社会组织等城市主体基于平等、信任形成合作共识,实现超大城市治理的合作共治。超大城市治理的水平在一定程度上取决于制度建设的水平与发展。制度完善影响了城市治理中各主体之间的互动和演进(如图2-3所示)。

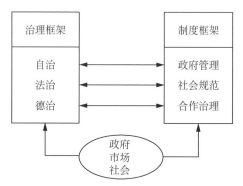

图2-3 制度影响与超大城市治理主体的互动

1. 政府管理

政府仍然是超大城市治理的主体,但是政府治理的方式正在发生改变,在治理理念上从管理走向治理,在治理方式上更多体现在寓管理于服务之中。

首先,政府管理流程进行再造。政府部门深化数字技术应用,围绕满足公众需求这一服务中心,重塑政府组织结构,优化政府服务流程,创新政府服务理念①,形成政府服务供给中各个环节的有机衔接,简化服务办事流程,形成一站式服务,提高服务效能。如食品卫生安全监管工作流程、企业注册登记"一门式"服务工作流程等。

其次,政府寓管理于服务之中。从本源意义上来说,管理和服务一

---

① 姜晓萍、汪梦:《国外政府流程再造的核心问题与启示》,《社会科学研究》2009年第6期,第41—45页。

体化,寓管理于服务。例如,上海"随申码"就是"一网统管"和"一网通办"的联结,体现了寓管理于服务之中的特点;市民服务热线既是为市民服务,也是城市问题的重要发现途径;交通秩序的管理以及结果的共享,同时也是服务。

2. 合作共治

政府、市场和社会主体以正式或非正式的方式进行合作以提供公共产品和公共服务时,就形成了以合作为基础的共治状态。这方面的社会实践比比皆是,例如,政府购买服务实现政府与服务承接者对城市管理和服务事项的治理;社会公众参与价格听证会;政府与专业化机构或企业以公私合作关系促进重大项目的建设运营等。由于超大城市治理中政府能力有限,但是公共服务和公共治理事务无限,合作共治是扩大政府能力范围的重要手段。合作共治中的资源、信息等以共同投入的方式,促进各个参与主体凝聚资源和力量,共享信息和数据,在实现各自目标的过程中,实现各自的利益最大化。

3. 自治、法治、德治

超大城市治理中的自治、法治和德治是一个有机整体。自治是法治与德治的基础,法治是自治与德治的边界和保障,德治是对自治与法治的补充。[①]

一是自治。超大城市中的市场、社会主体通过参与治理,在政府以外实现特定事务的治理和产品的供给。超大城市治理共同体中的企业、社会组织、行业组织、家庭和个人等发挥了重要作用。自治不是对政府治理的替代,而是弥补了政府治理的不足。自治依赖于社会传统、公众共识和相互信任等,超大城市发展越发达,社会资本越丰富,自治越有可能得到发展。自治是超大城市治理的重要形态,是成本最低的治理形态。

[①] 郁建兴、任杰:《中国基层社会治理中的自治、法治与德治》,《学术月刊》2018年第12期,第64—74页。

二是法治。一方面,超大城市治理中的法治必须遵守法律规范。不管是合作治理、自治还是政府治理,都需要遵循法治的边界。只有提高公众的法律和共识,才能在超大城市治理中发挥法治的效力。另一方面,法治也体现为对城市政府的行为约束。政府组织承担了大量的行政职能,法治作为保障公众权利、约束政府行为的重要工具,发挥监督的作用。

三是德治。德治作为一种非正式的制度约束,以道德规范来约束人们的行为,规范社会秩序。德治与法治精神相契合,在长期的教育与内化的过程中,让公众在濡化中得到成长。

(二)超大城市治理的技术

党的十九届四中全会指出,建立健全运用互联网、大数据、人工智能等技术手段进行行政管理的制度规则,推进数字政府建设,加强数据有序共享。超大城市治理数字化转型体现了智慧政府和服务型政府相融通的特点,是落实十九届四中、五中全会精神,提升城市治理现代化水平的重要探索。

当前超大城市治理中的创新主要体现为治理工具的创新,尤其是体现在技术手段的运用。超大城市正在以智能化为突破口,从群众需求和城市治理突出问题出发,在数据汇集、系统集成、联勤联动、共享开放上下更大功夫,把分散式信息系统整合起来。通过系统集成和平台建设,完善城市运行管理的数字中枢系统,在保障城市市政管理、应急管理、安全管理等方面发挥赋能和支撑作用,为推动城市数字经济高质量发展、数字治理高效能运行、数字生活高品质供给等提供有力支撑。

首先,技术观念的转变。推动城市运行各部门转变观念,深化数字技术赋能政府的理念,强化大数据、云计算、物联网、人工智能等数字技术在政府管理和服务中的运用,增进数字政府应用的观念。具体而言,在超大城市运行和管理中运用实时在线数据,能够支持政府在最短时间发现问题、预测趋势、研判形势,从而促进治理端口前移,保障防患于未然,保障以最小成本解决更突出的问题,提高超大城市运行质量和运行效能。①

其次,技术系统的搭建。超大城市数字治理平台强调系统集成,强调基础设施的统一性、数据信息的一致性、处置平台的标准化和处置过程的协同性,为实现城市数字化运行的目标提供基础。数字平台的搭建有利于纵向横向和线上线下共享协同。以不同管理层级的平台系统为其本级枢纽节点,统筹同级城市运行事项的跨部门协同。同时,以信息系统和数据交换共享中枢协议为连接通道,实现业务流、信息流、数据流在三级平台之间无障碍交换。

最后,技术力量的统筹。统一的数据资源、地理信息系统、处置力量、基本管理事项、管理平台、管理运行系统,为协同治理提供保障。通过智能化平台和智慧性手段的引入,统筹数据、资源、力量,并且加以整合,打破政府管理和社会治理的碎片化,建设整体性政府,倒逼和撬动政府的革命性再造。

(三) 超大城市治理的价值

人民城市人民建,人民城市为人民。以人民为中心是超大城市治理的价值体现。虽然超大城市是资本、权力、历史和传统等各构成要素的集合体,但是超大城市首先需要明确为谁服务的问题。人民群众是城市治理和服务的最终所有者,超大城市治理是为人民群众服务的。为人民群众服务体现了国家治理的逻辑在城市治理层面的落实。我国超大城市治理在民意汇聚、决策辅助、服务流程优化等方面有着丰富的实践和发展,体现为民意汇聚机制、决策辅助机制和优化服务机制这三种机制的发展完善。

1. 民意汇聚机制

一是重构发现和处置体系。不断优化相关舆情系统功能,紧盯新闻

---

① 陈水生:《数字时代平台治理的运作逻辑:以上海"一网统管"为例》,《电子政务》2021年第8期,第2—14页。

网站、微博、微信、移动端、新媒体等各类舆情信息和社情民意，强化对预警性、苗头性、倾向性信息的收集研判。强化"市民端"的哨点作用，用好12345市民服务热线、"随申办"互动频道人民建议征集、"随申拍"等功能。

二是强化政府决策辅助能力。通过对12345市民服务热线、领导留言板、电子邮箱等多种平台上的市民来电、留言的海量信息进行大数据分析、挖掘，从而辅助政府实时、动态地掌握群众急难愁办问题，辅助政府分析态势发展，以及辅助政府发现问题解决规律。因此，促进政府用好人民建议征集，让市民表达意见、建议和反映问题成为城市管理鲜活的数据来源。

2. 决策辅助机制

一是"事件触发"。从存在的问题、管理的需求、服务对象的感受出发，而非部门自身的驱动出发，围绕一个具体的事件场景，汇集事件相关的全量多维实时动态数据，为事件的高效处置提供决策支撑。例如，日常管理，可根据群众投诉反映集中的问题触发管理资源和管理力量的配置；危化品的应急处置，可汇聚119、120、舆情、现场视频，以及专业监管部门、管理平台的多维度数据，第一时间发现问题，了解现场情况，掌握可调度资源，立体化呈现事件进展，并运用融合指挥的方法高效应对、稳妥处置。

二是夯实"策源端"的支撑能力。围绕超大城市数字化治理规律，建立多维数据模型和算法超市，以问题为导向，以城市事件为牵引，提升技术"策源端"大数据分析研判能力，密切关注城市运行管理中潜在的问题，全面提升数字化城市风险监测预警研判和应急响应能力。同时，建立城市运行数字"知识图谱"，围绕城市治理难点顽症，不断汇集城市运行相关行业领域的典型经验和智能化做法，分门别类、数字建档、分色管理，逐步建立符合超大型城市特点和规律的数字化治理全息"知识图谱"。

3. 优化服务机制

一是实现城市管理由被动处置型向主动发现型转变。超大城市通过汇聚政务系统、神经元系统、第三方等多维、海量、全息数据，打造城市运行生命体征指标体系，利用大数据、人工智能等现代技术手段对经济、社会、生态环境、城市日常管理等领域的风险隐患进行分析研判，掌控城市运行实时动态,设定安全阈值,提前预测预判预警,把管理端口最大限度地前移,把风险隐患发现并消除在萌芽状态,实现城市管理由被动处置型向主动发现型转变。

二是实现城市管理由经验判断型向数据分析型转变。传统的城市政府管理决策更多依赖于经验判断,而数字时代的城市政府管理更多依靠数据辅助决策。具体而言,通过汇聚海量数据,对数据进行挖掘、分析,从而辅助政府合理分配管理资源,实现从发现问题到派单、处置、反馈的有机衔接,促进城市运行管理的流程优化,实现数据支撑的政府管理。比如渣土治理,包含多个管理要素,涉及多个管理和执法部门,传统管理各自为政,治理难有成效。通过智能化方式,汇集行业管理数据,针对管理难点痛点,利用感知网、大数据分析算法智能推荐和反馈,并结合勤务、执法办案系统,形成渣土治理的全生命周期管理,及时预警发现问题、协同处置问题和闭环管理。

二、数字中国超大城市治理的演进逻辑

数字中国超大城市的治理转型,不仅体现在治理领域的数字化转型,也包含经济领域的数字化转型、服务领域的数字化转型。超大城市治理数字化转型的内在逻辑,体现在经济逻辑、治理逻辑和服务逻辑三个方面。

(一) 经济逻辑

超大城市数字化转型包括经济数字化转型,城市经济作为城市发展繁荣的保障,是城市数字化转型的重要组成部分。在数字时代,数据是重要的生产要素,数据流动能够牵引资金流动、技术流动和人才流动、知识流动等,这些要素都是城市发展和区域发展的关键成分。[1] 城市经济

---

[1] 顾丽梅、李欢欢:《上海全面推进城市数字化转型的路径选择》,《科学发展》2022年第2期,第5—14页。

数字化转型为城市政府服务和治理奠定了基础,城市政府能够引导和促进产业数字化、数字产业化发展,实现城市经济迭代创新。同时,城市政府与企业合作,借助数字经济优势,带动城市各个领域发展,为公众提供优质、便捷、精准、高质量的公共服务。

超大城市经济数字化转型强调以数据流动释放数据价值,驱动生产要素的自由流动和生产资源的合理配置、充分利用。超大城市经济数字化转型的内容,从产业发展来看,强调产业数字化和数字产业化,即推动传统产业的数字化转型,以及促进数字产业的规模发展;从生产力和生产关系的角度来看,注重数据价值化和数字化治理,数据价值化是基于数据交易、安全和开放等促进技术、资本、劳动力和土地的配置利用,数字化治理注重市政、应急、信用、环保和公共安全的数字化。数字化促进经济发展的内在逻辑包括四个方面:构建敏捷组织、优化数据要素市场、优化资源配置效率、优化产业生态系统。①

(二) 治理逻辑

治理数字化转型是超大城市数字化转型的重要组成部分。超大城市数字治理的逻辑,一方面强调"数治",即用数字进行治理,依托数字平台上的数据流动、开放共享、挖掘和分析等,为超大城市政府管理和决策提供基本遵循,提高了政府管理的科学化。随着物联网和虚拟城市的建立,超大城市物理空间和虚拟空间有机融合,人、物、动、态有数可循,为政府监测、分析、研判城市运行提供了数字依据。另一方面,超大城市数字治理的逻辑强调敏捷治理(agile governance)。走向敏捷治理需要多目标间的平衡,强调多元与共赢,追求过程动态优化与工具灵活转化,因此,相较于传统治理模式,敏捷治理追求合作共赢、灵活处置。②

---

① 顾丽梅、李欢欢、张扬:《城市数字化转型的挑战与优化路径研究——以上海市为例》,《西安交通大学学报(社会科学版)》2022 年第 3 期,第 41—50 页。
② 薛澜、赵静:《走向敏捷治理:新兴产业发展与监管模式探究》,《中国行政管理》2019 年第 8 期,第 28—34 页。

治理领域的超大城市数字化转型,打通各个关键主体和重要领域的数据联通,提升城市政府对于物理世界和虚拟世界的治理能力,智慧城市、新型智慧城市或者是城市数字化转型,都是重塑城市结构和再造城市服务。目前,"一网通办""一网统管""掌上办""网上办"等,都是数字政府治理创新的生动写照。实现高效的数字治理,需要数据业务的精细化、数据治理体系的完备化和多主体行动的协同化以及风险应对的完备化等。超大城市治理数字化转型在于以数字技术赋能城市治理,以超大城市治理的精细化、智能化、数字化、智慧化和敏捷化提升城市运行的效度和温度。

(三) 服务逻辑

2018年11月,习近平总书记在考察浦东城市运行综合管理中心时指出:"既要善于运用现代科技手段实现智能化,又要通过绣花般的细心、耐心、巧心提高精细化水平,绣出城市的品质品牌。"[①]2019年11月,习近平总书记再次考察上海时指出:"……提高城市治理现代化水平。……要抓一些'牛鼻子'工作,抓好'政务服务一网通办'、'城市运行一网统管'……"[②]

如果说信息化建设初期的技术运用是为了提高政府机构的管理效率和能力,以部门为中心进行传统的行政管理,电子政务时期的技术运用则促进了政务公开和政务事项的网上处理,促进扁平化的政府组织发展。正如上海市数字政府建设经历了"信息硬件设施—政府上网、数字惠民—智能化发展"的历程,从注重经济与社会管理、政府机构运行,到关注政务公开与政务服务,再发展到决策应用、共享和开放(见表2-1)。数字时代的超大城市服务更加强调精细化、现代化。进入数字治理时代,政府数字化转型是促进城市治理现代化和公共服务体系现代化,以

---

① 中共中央党史和文献研究院编:《习近平关于城市工作论述摘编》,中央文献出版社2023年版,第156页。
② 同上书,第157—158页。

人民为中心构建整体性政府。[①]

表2-1 上海市数字政府建设的阶段特征

属性	信息化建设的启动期（21世纪前）	电子政务的快速发展期（2001—2010年）	数字政府转型的提速和跃进期（2011年—）
工作重点	信息硬件设施	政府上网、数字惠民	智能化发展
核心技术	电子信息技术，包括光纤、卫星通信、无线移动通信等	互联网技术	人工智能、大数据、5G、区块链和云计算等
直接政策目标	建立业务信息电子化系统	集约化的电子政务体系	全方位一体化公共服务体系
改革整体目标	提高政府机构的管理效率和能力	政务公开和政务事项网上处理	城市治理现代化和公共服务体系现代化
理想政府形态	以部门为中心的传统行政管理	朝向扁平化政府的发展	以人民为中心的整体性政府
技术与政府的关系	技术嵌入政府（工具思维）	技术展现政府（工具思维）	技术改造政府（互联网思维下的平台型政府）
代表性事件	"白玉兰"工程（市政府政务信息系统），"三金"工程试点	"中国上海"门户网站开通	"一网通办"改革
数据治理的核心	数据归集、整理和交换	网上业务的后台支撑	决策应用、共享和开放
推进领域	经济与社会管理、政府机构运行	政务公开与政务服务	全方位公共服务
推进机构	市领导小组＋市政府办公厅	市领导小组＋市政府办公厅＋市信息化委员会	市领导小组＋市政府办公厅＋市大数据中心

资料来源：敬乂嘉：《"一网通办"新时代的城市治理创新》，上海人民出版社2021年版，第62页。

[①] 敬乂嘉：《"一网通办"：新时代的城市治理创新》，上海人民出版社2021年版，第62页。

第三章
治理逻辑：超大城市治理数字化转型的内生价值

第三章　治理逻辑：超大城市治理数字化转型的内生价值

为何要实现超大城市治理的数字化转型？2020年3月，习近平总书记在浙江考察时指出："让城市更聪明一些、更智慧一些，是推动城市治理体系和治理能力现代化的必由之路，前景广阔。"①诚然，在超大规模城市的治理实践中不断涌现出的新问题倒逼着城市治理模式的革新，尤其是治理能力与治理要素的缺位、治理场景的滞后、治理模式的单一、治理条块的碎片化及模糊性②，极大地制约了城市治理能力的进一步优化。推进超大城市实现治理数字化转型，正是为了对城市治理涌现出的新问题予以回应，实现"人民城市人民建，人民城市为人民"的目标。超大城市治理的数字化转型代表着城市治理模式的多维度革新，是迈向现代化治理体系的重要支撑。

数字化转型为超大城市治理带来了多个维度的改革，为实现现代化治理体系提供了重要支撑。在数字化转型的推动下，超大城市可以利用现代技术和数据资源，实现更高效的决策制定和更合理的资源分配机制，提高城市治理的响应速度及其决策质量，从而更好地满足居民需求。数字化工具促进城市各部门间的协同合作，减少信息孤岛和数据壁垒，

---

① 中共中央党史和文献研究院编：《习近平关于网络强国论述摘编》，中央文献出版社2021年版，第143页。
② 蒋俊杰：《整体智治：我国超大城市治理的目标选择和体系构建》，《理论与改革》2022年第3期，第110—119页。

提高治理效率。数字化转型使城市治理具有更高的透明度和公众参与机会。通过数字平台,市民可以更方便地获取信息、提出建议和参与政策制定过程,这增强了治理的民主性和公正性。数字化转型基于多模态的数据分析和智能技术,能够帮助城市政府更好地管理资源、减少浪费,推动绿色发展和环境保护。总之,数字化转型是超大城市治理现代化的关键路径,它为城市治理提供了新的机遇和挑战,有助于更好地满足人民需求,提高治理效率和公平性,推动城市可持续发展。因此,实现超大城市治理的数字化转型是一项紧迫且具有广泛前景的任务。

第一节 超大城市治理数字化转型的形态、技术与理念

超大城市实现治理数字化需要可靠、安全和可扩展的"数字底座"作为支撑,城市数字化转型的本质也是由数字技术和数据要素驱动的城市发展模式与实体形态的结构性转变。① 从城市数字化转型的实践看,智慧城市是城市现代化的一个新路径,也是中国乃至全球治理现代化的一个重要路径。② 数字化转型本质上是一个不断迭代的过程,旨在通过信息、计算、沟通、技术等的组合方式促使事务发生实质性的改变。③ 从智慧城市建设切入,全面推进超大城市治理数字化转型,不仅意味着对一系列新治理技术的应用,也是对治理流程的再造,还意味着城市治理质量的提升,以及对公共服务可及性的重塑。

首先,数字化转型通过集成先进的信息技术和数据分析方法,为

---

① 郑磊:《城市数字化转型的内容、路径与方向》,《探索与争鸣》2021年第4期,第147—152页。
② 汪玉凯:《城市数字化转型与国际大都市治理》,《人民论坛·学术前沿》2021年第Z1期,第40—45页。
③ Gregory Vial, "Understanding Digital Transformation: A Review and a Research Agenda", *The Journal of Strategic Information Systems*, 2019, 28(2), pp.118-144.

城市治理注入了更高层次的智能化和智慧化能力。这涉及运用大数据分析、人工智能和物联网等技术，以监测城市运行状况、预测潜在问题，并有效地分配资源。这些技术的应用为城市决策者提供了快速、精确的决策依据，从而提升治理效率。其次，数字化转型还涉及治理流程的重构。相较于传统治理流程——可能受到烦琐手续和信息不对称的制约——数字化工具通过简化流程、提升透明度，有效降低交易成本，从而减少腐败和不公正现象，提高治理的公平性和公正性。最后，数字化转型还涉及提升城市治理的质量。通过数据分析和绩效评估，数字化工具可以更加有效地监督和评价政府部门的表现，促使政府更加负责任地履行职责，从而构建更加高效和负责任的政府机构。

数字化转型对公共服务的可及性产生了显著影响。通过数字化工具的应用，城市能够更加贴合市民需求，提供更加便捷、高效的公共服务，覆盖在线教育、医疗服务、交通管理等多个领域。数字化转型为市民提供了更多选择和便利，显著提升了生活质量。因此，全面推进超大城市治理的数字化转型是技术应用和流程改进的重要一环，同时也是关乎城市治理质量提升和公共服务可及性重塑的关键举措。这一转型将为城市带来更多机遇，提升治理效能，提供更优质的公共服务，进而加速城市现代化进程。

在实现超大城市治理数字化转型的过程中，现有的治理模式需要在形态层面、技术层面和理论层面进行拓展。具体而言：一是在治理的应用层面上着力改变治理形态，通过建构能够应对超大城市新问题的治理制度，实现治理的组织升级与流程再造，并运用新的治理手段推进超大城市数字化转型；二是在治理的技术层面加强对适配超大城市新问题的治理新兴技术的使用，立足科技发展与新技术革命，推动形成超大城市数字化转型的"数字底座"，作为治理形态转变的外在实体支撑；三是在治理理论层面上以治理理念的创新生产推进数字化转型，包括整体性治理、敏捷治理、智慧治理、智能治理、数智治理等新思想的融

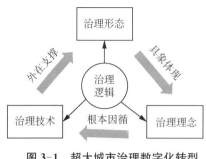

图 3-1 超大城市治理数字化转型的要素及耦合关系

入,这三个方面是超大城市治理数字化转型的根本内涵与目标指向。三条路径的作用关系如图 3-1 所示。

无论是治理形态,还是治理技术,抑或是治理理念,在超大城市的数字化转型过程中都不可或缺,这三个重要要素在学术界也备受学者关注。

一、以治理形态为中心的转型路径

治理形态与治理模式是影响城市治理效能的关键因素,在数字化转型推进的过程中,治理形态作为城市内外各个要素的"黏合剂",能够明确城市治理主体与城市治理客体在城市治理网络中的位置与职责,界定了治理发生的场域以及主体间的互动关系,对城市治理的有序运行发挥着至关重要的作用。

从治理形态的视角切入研究城市治理数字化转型的观点十分丰富。其中,大多致力于面向智慧城市如何实现"数智治理",这些观点建构起了城市数字化转型研究中的"形态论"。智慧治理是现代信息技术发展及应用的产物,是与城市空间相匹配的治理形态,其包含了行动者、技术要素和规则体系三元技术系统。通过对社会事实进行数据编码、加工和运算,实现了治理主体、对象、过程以及结果的清晰性,带来了更加明晰的城市治理图景。这种清晰性经由社会事实的再组织、信息的扩大再生产、社会计算方式的重构、信息处理流程的再造,以及处理结果的可视化等技术逻辑而得以实现。但这种清晰性也受到社会事实的模糊性和不可读性等方面的限制,因此,城市治理需要平衡模糊性与清晰性的关系,选择适宜而可行的目标以及技术。① 行动者要素中的关键在于城市政府,这是"形态论"所强调的核心,并且需要从优化顶层设计、创新体制机制、加快建设创新系统与产业集群体系、完善公共服务体系及智慧文化体系等方面出发,积极探索新的治理路径,以治理路径服务城市治理,进而推进智慧城市的建设和发展实现数字化转型。② 在治理形态的迭代升级中,需要借助金融体系的力量,推动科技创新发挥中介效应,进而促进智慧城市的信息化发展,实现城市数字化转型。③ 因此,从金融体系建设与科创能力提升出发,融入金融科技的力量,是城市治理形态升级的重要方面。与此同时,积极培育知识型管理人才,运用PPP模式改善智慧城市建设的融资体制,妥善处理好融合的利益协调,进一步促进城市社会治理的发展。④ 从治理形态的泛在化表现来看,超大城市治理数字化转型的根本目的是打造一个整合化的"城市大脑"。同时,基于"城市大脑"建构数字界面,从可能性原理、交互性原理、形态性原理、结构性原理、路径性原理、协同性原理、演化性原理和评价性原理八大方面出发,实现智能城市治理。此外,结合"城市大脑"治理的外部环境、数字界面、内部结构、智能治理目标等要素,全方位推动城市治理的数字化转型。⑤

综上所述,治理形态的重构是数字化转型时期城市治理的根本任务,也是区别于传统城市治理的根本线索。

---

① 韩志明、李春生:《城市治理的清晰性及其技术逻辑——以智慧治理为中心的分析》,《探索》2019年第6期,第44—53页。
② 胡景山、许爱萍:《中国智慧城市建设中政府治理路径探析》,《天津社会科学》2015年第6期,第95—97页。
③ 湛泳、李珊:《金融发展、科技创新与智慧城市建设——基于信息化发展视角的分析》,《财经研究》2016年第2期,第4—15页。
④ 韩兆柱、马文娟:《"互联网+"背景下智慧城市建设路径探析》,《电子政务》2016年第6期,第89—96页。
⑤ 李文钊:《数字界面视角下超大城市治理数字化转型原理——以"城市大脑"为例》,《电子政务》2021年第3期,第2—16页。

二、以新兴技术为中心的转型路径

对于数字治理的实现而言,数字技术既是必要条件[①],也是支撑城市治理数字化转型的硬件底座。在现实的城市治理过程中,一系列新技术的应用也已然加速城市治理模式的转变。[②] 超大城市治理数字化转型的"技术派"侧重以新兴技术为中心展开对城市数字化转型路径的探讨,致力于通过技术迭代实现治理转型。诚然,当前全球正处于技术变革的新时代,以互联网、大数据、虚拟现实、人工智能、5G、6G 为代表的新兴技术不断涌现,为城市数字化转型的推进提供了技术支撑,也为数字化转型带来了机会之窗。在技术迭代的背景下,应用新技术能够打破传统城市治理的限制,为治理效能的提高与城市推进数字化提供保障。技术层面的支持离不开数据整合,技术支持的实现需要构建新型的智慧城市数据融合框架。当前,城市治理的数据主要来自政务、企业和行业系统,数据具有类型多、基数大、增速快、实时性高、流动性显著和异构特征突出等特征。毫无疑问,整合处理、分析不同来源数据并合理化利用城市资源的难度较大,需要各部门、各地区的共同协作,分工建设。通过各类技术措施,并经由功能平台、互联网等设施,统一布局和统筹规划,打造城市共性信息化基础设施。具体而言,以城市地理空间数据为根基,构建数据资源体系,并采用基于大数据技术的分布式存储结构,构建数据融合体系。此外,通过收集、处理与分析基础地理信息数据、政府、企业和个人数据,标准化处理描述某种类型资源属性的结构化数据,实现城市各应用系统之间的互操作和同一主题的资源聚合,实现舆情监控、预警监测与问题定位,为城市决策者提供数据服务。[③]

---

① 谭必勇、刘芮:《数字政府建设的理论逻辑与结构要素——基于上海市"一网通办"的实践与探索》,《电子政务》2020 年第 8 期,第 60—70 页。
② Jungwoo Lee, "10year Retrospect on Stage Models of E-Government: A Qualitative Meta-Synthesis", *Government Information Quarterly*, 2010, 27(3), pp. 220-230.
③ 崔巍:《大数据时代新型智慧城市建设路径研究》,《社会科学战线》2021 年第 2 期,第 251—255 页。

三、以理念创新为中心的转型路径

数字治理如果只靠技术的单兵突进和刚性嵌入,而缺少理念的更新、制度的变革、组织的转型、法治的规范和伦理的关切,可能带来预期之外的副作用,影响人的体验和感受,抑制人的自主性和参与度,损害人的权益和尊严。[①] 城市治理数字化转型并非一种基于形态与技术的物理层面的变化,它不单单是将新兴技术应用于城市治理形态的变革之中,在更深层次上是治理理念的更迭。当前,国内致力于城市数字化转型及智慧城市的建设,但在建设中数字鸿沟明显、评估与监管不到位、政府角色定位不准等问题也逐渐凸显。需要从加强对弱势群体的关注和保障、项目建设流程的监管与服务,以及灵活处理政府和市场的关系等层面,有针对性地解决当下国内智慧城市建设中的各种问题。[②] 这也从侧面凸显了当前治理理念的滞后,阻碍了数字化转型在城市治理中的推进。对此,李文钊基于界面理论提出了一个新的框架来理解城市治理数字化转型。这个框架的核心是建构面向公民和决策者的双层嵌套治理界面,来实现对公民需求、多层政府、不同政府部门间的有效整合,最终达到"双层界面,多重融合,一体化供需"的治理目标。一体化治理界面之所以可能,离不开治理理念与价值、认知与情感、数据与算法等方面的变革与发展,从而让城市治理更智慧,让市民生活更美好。这同样是城市治理数字化转型的终极追求。[③] 通过对双层嵌套治理界面的建构,能够很好地融合治理技术,革新治理形态,系统推进城市治理的数字化转型工作。

无论是运用新的治理手段推进城市治理数字化转型,抑或是立足科

---

① 郑磊:《数字治理的效度、温度和尺度》,《治理研究》2021年第2期,第5—16页。
② 葛蕾蕾、佟婳、侯为刚:《国内智慧城市建设的现状及发展策略》,《行政管理改革》2017年第7期,第40—45页。
③ 李文钊:《双层嵌套治理界面建构:城市治理数字化转型的方向与路径》,《电子政务》2020年第7期,第32—42页。

技发展与新技术革命推动智慧城市建设及其数字化转型,还是以理念的创新推进智慧城市建设及其数字化转型,都需要进一步明晰其中的内核追求。超大城市推进城市治理数字化转型,从根本上说既内嵌于行政系统自身改革的需要,也源于公民服务诉求扩大的要求。从公民的公共服务需求本身的满足出发,让技术和城市"为人而转",而不是让城市和人"围着技术转"或"被技术转"[①],这不仅是城市治理的革新,更是当前建设人民城市的应有之义与时代要求。

  凡是过往,皆为序章。数字化转型注重面向未来,旨在让城市建设、治理和发展具有更坚实的信息基础,匹配更先进的治理模式,为迎接数字时代下智慧城市"数智治理"的全面到来做好准备,其从根本上都是为了"人"。注重以人为本,既是整座城市发展的价值取向,也是治理之道的核心要义。无论是过去所强调的城市精细化管理,还是当前所追求的城市治理数字化转型,最终都是为了不断提高城市治理数字化、智能化、智慧化水平,让城市生活更便捷、更有序、更安全。提升城市的生活福祉,创造出人民所向往的美好生活[②],这是超大城市治理数字化转型的根本目标,也是本章所提内生价值的应有之义。

第二节　治理形态:多元主体参与下的平台治理

  在传统的政府管理中,政府机构的行政官员和管理者依旧在社会管理中发挥着支配作用,他们依然通过依赖工具和技术手段,控制政策制定过程,设计各种选择,动员民众和评估绩效,以此寻求解决问题和变革

---

① 郑磊:《城市数字化转型的内容、路径与方向》,《探索与争鸣》2021年第4期,第147—152页。
② 上海市住房和城乡建设管理委员会:《在上海探索超大城市数字化治理新路径纪实》(2022年10月11日),上海市人民政府网,https://www.shanghai.gov.cn/nw31406/20221012/c5eca6b80e3249d28e9f074f90495b82.html,最后浏览日期:2023年5月21日。

政府的答案①。伴随着后工业化时代的到来,多元治理主体并存,建构起合作治理的模式成为时代所需②,其也是数字化时代下数字政府治理形态的主体特征③。公共服务需求与治理形态的升级催生着超大城市治理数字化的转型,并且要求其在多元主体参与下构建治理平台与界面,通过形成平台治理的模式吸纳来自社会各个单元的主体进入其中。

一、公共服务与治理形态升级的动力

实现公共服务供给与需求的有效匹配是服务型政府建设的重要目标④,这一目标在当下数字化转型同样重要。在数字化时代,对"打造什么样的治理形态"这一问题的回答依赖对其所回应的实践问题的思考,需要对公共服务供需匹配的情况进行详细梳理。改革开放以来,伴随着全国经济的腾飞式发展,我国公民的人均收入不断增加,对公共服务的需求层次也开始提高。在传统政府治理体系中,兼顾公共服务的个体差异的成本高昂,并且对政府治理能力的要求较高,仅仅依靠"人海战术"的管理主义思维成效甚微。而这种公共服务个体需求传导与主客体间的互动调适在蓬勃发展的数字经济与信息技术支撑下显得容易许多,既是当前推进超大城市治理数字化转型的动力,也是提升政府信任与合法性的重要方式。

尽管有关公共服务的讨论与互动在治理历史中的各个时期均是重要议题,但不同时代的不同社会会产生不同的公共服务交互形式,这种

---

① [美]全钟燮:《公共行政的社会建构:解释与批判》,孙柏瑛、张刚、黎洁等译,北京大学出版社2008年版,第18—19页。
② 张康之:《合作治理是社会治理变革的归宿》,《社会科学研究》2012年第3期,第35—42页。
③ 鲍静、范梓腾、贾开:《数字政府治理形态研究:概念辨析与层次框架》,《电子政务》2020年第11期,第2—13页。
④ 陈水生:《公共服务需求管理:服务型政府建设的新议程》,《江苏行政学院学报》2017年第1期,第109—115页。

交互方式也影响了公共服务提供的形式。在工业社会,公共服务交互常以科层制、在地化、面对面这三个主要特征实现。其中,科层制是作为公共服务主要供给方的组织形式,在地化是公共服务供给方与接受方的主要互动场景,面对面则是其主要互动形态。受到信息技术进步的影响和数字化时代到来,公共服务的交互形式也摒弃了传统的科层制、在地化与面对面,开始以一种全新的形态,强调敏捷化、互动化与广义化。尤其是数字化时代下所展现出的去中心化与信息裂变特征,以及持续增强与扩大的数字化场景,极大地增强了社会治理多元参与主体的话语权与共享性,体现出更加扁平化的社会权力配置重塑趋势。[①]

伴随着数字治理影响力的日益增强与数字化转型在公共管理实务界迅速发展与日益重视,学术界也针对数字化转型与政府治理形态转变展开了大量研究。其中不乏聚焦于讨论公共服务数字化转型的研究成果,但却鲜有提及在公共服务过程中,公共服务提供者与公共服务接受者如何进行信息互动,这种互动是治理数字化转型中的关键。诚然,在互联网时代与城市数字化转型的背景下,信息是其中的基本单元和重要要素,公民在不同的公共服务治理场景中也越来越多地以信息单元的角色进入治理空间之中,并与政府在不同的治理场域内进行互动。从传统公共服务面对面与在地化交互迈向公共服务数字化转型的历史进程蕴含不同阶段,从信息视角理解不同阶段与进程的演变能够厘清其发展的本质,更能够深刻地理解多元主体参与的实践样态。当前,在城市数字化转型的宏观战略背景下,在公共服务供给数字化转型的契机下,其中的信息互动机制正发生着根本变化。这种变化的机制建构了不同的公共服务数字化形态,也深刻地影响着政府治理方案的生产,确保公共价值的再创造,并成为城市治理数字化转型的根本动力,影响着"政府即平台"的平台治理模式的形成。

---

① 徐顽强:《数字化转型嵌入社会治理的场景重塑与价值边界》,《求索》2022年第2期,第124—132页。

二、"政府即平台":超大城市数字化转型中的平台治理模式

超大城市治理数字化转型旨在构建整合式治理平台,从而实现治理功能的集成,治理效能的提升,并着力在政府内部的管理层面与政府公共服务供给的服务层面搭建平台。在学理意义上,随着学者蒂姆·奥莱利(Tim O'Reilly)提出"政府作为平台"(Government as a Platform)理论后①,"政府即平台"的数字政府建设方略逐渐在各国学术界和实务界内得到了广泛认可。究竟何为平台治理? 相较于其他数字化转型,平台治理又呈现出怎样的特征? 这些问题在各界不乏讨论,但却少有清晰的界定。例如,当前有学者将平台式治理形态等同于互动平台式乃至智慧式的数字治理形态,认为平台式数字政府形态兼具信息整合、多元互动与智慧化特征,但却并未清晰区分平台式、互动平台式与智慧式三种形态的区别②。在笔者看来,无论是在城市治理数字化转型中,还是在公共服务数字化转型中,平台式治理形态区别于传统政府治理形态的两个核心点立足于集成化与数字化。一方面,平台式治理侧重于对各公共服务子模块进行集成,整合行政系统内部跨部门的服务职能;另一方面,平台式治理要求形成面向公共服务接收方的整体性模块化界面,以便于实现交互。

"用户导向"是数字化赋能服务型政府建设的重要方面③,是否服务好公民是数字化转型成效判断的重要考虑。尤其是在公共服务的现实场景下,对于信息素养不一的公民而言,其在平台式治理体系的公共服务供给中只需进入公共服务平台,既能够完成公共服务事项的办理,一

---

① Tim O'Reilly, "Government as a Platform", *Innovations: Technology, Governance, Globalization*, 2011, 6(1), pp.13-40.
② 陈水生:《数字时代平台治理的运作逻辑:以上海"一网统管"为例》,《电子政务》2021年第8期,第2—14页。
③ 刘井君、王鹭:《数字化赋能服务型政府建设:理论逻辑、实践图景与未来路向》,《杭州师范大学学报(社会科学版)》2022年第3期,第111—120页。

定程度上避免了因公民信息素养薄弱而被排除在公共服务体系之外,也一定程度上解决了数字鸿沟问题,消解由数字化带来的不平等问题。与此同时,从历史演变的逻辑观之,公共服务数字化转型中的平台式信息形态源于过去行政服务集中化改革,是早期行政审批中心和政务大厅的信息化升级,这也是当前我国推进超大城市治理数字化转型的主要方向。平台式治理模式借助于信息技术实现对公共服务供给部门的职能整合,但同样存在不足,因为其对于整合后服务模块的运用仍是一种"自上而下",自公共服务供给端到公共服务需求端,是一种信息输出与呈现。

　　如图3-2所示,在平台治理模式中,公民被视作公共服务供给的中心,一系列分散在各政府部门中与之相关的公共服务供给信息被整合到界面化平台之中。以公民中心本身要求公共服务的供给充分考虑到公民自身对公共服务的可及性及获取的舒适性。但在公共服务数字化转型的过程中,伴随着新技术的运用,其公共服务交互的底层逻辑发生了巨大改变,也隐喻着公民公共服务获取能力将会在其中发挥着重要作用,其建构的前提假设在于公民具有相关知识基础与学习能力,能够根据自身需求进行精准匹配与定位。数字科技的精密性、复杂性特征,决定了数字时代和智慧社会必然呈现不均衡的结构。[1] 同样,公共服务数字化在带来服务便捷性的同时,也为潜在的数字鸿沟、数字弱势群体与其他数字衍生的社会问题提供了空间,尤其是数字鸿沟问题,其会加剧发展的不平衡性,强化社会不公平感,诱发"信息孤岛"问题,进而阻碍公共服务的均等化。[2] 平台式治理模式既降低了公民获取公共服务的成本,也消除了由于公民个体数字化技能能力差异化所带来的不平等与数字鸿沟。平台式形态通过将信息处理与能力需求的匹配实现端口后移,由公民进行服务信息匹配处理移向政府进行服务信息匹配处理,公民仅

---

[1] 高一飞:《智慧社会中的"数字弱势群体"权利保障》,《江海学刊》2019年第5期,第163—169页。

[2] 胡春艳:《公共服务如何跨越"数字鸿沟"》,《人民论坛》2020年第23期,第62—64页。

需提出最为初级的公共服务信息——自身需求,与之对应的服务数字化模块与平台则由政府进行定位,成为数字化转型时期政府治理形态的理想模式。

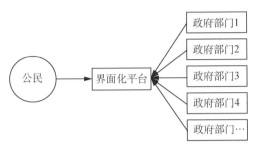

图 3-2　平台治理模式的基本逻辑

三、平台治理中的多主体参与

诚然,城市数字化转型与数字治理是一首政府、市场与社会的"交响曲",而非政府的"独奏曲"。[①] 城市治理数字化转型的实现,需构建全功能集成、全网络融合、全周期管理、全要素连接的"数智治理"体系,进而促进城市治理现代化。[②] 在"政府即平台"的平台式治理模式中,全功能集成、全网络融合、全周期管理、全要素连接需要来自多主体的参与。具体而言,需要政府主体、市场主体、公民主体、社会组织的共同参与,以共建共治实现数字化转型成果的全面共享。

一是平台治理中的政府主体参与。政府数字化是城市数字化中最早实施的环节,早在 2016 年,国务院便印发了《国务院关于加快推进"互联网+政务服务"工作的指导意见》,并通过自上而下的政策高位统筹推动进行全国数字政府建设。因此,在城市治理数字化转型的进程中,政

---

① 郑磊、张宏、王翔:《城市数字治理的期望与担忧》,《治理研究》2022 年第 6 期,第 53—62 页。
② 陈水生:《城市治理数字化转型:动因、内涵与路径》,《理论与改革》2022 年第 1 期,第 33—46 页。

府优先推进数字化工作的信息基础与组织基础较好。此外,从数字化转型的数据要素基础来看,政府天然地掌握着数字时代所需要的大量数据及信息资源,并且能够通过各类政策工具实现对全社会强大的动员,充当起超大城市治理数字化转型初期的"引领者"角色,为市场主体、公民主体、社会主体的进入拓展空间。在超大城市的治理数字化转型过程中,政府能够率先将自身掌握的庞大资源进行数字化,推动政务服务数字化以提升政务服务效能,进而引导其他主体将自身数字资源融入,搭建全方位的数字化平台,最终实现全城市的数字化转型,打造数字孪生城市。

二是平台治理中的市场主体参与。经济数字化是城市数字化转型的重要领域①,各类市场主体是经济发展中最活跃的主体,是城市治理中最庞大的组织主体之一,更是城市数字经济发展的重要基础。各类市场主体既链接着庞大的市场经济资源,又直接面向公民主体,提供生产生活所需的各类要素,其已成为城市推进经济数字化的重要组成部分。对于平台治理模式的搭建,市场主体在城市治理的场景中最具活力,对各项新技术的运用也最具效率,能够将最新的数字经济技术应用于平台治理之中,为城市数字化转型提供技术支撑。

三是平台治理中的公民主体参与。公民主体在平台治理中发挥着两大方面的重要作用。一方面,公民主体能够为城市数字化的转型以及平台治理模式的升级提供动力,唯有通过将公民主体自身的公共服务需求信息汇集到城市数字化的网络之中,平台治理模式才能够具有面向的基础,政府主体与市场主体才能够在平台治理中发挥作用。另一方面,在城市数字化泛在实现的空间场景内,每个公民个体都是一个信息与数据上传与下载的"节点",是数字化空间场景中不可或缺的部分,也是实现万物互联与城市数字孪生的重要载体。

---

① 顾丽梅、李欢欢、张扬:《城市数字化转型的挑战与优化路径研究——以上海市为例》,《西安交通大学学报(社会科学版)》2022年第3期,第41—50页。

四是平台治理中的社会组织参与。社会组织是平台治理中政府主体的有效补充,尤其是在公共服务的供给上。超大城市治理数字化转型在带来城市治理便捷化、敏捷化、智能化、泛在化的同时,也会带来一系列次生问题,可能会产生一系列非意图的后果。例如,数字时代愈发严重的数字鸿沟问题,其所导致的数字化转型无法惠及老龄群体,影响基本公共服务的可及性等。单一依靠政府主体也极易导致问题"看不过来、管不全面"。而社会组织的参与能够有效地解决这一系列问题,作为数字化转型推进过程中的有效补充。

第三节 治理技术:数字技术运用驱动敏捷治理

技术层的应用是打造敏捷治理驱动的超大城市治理道路的重要方面[1],尤其是各项新兴技术的使用。例如,在城市治理的各个场景中嵌入大数据和算法技术,能够切实提升政府监管部门对风险隐患的识别能力,提升治理的前瞻性与预判性[2];物联网和虚拟现实等技术能够提升公共服务资源的可达性,更好地提升公民获取公共服务的效能感[3]。

一、敏捷治理思想与超大城市数字化转型

随着一篇名为《作为理论的治理:五个论点》的论文翻译发表后[4],

---

[1] 谢小芹、任世辉:《数字经济时代敏捷治理驱动的超大城市治理——来自成都市智慧城市建设的经验证据》,《城市问题》2022年第2期,第86—95页。
[2] 马符讯、张照生:《新兴产业的政府数字治理研究——以新能源汽车国家监测与管理平台为例》,《管理评论》2021年第11期,第94—105页。
[3] 葛天任、裴琳娜:《高风险社会的智慧社区建设与敏捷治理变革》,《理论与改革》2020年第5期,第85—96页。
[4] [英]格里·斯托克:《作为理论的治理:五个论点》,华夏风译,《国际社会科学杂志(中文版)》1999年第1期,第19—30页。

"治理"一词开始逐渐进入我国学术界的视野之中。20多年来,伴随着国内大量学者的引介与发展,"治理"及其相关理论大行其道,各类治理理论纷纷被提出,敏捷治理就是其中重要的理论成果之一。实现敏捷治理是超大城市推进数字化转型的重要目标之一,尤其是在日趋复杂化、碎片化和不确定的环境中,敏捷治理已成为城市健康发展以及城市化顺利推进的必然趋势和实质要求。[1] 敏捷治理最早源于敏捷思想,而敏捷思想诞生在20世纪90年代的制造业和软件工程行业。企业为了应对快速变化的市场,摒弃传统瀑布式开发方法的弊病,提出了敏捷开发的理念,而后这一理念逐渐应用到公共管理等领域。近年来,随着人工智能、基因技术、区块链、类脑技术、生物技术、边缘计算等新兴数字技术快速迭代发展,政府治理逐渐显现出管理方式滞后、治理效率低下、治理水平跟不上技术发展速度等问题。敏捷治理是一套具有柔韧性、流动性、灵活性或适应性的行动或方法,是一种自适应、以人为本且具有包容性和可持续的决策过程,旨在改变在第四次工业革命中政策的产生、审议、制定和实施的方式。[2] 在学理意义上,敏捷治理指信息时代由政府主导,社会组织、企业等多元主体围绕公共事务,在国家法规和地方规定的框架中引入信息化和技术化手段,协调多方利益,精准施策,及时满足公众需求,以实现超大城市社会良性运行和秩序稳定的制度设置。敏捷治理在一定程度上继承了传统治理理论(科层治理和市场治理)的精华,同时综合了新治理理论(多中心治理、协同治理、实验主义治理等)的一些优势要素,又突出了快速便捷、及时获取、精准达到等速度要素。[3] 在数字技术应用的基础上,超大城市实现敏捷治理开始逐渐成为可能。

---

[1] 容志:《数字化转型如何助推城市敏捷治理?——基于S市X区"两网融合"建设的案例研究》,《行政论坛》2022年第4期,第71—80页。
[2] 薛澜、赵静:《走向敏捷治理:新兴产业发展与监管模式探究》,《中国行政管理》2019年第8期,第28—34页。
[3] 谢小芹、任世辉:《数字经济时代敏捷治理驱动的超大城市治理——来自成都市智慧城市建设的经验证据》,《城市问题》2022年第2期,第86—95页。

传统城市管理更多关注的是以功能为线索的条线逻辑,而现代城市的运行并非简单的条线逻辑,各方主体、资源、系统在数字时代下交织,并不断进行流动、匹配与整合。因此,现代城市治理更需要汇集来自各方的信息,这种信息响应与汇集的效能与速率决定着现代超大规模城市治理的成败,这体现出敏捷治理应用于超大城市治理的价值所在。在系统科学意义上,城市是一个开放的复杂巨系统,并与周围环境时刻进行着物质、能量及信息交流[1],超大城市则就像一个"巨无霸",具有更加鲜明的巨系统的特征[2],对任何微小的城市事故的响应不及时都可能带来巨大的损失,因此,需要时刻监测超大城市运行的各项指标,而指标检测的背后更需要数字技术的支撑。通过运用新兴的物联网、互联网、数字技术、信息技术、人工智能技术等数字技术以实现对城市日常运行各项指标与体征的监测与管理,达到万物互联、动态更新、及时响应的治理目标,打造城市治理数字化转型的"数字底座",全方位提升城市治理能力与水平。

二、"数字底座":超大城市治理数字化转型的硬件基础

党的十九大报告、二十大报告与国家"十四五"规划都多次强调了实施"数字中国"战略的重要性,表明一场席卷全国的城市数字化转型浪潮已然到来。而作为城市治理数字化转型的基石,打造健全完善的城市"数字底座"成为数字化转型的重中之重。城市"数字底座"是指将传统物质化、实在化的城市空间地理、人口、资源、市场主体、交通、工程等城市生活方方面面的数据进行汇流、整合与优化之后,形成的用以支撑城市数字化转型的数据库或数据池。城市治理形态的转变,

---

[1] 房艳刚、刘鸽、刘继生:《城市空间结构的复杂性研究进展》,《地理科学》2005年第6期,第6754—6761页。
[2] 姜仁荣、刘成明:《城市生命体的概念和理论研究》,《现代城市研究》2015年第4期,第112—117页;韩志明:《规模驱动的精细化管理——超大城市生命体的治理转型之路》,《山西大学学报(哲学社会科学版)》2021年第3期,第113—121页。

以及政府治理流程的再造，可以建立在以这些数据库或数据池为基础的"数字底座"之上。

伴随着城市数字化转型的纵深推进，传统二维数据资源支撑下的城市治理逐渐难以满足现实所需，亟须打造新型"数字底座"。如果从数据的形态与作用方式着眼，传统数字资源所汇集与整合的数据多为静态、平面化的二维数据，而以实景三维技术为基础的空间"数字底座"则能够更为真实、立体、时序化地反映人类生产、生活和生态空间的时空信息。"数字底座"作为国家重要的新型基础设施，可以通过"人机兼容、物联感知、泛在服务"实现数字空间与现实空间的实时关联互通，为"数字中国"提供统一的空间定位框架和分析基础，也是数字政府、数字经济重要的战略性数据资源和生产要素，更是城市治理数字化转型迈向纵深阶段的重要支撑。[1] 空间"数字底座"是当前超大城市推进数字化转型中的重要组成，其意蕴着城市立体时空"数字底座"，即基于空天地一体化物联站网监测体系，建立一个能实时更新的"数字底座"，涵盖多尺度数字化场景，能将传统数字化场景的呈现方式从基于低维点、线、面展示方法提升为多维广域、全景的展示方法。[2] 最终建成覆盖全市域的数字高程模型、地形三维模型、实景三维模型、2.5维地理信息数据，以及覆盖部分城区的建筑、轨道、隧道、桥梁、地下空间等专题的三维模型，形成包罗城市地上地下、室内室外、过去现在未来，涵盖自然资源、规划、建设、地质、建筑、市政、公共服务和城市运行等多领域的城市数据资源体系。为实现城市超大城市数字化转型，形成面向未来的城市"数字底座"的支撑，需要着力打造泛在赋能、智能协同与开放共享的城市"数字底座"，实现基础设施国际一流、数据潜能全面激活、共性平台能级提升，率先建立健

---

[1] 自然资源部：《全面推进实景三维中国建设》（2022年3月1日），中华人民共和国中央人民政府网站，http://www.gov.cn/xinwen/2022-03/01/content_5676226.htm，最后浏览日期：2022年9月12日。

[2] 王权森：《长江中下游行蓄洪空间数字孪生建设方案构想》，《人民长江》2022年第2期，第182—188页。

全适应数字时代需求的城市公共事业体系。① 在一系列事关城市运行与公共服务的事项中,"数字底座"能够为城市运行中的事故处置、状态监控、研判决策,为公共服务中的信息汇集、需求分析、实时响应等提供数据支持。

三、基于数字技术构建"城市生命体"

2020年3月,习近平总书记在武汉市考察时指出:"城市是生命体、有机体,要敬畏城市、善待城市,树立'全周期管理'意识,努力探索超大城市现代化治理新路子。"②这为将超大城市作为"城市生命体"的城市治理样态提供了新思路。在学理意义上,"城市生命体"是指在人类社会发展过程中一定区域内形成的、以非农业人口为主体的,人口、经济、政治、文化高度聚集的,具有新陈代谢、自适应、应激性、生长发育和遗传变异等典型生命特征的复杂巨系统。③ 作为复杂巨系统的超大城市,如同"生命体"一般具有各项生命指标。基于"数字底座"形成用于城市运行状况分析的各项指标即是"城市生命体"的"生命体征",其体征的"鲜活"也需要借助数字技术加以实现。数字技术通过在城市治理空间内搭建可视化界面,以形成人与城市的良好交互与治理信号的动态感知,让政府管理部门能够切实监测城市运行是否"健康"。

与此同时,超大城市空间"数字底座"为实现城市全方位数字孪生提供了充分支撑,也为"城市生命体"的形成奠定了基础。"孪生体"不同于实物状态,是一种实物的虚拟数字化表达,即镜像的空间模型和信息的

---

① 上海市人民政府办公厅:《关于印发〈上海市全面推进城市数字化转型"十四五"规划〉的通知》(2021年10月25日),上海市人民政府网站,https://www.shanghai.gov.cn/nw12344/20211027/6517c7fd7b804553a37c1165f0ff6ee4.html,最后浏览日期:2022年9月12日。
② 《十九大以来重要文献选编》(中),中央文献出版社2021年版,第473页。
③ 姜仁荣、刘成明:《城市生命体的概念和理论研究》,《现代城市研究》2015年第4期,第112—117页。

镜像模型,也是一个存在于数字化时代的、与物理实体相对应的数字孪生体概念。① 数字孪生城市是数字孪生技术在城市层面的创新运用,其能够将现实城市的全部物理实体同步映射成的一个数字化镜像城市,有着物理城市中的一草一木②,实现现实城市治理向数字平台治理的全面转化,使治理问题情境化可视化、治理方式聪明化智能化、治理流程高效化精简化、治理决策互动化实时化③。在治理问题的情境化可视化下,数字孪生城市能够使城市管理部门通过实时展示的数字大屏切入治理场景之中,置身其中更好地思考治理方案,并思考比较各种治理方案可能的结果,通过数字孪生城市进行不同治理方案结果的仿真。当治理方案形成后,通过数字化的方式高效决策并传导至各执行部门,进而推动城市数字化转型向更深层次迈进,强化城市治理的平台式与敏捷化。

第四节　治理理念:以整体性治理迈向公共服务一体化

治理理念是城市治理数字化转型围绕的核心,城市数字化转型的受益对象、目的、过程和结果都应以市民为中心,让技术和城市"为人而转",而不是让城市和人"围着技术转"或"被技术转",注重数字化转型给市民带来的实际体验和感受。④ 面对市民,数字化平台应该以整体、一体式的服务更好地实现公共服务各层面的交互,带来使市民更为满意的公共服务体验。

---

① 陈根:《数字孪生》,电子工业出版社2020年版,第19页。
② 梁兴辉、张旭冉:《治理现代化视角下数字孪生城市建设机制与路径研究》,《高科技与产业化》2022年第2期,第52—57页。
③ 向玉琼、谢新水:《数字孪生城市治理:变革、困境与对策》,《电子政务》2021年第10期,第69—80页。
④ 郑磊:《城市数字化转型的内容、路径与方向》,《探索与争鸣》2021年第4期,第147—152页。

一、城市数字化转型中的整体性治理要素

公共服务集成化是超大城市推进城市治理数字化转型中平台治理模式的核心特征。整合众多公共服务模块,需要以公民需求为治理导向,以信息技术为治理手段,以协调、整合、责任为治理机制,对治理层级、整体功能、公私部门关系及信息系统等碎片化问题进行有机协调与整合,不断从分散走向集中、从部分走向整体、从破碎走向整合,为公民提供无缝隙且非分离的整体型服务的政府治理图式,最终实现超大城市公共服务的整体性治理。在推进整体性治理的道路上,需要充分理解主体互动性与信息整合性,并在其耦合中思考公共服务数字化的类型,明晰不同样式的治理形态以及治理逻辑。

主体互动性是理解城市数字化转型中公共服务整体性治理的第一个重要因素。一方面,实现政府决策从政府中心到使用者和公民中心,从公共服务的提供者到公共服务共同创造的平台,是数字政府的基本特征之一[①],也是公共服务所涉及主体间共建共治共享与互动要求的根本所在。另一方面,扩大决策参与范围是实现科学决策的基本保障,也是保证公共服务供给精准化的重要举措,同样是公共服务数字化转型中努力的重要方向。[②] 公民的公共服务需求本身既具有跨域个体的共性,也具有个体与个体之间的特殊性,这就需要公共服务供给主体与接收公共服务的客体之间的互动与调适,避免公共服务供给的浪费与结构性错位。数字技术的应用打通了公民需求传导与互动调试的路径。

信息整合性是理解城市数字化转型中公共服务整体性治理的第二个重要因素。整合信息、扩大决策的信息基础是科学决策的必要条件,

[①] 张成福、谢侃侃:《数字化时代的政府转型与数字政府》,《行政论坛》2020年第6期,第34—41页。
[②] 北京大学课题组、黄璜:《平台驱动的数字政府:能力、转型与现代化》,《电子政务》2020年第7期,第2—30页。

也是公共服务数字化转型中的根本目的之一。为应对信息碎片化,政府组织体系内部出现专业化分工,这对政府本身而言是行政体系的进步与精细化、科学化,但对公民而言却是获取公共服务的灾难,尤其是在专业化分工日益细化的今天,每个个体在不熟悉的领域获取信息更为困难。公民需要在庞大的信息浪潮中掌握辨别并搜寻与自身公共服务需求相关的信息途径以及政府服务供给信息终端的能力。这种能力会显著受到个体能力、教育水平等差异化因素的影响,极易导致公民陷入数字鸿沟与信息贫困的泥淖,掉入新时代的"贫困陷阱",进而阻碍全社会的共同富裕。

基于信息整合性与主体互动性两个维度,笔者构建了用于分析城市数字化转型中整体性治理的类型学(typology),总结出公共服务整体性治理中的单向式、平台式、互动式、智慧式四种类型,如表3-1所示。

表3-1 公共服务整体性治理类型学分析

属性	信息整合性弱	信息整合性强
主体互动性弱	单向式	平台式
主体互动性强	互动式	智慧式

二、城市公共服务一体化的整合路径

单向式是城市治理数字化转型迈向公共服务数字化的初级信息互动形态,其本质是公共服务的供给部门由传统实体变为虚拟实体,意味着政府公共服务职能的简单上网。例如,我国政府数字化转型的先锋省份浙江省,其建设早期打造了以事项目录、政务公开为主要内容的省政府综合门户网站,实现了公共服务数字化中信息的公开,即信息由政府单向传导给公民。[1] 这种单向式的信息传递也是其余三种信息形态的

---

[1] 许峰:《地方政府数字化转型机理阐释——基于政务改革"浙江经验"的分析》,《电子政务》2020年第10期,第2—19页。

基础。单向式的信息构建或是以传统的政府条块职能逻辑为建构线索,一条信息通路代表一个政府部门所承担的公共服务供给职能,抑或是以公共服务模块作为构建线索,一条信息通路代表一项可及的公共服务。毫无疑问,单向式的公共服务数字化信息逻辑无论是在信息整合性上还是在主体互动性上均较弱,在信息整合性上,以职能为线索建构信息路径仍旧未能解决公共服务信息的破碎化问题,其本质是各个部门的"职能上网"与"服务上网"。以服务模块为线索建构信息路径也仅是对部门职能的形象转化,其本质也未能解决信息破碎化问题。在公共服务的供需两端,单向式仅解决了政府向公民提供的公共服务问题,信息与数据流动的方向仅从公共服务供给端到公共服务需求端,这种单向式的供给较为机械化,无法兼顾个体服务需求的特殊性。

互动式显著区别于单向式,其虽然未能解决信息整合的问题,信息路径的建构仍旧基于政府职能,但在信息的运用上与流通上既实现了传统的由服务供给方(政府主体)传导到服务需求方(公民主体),同样也注重主动收集来自公民的公共服务需求信息。公共服务的需求信息能够通过各数据端口予以收集,并对其进行研判分析,为改进公共服务的供给提供数据支持,辅之进行公共服务供给形式的改进决策,主动提升公共服务的供给质量,助力城市治理能级的提升。

在"政府即平台"的数字政府建设方略下,平台式治理模式逐渐得到了认同。但平台式治理形态并非互动平台式乃至智慧式,平台式数字政府形态并不兼具信息整合、多元互动与智慧化特征,当前有的学术研究也并未区分平台式、互动平台式与智慧式三种形态的区别。[1] 诚然,在公共服务数字化过程中,平台式形式更为侧重于对公共服务模块的集成,进行跨部门服务职能的整合,形成面向公共服务接收方的整体性模块化界面。公民在平台式体系的公共服务供给中只需进入具体的服务

---

[1] 陈水生:《数字时代平台治理的运作逻辑:以上海"一网统管"为例》,《电子政务》2021年第8期,第2—14页。

模块,即能够完成公共服务事项的办理。公共服务数字化转型中的平台式信息形态源于行政服务的集中化,是早期行政审批中心和政务大厅的信息化升级,这也是当前我国绝大部分政府部门所处的公共服务治理形态。平台式虽然借助于信息技术实现了对公共服务供给部门的职能整合,但其对于整合后服务模块的运用仍是自上而下的,即自公共服务供给端到公共服务需求端的单向式的信息输出与呈现。

基于单向式基础上进行横向或纵向深化所形成的互动式与平台式信息形态,在公共服务供给实践中同样会分别面临信息模块整合不足以及互动与公共服务供给质量较低的问题。因此,互动式与平台式信息形态天然地需要向互动平台式的形态进行过渡,但这种互动平台式的信息互动形态并不意味着将主体互动性与信息整合性做到了完美结合,其距离智慧式形态存在差距,换言之,互动平台式的信息形态是迈向智慧式形态的中间形态,其并不具备智慧式的动态更新、研判分析等重要特点,仅是在互动式与平台式信息形态上的简单修补与升级。

智慧式形态是一种信息高度整合,并且公共服务供给主体与需求主体呈现高度互动的形态,是公共服务数字化建设与城市治理数字化转型所追寻的理想形态。在智慧式形态中,作为公共服务接受者的公民只需要将自己的服务需求传递给智慧平台,智慧平台整合了所有公共服务的提供部门,并能够进行智能运算与智慧决策,自动识别公民服务需求所对应的服务提供部门,将处理信息由公民端后移至服务平台端。这意味着,公民的服务诉求表达逻辑与政府部门的业务智能逻辑能够进行匹配,避免了公共服务的供需错位。此外,智慧式治理形态能够大量汇集来自不同公民的服务需求,并进行自我更新、研判与智慧分析,能够识别出公民公共服务需求的共性与特性,提供公共服务的供给质量,降低公共服务供给部门的服务成本,全方位提升治理能级。

单向式形态是公共服务数字化供给的第一种信息形态。在庞大单向式信息形态的基础上,政府公共服务供给数字化发展出两条路径:一种以集中数量繁多的单向式信息形态为基础,形成信息整合性强的平台式信息形态,平台式信息形态旨在将传统的破碎化的单向式公共服务信息进行整合,是一种横向式发展;另一种以单向式信息形态的纵向延伸为突破,致力于在每一条单向式的公共服务供给路线中进行深化,建构常态化的公共服务供给主体与公共服务供给客体的互动关系,形成互动式的公共服务数字化形态。

对于五种形态的演进过程,笔者绘制了图3-3。

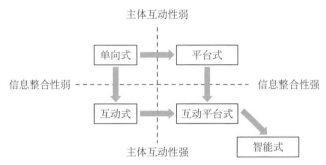

图3-3 公共服务整合性治理的路径

从不同形式的信息逻辑中可以发现,无论是强调主体互动性的互动式信息逻辑,还是强调信息整合性的平台式信息逻辑,其最终的转型方向都是迈向智能式公共服务的数字化转型形态。从单向式到互动式、平台式,再到互动平台式,最终迈向智慧式,五种正式的公共服务数字化信息形态整体呈现出单向线性化的演进路径。单向的特性在于信息形态的演化是不断完善和进化的,并且是由低级形态向高级形态进行变化的,不存在由高级形态向低级形态的逆向变迁。当前公共服务数字化的转型逻辑是梯级渐进的,较难直接实现由单向式信息互动形态直接转变为互动平台式乃至智慧式信息互动形态。作为城市治理数字化转型的重要一环,公共服务的数字化关乎"人民城市"本身,具有重要的实践价值。

三、城市公共服务一体化的治理内核

在公共服务数字化转型的过程中,政府建构的不同信息形态背后,体现出其不同的认知观念与公共服务供给理念,更是政府在数字化转型时代背景下治理逻辑的深刻描绘。如果对数字政府建设与政府数字化转型的理念支撑简单界定为"以人民为中心"[①]或"以公民为中心"[②],则易导致缺乏深刻阐释,对其中的本质意蕴揭示不足。诚然,政府公共服务数字化转型中的不同阶段与不同信息形态背后,有更为具体可供考察的治理逻辑。在公共服务的供给过程中,将公民视作怎样的角色更是会直接影响政府公共服务供给模式的判断与选择,也会直接影响城市治理数字化转型的道路、方向与成效。

公共服务数字化中的单向式信息形态,力求将传统政府部门公共服务供给的面对面与在地化形式转变为借助信息技术的屏对屏与网络化,其本质是政府职能的上网。在单向式的信息形态中,作为公共服务接受者的公民从网络信息端口进入公共服务供给者的政府之中。在这套逻辑中,公民的公共服务需求是单向的、被动接受的,公民仅作为公共服务的"用户",进入到数字化界面中"享用"服务。这体现了公民作为"用户"的理念。

区别于单向式信息形态中仅将公民视作机械的服务对象,互动式形态更关注公民本身的需求及其状态。公民在互动式形态中能够针对自身需求情况提出要求,发表对于公共服务的看法并寻求公共服务供给方的回应。在这种逻辑下,公民被视作"顾客",能够提出自身要求,而不仅是机械化的"用户"。

在平台式信息形态中,公民被视作公共服务供给的中心,一系列与之相关的公共服务供给信息是以其为中心的圆周节点。公民作为中心要求公共服务的供给充分考虑到公民本身对公共服务的可及性及获取的舒适性。公共服务数字化转型的过程中伴随着新技术的运用,公共服

[①] 罗强强:《地方"数字政府"改革的内在机理与优化路径——基于中国省级"第一梯队"政策文本分析》,《地方治理研究》2021 年第 1 期,第 2—12 页。
[②] 胡税根、杨竞楠:《发达国家数字政府建设的探索与经验借鉴》,《探索》2021 年第 1 期,第 77—86 页。

务交互的底层逻辑也发生了巨大改变,尤其是单向式与互动式的信息互动形式,都隐喻着公民的公共服务获取能力。其建构的前提假设在于公民具有相关知识基础与学习能力,能够根据自身需求进行精准匹配与定位。平台式治理模式既降低了公民获取公共服务的成本,也消除了由于公民个体数字化技能差异化所带来的不平等与数字鸿沟。

智慧式形态建构在平台式与互动式的基础上。与平台式信息形态类似,服务需求的匹配端口由公民移向政府,克服数字鸿沟与专业知识损失带来的公共服务供给高成本。其有着两大根本的治理逻辑支撑:一是大量缩减围绕公民服务的前端,避免公民被海量公共服务信息所淹没,仅保留一个汇集公民服务需求的前端端口;二是不仅将公民视作服务需求信息的来源,同样将其视作系统内的重要组成,基于共建共治共享的理念将其同样作为公共服务的生产方。公民所提供的服务信息被收集到公共服务终端,终端能够及时地对其进行分析研判,进而做到公共服务的预先提供和精准配置。在智慧式信息形态中,每个公民不再仅作为公共服务的接受者与消费者,同样是公共服务的提供者与生产者,实现公共服务生产的去中心化,最终迈向整合性治理。

在不同的形态下,公民在公共服务供需体系中的角色定位各不相同。在单向式的形态中,公民更多被当作公共服务的"用户";到了互动式下,公民更多成为"顾客";到了平台式,公民被当作治理的中心;迈向智慧式后,公民本身即成为治理最核心的主体。理解不同信息处理形态与公民的角色定位,对于公共服务治理的数字化转型以及城市治理的数字化转型,均具有重大意义。

第四章
北京模式:「接诉即办」

第四章 北京模式:"接诉即办"

"接诉即办"改革是对新时代首都建设这一重大时代课题的积极探索,是适应市民群众对美好生活向往的现实要求,也是破解北京超大城市治理难题的重要举措。长期以来,城市治理特别是基层治理领域存在着权责不明晰、协作不通畅、参与不全面等共性问题。北京作为首都和超大城市,面对的困难则更复杂棘手:一方面,驻地主体多元,隶属各异,层级跨度大,统筹协调难度大;另一方面,首都无小事,事事连政治,社会各界对首都城市治理能力和治理水平的要求较高。"接诉即办"就是在深刻把握首都城市工作特点和治理矛盾的基础上,通过体制机制改革创新,建立市民诉求和城市治理问题的发现、处置、反馈、评价全过程闭环管理的新机制,破解城市治理难题,推进首都治理体系和治理能力现代化的生动实践。

第一节 "接诉即办":首都城市治理的机制创新

"接诉即办"源于实践,在实践中发展。五年多来,北京市坚持"民有所呼,我有所应"的服务理念,不断深化"接诉即办"改革,优化政民互动机制。"接诉即办"改革也从最初的"街乡吹哨、部门报到"逐步延伸到"接诉即办",目前正向着"主动治理、未诉先办"不断深化。

一、治理实践的升级:从"吹哨报到"到"接诉即办"

北京市持续探索超大城市基层治理改革之路。2017年,为整治持续多年以来针对山林、金矿、砂石的盗采盗挖问题,北京市平谷区开展"乡镇吹哨、部门报到"工作试点。一旦街乡在工作中发现存在上述现象,只要"吹声哨",各相关执法部门就要前来"报到",集中处理问题。这一工作机制将执法主导权下放到乡镇,有效地破解了联合执法效率低、力度小的难题。

2018年,在总结平谷区探索实践的基础上,北京市启动"街乡吹哨、部门报到"改革,将其作为2018年全市"1号改革课题",在16个区169个街乡进行试点。通过赋能一线基层治理单位,"吹哨报到"推进基层治理组织权责一致,打通落实"最后一公里",建立服务群众的响应机制,在解决基层治理难题上取得了一定的成效。

自2019年起,随着"吹哨报到"改革的深化,北京市延展"吹哨"主体,让群众"吹哨",推进"吹哨报到"改革向"接诉即办"深化延伸,实现"民有所呼、我有所应"。在"接诉即办"运作机制中,市民诉求由12345热线统一受理,并以工单形式派往街乡镇,街乡镇通过"吹哨报到"机制协同职能部门精准回应诉求。[①] 同时,市民热线中心也会通过电话回访及时跟踪和记录工单办理情况,如实记录职能部门联系与否、诉求问题解决情况以及当事人满意程度等情况,最终量化为回应率、解决率和满意率三个核心指标,每月进行排名考核。由此,政务热线从单纯的信息传递渠道升级为综合性的治理机制。"接诉即办"的具体运作流程如图4-1所示。

[①] 马超、金炜玲、孟天广:《基于政务热线的基层治理新模式——以北京市"接诉即办"改革为例》,《北京行政学院学报》2020年第5期,第39—47页。

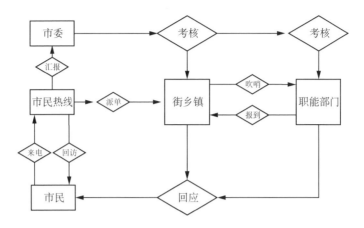

图 4-1 "接诉即办"的具体运作流程

（资料来源：马超、金炜玲、孟天广：《基于政务热线的基层治理新模式——以北京市"接诉即办"改革为例》，《北京行政学院学报》2020 年第 5 期，第 41 页）

二、从"接诉即办"到"未诉先办"

"未诉先办、主动治理"是在群众提出诉求之前，政府就主动发现并解决潜在问题的一种工作机制。"未诉先办"是对公众诉求的系统建构，它始于公众诉求，又超越了公众诉求，是政府主动式回应的实践表征。

自 2021 年以来，北京市深入推动"接诉即办"改革从"有一办一"向"举一反三、主动治理"深化，通过一个诉求解决一类问题，一个案例带动一片治理。以解决疑难复杂问题为重点建立"每月一题"工作机制，通过大数据汇聚分析，聚焦市民反映最集中的民生问题，全面加强主动治理、源头治理，推动"接诉即办"改革向"主动治理、未诉先办"深化。

2021 年 11 月，北京市委深改委会议审议通过了《关于推动主动治理未诉先办的指导意见》，明确四方面 13 项重点任务，聚焦破解疑难复杂问题、新业态新领域问题、风险性问题等，建立重难点问题提级响应、应急管理协同联动、司法服务基层社会治理响应等工作机制，指导推进

"每月一题"、治理类街乡镇专项整治等改革实践,推动"接诉即办"向"主动治理"深化。

1. 建立"每月一题"专项治理机制

随着"接诉即办"改革的全面推进,市民大部分的身边事都能及时得到回应并妥善解决,但也留下不少共性的、难办的"硬骨头"。2021年以来,北京市聚焦市民诉求反映集中的高频、共性问题开展专题研究,建立"每月一题"专项治理机制(如图4-2所示)。这一工作机制聚焦12345市民热线反映的高频共性难点问题,每月突出一个主题,选取2—3个具体民生问题。通过明确负责单位、展开专题研究、确定改革措施、全程督查督办,实现重点问题的主动治理和"未诉先办"。作为"接诉即办"改革的深化,"每月一题"在发现问题、问题解构和问题解决三方面实现了创新。

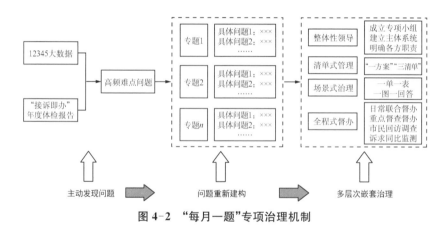

图4-2 "每月一题"专项治理机制

第一,在发现问题上,"每月一题"变被动发现问题为主动发现问题,实现了发现问题的认知革命。在"接诉即办"阶段,民众是发现问题的主体,政府在民众反映问题的基础上去解决问题,其本质还是事后回应性治理。"每月一题"则将发现问题的主动权重新归还到政府手中,政府根据12345热线大数据科学分析民众诉求,将高频、难点问题梳理出来,从而形成"每月一题"。

第二，在问题解决上，"每月一题"通过寻找问题的共性，将具体问题归纳为专项问题，既节约了治理资源，又提高了治理效率。通过构建多层次嵌套的治理体系，实现了问题解决的范式创新。首先，建立了跨区域、跨层级、跨部门的行政组织体制，实现了条块融合和协同联动。一是成立"接诉即办"改革专项小组，统筹规划，整体协调。二是建立由12个主责单位和54个配合单位组成的"每月一题"治理主体系统，明确一项具体问题由一位分管市领导统筹，一个市级部门牵头负责，相关部门协同配合的组织架构。以老旧小区改造为例，北京市住房城乡建设委是主责单位，而行业主管部门、各区政府、街道乡镇等是责任部门。"每月一题"有效地推动了不同部门之间的协调配合、高效合作。三是建立"每月一题"多元参与机制。2023年3月起，市政协从"每月一题"中筛选出重点群体就业等10个问题作为重点议题，以专项民主监督形式开展协商式监督。通过开展实地调研、座谈交流、网络议政、情况通报会等监督调研活动，围绕问题治理形成了一批政协提案。法院系统为"每月一题"专项治理提供司法保障。市高院组织13家中基层法院围绕"每月一题"10个问题开展专题调研，逐步形成一批审判白皮书、调研报告等成果，为市级部门依法科学决策提供参考，并向社会公众提供解决问题的法律指引。其次，"每月一题"建构了清单式管理、场景式治理和全程式督办的驱动机制，实现了问题解决的制度创新。具体而言，清单式管理是指对具体问题制定"一方案"（问题解决方案）和"三清单"（任务清单、责任清单、政策清单），精确量化、分解目标任务，推动项目环环递进。"每月一题"在"促办"的同时推动"求解促治"，针对具体问题梳理形成"一单一表一图一问答"，根据问题解决场景厘清工作职责，梳理工作流程，总结政策方法，明确问答口径，积极探索问题场景化闭环治理。针对市民诉求集中、意见强烈的地区和事项，则实行集中督办管理，由市级督导组进驻全程现场督办，推进问题整改见底见效。2021、2022两年里，北京市从市民诉求中一共梳理出44个高频难点问题，总计完成1100多项任务，出台

210多项政策法规,问题治理总体满意度超90%。[①]

2. 治理类街乡镇专项整治

治理类街乡镇是指每月接诉量前十位和常住人口20万以上的街乡镇。这些街乡镇一般具有人口多、面积大、人口结构复杂等特征,是民众诉求的高发地,也是基层治理的痛点。北京市聚焦这类街乡镇,在政策、项目和资源等方面给予专项支持,通过建立"事前有约谈、事中有监测、事后有帮扶"的闭环管理机制,积极引导治理类街乡镇整治提升。对当月接诉量进入全市前十的街乡镇,开展"未进先治"预警约谈;对已列为治理类的街乡镇,制定问题清单和项目清单,动态跟踪监测项目进展;对已退出治理类的街乡镇,一段时期内保持支持政策和机制不变。通过督导治理,一批居民诉求多、治理难度大的街乡镇实现了诉求量降低、诉求解决率和群众满意度提高,退出了市级督导。以西城区广外街道为例,该街道历史遗留问题多、基础设施薄弱、群众诉求量大。纳入市级督导后,由市疏整促专班组织协调,市、区两级部门牵头"认领"55个项目,解决了高压电塔拆除、老楼加装电梯、绿化公园建设等难题,居民诉求量大幅减少,解决率从40.1%上升到94.7%[②],成为首批"摘帽"的治理类街乡镇。

综上所述,"吹哨报到"作为发展的第一阶段,主要是以街乡在基层治理中反映的问题为驱动,以过往治理中积累的经验做法为导向,缺乏统一明确的标准。转入第二发展阶段后,"接诉即办"不再依赖于原有的治理经验,而是创新了多项服务机制,但仍然是以市民诉求反映的问题为导向。来到"未诉先办、主动治理"的第三阶段后,市民诉求成为基层

---

① 张月朦:《2022年"每月一题"完成450项任务 今年聚焦17个高频共性问题进行专项治理》(2023年1月10日),北京青年报,https://t.ynet.cn/baijia/33785835.html,最后浏览日期:2023年1月28日。

② 北京市西城区融媒体中心:《同心同力建设美好家园:西城探索首都核心区基层治理模式》(2020年1月13日),北京市西城区人民政府网站,https://www.bjxch.gov.cn/xcdt/xxxq/pnidpv845043.html,最后浏览日期:2022年4月18日。

治理的驱动,而随着《北京市接诉即办工作条例》的颁布,"接诉即办"也从创新导向升级为具有统一标准的法治导向。"接诉即办"发展三个阶段的转变如图4-3所示。

图4-3 "接诉即办"发展三个阶段的转变

第二节 机制分析:如何驱动基层治理现代化

"接诉即办"通过党建引领、服务整合、赋权基层、全过程监督这四大机制驱动基层治理创新,极大地提升了政府治理效能。"接诉即办"的机制创新框架如图4-4所示。

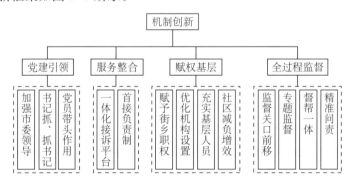

图4-4 "接诉即办"机制创新框架

一、党建引领统合基层治理资源

党的十八大以前,基层治理中存在着基层党建缺位、基层党组织一定程度弱化的现象,进而导致基层党建与基层社会治理之间的"脱嵌"问题,即基层党组织的权力难以有效地延伸到基层社会。[1] 而提倡条块分割、专业分化的科层体制又进一步加剧了这一问题,造成了基层治理碎片化。

随着国家治理进入新的发展时期,以党建引领政府工作重新成为党的政策方针,在基层具体表现为通过强化政党组织的能力和作用,调动和整合各类主体和资源参与基层治理。"接诉即办"改革通过明确党组织的领导作用,将党的优势转化为城市治理效能,充分落实党建引领的要求。

一是加强对"接诉即办"改革的领导。2019 年以来,每次中共北京市委全会必对"接诉即办"改革重点任务作出部署,北京市委常委会专题听取"接诉即办"改革情况汇报,研究"吹哨报到""接诉即办"相关议题。2021 年 1 月,北京市委增设"接诉即办"改革专项小组,负责全市"接诉即办"改革工作的运作和推进,每月召开会议调度具体问题,深入基层一线进行督导检查。

二是坚持"书记抓、抓书记"。聚焦"接诉即办"工作落实情况,北京市委书记每月主持召开区委(部门党组)书记月度工作点评会,各区委书记定期召开街乡党(工)委书记点评会,通报点评"接诉即办"工作情况,推动各级党委(党组)书记强化第一责任人意识,既抓工作部署,又抓具体事项督办,既当"指挥长",又当"施工队长",一级抓一级,层层传导压力、压实责任,形成从市、区到街乡各级"一把手"领导、指挥、协调、督办工作机制。怀柔区将月度调度会从区委大院"搬"到排名最后的街乡镇召开,区委书记定期约谈排名靠后的街乡"一把手",设立每月 23 日为"处级干部回访日",街乡和区职能部门党政"一把手"走进区 12345 指挥调度中心,拨打回访电话,聆听群众诉求,切身感受市民期盼。

---

[1] 陈亮、李元:《去"悬浮化"与有效治理:新时期党建引领基层社会治理的创新逻辑与类型学分析》,《探索》2018 年第 6 期,第 109—115 页。

三是组织在职党员参与基层治理。为充分发挥党员的带头引领作用，北京市围绕市民群众诉求集中区域，深化落实"双报到"工作机制，推动全市76万名机关企事业单位在职党员回居住地报到，为社区群众解决诉求。在党的号召下，平时与社区党组织联系薄弱的党员，通过"向社区报到"、参与党员先锋队、党员志愿服务队等形式，成为社区治理的积极参与者与引领者。

二、整合协调提升政府治理能力

科层治理带来的条块分割、专业分工、权责不明等弊端，严重制约了行政组织体制的高效运作，需要从纵向层面和横向层面展开多层次的整合与协调。"接诉即办"改革从整合服务而非部门的角度对政府内部职能分配进行整合，是纵向协同和横向协同的集中体现。具体做法上，一是在顶层设计上坚持党建引领，成立"接诉即办"改革专项小组，负责"接诉即办"改革工作的统筹规划和整体推进。二是整合热线平台。"接诉即办"将全市所有政府职能部门和承担公共服务职能的企事业单位全部接入热线平台系统，缩短了条块衔接的周期，实现"一条热线听诉求"。此外，12345热线还会同市场监管局建立了消费争议快速和解绿色通道，将互联网平台的消费者诉求信息优先直派企业和解，实现消费类诉求的快速流转和办理。三是建立"派单"机制。将公众诉求的繁复流程集中统一至接诉平台形成"诉求工单"，直接将工单传达至对应的基层行政机关，并分级注明办理时限，确保诉求得到妥善及时地解决。对"接诉即办"有能力解决的诉求事项，直接派单到区级部门和街道乡镇，使其履行法定职责解决诉求。各部门充分落实"首接负责、协同治理"的首接负责制，对涉及多个承办单位的诉求，由首接单位牵头协调其他单位配合办理，形成区级部门和街道乡镇共同解决公众诉求的格局。

通过以上做法，"接诉即办"打破了传统政府部门条块分割的模式，在不触及"条块"既有设置格局的前提下，通过统筹协调的办理机制明确了公众诉求的承办者,打造全过程治理闭环。2020年,北京市12345市民服务热线收到群众表扬电话、表扬信、锦旗3.1万件,和2019年相比上升76.89%,其中,群众诉求响应率为100%、解决率为85.9%、满意率为89.7%,远超2019年水平。①

三、赋权下沉夯实基层执法力量

长期以来,基层承担着上级职能部门委派的大量行政和管理事务,但与之配套的管理权限、人员资金、社会资源等保障却无法同步,权责不匹配现象十分突出。北京市"接诉即办"通过赋予街乡职权、优化机构设置、充实人员力量、推进社区减负,有效地扩充了基层执法的力量。

一是赋予街乡相应职权。推动区级职能部门向街道辖区下放规划设计参与权,重大事项决策建议权,综合执法调度权,人事任免建议权,考核督办权,资源自主支配权。制定完善街乡职责规定,明确街道98项、乡镇118项职责,明晰权责边界,划分条块事权,明确未列入职责规定的事项,不得擅自向街道委托、授权、下放。将城管执法、卫生健康、生态环境等五个部门的433项行政执法职权下放至街道办事处和乡镇人民政府,以其名义相对集中行使。

二是优化街乡机构设置。统筹优化和综合设置街乡党政机构、事业单位,街道综合设置"6室1队3中心",乡镇综合设置"8室1队5中心",实行扁平化管理,下沉司法所、统计所等派驻站所由街乡管理,构建面向群众、简约高效的基层组织架构。各街乡设置市民诉求处置中心,承担辖区"接诉即办"工作任务,与市区相关部门构建起上下联动的"接诉即办"工作体系。

---

① 北京日报编辑部:《"一号响应"引发的治理变革——"接诉即办"实施两周年系列报道之一》(2021年3月1日),北京市朝阳区人民政府网站,http://www.bjchy.gov.cn/dynamic/bjgzdt/8a24fe8377dd20e70177eb69f3100282.html,最后浏览日期:2022年10月18日。

三是夯实基层人员力量。市区两级机构编制部门为街乡补充各类编制,推动行政资源随工作重心整体下沉。总结推广东城区"社区专员"模式,将街乡机构改革中分流出的科级干部,选派至下辖社区担任社区专员。深化城市协管员管理体制改革,把城市管理监督员、治安巡防队员等16类协管员队伍13万余人从市、区职能部门下沉基层一线,由街乡统筹指挥调配。

四是推进社区减负增效。梳理编制社区工作事项清单,严格社区工作准入事项,从源头上减少上级职能部门下派的行政性事务。开展社区减负专项行动,将市级部门下派社区的表格(系统)从44项精简为3项,将盖章证明事项从15项减少到3项,让社区回归自治功能。

四、有效监督保障治理效果长效化

"接诉即办"构建了以用户需求为导向的监督评议机制,将部门响应率、诉求解决率、群众满意率("三率")作为政府职能部门的考核指标,明确公众参与在监督体系中的核心作用。具体而言,12345热线会在一定期限内对公众诉求进行电话回访,询问部门响应情况、问题解决情况、当事人满意程度等情况,并将受访人的回复量化为"三率"得分,由过去注重程序上"办结"转变为注重实质上"解决"。不断优化完善考核评价指标体系,明确失管弃管小区等特殊工单考评规则,提升考评的科学性、合理性。通过前移监督关口、设立专题监督、督帮一体、精准问责机制,使得公众能近距离、全方位地监督政府行政的全过程,倒逼政府部门提高主动回应性。

一是以大数据赋能监督关口前移。以往的监督是根据被监督主体提供的有限资料进行被动监督,而"接诉即办"为相关的纪检监督部门开通了专用账号,纪检监察部门可以随时随地进入"接诉即办"后台查看工单办理情况,通过大数据技术筛查群众反映多、意见大的突出问题,跟进难点和堵点问题,实施重点督查督办。

二是针对"每月一题"展开专题监督。"每月一题"是"接诉即办"重点推进改革的问题,也是监督的重点。专题监督贯穿从"每月一题"方案出台到部署、执行、反馈、评价的全过程。

三是建立督帮一体机制。"接诉即办"坚持督查督办与帮助指导结合,针对监督中发现的问题积极给出改进的指导意见,充分发挥服务保障作用。

四是实施精准监督执纪问责。北京市纪委监委成立专门监督检查室,各区纪委区监委、各派驻机构安排专人负责"接诉即办"专项监督工作,综合运用蹲点调研、抽查暗访等方式,对群众诉求办理不作为、慢作为、假作为现象开展监督检查。

第三节　要素支撑:如何打造共建共治共享新样本

党的十九大报告强调,要完善党委领导、政府负责、社会协同、公众参与、法治保障的社会治理机制,打造共建共治共享的社会治理格局。"接诉即办"通过明确各方主体的治理职能职责、构建多元共治的治理结构、坚持以人民为中心的治理理念,打造了共建共治共享的基层治理新样本,如图4-5所示。

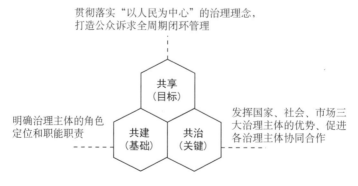

图4-5 "接诉即办"共建共治共享新样本

一、共建:坚持顶层设计,明确治理主体的职能职责

共建是基层治理的基础,实现共建,需要明确不同社会治理主体的角色定位和职能职责。"接诉即办"改革牢牢地把握党建引领这条主线,将其细化为坚持领方向、聚焦保大事、注重建机制、着力促服务的具体举措和实际行动,不断强化党的政治引领、思想引领、组织引领、机制引领,为加强和创新基层社会治理提供政治保证和组织保证。在工作架构上,建立市—区—街道(乡镇)三级工作架构。市级层面成立"接诉即办"改革领导小组,负责"接诉即办"的顶层设计和统筹规划;区级层面成立"接诉即办"工作领导小组和工作专班;街道(乡镇)层面设立分中心,社区设立基层工作站,形成条块联动的工作格局。同时,将权力和资源下沉基层,摆脱权责不匹配的治理困境。一是在街道层面组建综合执法队,按"1+5+N"的模式匹配执法力量。"1"是街道城管执法队,"5"是从公安、工商、食品、消防、交通这5大区级执法部门下派的共7—8名常驻执法人员,"N"是指除以上部门以外的执法部门作为挂牌单位。二是建立"街巷长"制度,将辖区内部的街巷划分为不同的管理网格,指定街道处级领导担任"街巷长",对每个网格实施分工负责。群众遇到问题后,不需要向职能部门投诉,只需要向"街巷长"反映即可。通过细分网格,提升了基层的具象化治理、精细化治理,提升了为民办事的效率。同时,出台《北京市"接诉即办"工作条例》,以制度保障的形式进一步明确了各治理主体对市民主体的职能职责。

二、共治:坚持多元共治,充分调动各方主体的参与积极性

在社会治理体系中,党的领导是实现基层治理现代化的最大优势与保障。党组织可以凭借自身强大的动员能力和组织能力对官僚体系进行结构整合、资源聚合与功能重组,克服官僚制的缺陷与惰性,破解集体

行动的协作困境,实现组织间的凝聚和价值目标的共识。[①]"接诉即办"以人民群众的问题为导向,形成了党建引领下多元主体协同共治的社会治理格局。

第一,北京市"接诉即办"改革明确党建引领模式,发挥各级党组织总揽全局、统筹规划的作用,实现党的领导与社会治理的全面嵌入与深度融合。坚持市委书记亲自推动、高位统筹,由组织部门牵头抓总,推进落实"接诉即办"改革,将组织部门职责优势转化为社会治理效能。创新构建党建工作协调委员会制度,促进区域内事业单位、国有企业、高校等单位资源充分整合、有效利用,借由党的政治优势与组织优势,统合多元社会主体力量。

第二,在政府负责方面,"接诉即办"对于权责明确、管辖清晰的诉求,直接派单至承办单位;对无法派单到具体承办单位的诉求,派单到区人民政府。也就说,只要是群众的诉求,无论再难再复杂,都会由区政府"兜底"。同时,强化结果运用,压实工作责任。对涉及多个责任主体的诉求,建立"首接负责制",由首接单位牵头落实办理,不得推诿。对市级部门既考核承办诉求办理情况,又考核主管行业问题总体"三率"情况,推动市级部门履行行业主管责任,主动向前一步,帮助基层解决难题。在多元共治方面,积极引导市场、公众、第三方机构等治理主体参与"接诉即办"。

第三,在市民参与方面,健全居(村)民自治机制,探索"协商民主、契约治理、不诉自办"的治理模式,线上开启微信群、公众号,线下定期召开议事会、协商会,完善群众参与社区治理的渠道。同时,将社区细化为不同网格,建立"定岗网格"制度,网格员通过每日走访排查,可以动态地掌握网格内的人口流动状态、治安和消防隐患,及时了解居民诉求,实现零距离服务群众。

---

① 王大广:《党建引领基层社会治理的首都实践及其现实意义》,《上海交通大学学报(哲学社会科学版)》2021年第29期,第126—133页。

第四，在市场参与方面，围绕群众在市场管理和消费领域的突出问题，确定京东、美团、去哪儿网、小米等60家重点企业，进行诉求直派，建立消费争议快速和解绿色通道，引导企业通过建机制、配人员、定制度，主动解决消费者投诉，提高一般性消费纠纷的解决效率。

围绕"每月一题"，北京市市场监管局指导抖音、快手、京东、百度等5家头部互联网平台迭代升级《网络直播和短视频营销平台自律公约》，变"他律"为"自律"，截至2023年7月，已累计开展直播带货类培训158次，培训从业人员7 200余人次。[①] 同时，引导政府部门与企业开展深入合作，实现民生数据共建、共管、共享。例如，北京市市民热线服务中心与零点有数数据科技股份有限公司合作，将人口数据、地理数据、气象数据、房屋数据与热线数据融合分析，对居民诉求进行趋势研判和模拟预测，完成各类报告200余篇，提出城市治理建议500余条。

第五，在区域内事业单位、国有企业、高校等单位参与方面，针对央产小区"接诉即办"工作中存在的重难点问题，建立央地联动工作机制，向属地党委政府派单的同时，告知中央有关单位，争取其支持配合，提高为中央服务的能力和水平。例如，海淀区联合中国石油大学（北京）等权属单位，在学院路街道打造石油共生大院，整合利用大院低效空间，开发群众服务空间和社区工作站，满足基层党建、居民议事、文化生活、便民服务等需求。

三、共享：坚持以人民为中心，打造公众诉求全周期闭环管理

共享的核心是维护社会公平正义，确保发展成果由全体人民共享。共享强调培育社会治理共同体的公共性，而这一基础在于凝聚民心。

[①] 任册：《"每月一题"上半年完成215项任务》（2023年7月6日），京报网，https://news.bjd.com.cn/2023/07/06/10487214.shtml，最后浏览日期：2024年2月22日。

"接诉即办"聚焦"七有""五性"①,推动政府公共服务供给模式实现结构性改革,贯彻落实"以人民为中心"的治理理念。

为了做到将"以人民为中心"的理念转化为行动,"接诉即办"推动业务流程再造,构建全周期闭环管理体系。一是将全市所有热线纳入12345市民热线统一管理,全年无休地收听群众诉求,确保电话渠道通畅。二是区分诉求类型,实行差异化管理。根据诉求的轻重缓急,实施四级响应,提高诉求办理效率。三是根据管辖权属和职能责任,将诉求快速直派到相关职能部门。四是针对需要跨部门协同解决的复杂问题,以首接单位牵头召集相关部门现场办公、集体会诊、联合行动。五是在规定期限内,对来电进行回访,了解来电人对诉求接听情况、解决速度、办理效果的评价和感受,做到"事事有回音、件件有落实、效果有反馈"。定期开展第三方调查评估,了解群众对城市治理和诉求办理的满意程度,真正做到"城市工作好不好,市民说了算"。

第四节 智慧大脑:推动"接诉即办"数字化转型

"接诉即办"是在数字技术变革背景下展开的,是政府治理对技术创新和技术变革的回应,也是政府治理适应新技术的具体尝试。作为连接公众与政府的重要桥梁,"接诉即办"数字化转型是数字政府建设的关键部分,通过将数字化和智能化技术融入接诉、派单、办理、评估等环节,重塑政府服务流程,释放劳动力资源,最终促进数字政府整体治理水平的提升。自2019年"接诉即办"改革以来,北京已持续推进以12345热线

---

① "七有"即党的十九大报告指出的,必须多谋民生之利、多解民生之忧,在发展中补齐民生短板、促进社会公平正义,在幼有所育、学有所教、劳有所得、病有所医、老有所养、住有所居、弱有所扶上不断取得新进展。"五性"是北京市提出的,随着我国社会主要矛盾转化为人民日益增长的美好生活需要和不平衡不充分的发展之间的矛盾,北京市民对美好生活的需要呈现出"便利性、宜居性、多样性、公正性、安全性"的新特点。

为统一平台的资源归并和优化工作,为市民办理各类公共服务事项提供"一号式"服务。同时,打破部门壁垒,实现热线平台与政府职能部门平台的互联互通、数据共享、协同联动,显著提升了诉求办理的效率。借助数字化技术,12345 热线不仅拓宽了社情民意的反映渠道,增强了政府感知民意、研判风险的能力,还为各级政府各部门回应民众诉求、化解基层矛盾、开展科学决策提供了坚实的数据支撑。

一、改革背景

基层治理事务具有复杂性、叠加性、复合性等特点,往往需要跨层级、跨部门、跨区域的协同治理。然而,条块关系是影响基层治理效能的重要因素。在实际运行中,由于"条"和"块"涉及不同的指挥体系和责任主体,往往造成条块分割的治理困局,基层"看得见,管不着",条线职能部门"管得着,看不见"的治理窘局时有发生。对于北京这样的超大城市而言,条块分割造成的基层治理挑战和问题则更为复杂和棘手。一方面,社会治理重心不断下移,基层政府愈来愈多地承担了教育、医疗、环境等职能,基层的治理任务和治理压力不断加重,但责任下放的同时,人权、财权、事权却没有充分下沉到基层,时常陷入"小马拉不动大车"的治理困境;另一方面,城市居民的诉求愈来愈呈现多方面、多层次、多样化的特征,公众对高质量公共服务的需求也更为迫切。但受限于条块分割和政府自身能力,存在政府回应能力不充分、回应渠道不畅通、回应信息不对称等问题,无法满足公众诉求。因此,如何缓解政府回应能力不足和公众诉求日益复杂多样之间存在的矛盾,成为新时期超大城市基层治理所迫切需要解决的一大难题。以大数据、云计算、人工智能为代表的新兴的数字技术可以通过以大模型为基础的数据分析,实现对民情民意的精准感知、分析研判、快速回应。因此,通过数字化转型以更有效地回应民众诉求,不仅是破解条块分割治理困局的有效途径,更是驱动政府管理模式蝶变,提升政府管理效能的必然选择。①

二、主要举措和成效

依托大数据、人工智能、云计算等技术手段,"接诉即办"通过整合数据平台、实现信息全覆盖、加强问题研判、提升感知能力、数据辅助决策等方面积极开展数字化转型。

(一)整合信息平台,促进资源优化配置

"接诉即办"目前包含客户端、微信、微博、头条号等多个渠道的诉求接收平台,这在方便公众反映问题的同时,却也容易造成不同数据系统之间形成"信息孤岛"和"数据烟囱",加深信息治理的碎片化。对平台信息的整合,一方面打破了数据壁垒,实现了数据的共享和互通,可以提升政府分配资源的整合协调能力,优化资源的配置;另一方面则有助于打破政府部门结构限制,实现横向和纵向上的协同联动,主动精准地提供服务,实现有效治理。自2019年起,"接诉即办"就在努力汇聚各平台数据,打造全口径数据池。北京市已经整合了包括首都之窗网站、12345网上"接诉即办"平台、"北京12345"微信公众号、政务微博、政务头条号、"北京通"App、"人民网"领导留言板、市长信箱等17个渠道在内的平台信息,形成了全方位、一体化的居民诉求反映受理平台。一方面,热线资源归并极大程度地避免了因各单位或部门独立建设而造成的重复投资,避免了财政资金的浪费,有利于归并行政资源、规范服务流程;另一方面,数据资源的归集可以从全局展开对公众诉求的整体研判和特点分析,深入挖掘数据价值,以更好地整合和解决公众诉求,提高公共服务的效率和质量。

---

① 李文钊:《双层嵌套治理界面建构:城市治理数字化转型的方向与路径》,《电子政务》2020年第7期,第32—42页。

(二) 深化技术应用,提升系统智能运营

"接诉即办"改革通过运用大数据、人工智能等数字技术,实现了智能受理、智能辅助派单、智能回访等智能化应用,提升了热线系统的智能化运营。首先,智能受理包括智能座席管理和智能语音助手。其中,智能坐席管理基于智能算法结合专业的劳动力管理模型,根据呼入量和劳动力动态排班,针对性地设置班组、工作时间段和上岗人数,从而充分有效地利用人力资源,降低人工成本。智能语音助手则可以通过内置的自然语言处理系统实现对来电人口头表述的即时文字转换,以便于接线员快速记录来电信息。同时,智能语音助手还可以识别来电人的语义和语境,自动提供话术指导、翻译、适老化服务等功能,帮助通话顺畅高效地进行。智能辅助派单通过分析工单文本内容,自动向接线员推荐派单点位和办理单位,从而提升办理过程中派单的精准性。智能回访技术则可以对简单诉求通过固定问题进行机访,将有限的人力资源用于回访内容更为复杂的诉求。

(三) 加强数据研判,辅助科学精准地施策

面对城市治理中的沉疴痼疾,"接诉即办"积极利用大数据、人工智能等数字技术,辅助发掘问题产生的原因和机制,实现源头治理。第一,借助公共视频等物联终端,实时采集矛盾信息。第二,整合数据信息,展开分析研判,排查潜在的安全隐患,实现"未诉先办,主动治理"。第三,借助数字技术,建立"人工+平台"的双处理模式。例如,针对交通违法行为,可以通过 AI 智能数据算法,对海量视频数据进行筛选,找出可能存在的违法行为,再通过人工核查,确定违法车辆,既为基层减负,也提升了工作的精度和效度。在此基础上,政府掌握了问题的具体表征和深层次的矛盾,就可以实施针对性的、精准的政策来提升基层社会的治理能力。

随着公众诉求的积累,"接诉即办"大数据平台成为名副其实的数据

富矿。为了充分挖掘数据价值,北京市打造了大数据分析决策子平台,通过综合运用数据分析技术,对数据库中的公众诉求数据,从诉求量、诉求类别、时空分布、周期规律等方面进行对比分析,梳理出重点区域和高频、苗头性问题。第一,根据数据分析结果,可以根据问题种类、发生地点绘制"民情民意地图",从而直观、动态、精准地呈现区域问题发生情况,有助于梳理出高频问题和重点区域。第二,根据数据分析总结的规律,预测各类公众诉求的未来发展趋势,从而采取预防和控制措施,变"事后解决"为"事前预防"。第三,针对高频问题、苗头性问题和重点区域,"接诉即办"建立起"日通报、周汇总、月分析"的常态化工作机制,以便职能部门及时动态地了解群众关注的重难点问题,为科学决策提供支撑。目前,北京市已实现对市民热线的初步模拟预判,针对规律性问题积极采取相应的措施。

三、典型案例

(一)回天行动:"睡城"蝶变宜居社区

位于北京市昌平区的回龙观、天通苑地区是北京市城市化过程中形成的大型居住区,常住人口超过 90 万。但在 12345 市民服务热线上,记录着大量"回天"居民的困扰和诉求,有的街镇更是在全市排名中垫底。12345 热线专班从热线电话高度密集地区开始,逐步分析公众诉求的聚集类型后发现:由于城市规划滞后和人口集聚,"回天"地区存在严重的交通拥堵和公共服务设施配套不足等问题。以交通拥堵为例,回龙观、天通苑地区八成以上居民的工作地都在五环以内,每天潮汐流动人口在 50 万—60 万人,相当于一个中小型城市的规模。

面对这一超大社区的治理难题,经过市/区多部门几番研拟,2018 年北京市人民政府办公厅发布了《优化提升回龙观天通苑地区公共服务和基础设施三年行动计划(2018—2020 年)》。该计划列出了

17项具体任务,97个具体项目,聚焦公共服务提升、交通治理、市政基础设施完善、打造大型居住区治理示范四大重点任务,着力补齐当地公共服务和基础设施短板。经过3年多的努力,117个计划项目全部开工建设,其中62个项目如期完成。长期困扰地区发展的"规划失衡、管理失范、社会失治"问题得到有效治理,"回天"地区发展活力得到激发和释放。

在此期间,12345市民服务热线、社区网和专项满意度调查已经成为"回天"居民表达意见、反映诉求的重要渠道。以2020年为例,"回天"居民通过社区网反映意见1 245条,通过12345反映诉求54 255条。而在2020年第四季度"回天"居民专项满意度调查中,"回天"居民综合满意度为7.78分(满分10分),比2018年第四季度首次调查时提升1.44分。其中,92.3%的被访居民表示,感受到了"回天"地区生活环境的优化提升,比2018年第四季度首次调查时的48.5%,提高了43.8个百分点。①

2021年7月,北京市在首轮"回天"行动计划获得显著成效的基础上,发布了第二轮"回天"行动计划,即《深入推进回龙观天通苑地区提升发展行动计划(2021—2025年)》。新一轮行动计划在持续推进上一轮行动计划结转项目的基础上,重点实施教育、医疗卫生养老、绿化文体、交通、市政设施、社会管理6个项目包,共102个项目。力争通过五年时间,推进"回天"地区功能组织更加高效,主要公共服务设施补齐缺口,"一纵一横、五通五畅"主干路网架构基本建成,市政基础设施保障能力显著增强,绿色生态生活空间基本建立。据2023年"回天"地区"民意直通车"报告显示,新一轮"回天"行动计划取得积极成效,居民满意度总体呈上升趋势,2023年综合满意度得分8.25分,同比提升2.7%,较2021年新一轮行动计划初期提升4.7个百分点。调查结果显示,95.5%被访居

---

① 鹿杨:《12345热线2020年接听回天居民来电超5万条 违法建设和市政环卫类诉求量显著下降》(2021年2月22日),北京市人民政府网,https://www.beijing.gov.cn/ywdt/gzdt/202102/t20210222_2285822.html,最后浏览日期:2024年2月22日。

民点赞"回天"地区生活环境得到改善,表示"垃圾分类做得到位,环境卫生有很大提升""社区单元门都安了门禁,安全有保障"。①

(二)智慧亦庄:"城市大脑"赋能"接诉即办"

北京市大兴区亦庄镇通过"城市大脑"建立了全市第一个镇级的"接诉即办"指挥调度中心。以"互联网+"技术全面赋能"接诉即办",高效撬动城市基层治理革新,推动"接诉即办"改革与"智慧大脑"建设有机融合,提升基层治理的科学化、精细化、智能化水平。

第一,建设"城市大脑",助力"未诉先办"。镇党委牵头推进智慧城市建设,研发"城市大脑"指挥系统,成立联合党支部,横向指挥镇级15个管理部门,纵向联动22个网格,城市管理、社会治安、社区服务三网融合,将辖区内人、地、事、物、城市部件等基础信息全部纳入系统落位落图、一网总览。再加上物联网平台嵌入智能灯杆、无线烟感、水位监测等模块,能够及时预警突发事件。

第二,依托"接诉即办"指挥调度中心的大数据分析结果,建立"月会商制度"。深挖大数据背后折射的集中诉求和高频问题,实现解决一批诉求、化解一类矛盾、带动一片治理。2023年,亦庄镇"接诉即办"综合成绩连续五年排名全区第一,连续两年位列全市前十。例如,亦庄镇鹿华苑片区接诉即办"万人诉求比"居高不下,镇党委通过数据分析发现居民诉求主要集中在就医难、出行难、停车难后,出资150万元补贴医务人员招聘,增设公交鹿华苑站点,施划392个停车位,安装电子违章抓拍系统,有效改善了相关问题。

第三,"热线+网格"两网融合数字化,为诉求办理提速。对12345热线系统工单反映的问题,属网格工作监督范围内的,同时推送网格系统,派遣监督员进行核实。对于未解决的问题,通过网格平台同

---

① 北京昌平官方发布(尚颖):《诉求总量同比减少40.8%! 2023年回天"民意直通车"报告发布》(2024年2月2日),京报网,https://news.bjd.com.cn/2024/02/02/10694154.shtml,最后浏览日期:2024年2月22日。

时上报案件,实现网格平台和12345平台的双派遣、双督办,处置情况同时纳入网格绩效,保证问题得到实际解决。同时,缩短网格案件处置时间,提升主动处置效能,减少市民投诉,提高热线诉求和网格案件的解决速度。对市民12345热线的投诉问题举一反三,通过加强市民投诉与网格数据的关联分析,聚焦高频多发和解决率低的问题和点位,作为城市管理网格主动巡查发现的重点。

四、未来发展

"接诉即办"数字化转型取得了巨大成效,但在浅层次问题大量解决的背景下,深层次矛盾与结构性问题逐步凸显,问题复杂程度和解决难度空前加大。未来,应将数据思维纳入"接诉即办"改革中,不断提升数据治理能力,促进治理范式升级,迈向"数智治理"。

(一)建立数据驱动式决策,细化基层治理颗粒度

充分发挥数据驱动决策的优势,通过对市民诉求、城市运行等政务数据进行标准化、规范化、制度化处理,实现城市精确治理。一是建设覆盖市、区、街道(乡镇)、社区(村)四级的"接诉即办""智慧大脑",实现群众诉求数据的四级全渠道集成,实时动态地掌握诉求情况,全面精准地感知社情民意。二是强化数据归集治理。按需汇聚人口、法人、信用体系等基础库、主题库数据,建立"一人一档""一企一档"等主题库;建立健全数据质量反馈整改责任机制和激励机制,开展数据质量多源校核和绩效评价,减少无效数据、错误数据,识别重复采集数据。三是提升数据共享服务。整合集成目录管理、供需对接等功能,实现对各区、各部门热线数据"一本账"展示、"一站式"申请、"一平台"调度,支撑各区、各部门数据跨地区、跨部门、跨层级互认共享,推动实现数据资源高效率配置、高质量供给。

(二)深化历史数据分析应用,辅助决策更智慧

第一,基于大数据进行业务画像分析。以热线数据为基础,对区域、单位、投诉人、座席等进行分析,从中发现业务问题。第二,通过汇聚互联网、电话等渠道的市民诉求数据,自动摘要有价值的信息并线索化,进一步聚焦舆情热点、捕捉传播路径,帮助政府实时了解市民舆情动态。第三,基于全域诉求受理、处办情况数据,建立指标分析模型,将数据形象化、具体化,便于领导面向各层级进行指挥调度。第四,推动"热线+网格数据"融合聚能。将网格数据纳入市民服务热线体系,分析研究网格管理数据和热线的共性问题和薄弱环节,形成社会非紧急事项从发现、受理、分流、处置、跟踪、反馈、督办到考核评价的全程联动处置,提高社会治理的整体效能。

(三)强化数字技术赋能,构建热线智能化运行体系

提升热线自身管理和运行的智能化水平,通过算法赋能,建立一个从接单、派单到督导、考评及决策辅助的智能化运行体系。一是建立全市统一规范的知识库系统,加强语义分析、模糊查询技术应用,开发政策智能回答工具,实现群众诉求全过程智能受理。二是优化智能派单系统。第一,将分散在不同业务条线的事项纳入一体化派单系统,实施跨区域、跨层级、跨部门的业务协同,实现信息资源的集成共享。第二,依据预先设立的流转规则,匹配历史相近工单,自动推荐承接部门,实现工单的"接收立派"。第三,统计工单的类别级别、派送数量、派送部门、超期处置等情况,一键生成统计报表供后台审阅查看。三是推广诉求"掌上办"应用。在"热线管家"微信公众号新增信息发布、案例推送、工单查询、考核展示等功能模板,方便"接诉即办"全系统实时掌握诉求反映。四是实行诉求办理数据全程记录。强化"接诉即办"标准化规范化管理,完善承办单位办理反馈要素,实现"接诉即办"全系统办理数据交互共享、全过程留痕、全周期管理,诉求办理情况可查询、可追溯。五是新增

应急"哨点"协调处置功能。建立风险预警推送机制,对于可能存在突发事件的情况或风险,明确判定标准、报送程序,及时向有关部门通报情况。六是提高智能回访的成功率。梳理回访过程中的对话中断情形,增加系统智能学习规则,优化回访对话功能,提高回访质量。

(四) 提升政务人员数字素养,建立数字化人才培养体系

通过"专家请进来"和"干部走出去"相结合、教育培训和实地锻炼相促进等方式,多渠道、多层次地提升政务人员的数字素养。转变数字化环境下政府工作人员的考评机制,重视人才在数据预判、使用与开发上的能力。结合各承办单位的办理业务量、办理业务难度系数、办理效率、办理质量、群众满意度等可量化指标,由热线大数据平台计算处理,给出业务分值。对承办单位的制度建设情况由人工赋分,两种分值根据比例折算出年度总分值。采取座席回访、短信回访、第三方调查评估等方式对群众满意度多方位跟踪,客观评价群众诉求落实情况。同时,明确数字人才激励标准与流程,打通人员流动、晋升渠道,促进人才将外在刺激转化为内在动力。

第五章 杭州模式:「数智杭州」

当下,数字经济高速发展,数字化转型及新一代人工智能成为经济发展以及国际竞争的新引擎和新焦点。在数字转型期,杭州全面贯彻落实党中央、国务院关于发展新一代人工智能的号召,遵循省级政府关于数字化转型发展的相关重点指示,将数字技术及人工智能驱动下的城市数字化转型作为实现"数字经济第一城"与"数字治理第一城"目标的重要支撑,渐进式地推动"数智杭州"建设,取得了"数中有智"的阶段性成效。

第一节 治理愿景:从信息化到数字化再到数智化

数字化转型是数字化发展到一定阶段的产物,是构建城市数据基础设施、推动城市智慧治理的一种新型发展模式。在政策驱动之下,杭州坚持以数字技术赋能城市治理,成为全国智慧城市与数字治理建设的排头兵。

一、杭州数字化转型的阶段呈现

杭州在政策背景及数字化基础的支撑下,积极探索数字化转型之路,致力于通过数字化转型来提升城市发展质量与人民生活水平。概括地说,可将杭州数字化转型的阶段划分为信息化发展阶段、数字化发展阶段,以及数智化发展阶段(如图5-1所示)。

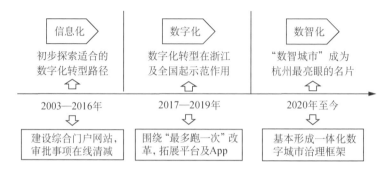

图5-1 杭州市数字化转型发展三阶段

(一)第一阶段:信息化发展阶段(2003—2016年)

杭州自2003年开始致力于在"数字浙江"的建设大框架下推行政务服务综合门户网站建设,注重实现政务服务的线上协作办公。2010年,杭州已基本形成覆盖三级网络的政府门户网站及电子化政务服务监督系统。与此同时,杭州开始依托网上办事服务大厅进行初步的办公体验与服务供给,这有利于杭州审批服务及便民服务等效率提升。2013年,杭州更为精细化地推行政务服务信息化转型,致力于在浙江省第四次审批制度改革背景下推行"四张清单一张网"改革①,初步实现了政府执政行为的标准与规范,提升了服务过程中的公民满意度。此后,杭州在此基础上开始将城市数字化转型的重点转向数字经济建设,致力于以"一号工程"的实施与落实实现城市高质量发展与竞争力提升。总体而言,在信息化发展阶段,开通运营政府综合门户网站、清理减少在线审批事项,成为杭州数字化转型的代表内容。在此阶段,杭州从静态

---

① 蒋自然、段文奇、张建珍:《杭州数字化转型:历程、经验及启示》,《全球城市研究(中英文)》2022年第1期,第128—139页。

层面出发来优化电子政务形态,初步探索适合于杭州的数字化改革路径。

(二)第二阶段:数字化发展阶段(2017—2019年)

2016年,杭州开始探索信息化向数字化阶段的过渡。在此阶段,杭州逐步将政务服务网络拓展到村级,致力于建设覆盖"县—乡—村"的三级网络平台,从而开始探索真正意义上的"一网通办"。在此逻辑思路下,杭州充分发挥"最多跑一次"改革的时代优势,基于数字化平台实现"一网、一窗、一次"等政务服务办事流程的优化,旨在探索一体化政务服务供给,以数据优势来促进"数据代替人跑路"的治理目标达成。在此阶段,杭州已探索形成较为完善的服务平台,并在一体化政务服务平台建设和优化的基础上,不断开发和拓展掌上办公与智能服务的App,打造出"浙里办""浙政钉"等典型的掌上办事智能端,真正实现平台与智能端的结合,共同赋能一体化的数字化服务优化,切实落实"最多跑一次、最多一百天"的服务口号[①]。概括地说,在数字化发展阶段,杭州开始重视服务体系的标准化与流程化,以民生及企业办事流程便捷优化为核心,建构数字化政务服务平台及掌上办事移动端,促进杭州实现一体化及一网化政务服务办理模式。至此,杭州的数字化政务服务效率得到大大提升,人民满意度也出现较大程度的改善。该阶段杭州数字化改革成为浙江省级与全国层面的借鉴典范。

(三)第三阶段:数智化发展阶段(2020年至今)

2019年之后,杭州进入探索一体化、智能化数字城市治理体系的阶段,强调以已有数字化转型基础及大数据、人工智能、互联网等新型数字技术促进杭州向数智化、智能化的数字化发展高级阶段迈进。2021年,

---

① 朱英:《杭州依托政务服务平台 深化"一窗受理 集成服务"改革》(2017年9月27日),中国政府网,http://www.gov.cn/zhengce/2017-09/27/content_5228508.htm,最后浏览日期:2023年2月22日。

在浙江省全面数字化改革的推动之下,"数智杭州攻坚年推进大会"召开,强调杭州数字化转型进入"整体智治"的数智化发展阶段。① 2022年,在数字化改革"1612"体系的引领下,杭州全面提升一网通办、一网统管、一网监督能力,做到"一屏统览,一键直达",构建城市"数智治理"体系。在此阶段,杭州致力于实现"关键小事"省心办、快速办、无感办;"民呼我为"让市民人人可"呼"、件件有"为";"城市大脑""未来社区""未来乡村"等实践轮廓逐渐清晰。② 2023年,杭州紧扣"改革开放新高地、营商环境新标杆、数智治理新样板"的目标,以数字化改革为总抓手,牵引撬动各领域、各方面的改革。具体而言,该阶段杭州数字化转型的主要标志是:建设一体化数字城市治理体系及系统性数字政府服务功能,依托数据潜能实现服务优化。至此,"数智城市"成为杭州数字化转型的缩影,也成为杭州最亮眼的名片。

二、杭州数字化转型的治理思路与总体成效

总结杭州城市数字化转型从信息化到数字化再到数智化的发展阶段过渡,可以发现杭州作为浙江省乃至全国数字化转型的典范城市,始终坚持将理论创新与实践变革相结合,全面实现数字化在治理、生活及经济等方面的渗透与融合,致力于完善数字化城市治理的系统化、整体化体系建设。

(一)杭州数字化转型的基本思路

2023年10月,住房和城乡建设部发布《2022年城市建设年鉴》,其中在"2022年全国城市人口和建设用地(按城市分列)"一栏显示:杭州

---

① 刘彦华:《从数字到数智,杭州拥有无限可能》(2021年8月12日),参考网,https://www.fx361.com/page/2021/0812/8720017.shtml,最后浏览日期:2022年9月12日。
② 郑晖:《开启数智杭州,书写未来简史》(2021年12月27日),杭州网,https://hznews.hangzhou.com.cn/chengshi/content/2021-12/27/content_8128940.htm,最后浏览日期:2022年9月22日。

城区人口为709万,城区暂住人口为293.10万,城区人口总数达到1 002.1万人。① 按照住建部标准,杭州城区人口已突破1 000万。至此,杭州实现从特大城市到超大城市的跨越,成为全国第十座超大城市。作为超大城市,其相对更为复杂、动态、不确定的城市结构,对杭州的城市数字化治理提出挑战。面临治理挑战,杭州市探索出"1+5+2"的超大城市数字化治理的基本思路。

第一,坚持治理与发展相结合。依托大数据、人工智能、5G、物联网、区块链等新型数字技术赋能杭州城市治理,提升杭州数字化转型的现代化与高效化,实现数字城市的高质量治理。

第二,以政府和社会双方为重点内容。基于"浙政钉"平台的建设为政府提供服务,实现基层政府的减负,促进政府办事及任务处置的清单化、流程化与透明化,提升政府办事与服务的效率和质量。基于"浙里办"平台的建设为社会公众及企业提供服务,优化与拓展社会适用性应用场景,从基础上提升公众与企业的办事效率和满意度。

第三,将制度优化与实践创新相结合。在数字化转型总体框架落实的基础上,激发杭州各地、各级部门的创新活力,推动基层人员积极创新,勇于探索具有地方特色、符合公众需求的功能应用。

第四,坚持试点先行和全面推进相结合。将以点带面的思维嵌入数字化转型的整体过程,通过试点方式加快数字化建设的覆盖领域,实现数字经济与数字社会的资源共享。

第五,优化政府与市场的结合力度。将政府作为数字化改革的主要推动力量,坚持政府引领与市场推动相结合,实现社会、企业与政府之间的合作共赢。

第六,坚持理论体系和制度体系相结合。围绕杭州数字化改革的时代背景、内涵框架、逻辑范式等方面开展研究,积极探索,创新构建富有

---

① 邵婷:《全国第十座,杭州跻身全国超大城市行列》(2023年10月25日),杭州网,https://hznews.hangzhou.com.cn/chengshi/content/2023-10/25/content_8633584.htm,最后浏览日期:2024年2月18日。

前瞻价值、系统价值、指导价值的数字化改革理论体系。探索建设杭州数字化转型的配套制度安排，系统地重塑政府、社会和企业等多元主体之间的联通运行机制。

(二) 杭州数字化转型的总体成效

杭州数字化转型历经时间较久，在此过程中，其坚持以数字技术和数据要素赋能超大城市治理效能的提升，目前已在多层面取得显著成效（如图5-2所示）。

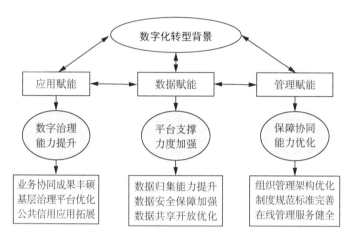

图5-2 数字化转型背景下杭州之"治"的实践成效

1. 深化应用赋能，数字治理能力进一步提升

其一，多业务协同成果丰硕。全面打造城市"一体化"数字治理体系，优化"一整、两通、三同、直达"业务的核心功能及细化服务。以中枢业务为中心，展开重点应用场景的拓展和优化。截至2022年年底，杭州已实现12个重点场景全面上线，易租房等10个场景持续推进，30秒入住等10大重点攻坚项目成效明显。[①]

---

① 葛玲燕:《杭州发布"六新"发展"十大示范场景"建设指南》(2020年7月29日)，杭州网，https://hznews.hangzhou.com.cn/chengshi/content/2020-07/29/content_7782475.htm，最后浏览日期：2023年12月26日。

其二,"基层治理四平台"业务载体作用得以发挥。2019年以来,杭州致力于发挥"基层治理四平台"的支撑载体效用,着力实现系统与数据的互联互通和标准化建设,优先实现其中重点领域9套系统的整合与对接。2023年,杭州进一步加强"小脑+手脚"的基层治理体系建设,迭代升级基层治理四平台,乡镇(街道)层面重塑以综合信息指挥中心(室)为"小脑",以综合管理(执法)力量、矛盾纠纷调解力量、村(社区)网格力量等为"手脚"的工作体系,全面实现基层情报信息协同、问题处置协同、督导评价协同。

其三,公共信用应用范围扩大。杭州在城市数字化治理过程中不断推动"信用+家政服务""信用+金融服务""信用+园区"三大市、县应用场景落地,致力于以多元主体之力与多元场景建设之便,汇聚全市所有政府部门的公共信用信息。

2.深化数据赋能,平台支撑力进一步提升

其一,坚持问题导向,强化数据归集。杭州坚持问题导向,打造一系列便民利民的典型应用。如养老领域的"幸福邻里坊"应用,聚焦"一老一小",推动"浙里康养""浙有善育"等重大应用在基层集成落地;基层治理领域的"大型综合交通枢纽智治"应用,运用数字孪生技术,实现智慧防疫、出行服务、治安防控等精细化协同治理。[①] 同时,2022年,杭州高质量推进数据归集共享,建立"首席数据官和数据专员""公共数据共享"等制度,全量全要素目录归集率100%,数据归集量较前增长5倍,数据共享需求满足率100%[②]。

其二,坚持惠民导向,强化数据开放。杭州出台公共数据领域的标准,强调坚持惠民导向,加大公共数据开放力度,编制数据开放目录

---

① 邵欢、刘昱、辛金国:《杭州数字化改革重大应用的经验与启示》,《杭州科技》2022年第6期,第57—60页。
② 章燕:《坚持问题导向,突出实战实效,纵深推进数字化改革》,(2022年8月15日),杭州日报,https://mdaily.hangzhou.com.cn/hzrb/2022/08/15/article_detail_1_20220815A068.html,最后浏览日期:2024年2月18日。

4171项,对外开放908个,开放数据总量达8.57亿条①,真正实现数据开放为民,促进城市治理中惠民为民宗旨的执行。

其三,坚持安全导向,加强数据安全保障。杭州坚持开发与优化数据安全保障管理平台,优化数据实时感知功能,覆盖数据全生命周期防护。对公共数据进行分级分类与差异化管理,在以数据安全与隐私保护为原则的基础上,实现数据潜能与数据红利的激发与实现。

3. 深化管理赋能,保障协同力进一步提升

其一,优化组织架构,赋能组织管理能力提升。在杭州优化数字化转型过程中,高度重视"城市大脑"建设。以市委书记与市长这两大领导力作为引领者,成立专门的领导管理小组与管理机构,提升城市整体性的数字化转型效能。

其二,提升制度标准化与规范化。2022年,杭州已经制定1个立法、7个规范和22个标准。其中,在22个标准中,包括参与制定个人健康信息码数据格式、应用接口、参考模型等7个"国标",群众和企业全生命周期"一件事"工作指南等6个"省标",政务数据管理和杭州健康码管理等8个"杭标"。

其三,强化网上办事服务能力。杭州在数字化转型过程中高度重视数转工作督察考核系统的建设与完善,依托考核系统赋能办事业务的线上开展与考核业务的线上对接,保证网上办事效率,实现业务状况动态掌握与填报。② 2022年,杭州支撑32家牵头部门完成84项工作任务在线填报,服务全市66家配合部门(含区、县、市)共914项子任务在线解决,实现每月动态填报汇总。

---

① 邓念国、韩丽峰、汤金华:《"联民桥":数字化改革提升基层人大工作效能的杭州探索》,《杭州》2021年第18期,第38—41页。
② 胡税喜:《数字化改革背景下杭州城市治理现代化的探索与实践》,《城乡建设》2021年第13期,第28—31页。

第二节 "城市大脑":智联万物、聪明可控的底座

一、"城市大脑"的核心概念

"城市大脑"的概念是由阿里巴巴在2016年首次提出。"城市大脑"内涵中所体现的是城市的数字化转型要以现代信息技术为基础,依托城市网络之间相互联系,有效地实现城市信息与社会资源的互享共通,为推动城市数字化建设提供相应的支撑。"城市大脑"是智慧城市的"重要器官",是支撑智慧城市运行的平台,通过对各类大数据的共享和分析,优化城市管理中的资源配置。第一,超大规模计算平台通过连接大量通用服务器,形成超级计算机,让城市大脑能够进行快速反应,提高服务效率。第二,依托数据采集系统提供数据支撑,使得"城市大脑"能够智能感知物理世界,并以数字化形式呈现,客观地反映现实世界中物体的各种情况和变化。第三,数据交换中心联通不同数字平台及系统中的数据资源,成为城市大脑提出决策与建议的源头保障。第四,开放算法平台优化构建模型与算法程序,在更新迭代中实现对数据的处理和优化,形成一个具本土特色的有效模型,从而实现资源成本的节约,为城市管理运营提供具有地方特色的决策。第五,数据应用平台对接上述系统所产生的结果,将这些结果进行不同处理,为城市数字化转型的全过程提出针对性帮助。概括地说,"城市大脑"的组织、管理架构如图5-3所示。

二、杭州"城市大脑"的发展历程及逻辑体系

(一)杭州"城市大脑"的发展历程

杭州"城市大脑"是由数字驾驶舱、中枢、系统、平台等多种应用场景

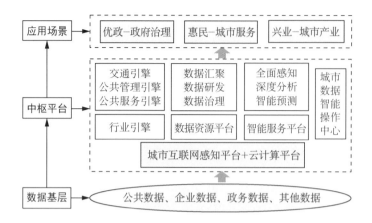

图 5-3 "城市大脑"的组织与管理架构

组合而成,以数据、算力、算法等为基础和支撑,运用大数据、云计算、区块链等新型数字技术促进城市数字化转型,优化数字城市治理效能。[①] 杭州"城市大脑"自 2016 年创建以来,从交通治堵到城市治理的过程体现出其治理效能与发展阶段。杭州"城市大脑"的具体发展阶段如表 5-1 所示。

表 5-1 杭州"城市大脑"的发展历程

时间	事件
2016 年 4 月	"城市大脑"聚焦交通领域,改善交通拥堵
2017 年 10 月	杭州"城市大脑"交通系统版发布
2018 年 10 月	杭州提出"全国数字经济第一城"的目标,以"城市大脑"促进"三化融合"
2018 年 12 月	杭州发布"城市大脑"综合版,依托"城市大脑"进行城市治理
2019 年 4 月	杭州"城市大脑"被邀请到香港国际资讯科技博览
2019 年 7 月	"城市大脑"发布舒心就医、欢快旅游、便捷泊车、街区治理等便民服务
2019 年 9 月	杭州"城市大脑"数字驾驶舱上线运行

---

① 郁建兴、樊靓:《数字技术赋能社会治理及其限度——以杭州城市大脑为分析对象》,《经济社会体制比较》2022 年第 10 期,第 117—126 页。

(续表)

时间	事件
2019年12月	杭州"城市大脑"场景拓展优化,助力"全国数字治理第一城"目标
2020年2月	杭州"城市大脑"的重要组成部分"杭州健康码"上线
2020年3月	杭州"城市大脑"的重要组成部分"亲清在线"数字平台上线

(二) 杭州"城市大脑"的"531"逻辑体系

杭州在建设"城市大脑"的过程中积极跟随政策导向,将政治、经济、社会、文化以及生态环境等各种场景包括在城市数字化转型之中。同时,在五大领域的数字化转型之下细分相应的子模块,形成杭州"城市大脑"的"531"逻辑架构。具体而言,"5个一"是指:要构建"一张网",促进数据流动共享;要优化"一朵云",形成链接数据资源的数据云;要形成"一个库",以将数据置于该数据仓库;要完善"一个中枢",建成各数据及平台交汇的中间核心;要生成"一个大脑",实现城市数字化转型的"一体化、智能化"指导决策中枢。"3个通"指的是:纵向政策层级间的互联互通、横向机构之间的互相联系沟通,以及政府和市场之间的沟通与互动。最后的"1"则代表一个新的城市基础设施。杭州"城市大脑"依托"531"逻辑架构,实现城市数字化转型过程中的智慧化与智能化,依托技术与数据为杭州城市建设提供一个能更新、会思考的数字化基础设施。①

三、杭州"城市大脑"的运行规律与创新经验

杭州依托"城市大脑"促进城市数字化转型过程中已形成独特的运行规律与创新经验,成为城市数字化转型的典范。杭州治理实践与创新

---

① 侯瑞:《城市会思考,生活更美好——杭州"城市大脑"发布11大系统、48个应用场景》,《信息化建设》2019年第7期,第26—29页。

经验能够为其他地区带来一定的借鉴与参考。具体如图5-4所示。

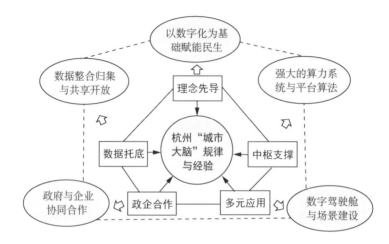

图5-4　杭州"城市大脑"智慧化治理创新经验

(一)理念先导:以数字化为基础赋能民生

杭州在促进城市数字化转型、优化超大城市数字化治理的过程中,遵循城市数字治理创新赋能基础民生的先导理念。首先,杭州依托本身的发展特征与基础优势,将数字化发展的前沿城市作为自己的发展目标,强调通过数字化转型实现经济高质量发展。据《城市数字化发展指数报告(2023)》显示,在数字基础设施、数字经济、数字社会、数字政府、数字生态的综合评分中,杭州位居全国第二,仅次于上海。其次,党的十九大报告提出,中国的主要矛盾为人民日益增长的美好生活需要和不平衡不充分的发展之间的矛盾。在此背景之下,杭州把满足人民日益增长的美好生活需要作为"城市大脑"赋能城市数字化转型过程中的重点。因此,杭州在开发与研究"城市大脑"的过程中致力于从人民之需出发,将惠民为民作为数字技术赋能及数字化转型的核心。在利用"城市大脑"进行数字化治理的过程中依托数据要素及数字技术,拓展开发便民利民的政务平台及办事小程序,围绕民众关心的"急难愁盼"进行优化,致力于提升数字化公共服务水平以及公民满意度。杭州在"城市大脑"

的支撑下,先后开发了数十个应用场景,切实使得公众关心的事项能够便捷办、高效办。

(二)数据托底:数据整合归集与共享开放

数据收集与整合是"城市大脑"正常运行的基本要求。大数据是"城市大脑"正常运行的基础,但大数据在大多数城市中并没有被好好地利用。第一,政府收集了大量的公共服务与民生领域数据,但没有正确的利用途径。第二,独立部门的存在使得采集的数据不连贯,形成"数据烟囱""数据孤岛"等。杭州在数字化转型过程中,由于数据权限尚未释放,部门间数据共享与开放存在瓶颈,使得"城市大脑"的作用发挥受到限制。因此,在优化"城市大脑"建设与作用发挥的过程中,杭州致力于打通"数据孤岛",联通数据要素,在此基础上,积极构建大数据流通共享所需平台,并且建成专门的大数据管理机构,致力于对数据资源与数字要素进行管理,更好地为"城市大脑"运行奠定基础。至此,杭州的数据整合与共享流通在"城市大脑"赋能政府部门以及社会办事的过程中发挥重要作用。随着"城市大脑"的全面应用,杭州不仅能够在不同部门之间实现数据采集与整合,而且能够实现数据在不同层级、不同区域间的共享流通。

(三)中枢支撑:强大算力系统与平台算法

"城市大脑"有效运行的中枢系统就是强大的平台算法及有效的算力。纵观杭州"城市大脑"架构中所包含的五种系统,其大规模计算平台和开放算法平台体现了对算法计算能力的要求。"城市大脑"算法以数据采集与整合为基础,依托众多领先的人工智能科学家,并基于领先互联网公司的先进算力系统,致力于构建规范标准的科学算法模型,从而帮助"城市大脑"能够更迅速精准地捕捉城市变化,更好地赋能城市数字化转型。就技术层面而言,"城市大脑"的算力与算法支持实时连接、调度、跨区域多源异构数据处理,算法服务支持主流深度学习框架和集成算法组件及算法管理,可智能生成城市运营需求、核心指标和关键数据。①

(四)坚实保障:政府与企业协同合作

"城市大脑"运行与效能发挥需要政府与企业协同所构建的保障机制。"城市大脑"本身的构建与运行都可称为复杂的工程,仅靠政府或企业的单一力量不能够提供足够保障,故其发展及演化有赖于政府与企业的合作保障。具体而言,政府应该扮演的角色为引导者与监督者,发挥统筹与监督机制优化的作用。从杭州"城市大脑"建设与运行的过程来看,杭州"城市大脑"建设之后的两个月内,杭州就积极发挥政府作用,成立市委书记和市长双重领导下的发展领导小组及专门的工作小组。同时,在建设与运行过程中,杭州市政府派出精通项目与业务的工作人员,企业也派出掌握技术的专业工作人员,促进业务管理与技术赋能的结合。此外,杭州在建设与运营"城市大脑"项目的过程中,依托市场化的资本支持机制,在政府投资之外,吸引了优质的市场化资本,设立20亿元的杭州"城市大脑"产业基金。在政府治理与监督以及市场资金支持的协同之下,杭州"城市大脑"取得了良好的建设与治理成效。

(五)多元应用:优化数字驾驶舱与场景建设

"城市大脑"建设的外延与职能承接的重点在于应用的建设与优化。杭州在城市数字化转型过程中针对"条条"和"块块"的数字化转型都已建设专门的应用,赋能政府办事效率及沟通效率的提升。具体而言,从横向应用来看,杭州"城市大脑"围绕"治堵、治城、优环境"等多个维度开发新型场景与系统,如"延误指数、安居守护、亲清在线"等都已取得良好

---

① 中共杭州市委宣传部:《杭州 城市会思考 治理更有效 生活更美好》,《人民日报》2021年4月1日,第16版。

的成效[①];就纵向应用而言,杭州"城市大脑"也在积极上线区(县)平台。此外,杭州"城市大脑"的数字驾驶舱也已开发多种场景,有效地满足了不同级别与不同部门工作人员的办公需求,有效地对接公众"急难愁盼"事件,提升了公众在城市数字治理过程中的满意度与获得感。

四、杭州"城市大脑"赋能"整体智治"的理论逻辑与机制分析

数字化时代,信息技术赋能政府的组织流程与治理结构,实现对政府内部与外部关系的全面重塑。[②] "城市大脑"作为新时代新型信息技术生成的典型产品,如何能够赋能杭州"整体智治"是需要厘清的关键问题。因此,下文将从数字驱动、组织重塑以及治理优化三个递进层面出发,结合杭州"城市大脑"赋能数字治理的实践,深入分析"城市大脑"赋能杭州"整体智治"的理论逻辑与内在机制(如图5-5所示)。

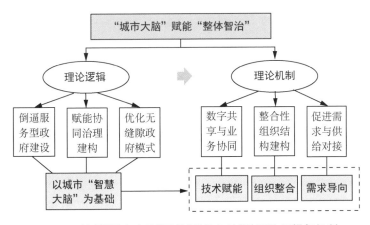

图5-5 杭州"城市大脑"赋能"整体智治"的理论逻辑与机制

---

① 项辉、陈奕、殷军领等:《城市大脑,杭州智治——八八战略指引下的城市治理探索创新》(2023年7月10日),杭州市人民政府网站,https://www.hangzhou.gov.cn/art/2023/7/10/art_812262_59084261.html,最后浏览日期:2024年2月18日。
② 马亮:《数字政府建设:文献述评与研究展望》,《党政研究》2021年第3期,第99—111页。

(一)杭州"城市大脑"赋能"整体智治"的理论逻辑

1. 倒逼服务型政府构建

数字技术与科技创新的更新与迭代是人类社会进步的重要驱动力和重要标志。政府作为人类社会发展变迁过程中的重要组织类型,其组织与治理效率毋庸置疑地会受到数字技术以及科技创新等影响。在现代的政府组织形式中,政府办事工具、沟通方式等会受到技术落后及科技短缺的影响,因此,政府在进行社会管理与事务处理的过程中不能很好地提升政府治理效率与治理效能。在技术缺失的背景之下,彼时政府管控只能依靠强硬化的管制策略,这也促成了先前社会中"皇权不下县"的治理情景。[①] 随着社会状态和科学技术的不断发展与进步,现代社会中科学技术与新型数字技术不断拓展与优化,数字技术的发展不仅能够让更多主体参与到社会治理与监督过程之中,而且也从技术论的角度对政府治理形式及治理结构产生倒逼压力,促进政府积极推进以服务为核心的组织创新与结构变革。杭州数字化转型过程中的"城市大脑"作为数字技术升级变革过程中的重要产品,其对政府创新与变革的驱动能力也得到较好的体现。在"数字浙江"建设背景下,杭州积极发挥自身优势,探索电子政务模式,以期实现政府办公过程的信息化、自动化,从而提升政府办公与沟通效率。2016年之后,国家大力推行"互联网+政务服务"的发展与构建,此时,大数据、云计算、互联网、物联网等新型数字技术不断迭代更新。杭州在此背景之下乘势而上,积极构建更为智慧的"城市大脑",旨在为政府及社会安装"智慧的头脑",依托数字技术与共享数据,实现政府办公与城市治理的全流程衔接与高效能运行。这在很大程度上促进了杭州市政府获取数据、利用数据并在此基础上进行决策与执行的水平与能力。此外,为了与当下的数字技术和科学创新形式相

---

① 陈云:《杭州"城市大脑"的治理模式创新与实践启示》,《国家治理》2021年第17期,第16—21页。

契合,杭州市政府积极进行自身结构调整与组织创新,优化治理事项的办理流程、治理方式等,以期能够更好地与技术对接,突破政府治理的局限,提升政府现代化治理能力,建设优质服务型政府。在新型数字技术及城市"智慧大脑"的支撑之下,杭州市政府现代化服务成效显著,在以公民为核心,以服务为导向的治理模式之下,为公众及企业提供一体化、全生命周期的服务。

2. 赋能协同治理建构

协同治理理论认为,协同治理过程中主体的多元化参与及协商达成共识是其关键特征。① 就当前大多数地区的实际发展状况来看,政务网站、政务微博、微信等网络媒体为公众参与提供了多元化的渠道。公众可以从多种平台进行需求表达与传递,这更有利于政府协同治理格局的构建。但值得注意的是,公众通过不同渠道参与治理的过程,更多时候还是表现出被动式参与的状态。公众只有在涉及私人利益的情况下才愿意参与政府治理,现有行为多体现为咨询信息、反映诉求以及等待回应的过程。因此,数字技术赋能还面临公众与社会参与过程中的积极性问题,而杭州数字化转型过程中的"城市大脑"就试图解决这个问题。公众能够在"民呼我为"板块上报自我需求,同时基于移动端或者 App 就可以随时得知事件的流转过程,了解事情发展进度并且能够对办事结果进行有效监督,这不仅降低了公众参与的成本,提升了其参与积极性,而且能够对政府行为形成一定的约束,真正实现政府与公众的协同治理,促进杭州城市治理共同体构建。

3. 优化无缝隙政府建设

政府结构变革的一个重要内容就是优化内部服务流程,这能够大大提升政府治理过程的投入与产出之比。政府要进行内部流程优化,势必会影响不同部门的利益,这就导致改革推进困难,"城市大脑"的出现则

---

① 黄博一、王中女:《近二十年国内外协同治理研究现状、热点及未来展望——基于 CiteSpace 可视化对比分析》,《领导科学》2022 年第 7 期,第 129—134 页。

为打破僵局提供了契机。"城市大脑"在数字化转型及数字城市治理过程中体现的技术与运行特征决定了政府必须要打破彼此之间的信息与数据壁垒,消除"条条""块块"之间的阻碍与桎梏,实现整体性政府及无缝隙政府模式的创新。杭州在数字化转型过程中致力于依托"城市大脑",打造统一的"城市大脑"运营指挥中心。以此为基础,实现政府部门的数据联通与共享,充分发挥数据支撑下"城市大脑"的效用。在杭州数字化转型及城市数字治理的实践过程中,许多事项的处理需要多层级以及多部门之间的联通与合作,这就需要"城市大脑"作为中枢来汇集数据,实现数据跨层级及跨部门的流通与共享开放。随着新型数字技术的不断优化与升级,杭州"城市大脑"也发展得更智能、更高效,其中的数字化平台能够更好地捕捉与感知城市数字化转型过程中涉及的一系列信息,对数据进行整合、处理与利用,以进一步打破信息壁垒,促进无缝隙政府优化。

(二)杭州"城市大脑"赋能"整体智治"的机制分析

杭州"城市大脑"赋能"整体智治"的目的,在于构建整体性及无缝隙的数字化政府,故以数字赋能、组织优化及流程再造的角度进行赋能机制分析是合适的。

第一,以技术为依托赋能数据共享与业务协同。数字信息技术在构建作为现代技术系统的现代官僚制中体现出重要的作用[①],但是就分散化的条块政府而言,数据共享与流通程度较弱,这就导致数据潜能不能被充分激发。在杭州数字化转型过程中,开始建设了数百个信息系统与平台,但却未实现数据流通共享,因此,数据价值并未充分发挥。此后,探索建立杭州"城市大脑",以中枢系统为数据汇集库,将不同条线、不同部门的数据整合在一起,实现各部门、各层级之间的数据互联

---

① 竺乾威:《公共服务的流程再造:从"无缝隙政府"到"网格化管理"》,《公共行政评论》2012年第2期,第1—21页。

互通,以助推公共数据有序共享,实现政府部门之间的业务协同与整体性优势。

第二,以组织创新为基础整合组织架构。随着信息技术的不断更新,其对组织整合的促进作用更为明显。杭州"城市大脑"对组织的整合重塑作用主要可归纳为两点:一是杭州"城市大脑"催生"城市大脑"运行指挥专项领导小组,以此为基础来推行不同层级和不同部门事项的跨部门、跨层级整合,同时也能够促进社会多元力量的加入,驱动组织多主体整合;二是杭州"智慧城市大脑"促进组织结构的优化。"智慧城市大脑"通过平台化及智能端口的形式改变科层体制下的僵化结构,通过平台载体实现多元主体的在线协作与联动,形成不同层级、不同部门、不同主体之间的组织合力,以去中心化的形式形成一体化公共服务体系,促进形成"整体智治",多元协同的治理网络。

第三,以公民需求为导向促进供需对接。在传统的政府治理结构中,政府职能呈现静态、单一的特征,但社会事务却是多种多样,灵活多变的,这就导致政府治理过程中的供需对接存在矛盾,降低了政府治理的效能。针对该问题,政府要优化职能体系与特征,遵循社会事务场景,坚持从公民需求出发,形成以公民需求为导向的事项处理流程。杭州"城市大脑"作为集成的综合共享载体,其依托前后端口实现后端政府办公供给与前端社会需求场景的友好高效对接,公众在前端进行需求点单,政府在后端进行服务供给,以平台和数据为支撑促进供需对接的闭环流程,从而有效地回应公众与社会的需求,提升政府治理的公众满意度。

第三节 应用落地:让盆景变风景、场景变全景

"城市大脑"是"数智杭州"的"新密码",也是"数智杭州"建设的最强支撑。这个聪明的"大脑"已经在"全域感知""深度思考""知冷知暖""快

速行动"等方面给人们的生活带来了便利。① 未来"数智杭州"建设,要重点实现两个转变,即让盆景变风景,场景变全景。在此背景之下,杭州按照"大场景、小切口、大牵引"的思路和急用先行的原则,扎实推进多跨场景重大改革,促进应用场景落地。典型的代表性平台与场景如图5-6所示。

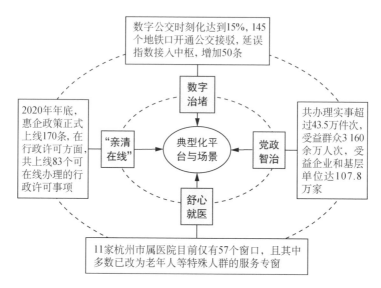

图5-6 杭州数字化转型过程中的典型平台与场景成效

一、数字治堵:"数字公交"解锁绿色出行

数字时代中,杭州着力优化公共交通设施,以数字技术为绿色出行赋能增彩。杭州正在打造杭州公交数据大脑3.0,致力于全面提升营运管理的科学性和效率,持续提升服务能力。通过建成可视、可控、可评价的"数字公交"驾驶舱,整合打通现有业务子系统,实现客流分析、线网管

---

① 林洁:《让盆景变风景 让场景变全景》(2021年4月2日),科技金融网,http://www.kjjrw.com.cn/system/2021/04/02/014027325.shtml,最后浏览日期:2022年9月12日。

理、智能调度、智慧场站、信息服务、定制公交、公共自行车及数字安防等功能融合。在杭州公交场景中，市民可以用支付宝和杭州公交线上应用查询公交路线、换乘方案，找最近的公交车站、地图导航，上车以后扫码支付等。尤其人性化的是，市民可以在手机上查到下一班公交车还有几分钟到站，方便合理安排出行时间。当前，杭州已经形成了公交、地铁、共享单车无缝转换的绿色出行网络。

二、"亲清在线"：新型政商关系数字平台

杭州"亲清在线"平台是"城市大脑"的重要组成内容，也是数字化转型过程中对数字赋能的有效探索。该平台于 2020 年 3 月上线，致力于优化政商关系，提升营商环境质量。[1] "亲清在线"平台是以信息技术为基本支撑，为市场主体与企业提供一体化的办事服务，旨在优化政商关系，提升办事效率，有力地验证了"亲清"二字。"亲清在线"平台以杭州"城市大脑"为核心，基于大数据资源的流通与共享，促进政府部门业务协同与资源整合，让企业与市场主体真正享受"最多跑一次"的一体化服务。2023 年以来，杭州立足政策公开集成化、标准化、增值化，把全面推进惠企政策集成、规范、精准公开作为深化营商环境改革、激发市场主体活力的重要抓手，升级打造"亲清在线·政策超市"数字平台，有效推动政策落地落实，市场主体获得感有效提升。[2]

三、党政智治："民呼我为"场景提效率

在党政机关的"整体智治"领域，杭州"城市大脑"建设了"民呼我为"

---

[1] 陈宇：《"亲清在线"数字平台重塑新型政商关系》，《杭州》2020 年第 5 期，第 20—23 页。
[2] 杭州市府办：《杭州市打造"亲清在线·政策超市"全面推进惠企政策集成、规范、精准公开》(2023 年 12 月 13 日)，杭州市人民政府网站，https://www.hangzhou.gov.cn/art/2023/12/13/art_1229635975_59090749.html，最后浏览日期：2024 年 2 月 18 日。

场景,着力建立"社情民意点点通、急事难事件件办、办理结果事事回、满意与否人人评"的工作机制。围绕市民群众关心关注的民生实事和关键小事,以数字化改革为牵引,解决痛点、难点、堵点问题,有力地推动以改革促民生,让群众呼声有着落、有回应。通过"民呼我为"场景建设,杭州实现了六个转变:变多头收集为一端受理;变多头交办为精准领办;变多次注册为一键直达;变被动等待为主动推送;变手动查询为即办即知;变就事论事为辅助决策。此外,"民呼我为"数字平台致力于通过整合性、系统性平台架构来实现群众呼声直达政府,同时梳理归纳公众关注的民生热点问题,作为场景优化与为民服务的重点内容和方向。

四、舒心就医:"最多跑一次"典型应用

舒心就医是杭州卫生健康委、市发改委、市医保局、市数据资源局、市金投集团等多部门联合,在杭州市委市政府的领导下,为方便群众看病就医而推出的又一项智慧医疗升级版服务。[①] 具体而言,病人在技术问诊之后就可以利用杭州市民卡进行结算,减少了病人及其家属在医院跑多次、排长队的现状。在医生诊间刷杭州市民卡即可完成结算,切实减少病人在医院反复排队的困扰。2019年,随着城市数字化转型程度的不断深化,杭州市民卡又增加了"舒心就医·最多跑一次""刷脸就医"两项惠民举措。舒心就医让医生更专心,省出的时间可供医生与患者交流,有助于构建良好的医患关系。2023年,"舒心就医"在杭州成为十件民生实事之一,杭州开通"物联网+医保"移动支付定点医药机构26家,实现村卫生室(社区卫生服务站)规模化建设全覆盖。[②]

[①] 诸瑛:《杭州市民卡助推"数智杭州"建设的硬实力和贡献度》,《城市公共交通》2021年第7期,第27—28页。
[②] 郑莉娜:《市政府2023年度10件民生实事项目揭晓》(2023年2月23日),杭州网,https://hznews.hangzhou.com.cn/chengshi/content/2023-02/23/content_8477164_8.htm,最后浏览日期:2024年2月18日。

第四节　全面激活杭州城市治理的"思考"能力

数字时代,以互联网、云计算、人工智能等新型信息技术为依托,实现城市治理的技术、载体、工具、手段、结构等的优化与创新,推动城市数字治理从信息化走向数字化再向更智能与智慧的方向前进,这是超大城市数字化治理体系构建与高质量城市治理体系建设的必经之路。杭州在数字城市治理的过程中积极探索改革、创新、共享杭州的"新密码",取得了亮眼的成绩。但未来要进一步认识数字技术及人工智能的赋能短板,更好地以数字化赋能城市治理的智慧"思考"能力。

一、全面激活杭州城市治理"思考"能力的已有探索

杭州通过互联网、云计算、大数据、人工智能等新型信息技术实现城市治理的智慧化与高效化,取得了具有借鉴意义的实践经验与实践成效,有效地激发了"城市大脑"的"思考"能力。

(一) 打通数据壁垒

数字治理的首要问题是数据有没有、在不在,然后才是准不准、用不用的问题,最后是价值问题,支撑了什么场景、什么应用,是否提升了治理效率,是否提供了便民惠企的服务。就杭州早前的城市治理而言,数据散落在各个政府部门独立的信息系统里,相互不通,有的数据甚至在企业手中。针对于此,只有联通数据,实现"数据烟囱"及数据壁垒的破解,才能给城市安装"智慧大脑",让城市变得聪明智慧。杭州在数字化转型过程中高度重视该问题,出台《杭州市政务数据资源共享管理暂行办法》《杭州市公共数据授权运营实施方案(试行)》等一系列政策,构建多级互联的政务数据共享交换体系,建设168个数字驾驶舱,并于

2023年率先启动"数据要素 X"行动计划,致力于以海量数据的挖掘和应用,实现城市治理的数据化、在线化、智能化。

（二）建设高效机制

杭州"城市大脑"能够具备"慧心慧眼",最重要的是要有高效配套的治理机制。杭州在利用"城市大脑"赋能数字化转型的过程中,成立了"城市大脑"建设领导小组,在此基础上又围绕项目成立专门的工作专班,致力于利用整合性、有效性的专门组织促进"城市大脑"赋能城市数字化转型的效率,真正做到有实效落地。同时,在专门的组织与工作小组之外,杭州积极建设配套措施与保障,以保证组织与工作小组能够顺利办公与办事。除此之外,杭州积极探索考评考核机制,将"城市大脑"建设与运行的成效纳入正式考核,进一步促进"城市大脑"赋能城市数字治理的效率与效能提升,切实发挥"城市大脑"在城市发展与治理过程中的应有之义。

（三）优化创新思考

"城市大脑"建设的第一步是"返璞归真"抓数据。"城市大脑"的出现,让过去部门各自为政来推进信息化建设的种种弊端显现。比如,真正想要的数据手上没有,已有的数据存在质量问题,外面的数据是加工过的。需要进一步展开数据溯源,在掌握第一手数据的基础上完善算法。第二步是"互通互连"抓协同。"城市大脑"的场景是需要多个部门协同的复杂应用,必须遵循系统互通、数据协同的原则。第三步是"以用促建"抓实效。"城市大脑"以便民、利企为目的,能为城市治理和百姓生活提供助力,未来还需要以人民为中心,落地更多的实用场景,提升市民的安全感、幸福感和获得感。

二、全面激活杭州城市治理"思考"能力的限度及对策

杭州在激活城市治理"思考"能力的问题上已经做了一些探索,但借

助数字化转型激活超大城市治理的"思考"能力,赋予其智慧化"大脑"还任重而道远。

(一)全面激活杭州城市治理"思考"能力的限度

杭州在探索数字化转型,以数字潜能激发城市"智慧思考"的实践中还存在一些掣肘因素。

1. 技术"负"能有待明确

城市数字化转型能够赋能治理效率与办事效能,但不能忽视的是,技术如果过度运用则可能会出现技术"负"能的现象[①],这不利于城市的高质量发展。在利用数字技术支撑优化社会治理场景时,必须清晰地认识到"城市大脑"并不能完全感知城市变化与公众需求,且在感知的过程中处于完全中立的无感情立场,容易使感知产生偏差与错误。这不仅不能赋能城市治理效能提升,还会导致信任机制、公众满意度反向降低,削弱政府公信力与亲和力。此外,必须重视技术本身的不足之处,即便在可以进行完全数字化与机械化的治理过程中,也要注意其潜在的个人隐私泄露、数据算法歧视、数字程序黑箱等多种问题,决不能让数字凌驾于人的管理之上,否则,只会让技术泛滥,出现"负"能效果,大大降低政府的决策与治理效能。

2. 技术边界还未认清

当前,城市数字化转型有赖于数字技术及科技创新的支撑作用,但在运用技术与创新之时,应认清其作为工具与手段的本质特征。若在治理过程中对技术理性过度迷信与追求,那就容易滑向"技术主导治理"的乌托邦,与民主、公平等正义价值观相违背。[②] 在应用新型信息技术进行治理的过程中,要区分不同的应用场景及治理类型,以此为基础决定技术的嵌入深度及限度,防止技术权力越界。技术如果超过权力边界被

[①] 关婷、薛澜、赵静:《技术赋能的治理创新:基于中国环境领域的实践案例》,《中国行政管理》2019 年第 4 期,第 58—65 页。
[②] 肖唐镖:《中国技术型治理的形成及其风险》,《学海》2020 年第 2 期,第 76—82 页。

运用,就会使得不同层级政府官员花较多的时间进行数字实践,忙于各种数字化考核,这不仅不能帮助政府减轻负担,提升治理效能,反而使得政府被困于无效的数字诉求之中,偏离数字技术赋能治理的本意。

3. 组织整合的实际效用有待提升

在杭州城市数字化转型的过程中可以发现,"城市大脑"能够优化组织流程,促进组织结构性改革与整合性成效。但是也必须要认识到技术不是万能的,其并不能完全代替我国现有政治制度及科层组织本身的特征与作用。政府科层制内的技术嵌入更多地取决于压力型体制下的政治逻辑而非单纯的技术逻辑。[1] 因此,杭州在城市数字化转型过程中也不是仅依靠效率为导向来开发"城市大脑"及一系列的数字化平台与应用场景,更多的应该是依据组织结构本身的层级特征及组织体现出的竞争状态来促进各级政府及政府各部门、各机构优化平台、应用与场景。此外,依托数字技术赋能组织整合的形式已有,但在实际整合效能上还有待提升,常常体现出整合但却无实效的情况,导致组织整合性作用无法落到实处,平台与数据价值也无法得到切实发挥。

4. 制度建设滞后于技术发展

杭州作为全国数字技术赋能城市数字化转型的典型与典范,其在开发利用数字技术方面已经居于前列,具有较高水平。但值得注意的是,其在技术发展与运用的过程中也要注意制度与技术发展的不同步问题,采取措施减缓两者的异步困境。在利用数字技术赋能城市数字化转型的过程中,个人隐私是否能够得到保障、数据安全是否能够体现等公平正义问题亟待解决。同时,各类数字平台及数字应用需整合不同数据,故数据要素的类型、归属、标准等问题也亟待厘清。

(二) 全面激活杭州城市治理"思考"能力的对策思考

未来,要实现杭州城市治理"思考"能力的全面激活,还需要考虑以

---

[1] 吴晓林:《技术赋能与科层规制——技术治理中的政治逻辑》,《广西师范大学学报(哲学社会科学版)》2020年第2期,第73—81页。

下几点。

在技术利用维度上,要认清技术的局限性与边界,将技术作为工具与手段赋能城市数字化转型过程与城市数字治理过程,而不是将技术凌驾于人类与管理之上,进而降低政府治理的效能。

在价值维度上,要兼顾技术效率与公平、正义、自由等民主价值的融合与判别,防止技术陷阱与技术歧视,最大限度地发挥技术赋能的作用,谨防单纯的技术治理主义[①]。

在制度构建维度,要注意技术与制度的相对滞后性问题,积极出台相关政策制度与配套政策,保证技术使用与赋能过程中能够找到制度依托与约束,从而促进制度与技术耦合,提升数字化时代城市治理的质量与效率。

在组织整合维度,不仅要依托数字技术优化组织结构,建立整合性、专门性的组织与领导小组,还要注意整合性组织的实际效能发挥,不能只有形而无义,导致数据仍然不能整合,组织也只是联而不动。

总之,在杭州这座超大城市进行数字化转型的过程中,必须要注意技术、组织、价值、制度、管理等多维度的共同发力,方可保证数字化转型的顺利运行。此外,城市数字化转型的基础是数据,载体是平台与系统,因此,要完善对数据资源及平台的管理。具体而言,要加快制定平台与系统的建设制度,促进数字平台与系统的标准化建设,为数据互联互通打好数字底座;要积极建立数据资源权属、数据资源安全保护、数据资源利用、数据资源开放共享等多方面的政策体系与配套机制,激发数据资源的实际价值,大步迈向"数字善治"。

---

① 孟天广:《政府数字化转型的要素、机制与路径——兼论"技术赋能"与"技术赋权"的双向驱动》,《治理研究》2021年第1期,第5—14页。

第六章
深圳模式：数字先锋城市

第六章　深圳模式:数字先锋城市

在我国的超大城市数字化转型过程中,深圳坚持先行先试,成为诸多城市借鉴与学习的数字化转型典范。2023年,深圳市人民政府办公厅印发《深圳市数字孪生先锋城市建设行动计划(2023)》,提出建设"数实融合、同生共长、实时交互、秒级响应"的数字孪生先锋城市[1]。2023中国国际数字经济博览会发布了2023数字百强市和《2023中国数字城市竞争力研究报告》,报告显示,广东数字城市建设效果突出,数字省(区)得分92.9,排名全国第一,深圳分列数字百强市第三[2]。深圳正在为了让市民办事便捷高效,让便民政策像快递一样精准直达,不断刷新政务服务的速度,以公众与市场主体的需求与体验为导向,提升超大城市社会治理效能与城市数字化转型的公众满意度。

---

[1] 王新根:《深圳持续加强数字深圳建设整体统筹》(2024年1月28日),人民网,http://sz.people.com.cn/n2/2024/0128/c202846-40729811.html,最后浏览日期:2024年2月18日。

[2] 孙玮、高莹莹:《数字深圳建设全面赋能高质量发展》(2023年12月5日),中国西藏网,http://www.tibet.cn/cn/index/theory/202312/t20231205_7532493.html,最后浏览日期:2024年2月18日。

第一节　数字深圳:城市数字化转型的实践探索

当下,数字经济不断发展,成为引导经济社会变革的重要动力。在此背景下,深圳积极借助数字经济的承载与驱动作用,主动推动数字产业、数字市场与数字政府建设,三者相辅相成、相互促进,共同实现了深圳的城市数字化转型。

一、深圳数字化转型的实践图景

对深圳数字化转型中所包含的数字产业、数字市场与数字政府建设与发展实践进行总结,有利于更好、更全面地了解深圳数字化转型的实践图景。

(一) 数字产业图景:从数字产业化到产业数字化的过渡

20世纪90年代,深圳紧抓信息产业发展的契机,提出信息科技助力城市发展的目标,依托信息技术产业发展投资建设高新技术产业园区。在此基础上,深圳持续出台优惠与支持政策,吸引高新技术企业及信息技术公司加入园区,这为深圳形成涵盖计算机、信息技术、电子软硬件以及通信技术等领域的优势产业集群奠定了基础。随着数字化的不断发展,深圳的数字化产业得到较大程度的拓展与优化。华为、中兴等电子信息技术企业以其拥有的核心研发技术占领数字化高地,而以腾讯为代表的全球互联网公司也迅速发展并崛起,促进深圳数字化与信息化形成产业优势。在深圳拥有数字产业支柱的基础上,其他领域企业主体也积极依托数字化技术与应用实现自身的数字化转型,以降低市场成本,提升盈利能力与运行效率。至此,深圳的数字产业化基础带动整体的产业数字化趋势,推动深圳全领域、全行业的产业联动,提升传统行业领域的创新转型绩效。

(二) 数字市场图景:从需求数字化到数字要素化

深圳的年轻人口较多,人均收入也处于全国前列,这就导致深圳的数字消费市场较为繁荣。在数字化转型时代,数字消费成为深圳经济发展的重要驱动力,数字消费人群的诉求与意愿成为互联网企业和数字技术公司不断优化与创新产品的原始动能。例如,在深圳数字化转型过程中,腾讯围绕自身社交属性,不断拓展业务领域与场景覆盖。此外,互联网企业级数字技术公司突破个人用户的服务界限,开始将服务边界拓展到企业及政府等具有规模需求的主体,积极探索数字化服务的蓝海,致力于为该类主体提供数字化管理、运营和监督等多种服务。至此,互联网技术及数字化不仅致力于满足需求,还逐渐成为数字化转型过程中的数字产业要素,数字化不仅满足了需求端的诉求,并且日益升级为数字经济时代的重要生产要素。深圳在数字化转型及智慧治理过程中凭借坚实的数字产业基础与高度的产业数字化程度,创新打造全国性数据交易平台,持续推动高价值数据汇聚、丰富数据应用场景、健全数据要素生态体系,努力打造全国数据要素汇集地。①

(三) 数字政府图景:从政务数字化到城市智慧化

数字政府建设是深圳数字化转型过程中的重要组成部分,因此,深圳积极创新数字信息技术,优化技术支撑推进政务服务数字化转型,以期建成更加智慧、更加便捷的数字政府。具体而言,在"十一五"期间,深圳聚焦于提供政务服务简单的线上信息发布与在线表格填写等单一性静态功能。此时,其线上信息发布、信息查询以及联合审批等多项在线办理事项取得一定的成效,电子化、信息化办公提高了政府办公的自动化程度,提升了政务服务办事效率。之后,深圳被定为国家首个电子政

---

① 邹媛、谭苏昕:《数据产品批量"上新"唤醒要素价值 深圳创新打造全国性数据交易平台,为数据要素市场建设探路》(2023年4月17日),深汕网,https://www.szss.gov.cn/sstbhzq/ssw/jrss/jryw/content/post_10546283.html,最后浏览日期:2024年2月18日。

务试点城市,以此为契机,深圳继续深入优化电子政务服务,拓宽政务服务网上办理的覆盖事项,优化建设政务服务办事平台及信息公开平台。在"十二五"期间,深圳的数字化程度加深,开始着手探索政务服务办事大厅及跨部门、跨业务的集成性系统建设,促进了多部门业务的信息化和政府公开信息的全面发布。2018年7月,深圳市委市政府印发《深圳市新型智慧城市建设总体方案》,指出要向纵深推进数字化转型程度和智慧治理深度,致力于以先进的新型信息技术为依托,建设数据运营管理中心并发挥其载体作用,拓展应用覆盖场景,形成覆盖综合性服务与治理以及公共安全和产业的一体化数字化转型体系。2020年,深圳作为全国首个5G试点城市,依托5G全覆盖的独立网络实现政务服务数字化的进一步优化,提升数字化政务服务的智慧程度。2022年,深圳印发《深圳市数字政府和智慧城市"十四五"发展规划》《深圳市智慧城市建设综合改革试点实施方案》,高位谋划、高效推进各项重点工作落实落地落细。2023年,《深圳市极速先锋城市建设行动计划》出台,提出要打造国内第一、世界领先的极速先锋城市。概括地说,深圳数字政府的实践发展阶段如表6-1所示。

表6-1 深圳数字政府的实践阶段划分

时间阶段	典型改变
2006年	全国首个国家电子政务试点城市
"十一五"期间	政务服务网站建设居全国前列
"十二五"期间	建设跨部门业务系统,实现多部门核心业务信息化的全面覆盖以及政府公开信息的全面发布
2018年	颁布《深圳市新型智慧城市建设总体方案》
2020年	迈入5G建设决胜期,在国内首先试行5G网络全覆盖
2021年	以数字政府建设引领城市智慧化发展
2022年	印发《深圳市数字政府和智慧城市"十四五"发展规划》《深圳市智慧城市建设综合改革试点实施方案》
2023年	打造国内第一、世界领先的极速先锋城市

(四)数字经济图景:从技术创新引领到经济高质量发展

深圳作为国内数字化转型走在前列的城市,依托科学技术创新实现数字经济的高效发展,并在此基础上不断促进区域经济的高质量发展。首先,深圳积极发挥城市的科技创新优势,致力于发挥城市中高新技术企业及互联网电子信息行业的技术创新引领作用,提升通信、计算机和电子信息制造等领域的销售产值及盈利能力。其次,深圳积极实现本市工业的数字化转型,陆续发布《深圳市工业互联网发展行动计划(2018—2020年)》《深圳市推进工业互联网创新发展行动计划(2021—2023年)》《深圳发布关于进一步促进深圳工业经济稳增长提质量的若干措施》等一系列政策文件,从网络升级、平台赋能、应用示范、数据提质、标准引领、技术攻关、人才培养、安全保障、服务支撑、引擎培育十大行动30项细分任务发力,旨在以更优政策、更大力度加速深圳制造业数字化转型进程。同时,深圳还重视产业集群优势,积极推动产业的集聚与协同,加快建设产业集聚区。再次,深圳围绕创新型城市建设,加大研发投入力度,积极建设如众创空间、特色数字化小镇、创新孵化基地,以及智慧产业区域等新型创新培育载体。

(五)数字基础设施图景:从碎片化向一体化平台迈进

在数字基础设施建设领域,深圳已经走在全国前列,这为其城市数字化转型及智慧治理奠定了坚实的基础与支撑。首先,深圳正在打造以"双千兆、全光网、1毫秒、万物联"为目标的极速先锋城市,已累计建成5G基站突破7.4万个,被工信部评为"5G独立组网最佳城市"[①]。同时,深圳加快部署算力等信息基础设施,建设"算力一网化、统筹一体化、调度一站式"的城市级智能算力平台,为深圳"20+8"产业集群和数字经济高质量发展提供多层次算力支撑。其次,深圳重视数据基础资源的管

[①] 徐松:《深圳制造业向数字化转型精准发力》,《深圳特区报》2023年10月4日,第A01版。

理与保障,建立一体化的数字治理框架体系,积极探索建立大数据运营管理中心,统筹领导数据资源的整合与共享。同时,深圳探索建立政务服务信息资源平台,数据资源开放平台,致力于以平台优势激发数据潜能及价值。此外,深圳的数据整合共享能力较为突出,建立全市统一的人口、法人、电子证照、信用信息等数据库并实现良好应用。其中,截至2021年年底,深圳人口数据库的数据已达2 000多万条,法人数据超过280万条,企业数据约300万条。① 深圳的电子证照服务也实现了纵向跨层级、横向跨地级市的应用。

综上所述,深圳在推进数字化转型的过程中,已覆盖到数字产业、数字市场、数字政府、数字经济以及数字基础设施等多方面,形成丰富的治理实践图景(如图6-1所示)。

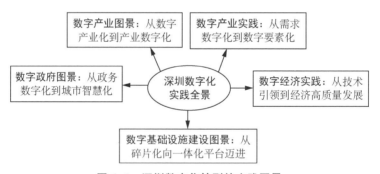

图6-1 深圳数字化转型的实践图景

二、深圳数字化转型的总体框架

深圳在数字化转型过程中致力于构建从支撑、平台到应用的建设格局,以此实现城市的智慧治理。在此过程中,深圳数字化转型的总体框架可以总结为"一个统一支撑、两个中心、四大应用以及两个保障"(如

---

① 林逸涛、严红梅:《城市智慧化治理赋能深圳先行示范区建设》,《特区实践与理论》2021年第1期,第85—88页。

图 6-2 所示)。

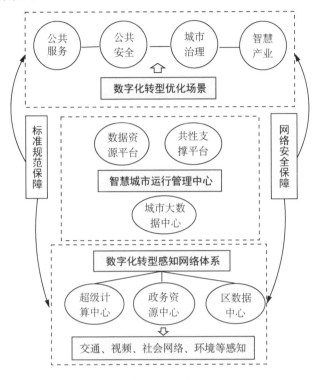

图 6-2　深圳数字化转型的总体框架图

一是"统一支撑"。"统一支撑"是指深圳在数字化转型过程中积极搭建感知网络体系,依托超级计算中心的算法算力、通信技术以及数据中心的新型数字基础设施,实现对全社会、全行业以及全领域的深入感知,为智慧城市建设与数字政府优化提供基础资源。

二是"两个中心"。"两个中心"是指深圳在进行数字城市治理中优化构建智慧城市运行管理中心与大数据中心,致力于依托组织整合及决策优势来实现数据资源的归集、整合、共享与开放,切实促进数据资源的纵向流通与横向共享,打通条块壁垒,实现多层级、跨部门之间的业务协同。

三是"四大应用"。四大应用是指深圳以全面的网络基础感知及以城市智慧运营中心与大数据中心为基础,在城市数字治理过程中聚焦于公共服务、数字化产业、城市运行管理与公共安全等四个方面[①],致力于实现城市建设的重点领域全覆盖,实现数字化转型中城市治理效能的优化,切实做到"为公众办实事"的治理目的,提升公众满意度。

四是"两大保障"。"两大保障"是指在城市数字化治理过程中,深圳聚焦于标准化建设与网络数字安全两大方面探索管理、保障、监督与评价机制,以规避数字化转型过程可能带来的负面风险。具体而言:在标准化机制方面,从数字化转型特征及重点内容出发,抓紧实现各层级、各部门乃至全市范围内的系统标准化、数字标准化;在网络安全方面,积极探索保障措施,保障服务方与被服务方的数据与隐私安全。

三、深圳数字城市治理的有益启示

深圳作为全国数字化转型较早的城市,对超特大城市数字治理具有引领和示范作用,其数字化转型的实践探索能够为其他城市带来有益启示。

(一)形成政府引领、企业参与的协同治理机制

深圳作为超大城市,其在数字化转型过程中体现出"政府引领、企业参与"的优化模式。首先,政府引领主要体现在政府要制定数字化转型的总体规划与政策制度,从而保证城市数字化转型能够有制度保障与法规引领。同时,政府要充分发挥好监督与支持作用,在进行政企合作的过程中保证数字化转型过程的合法性与合理性,还要注意为企业主体提供优化的公共服务资源与保障。其次,企业在推进城市数字化转型的过程中应该积极发挥技术优势,推动科技创新与平台及应

---

① 张卫:《城市数字化治理的深圳探索及启示》(2022年9月7日),南报网,http://www.njdaily.cn/news/2022/0907/4692513489146858858.html,最后浏览日期:2024年2月18日。

用的优化,发挥企业自身的创新优势,夯实城市数字化转型的技术支撑与保障。

(二) 构建多形态、安全高效的数字生态系统

深圳数字化转型过程中的数字产业、数字市场和数字政府表现出强劲的发展势头,成为深圳数字化转型的标准与典范。产业、市场与政府的多形态数字化转型成果相互促进[①],互相融合,为深圳建设全面的数字化生态系统奠定了坚实的基础。一方面,深圳注重多元平台与系统之间的共享与协同,优化政府、企业与市场之间的沟通与协调,从而形成整体性合力与系统性优势;另一方面,深圳在数字化转型过程中高度重视数字安全,督促企业加强数字安全与信息保护技术的研发和优化,致力于打造城市数字化转型的安全保障系统,促进政府、企业与产业等多领域的数字化转型成效。

(三) 完善跨区域协作平台,促进跨区域合作

深圳作为全国智慧城市及数字化转型的标杆城市,其在完善自身数字化转型实践经验与实践成效的基础上,致力于优化跨区域合作,在强化自身核心优势的基础上,以数字化协作平台的搭建来带动其他区域实现数字化转型的质量与速度提升。具体而言,深圳积极发展数字经济,利用数字经济的发展特性突破时间与空间限制,积极构建智慧化协作平台与数字化智能系统,基于网络数字资源实现与其他地区的联动和沟通,推进数据资源及数字技术的对接与共享,以平台为载体推动跨区域的联动协调发展。[②]

---

① 常静:《改革开放以来深圳经济特区文化建设的发展历程及经验启示》,《文化产业》2022年第19期,第166—168页。
② 《数字深圳 美好生活》(2021年12月29日),新华网,http://www.xinhuanet.com/info/20211229/3ba61daa77444023a2a4ba0d9ce28564/c.html,最后浏览日期:2022年12月17日。

第二节 政企合作:政府搭台、企业唱戏的深圳样板

在推进城市数字化转型与数字化治理的过程中,深圳充分发挥政府与企业的双重作用,促进两者协同合作,致力于通过先进的科技创新企业促进政府治理优化的良性运转,促进城市数字化转型不断向着兴业、惠民、善政的目标迈进。概括地说,基于自身的产业优势及已有数字化基础,深圳在城市数字城市治理过程中开疆拓土,积极探索出政府搭台、企业唱戏的深圳模式,书写了超大城市数字治理领域的"深圳样板"。

一、深圳数字治理场域中政企合作的理论基础与典型案例

城市数字化转型过程中政企合作的推进要依据一定的理论基础,理论与实践的互动和结合才能更好地推动数字化转型。

(一) 政企合作开展的理论基础

1. 政企合作理论

传统治理模式强调政府的权威,但这已经不适用于当下数字时代的发展特征。数字时代下,需要多元主体的协作,于是,企业作为一股重要的社会力量参与到社会治理过程之中,因此,政企合作在现代社会中具有重要的意义。具体而言,政企合作就是指政府与企业之间相互影响,相互作用,共同发挥自身优势。综上所述,数字化时代的政企合作就是在城市数字化转型过程中或者城市数字治理过程中,政府与企业以直接、间接或者混合等多种模式进行合作与互动,充分发挥自我优势,形成整体性共治格局,最终实现数字化转型目标与数字治理的善治愿景。

2. 合作治理理论

治理可以概括为多元主体调和利益矛盾并且达成合作共识,进而合

作的过程。合作治理理论就是指不同利益主体之间以平等合作的姿态来实现沟通、协作与互动。① 多元主体合作治理的目的在于实现公共利益与公共目标。具体到数字化转型过程中的合作治理,就是指政府、企业、社会、非政府组织等为实现城市数字化转型目的,满足公共利益而基于平等、公平等的基础上进行合作,以期实现城市的数字化转型与数字治理的最终目标,满足多元主体的公共利益。

(二) 深圳数字治理场域中政企合作的生成逻辑

在深圳城市数字化转型过程中为什么能够形成政企合作模式? 政府为什么要与企业合作,而企业又为何要为政府提供技术支持? 概括地说,主要的生成逻辑如图6-3所示。

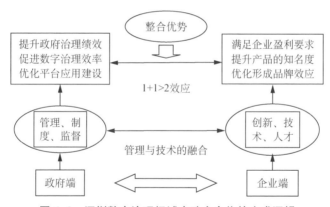

图6-3 深圳数字治理场域中政企合作的生成逻辑

其一,政府与企业具有不同的优势与资源,在政府与企业进行合作的过程中能够实现管理与技术的融合互补,突破单纯由政府进行治理与单纯由企业进行治理的局限性,致力于在数字化转型过程中实现"1+1>2"的整体性效能。

其二,从政府角度而言,在数字化转型过程中借助企业的技术与专

---

① 韩兆柱、于均环:《整体性治理、合作治理与合同制治理理论比较研究》,《天津行政学院学报》2018年第20期,第45—52页。

业优势,能够顺利推进数字化转型过程,提升城市现代化建设水平与竞争力水平,进一步优化城市的数字治理效能。例如,深圳在进行数字化转型与智慧城市建设的过程中,基于本地的企业优势,依托企业的专业资源与人员,更大程度上促进了城市数字治理的效率提升,打造出一系列有利于城市发展与公共目的的平台与应用。

其三,从企业角度而言,通过政企合作,能够满足自身利润要求,又能够提升自我知名度。首先,在政企合作的过程中,政府会向企业购买数字服务和科技创新技术。其次,与政府进行合作,相当于对品牌进行高质量宣传。从长远来看,企业的知名度与信誉度都会得到较大提升,有利于企业扩大市场占有率,优化品牌效应。

(三) 深圳数字治理场域中政企合作的典型案例

在全球信息技术浪潮下,深圳持续推进城市数字化转型的广度与深度,以政府部门为核心,与华为、腾讯、平安等一批行业龙头企业及其优秀的科技创新型人才合作,形成一系列优秀的实践案例(如图 6-4 所示)。

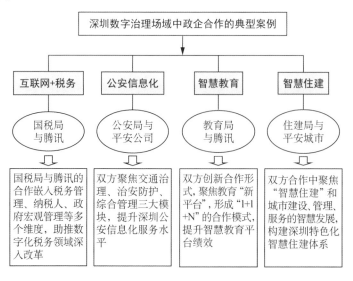

图 6-4　深圳数字治理场域中政企合作的典型案例

1. 政企合作,助推"互联网＋税务"领域深入改革

深圳作为中国改革的前沿阵地,一直致力于打造"设计之都""创客之城",从事设计、咨询、代理、开发工作的多是自由职业者,而接受服务的单位均需要取得合法凭证记账,自然人代开发票的需求量快速增长。

2020年5月,深圳市税务局与腾讯等四家企业联合签署协议,共同打造"税务—产业"联盟链①,企业、金融机构和税务机关通过联盟链上信息互通,实现链上税务服务、融资服务,支持中小企业持续发展。2023年8月,腾讯公司又进一步联合深圳国税与地税推出"微信缴税",打造出"互联网＋税务"的新模式。具体来看,腾讯公司与深圳税务的合作嵌入税务管理、纳税人、政府宏观管理等多个维度②,基于互联网、大数据、人工智能、云计算等新型信息技术对税务场景进行挖掘和赋能,将政府与企业的合力体现在税务数字化转型过程之中,以管理与技术的整合来进一步优化数字税务办理平台。两者的合作主要基于云计算建设电子税务局、基于区块链构建税务管理新生态、基于企业微信探索新型纳税服务模式、基于人工智能打造智慧税务应用、基于大数据建设税收信用体系。两者基于相互合作发布了全国首个区块链数字发票解决方案,该解决方案可以实现发票的可查、可验、可追溯,并利用区块链技术对发票流转全过程进行管理。基于区块链的数字发票解决方案连接消费者、商户、税务局、企业及微信,五方紧密有机地连接,从税务管理、纳税人、政府宏观管理等多个角度,构建申报征收、证明办理、风险评估税务信用、税务登记、发票管理的闭合数字发票生态链。

2. 政企合作,提升深圳公安信息化服务水平

2018年以来,深圳市公安局与平安公司在智慧安防、智慧警务、智

---

① 凤凰新闻:《深圳打造"税务—产业"联盟链 将实现"链上办税"》(2020年5月13日),国家税务总局深圳市税务局网站,https://shenzhen.chinatax.gov.cn/sztax/xwdt/mtsd/202005/a34ea7db1e824f1485d9f22211db9f7b.shtml,最后浏览日期:2024年2月18日。

② 李伟:《以数字化转型推动建设智慧税务"深圳版"》,《中国税务》2021年第9期,第40—41页。

慧交管等领域展开了全方位的合作。在双方的合作过程中,政府与企业基于图片识别、预警技术、云计算、数据建模等先进技术,为城市数字化转型过程中的交通、安全、治安、社区等多种场景提供助力,从而优化深圳智慧城市建设,促进深圳城市数字化转型的效率。在此次政企合作的过程中,平安公司主要从自身技术优势出发,聚焦交通治理、治安防护、综合管理三大模块,深入推进新型信息技术在三大领域中的嵌入契合性。基于此次合作,平安公司持续发力,探索出"平安脸谱"应用于智慧公安治理过程之中,优化技术赋能智慧交通建设的新方向,形成智慧交通新应用,缓解交通拥堵,优化公共出行。此外,平安公司以技术支撑协助深圳公安部门有效实现事件预警,将数字化应用置于综合治理过程中,促进公安部门办事能力提升。

概括地说,深圳市公安局与六家高新企业成立联合创新实验室,并依托属地分局进行落地,形成"华为+龙岗""腾讯+南山""平安+福田"的警企合作格局。[①] 通过公安提需求、企业做方案,打造了深云、深微、深目、深融、深海等一系列在全国叫得响的品牌,部分还推广到全国,如深云的华为双系统终端已在全国31个省份推广。

3. 政企合作,优化智慧教育平台建设绩效

2022年7月,腾讯教育与深圳宝安区教育局签署教育数字化转型战略合作协议。双方重点聚焦宝安智慧教育"新平台"建设,打造教育数字化转型先行区。具体而言,双方联合编制教育数字化转型顶层规划和智慧校园建设标准,围绕"新基建、新平台、新课程、新安全、新素养"等五大领域开展合作。[②]

在合作过程中,双方创新了合作形式,采取"1(宝安区教育局)+1(腾讯公司)+N(生态合作伙伴)"的合作模式,充分调动双方的内外

---

① 张勇、余廉:《新一代移动警务助力深圳"AI+新警务"之浅析》,《警察技术》2019年第2期,第7—10页。
② 《政企合作共建智慧教育"新平台"》(2022年7月15日),光明网,https://tech.gmw.cn/2022-07/15/content_35887135.htm,最后浏览日期:2022年9月12日。

部资源,构建起"政府制标准、定目录,企业做产品、保运维,学校买服务、重应用"的信息化建设及运维模式,以培养良性的智慧教育发展生态。

4. 政企合作,构建深圳特色化的智慧住建体系

2019年6月,深圳市住房和建设局与平安城市建设科技(深圳)有限公司签署战略合作协议。在两者合作的框架中,科技与服务被列为政企合作的重点关注内容,成为两者合作过程中的关键内核,目的在于构建深圳数字化转型过程中的"智慧住建"体系。

在此协议框架之下,深圳市住建局创新政企合作模式,充分借助平安城市建设科技在信息技术及房产服务领域的经验,大力推动"智慧住建"和城市建设、管理、服务的智慧发展,并充分发挥信息技术在"保稳定""惠民生""提质量""保安全"等领域的作用[1],提升全市住房建设领域数字化能力和智慧化管理水平,全新构建"智慧住建"应用体系。在政企双方的合作过程中,深圳市住建局充分发挥管理领导作用,完善政策制度,推动两者顺利合作。同时,住建局对平安城市建设科技的行为进行监督与管理,保证两者的合作处于正确的公共利益轨道之上。平安城市建设科技则充分发挥公司的技术优势,协助深圳市住建局实现公共服务顶层设计的优化,以先进的科技创新与技术水平助力深圳"智慧住建"项目的标准化与智能化水平提升。

在政企合作的框架之下,两者在数据工程、数据治理、BIM应用、智慧建造、智慧安居、智慧政务、智慧监测、标准规范等多个主题进行深度合作;加强对稳房价、稳租金等大数据分析模型的研究;推动在BIM应用的制度、政策、标准、示范应用等领域的探索;创新房地产市场管理、住房租赁、住房公积金、物业维修资金、建筑质量安全保险等"科技＋金融"属性的住建业务模式。

---

[1] 刘一:《智慧住建总体设计——深圳探索与实践》,《中国建设信息化》2022年第16期,第76—87页。

二、深圳数字治理场域中政企合作存在的问题

深圳在数字治理场域中探索政企合作,取得一定的成效,在一定程度上促进了深圳数字化治理与数字化转型的推进效率与质量,但依然存在一些亟待解决的问题。

(一)大数据共建共享存在梗阻

深圳在进行城市数字化转型的过程中,其政企合作发挥了重要作用,但纵观现有实践可以发现,其政府各层级、各机构部门之间,各企业机构之间,以及政府与企业之间的数据共享流通还存在数字壁垒与"数据烟囱"[1],这就导致政企合作的效能大大降低。具体而言,这一问题可以总结为两个方面。一是就政府的角度而言,我国传统的政府治理模式是威权主义与全能主义,政府处于统治与管理的中心地位,这就导致政府管理者思想与行为受到传统本位主义、统治思维的束缚,不能真正将数据共享与开放给企业使用,从而使得政企合作的效果大打折扣,增加数字化转型与智慧城市建设的难度。二是从企业的角度来看,数据流通共享难的问题更为严重。原因在于大数据时代数字技术和数据要素体现出空前的市场价值与生产红利,而企业作为营利性组织,会将其利益放在首位,故其不愿意与竞争对手进行数据共享与开放,这也导致政企合作过程中难以发挥企业集聚与产业链的优势。

(二)成熟的商业模式尚未形成

深圳的城市数字治理探索和智慧城市优化是一项系统性工程,该类型项目的特征体现为技术性要求高、资金使用多、成果回报时间较长,故

---

[1] 南岭:《数字化转型:畅想深圳经济特区 40 年的新开启》,《特区实践与理论》2020 年第 4 期,第 41—47 页。

在建设与推进过程中会出现投资支持主体较少与投资需要较多的矛盾。就深圳当前的实际情况而言,其数字化转型和智慧城市建设的资金多来自政府投资,其他主体的资金来源较少且不稳定,还未形成成熟的商业模式。而数字化转型和智慧城市建设会涉及数字基础设施的建设与研发、数据资源的管理与保护、数字系统及平台的更新与维护、数字政府及智慧城市的运营等多种事项,这需要较大的投资支出。若仅靠政府财政支出,虽然能够体现政府的主导作用与中心地位,但会导致政府财政支出过大、压力过重,不利于提升政府对整体社会的治理效能。针对这一问题,深圳积极探索改进策略,尝试与企业等其他主体进行合作来减轻负担,保障资金投入。但就目前的实际情况而言,实现双方互利共赢的合作模式与机制仍在探索之中,成熟的商业模式还未建立。

(三) 顶层设计与评价指标体系不足

深圳在数字化和智慧化领域已经取得了一定的成效并形成相关的监督评价体系,但从整体结构布局而言,深圳在数字化领域政企合作中的顶层设计还有待优化,智慧转型与治理的评价指标体系还相对不足。[1] 首先,在数字化平台和智慧型系统的运行过程中,深圳必须积极寻找并引入具有实力的专业化、技术化企业,增加运营的专业度与精准化。在此基础上,要保证政府与分类别合作运营商的良好沟通与交流,充分表达政府意愿,了解企业的创新优势和所持专长,保证政府事项与企业运营商的精准对接与契合。其次,在完善评价指标不足时,要尤其注意现有数字化转型相关评价指标体系多从技术目标及工作完成度的软硬指标入手进行成果及项目评价,但在此过程中忽视了公众的实际需求及特征,导致某些数字化项目和智慧化系统不能达到实用价值,降低公众对政府的满意度。

---

[1] 任泽平:《深圳改革透露重大信号》,《全球商业经典》2020 年第 11 期,第 86—92 页。

(四)公民广泛参与有待强化

深圳及其他城市进行数字化转型的最终目的都是为公众服务,实现公众办事便捷化,切实提升公众的获得感与体验感。但纵观现有数字化转型实践可发现,在数字化项目构建及落地的整体过程中,公众的参与度都相对降低。首先,从政企合作双方出发,缺乏真正意义上对公民意愿的感知机制,在现实中仅通过被动收集信息的形式进行公众诉求与意愿整理,但这种形式所体现的公众参与价值较低,并不能反映公民真实的价值诉求,大大降低了数字化转型和智慧治理的最终成效。其次,就公民自身的角度而言,因缺乏对数字化项目的专业知识与了解,其对数字化项目及产品的预期存在模糊性问题。在公众的意识中,仅存在要实现生活的智能化、智慧化及便捷化,却并不能清晰地表达具体问题:依靠该数字化和智慧化项目,自己想要什么样的服务,需要什么样的服务。故这种形式的结果就是政企双方不能获取公众需求的有效信息,从而导致数字化项目和智慧项目的建立与落地存在"决策错误"的风险。

三、深圳数字治理场域中政企合作效能提升的必备要素

通过对深圳数字治理场域中政企合作的现状与问题进行分析,我们可以提取政企合作效能提升的必备要素。

(一)坚实有效的合作治理结构

就深圳的智慧城市建设及数字化转型过程而言,不管要进行哪种领域、哪种类型的数字化转型,都必须依赖于坚实有效的合作治理结构。从深圳数字化转型过程中的实际案例可发现,深圳各部门多按照分散性的职能进行管理与合作,这就很容易导致政出多门、各自为政的局面。针对此类问题,未来在城市数字化转型领域的政企合作中,要注意形成有效的合作治理结构,关注部门之间的联通与整合壁垒。首先,要借助

现有的信息化与智能化、可视化等先进手段，形成不同部门、不同项目之间的整合性智慧信息平台，了解不同项目及合作过程的进度与阶段，形成系统性的全项目、全流程的可视化数字化转型管理评价系统，优化覆盖全生命周期的智慧城市建设整合性管理体系。其次，要基于信息技术及智慧产品，促进整合性流程优化，加强对不同部门之间的监督，倒逼各部门、各主体积极回应公民关注的问题，并积极采取相关行动与对策加以解决。

(二) 健全的政府指挥监督机制

在城市数字化转型及城市数字治理的过程中，政企合作是必须进行的程序，但在政企合作的过程中，必须要保证政府的管理与监督权力，才能保证政企合作在正确的轨道上朝着有利于公共利益的方向前进。这并不是否定政企合作中的公平与自由主义，而是说要渐进地去实现此类目标。首先，政府部门要积极地去引导科技创新企业的诚信理念，建设双方之间的信任机制，促进企业形成可被信赖的产业链条。其次，在产业链条中要积极引入竞争与监督机制①，在政府的管理与监督之下形成多元主体竞争的良性局面。就深圳数字化转型的现状而言，其在通信行业所采取的"政府＋电信运营企业"相合作的结构是目前较为有效的过渡模式。在此政企合作框架中，政府发挥的主要是监督与引领作用，合作机制主要由电信运营主体经由创新与探索的过程来优化，并以它们为主体来拓展与联动专业化的技术公司、不同类型的系统平台和外部商家等多元主体，协调不同主体之间的关系，构建协同共赢格局。在此基础上，政府再继续拓展参与广度与深度，吸引更多的实力技术企业、第三方组织以及社会公众等加入多元合作过程，发挥多元治理的优化效能。

---

① 李娉、杨宏山：《政企互动与规制重建：企业家如何推进政策创新？——基于深圳改革经验的实证分析》，《公共管理学报》2020年第3期，第49—61页。

(三) 成熟多样的公众参与渠道

在城市数字治理转型的过程之中,社会公众往往缺乏优势资源,故其在社会治理过程中缺乏"发声"机会,容易造成自身利益的损害。虽然深圳在实现超大城市数字化转型与数字治理的过程中积极吸引与引导公众参与,但配套的参与平台与参与渠道还较为缺失,这就导致公众的实际参与度较低。以深圳的实例来看,其在进行城市基础信息通信网络建设的过程中,比较难发现网络信号存在的盲点。针对这个问题,深圳从公众群体出发,以公众感知为基础,基于大数据、互联网、人工智能、物联网等新型信息技术,激励公众对实时场景进行感知并及时反馈信息,成功地解决了前述找寻信号盲点与痛点的问题。这个案例较为成功地构建了公众参与的完整性系统,该问题得以解决的关键就在于将社会公众切实纳入治理过程。

第三节 万物互联:全球数字先锋城市的治理实践

在深圳建设全球数字先锋城市的历程中,其制定了一系列有关数字化转型和智慧治理发展的政策,形成较为完善的政策体系。2018—2023 年深圳有关数字化转型及智慧城市发展建设的相关政策如表 6-2 所示。

表 6-2 深圳数字政府的实践阶段

时间	文件名称	重点内容
2018 年 7 月	《深圳市新型智慧城市建设总体方案》	构建涵盖全面感知的智慧城市支撑体系,建成城市大数据中心与智慧城市运行中心
2019 年 5 月	《深圳市新一代人工智能发展行动计划(2019—2023 年)》	推进人工智能在经济发展、社会生活、城市治理等方面实现融合与应用场景建设

(续表)

时间	文件名称	重点内容
2019年6月	《关于深入推进城市更新工作促进城市高质量发展的若干措施》	综合利用新型信息技术为支撑,将数字化转型和智慧城市治理理念贯穿到城市运行的综合过程之中
2020年5月	《关于进一步促进工业设计发展的若干政策》	激励企业积极参与数字化转型及智慧城市建设领域,发挥工业对经济的引领作用
2020年7月	《深圳市人民政府关于加快推进新型基础设施建设的实施意见（2020—2025年）》	到2025年,实现深圳市新型数字基础设施发展水平居全球前列,形成智能泛在、高效融合的数字化社会
2021年1月	《深圳市数字经济产业创新发展实施方案（2021—2023年）》	到2023年,实现深圳市数字产业化与产业数字化水平大幅提升,推动城市数字化水平提升,带动经济高质量发展
2021年1月	《深圳市人民政府关于加快智慧城市和数字政府建设的若干意见》	到2025年,要形成具有深度学习能力的鹏城智能体,推进深圳加快成为全球数字先锋城市标杆及"数字中国"建设典范
2021年6月	《深圳市国民经济和社会发展第十四个五年规划和二〇三五年远景目标纲要》	加快数字政府、智慧城市、数字社会建设,提升城市数字化转型的效率,打造全球具有影响力的数字化社会
2022年6月	《深圳市数字政府和智慧城市"十四五"发展规划》	到2035年,数字转型驱动生产方式、生活方式和治理方式变革成效更加显著,实现数字化到智能化的飞跃,全面支撑城市治理体系和治理能力现代化,成为更具竞争力、创新力、影响力的全球数字先锋城市
2023年6月	《深圳市数字孪生先锋城市建设行动计划（2023）》	提升智慧城市和数字政府建设运营管理工作的整体性、协调性和可持续性,助力推动城市高质量发展,为"数字中国"建设贡献深圳智慧,创建城市范例

一、全球数字先锋城市的应有之义

《深圳市数字政府和智慧城市"十四五"发展规划》的建设目标是：到2035年成为全球数字先锋城市。具体而言：率先建成数字政府引领城市,政务服务"一网通办"全面深化,"零跑动"事项覆盖率超93%;率先建成"数字底座"标杆城市,城市大数据中心、政务云、政务网络全面提质扩容,每万人拥有5G基站数超30个;率先打造数字生态样板城市,完成数据要素市场化配置改革试点,培育数据要素市场,实现数据交易活跃度和数据服务业规模全国领先;助推数字社会高品质建设,涉及适老性改造、数字鸿沟弥合;赋能数字经济高质量发展,建成一系列支撑产业数字化转型的公共技术服务平台。此外,数字技术还将在社会高品质建设和经济高质量发展中发挥重要作用。概括地说,数字先锋城市框架如图6-5所示。

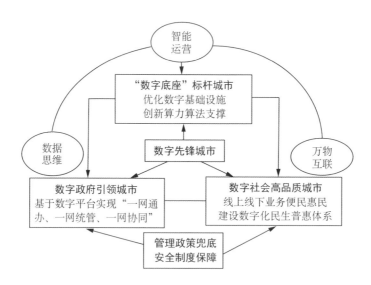

图6-5 数字先锋城市的建设框架图

(一)加快构建"数字底座"标杆城市

深圳为了能实现建设"数字底座"标杆城市的目标,首先提出要重视网络基础设施建构,保证网络基础设施的统筹集约及全面覆盖,实现网络基础设施的联通优化。其次要促进算力"一体化、一张网"建设,强化高新算法的支撑作用,全面实现先进算力与算法的持续优化供给。再次要基于新型BIM/CIM等创新技术,以空间视角构建覆盖基础设施、地上建筑物与地下空间的空间数字模型,建成数字化转型过程中坚实的"数字底座"与跨时空平台,为智慧城市与数字治理优化奠定坚实的基础支撑。[①] 最后要把握2025年的时间节点,实现现有信息系统与平台的增质提效,促进全时空领域的要素整合,实现政务服务平台、云平台、智慧系统等的扩容增能。

(二) 优先发展数字政府引领城市

国家高度重视数字政府建设,强调要通过数字政府实现对政府办公、社会治理的赋能。在此背景下,深圳为实现智慧化、整体化、精准化的政府服务,加快政务服务、政府治理和政府运行领域的"三个一"建设,着力实现深圳全面数字化转型中的"一网通办""一网统管""一网协同"结构与模式转换。具体而言:在政务服务的"一网通办"领域,要进一步优化"I深圳"等系列的数字化平台和应用,促进政府治理效率提升;在城市的"一网统管"领域,要持续创新"深治慧"等先进系统,围绕"五位一体"总体布局,在经济、市场、服务、社会和生态等多方面发力,以数字化转型优化城市治理流程,提升城市治理效率。此外,就"一网协同"而言,在城市数字化转型过程中要持续促进数字化平台及信息化系统的升级与优化,为各层级及各机构提供数据联通共享的载体与基础,促进跨部门、跨层级、跨地区、跨系统的数据共享与业务协同。

(三) 持续完善高品质数字社会建设

数字化转型的最终目的就是要建设高品质的数字社会,形成人民便利、公众满意的社会形态。故依托数字化技术及科技创新实现高品质数字社会建设是推进全球数字先锋城市构建的应有之义。深圳在城市数

---

① 韩永辉、张帆、梁晓君:《深圳打造全球标杆城市的现状、挑战及对策分析》,《城市观察》2021年第2期,第63—74页。

字治理转型过程中高度重视数字社会体系构建。首先,深圳围绕公共服务的重点领域与场景,充分发挥数字化转型的先发优势,依托数据共享与流通形成数据要素优势。其次,深圳致力于实现科教文卫及助老助残等多方面的持续发力,致力通过线上与线下的双重抓手,实现社会治理的高效与精准,促进数字社会中的普惠民生体系,让更多的数字化成果能够用于公众,惠于公众。

二、全球数字先锋城市框架下的深圳之"治"

深圳在建设全球数字先锋城市的框架下形成一系列具有借鉴意义的实践探索,在智慧民生、"一网通办"和"一网统管"等多方面都取得一定的治理成效。

(一) 智慧民生:智慧交通建设助力便捷出行

智慧民生建设是深圳在数字化转型过程中高度重视的领域与板块,其中的智慧交通建设实践在全国成为典范。深圳市政府与华为等企业合作,积极推进深圳地铁与深圳机场建设。首先,深圳智慧地铁建设将华为的城轨云解决方案应用到6号与10号两条地铁线路中,以5G等智慧信息技术对地铁单线进行覆盖与赋能,这在全国成为首例创新,更成就了国内地铁轨道领域以大数据、5G、互联网等新型信息技术支撑轨道交通各项业务的新探索[1]。其次,数字化转型背景下的深圳智慧机场建设成为国内智慧机场建设的行业标杆。公众在深圳机场进行乘机时可以实现刷脸、扫码等一系列操作,从而体验全流程的自助乘机服务。同时,深圳机场依托数字化基础设施和技术支撑,实现机场安全管理、运行流程和旅客服务的工作优化,提升服务效率与旅客满意度。

---

[1] 陈小慧:《用智慧交通"织"出生活幸福感》,《深圳商报》2020年6月13日,第A03期。

(二)"一网通办":"最多跑一次"优化无缝隙政府

在深圳城市数字化转型过程中,其依托于政府的"辛苦指数"与数据带来的"效率指数"为企业与公众的"幸福指数"服务,并以政府权力的"减法"、服务的"加法",激发市场活力的"乘法"。在进行城市数字治理的过程中,深圳致力于实现公众与企业办事过程中的"最多跑一次",取得较为显著的成效。此外,深圳积极探索移动端掌上办公办事,建设的"I深圳"App成效显著,已实现8 000多项公共服务事项和政务服务事项的接入。以此为支撑,深圳大多数政务服务事项和市场主体办事需求在移动端就可实现"一站式、全流程"的办理,真正实现全程无纸化和"零跑动"的目标。深圳通过深入推进政府数字化改革,逐渐实现政务服务由"基于材料审批"向"基于数据审批"转变、由"分散"向"集中"转变、由"人找服务"向"服务找人"转变,实现主动、精准、整体式、智能化的政府管理和服务。

(三)"一网统管":依托"城市大脑"实现整体性治理

深圳在城市数字化治理中的核心任务是建设"城市大脑",实现数字治理过程中智慧中枢的打造,让城市真正实现"会思考、更智慧"的目标,进一步构建智慧化、高效率的鹏城智能体,真正实现数字深圳建设过程中的"一图全面感知、一键可知全局、一体运行联动"。具体而言,深圳在"一网统管"过程中主要是依托于数字基础设施的"数字底座"效用,将多部门的数据进行整合与共享,实现多部门的业务协同。同时,深圳基于大数据、人工智能及物联网等新技术应用的智慧监管也取得了良好成效。例如,深圳在2023年上线"政府投资全流程智慧化监管平台"。利用数字化、智能化和信息化技术手段,通过数据采集治理、算法模型嵌入运行、前端可视化呈现和应用等全链路能力,实现了政府投资项目全流程、全生命周期动态实时分析和监控,极大提升了政府治理能力,成为地方政府加强公共管理能力建设的一项重大探索创新。①

综上所述,深圳在现有的数字化转型及智慧城市治理框架之下探索出一系列的数字城市治理创新实践,对其他城市具有较强的学习与借鉴意义(如图 6-6 所示)。

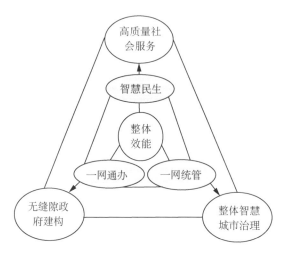

图 6-6　全球数字先锋城市框架下的深圳之"治"

三、全球数字先锋城市框架下深圳的治理特征

深圳依循全球数字先锋城市的建设框架推进城市数字化转型以及城市数字化治理,形成了属于自己城市的治理特征。

(一) 重视顶层设计,优化组织体系

为实现全球数字先锋城市的建设目标,深圳高度重视顶层设计,优化制度体系。"十二五"期间,深圳就针对城市数字化转型及智慧治理制定了《智慧深圳规划纲要(2011—2020 年)》,为后续的智慧城市建设打

---

① 赵庆国:《深圳福田激活数据要素 打造政府投资全流程智慧化监管平台》(2023 年 11 月 14 日),中国经济导报—中国发展网,http://www.chinadevelopment.com.cn/news/cj/2023/11/1868724.shtml,最终浏览日期:2024 年 2 月 18 日。

下坚实的制度基础。此后,又相继出台《深圳市新型智慧城市建设总体方案》与《深圳市新型智慧城市"六个一"实施方案》等一系列政策,为城市数字化转型建设指明路径。在此基础上,深圳各级政府部门以及不同领域的机构在进行数字化转型过程中有制度保障与政策指导,提升了数据治理的整体效力。同时,深圳在数字化转型过程中积极优化组织建设,以组织的整合与领导效能带动数字化转型的整体成效。具体而言,深圳成立了城市数字化转型领导小组以及专家委员会,同时要求各地区、各部门要把数字化转型以及智慧城市建设作为工作的重点任务,要求主要管理人员将60%的时间放在数字化转型及智慧建设领域①,提升智慧转型与数字治理效能。

(二) 形成信息与数据共享的新机制

深圳在城市数字化转型和智慧城市治理的过程中,从服务型政府建设要求出发,将政府各部门、各机构探索数据共享新机制嵌入绩效评估,以期能够激发数据要素的最大价值,进一步赋能城市数字治理成效。深圳作为国家发展和改革委员会评选的"国家政务信息共享示范市",全面推进政务信息与数据的共享开放,通过建立政务数据资源平台及系统、政务数据资源库、数据资源共享开放平台以及数据资源监督管理制度等,优化数据资源共享机制与数据资源管理体系。当前,深圳已经建立政务数据资源共享交换平台、身份认证平台与数据安全管理平台的基础系统,为新时代城市数字化转型与智慧建设提供了基础支撑和数据供给。

(三) 同步推进数字政府及智慧城市建设

数字政府及智慧城市是城市数字化转型过程中的重点任务,也是核心组成部分,深圳在其数字转型过程中也非常重视两者的同步优化

---

① 孙彬:《数字化,加速发展的新引擎——访深圳印智互联信息技术有限公司执行董事许云》,《印刷工业》2022年第3期,第6—9页。

与持续发力。首先,深圳以数字政府的结构优势促进政府组织减负与流程优化,进一步深化"放管服"改革的成效。在此过程中,深圳积极鼓励各部门依托数字化转型契机驱动部门业务协同,打破部门之间的数据壁垒,提升公民办事便捷度,提升政府一体化政务服务能力。其次,深圳以重点民生服务和城市需求热点领域为中心,积极提升智慧城市建设效能。具体而言,深圳提出智慧城市的多项建设目标:在宽带网络领域,实现网速提升、网费降低;在城市感知领域,提升精准性及全面性;在大数据及智慧城市建设过程中,优化工程质量及产业支撑,提升智慧城市建设标准化和规范性保障等,以此来将智慧治理的改革与优化效能落到实处。

（四）围绕平台建设提升数字化转型的协同力度

数字化转型作为一个系统工程,仅依靠单一力量并不能完成,因此在推进过程中的协同就显得极为重要。深圳在城市数字化转型过程中就积极遵循该观点,成立全国首个新型智慧城市管理平台,覆盖综合管理、数据资源共享、数据资源运行、城市应急管理等模块,将新型信息技术与数据资源进行深度融合,提升数字化转型过程中跨层级、跨部门、跨领域的合作,从而提升政府业务协同能力,优化整体性治理效能。深圳成立的智慧城市运行平台作为数字化转型过程中的中枢,实现了对全领域、多层级事项的感知与整合,大大提升了政府进行事项处理的效率与质量。除此之外,深圳市龙岗区作为深圳的典型地区,其"智慧城市·大脑"龙岗智慧中心成为深圳乃至全国首个集"数据汇聚分析、运行指挥联动、成果体验展示"于一体的数字化转型应用平台,能全方位地展示"经济创新、公共安全、人居环境、民生幸福、政务建设"等多维宏观态势[①],根据感知的数据助力科学决策、精准施策。

---

① 孙杰贤:《深圳龙岗的"未来范"》,《中国信息化》2018年第12期,第38—39页。

第四节　全国标杆：深圳数字化转型的优势何在？

国家"十四五"规划要求坚定不移地建设"数字中国"，加快数字化发展。深圳依托数字化发展基础和自身的产业集群优势，成为数字城市、数字经济的先行者。当前深圳的城市数字化转型进入攻坚期，数字政府及智慧城市建设都取得显著成效。概言之，深圳数字化转型已实现从简单场景到共建共享的过渡。具体发展阶段如图 6-7 所示。

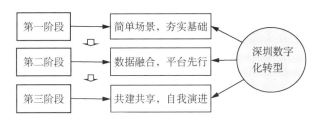

图 6-7　深圳数字化转型的发展阶段图

一、深圳建设全国数字标杆城市的优势分析

深圳之所以能够成为全国数字化转型的标杆和典范，与其数字化转型的基础优势具有密切的关系。

（一）具有竞争优势显著的科技企业

深圳在城市数字化转型过程中的一个突出优势，是拥有一系列具有科技创新能力的骨干企业。首先，深圳作为我国数字信息技术产业的聚集区，在数字化转型过程中拥有强劲的数字技术支撑和数据资源支持，数字技术产业形成资源聚集效应与数字产业链条。其次，深圳作为国际化大都市，其发展优势和创新能力吸引了众多的科技创新企业及科技创新人才加入。腾讯、华为等具有国际影响力的高新技术公司,为深圳的数字经济发展提供坚实的支撑。概括地说,深圳在推进城市数字化转型的过程中,充分发挥数字技术产业优势,依托高新技术及互联网技术领军企业的竞争优势,助力政府及社会的全面数字化转型。

(二)拥有良好的数字化建设基础设施

深圳作为全国开展数字化与信息化较早的城市,发展至今拥有较为完善的数字化转型基础设施资源。在此基础上,深圳积极引进高科技资源,以建设国家综合科学技术中心为背景,同步推进新型 ICT 所覆盖的新型数字基础设施建设。深圳市福田区实现对国内国际先进科技的引入,形成包含新型技术研发、高新科技应用、金融科技发展和芯片研发创新等产业体系,致力于进一步加强数字化转型和智慧城市建设过程中基础设施的承接能力,促进数字化转型及数字治理成效进一步提升。

(三)形成多元布局的数字经济产业

在深圳城市数字化转型过程中,深圳积极引导各区发挥自身的数字经济发展特色,激励各区通过寻找不同的发展优势,形成数字产业差异化发展路径,实现数字经济发展多元化。第一,深圳制定相关的配套政策,旨在提升产业园区、高新技术基地等聚集优势,为数字经济产业集群效应的发挥提供有力的制度与政策保障。第二,深圳对重点的科技基地以及产业园区进行保障资源与基础设施的再投入,加强平台及系统建设,实现人、财、物等资源的整合优势,提升数字经济产业的平台载体。第三,深圳坚持以数字技术项目为中心,形成数字经济特色产业链,助推深圳特色化数字经济产业园建设。

(四)优先制定数字人才认定标准

在数字化转型过程中,数字基础设施等方面的硬实力是非常重要的内容,但创新型人才也是不可忽视的重要组成部分。深圳针对数字人才认定制定标准,这也成为全国发展典范。具体而言,深圳按照自身发展特征与产业优势,对"数字发展人才"和"数字经济潜在人才"进行认定,这不仅有效地起到吸引人才的作用,而且能够为本身的产业发展以及数字化转型提供软资源支撑。

二、深圳建设全国数字标杆城市的机遇及挑战

在数字化转型的时代背景下,深圳与各超大城市都面临一定的机遇,也面临亟待解决的挑战(如图6-8所示)。

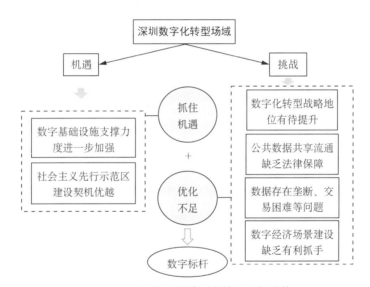

图6-8　深圳数字化转型中的机遇与挑战

(一)深圳建设全国数字标杆的机遇

1. 数字基础设施为城市治理打开窗口

新型数字基础设施的不断发展为深圳城市数字治理打开发展窗口。城市数字化转型需要政策、技术、管理等多维度的支撑,而数字基础设施及技术又是其中非常重要的构成部分。伴随着5G、人工智能等新型数字基础设施的不断发展,城市数字化转型及治理优化迎来新一轮的发展契机。而深圳作为国家首批 5G 试点城市具有政策优势,其在数字化发展的过程中,充分将 5G 等新型基础设施嵌入,促进数字化转型的质量提升。具体而言,深圳加速 5G 支撑下的平台及系统建设,依托 5G 优化数字治理场景,为数字化转型的高质量发展提供了动力支持。

2. 先行示范区建设的优惠效应显著

深圳建设中国特色社会主义先行示范区为其城市数字治理优化提供了契机与支持。中共中央加大对深圳的支持力度,发布《中共中央、国务院关于支持深圳建设中国特色社会主义先行示范区的意见》,鼓励其建设中国特色社会主义先行示范区。在此背景下,国家加大对深圳特区数字经济、数字社会、数字政府等建设的支持与保障力度,给予深圳一定程度上的制度支持,帮助深圳数字经济实现快速发展。而这对其城市全面的数字化转型无疑也产生巨大的推动优势,帮助深圳进入更高水平的城市数字治理阶段。

(二)深圳建设全国数字标杆的挑战

深圳数字经济产业规模已居全国前列,但在数字化发展及数字场景建设等方面还存在一些问题。关键原因在于尚未形成数字经济发展的系统性生态,导致数字经济领域不同部门与机构缺乏共识,难以推动数字化转型的整体优势显现。

1. 数字化转型的战略地位有待提升

深圳数字化转型已经取得一定的成效,但对城市数字化转型的核心战略定位还有待进一步厘清。首先,深圳在依托数字化转型塑造城市未来核心竞争力、重新定义生产力与生产关系重大意义等方面还需进一步解放思想、深化认识。其次,深圳在数字化转型过程中对数字经济发展的支持主要局限于产业发展层面,缺少综合性的顶层设计进行整合性指导,与上海、杭州等典型大城市相比,还存在一定的差距。例如,上海在 2021 年出台《关于全面推进上海城市数字化转型的意见》,致力于实现城市数字化的整体性转变和全方位赋能;杭州也将数字经济作为"一号工程",打出"数字杭州、双创天堂"的城市品牌。

2. 公共数据共享流通缺乏法律保障

从国际上看,发达国家主要通过积极立法保障政府数据共享,有效地推动了公共数据的开放与流通。深圳一直致力于推动公共数据平台建设,但由于多头管理、跨部门协同障碍以及对数据安全的担忧,政府部门之间、政府部门与企业之间的数据共享始终不太畅通,极大地制约了政府部门的应急响应能力和民营经济创新活力。数据难以共享和开放,既存在"不知道跟谁对接、怎么对接"的原因,也存在"不愿""不敢""不能"对接等原因,根本原因则在于数据标准不统一、权责关系不清晰、共享机制不明确、法律保障不健全。[①]

3. 商业化数据垄断且交易困难

深圳部分互联网巨头企业通过社交软件、支付平台等掌握了海量用户信息,在一定程度上对个人数据形成了天然垄断,由于个人信息隐私保护的法律体系不健全,这些企业未经用户许可将个人数据进行商业化价值挖掘,开发出消费者付费的产品和服务,不仅侵犯了消费者的隐私,还阻碍了商业数据的合理交易进程。此外,由于数据具有非标准化、个性化原始属性,在某些领域具有重要价值的数据在其他领域可能"一文不值",这使得市场有效需求难以充分激活,数字资产确权、评估和定价缺乏动力,导致深圳数据交易平台和市场难以成形。

4. 数字经济场景建设缺乏有力抓手

尽管深圳在金融、消费、贸易等优势产业领域有大量数字场景应用机遇,但由于数字化工具在中小企业的普及率相对较低,且缺乏行业所需要的基础设施和支撑平台,难以形成依托数字经济的产业链条。以数字人民币为例,深圳是全国最早开展数字人民币红包的试点城市,但目前支持数字人民币应用的场景主要局限于零售行业,在贸易、转账支付、

---

① 翁士洪:《城市治理数字化转型的发展与创新》,《中州学刊》2022年第5期,第75—82页。

跨境流通等领域还缺乏相应的基础设施支持和场景应用,因此尚未在此领域形成先发优势。

三、深圳打造全国数字标杆的未来进路

深圳在未来打造全球数字先锋城市的过程中要充分利用好粤港澳大湾区、深圳先行示范区的"双区"驱动和深圳经济特区、深圳先行示范区"双区"叠加的重大发展机遇,从宏观性、系统性视角,强化数字化理念在经济社会发展中的指导作用,先行完善法律制度保障,切实推动数据开放流通,选取特定区域开展重点场景试点,取得关键成果后向全国推广。

(一) 提升数字化在先行示范区建设中的战略定位

一是强化数字化统筹引领作用。深刻认识数字化在服务新发展格局、重构城市核心竞争力中的重要作用。加强数字化的全市统筹,成立全市数字化工作领导小组,建议以市委书记、市长为双组长,构建数字化发展规划、建设、评价体系,对各区数字化规划建设进行指导、评估、协同,保证全市"一盘棋"。

二是加强数字经济顶层设计。开展数字经济中长期规划研究,编制数字经济产业发展、数字化转型等专项规划,出台支持数字经济发展的产业政策、行动计划,安排专项资金加大对数字经济重点产业的项目支持。鼓励深圳数字经济龙头企业探索数字经济领域行业标准制定,形成全国数字经济创新发展的示范标杆。

三是打造数字经济发展的城市名片。承办国际级别的论坛,每年举办全球数字经济发展峰会及各类高峰论坛,与顶级研究咨询机构建立合作关系,开阔视野,引进全球数字经济高端人才及产业资源,加大对外宣传和推广的力度。

(二) 强化数据共享开放的法律制度保障

一是探索通用数据保护立法。借鉴欧盟《通用数据保护条例》,根据深圳数据要素市场发展的实际情况,探索通用数据立法,保护消费者个人数据隐私,避免数据权属争议,对违规采集消费者个人数据的企业和组织实行反垄断调查[①]。

二是实施数据跨部门共享的条例立法。系统梳理全市政府机关、企事业单位、政务服务机构、城市安全管理机构等数据资源,建立全市公共数据资源目录清单,坚持"以共享为原则,不共享为例外"的原则,探索起草数据共享条例,加强各部门及企事业单位清单内数据的互联互通,构建全市统一的大数据共享库,实现"一网统管",彻底解决部门间存在的数据标准不统一、共享机制不明确等问题。

(三) 推动商业数据有效流通与交易

一是加强公共数据向社会开放的配套制度。以数据在全市范围内的流通与使用为依据,拓展公共数据来源渠道,将尽可能多的公共数据纳入"城市大脑"综合数据平台之中,促进数据有效整合和高效使用,保证数据资源能够真正发挥效用。在此基础上,要持续鼓励企业抓住数据开放的契机,结合自身优势开发与数据共享开放相关的产品与应用,为企业创造利润提升机会的同时助力深圳数字孪生城市建设。

二是以多种方式发挥数据要素的潜能。未来可进一步探索数据空间、数字银行等数据资源共享共用的新模式,明确数据资源的要素特征,将数据资源纳入生产分配活动,以数据交换、数据分红等方法来优化数据要素的流通与使用。[②]

三是促进商业数据市场化流通。依托现有的大数据交易平台投建

---

① 寇佳丽:《数字政府建设不能缺失法治》,《经济》2022 年第 9 期,第 40—43 页。
② 国家工业信息安全发展研究中心:《中国数据要素市场发展分析》,《中国信息界》2020 年第 6 期,第 74—77 页。

数字资产交易所,实施数据标准化制定与交易。选择细分领域和相关业务场景,鼓励企业建设元数据库并逐步形成行业标准,在此基础上推动相关数据的资产评估、定价、交易、质押、抵押,充分释放数据资产的流通潜力。

(四)积极推动数字人民币应用试点

一是加快数字金融新型基础设施建设布局。围绕央行数字货币发行、交易流通、后台监管、标准体系等重要环节,聚焦"新基建"布局和投入,抢抓机遇、快速落地,争取中国人民银行的支持,联合全市重点金融机构、金融科技企业开展关键技术攻关,率先制定数字人民币统一的业务标准、技术规范、安全标准和应用标准,打造全国数字人民币管理中心。

二是争取设立数字人民币"监管沙盒"试验区。向中国人民银行争取"监管沙盒"试验区,将相关制度设计与测试方案纳入先行示范区综合改革授权事项清单,在试验区孵化成功后推广全国。积极探索数字人民币在粤港澳大湾区、"一带一路"合作伙伴乃至全球支付流通的可行性,进一步夯实深圳数字人民币发展的领先地位。

三是开展重点领域及场景的数字人民币应用。加快基于区块链技术应用的数字货币钱包、数字票据等领域研究,将数字人民币支付结算与零售、贸易等领域的各类场景相融合,实现数字人民币跨机构互联互通,进一步丰富数字人民币的应用场景。①

综上所述,作为中国的第一个经济特区,深圳是改革开放的前沿和对外开放的窗口,被称为我国"最互联网的城市"。如今,深圳更是成为数字经济和产业数字化发展的龙头城市。深圳大力发展数字经济,加快建设数字政府、智慧城市、数字社会,促进数字化转型,引领数字新生活,

---

① 彭鸽、崔平:《数字经济背景下数字人民币的发展价值、困境与路径探析》,《理论月刊》2022年第7期,第60—67页。

打造具有全球影响力的数字深圳。但总体而言,深圳在建设全球数字先锋城市和数字城市治理标杆的过程中仍然存在一些亟待解决的问题。下一步,深圳在"双区驱动""双区叠加""双改"示范机遇下持续优化新型基础设施,更大力度地扶持数字经济发展,以现有数字政府与智慧城市建设基础为核心来推进全方位、全领域的数字化转型,实现个人数字化生存、家庭数字化生活、企业数字化经营、政府数字化治理,以及城市数字化孪生,致力于向全球数字先锋城市不断迈进。

第七章 成都模式：智慧蓉城

第七章 成都模式:智慧蓉城

"智慧蓉城"建设是成都市全面推进新型智慧城市的重要决策,是成都提升敏捷科学治理能力的重要突破口,也是成都超大城市治理数字化转型模式的核心内容。在提升城市智慧治理水平方面,成都通过以"智慧蓉城"建设为牵引,全面推动城市经济、生活、治理数字化转型,让城市运转更聪明、更智慧。

在技术应用上,成都通过建设虚实结合的数字孪生城市,构建实时感知、动态变化、全域覆盖的城市运行生命体征体系,并做强云网融合、智能敏捷的"城市数据大脑",同时,加强数据安全审查和监管配套设施建设,提升数据归集整合、深度利用和安全保护水平。

在价值定位上,"智慧蓉城"建设以增强人民群众获得感、幸福感、安全感为目标,破解城市中交通拥堵、生态环境污染等发展难题,提升城市治理水平,促进城市治理体系和治理能力现代化,为成都建设践行新发展理念的公园城市示范区提供重要支撑。

在应用场景上,成都还将建好"智慧蓉城"运行中心,统筹"天府蓉易办"、"天府市民云"、12345 热线等平台功能,构建绿色生态、宜居生活、宜业环境、现代治理等智慧应用场景体系,不断提升公共服务、公共安全、公共管理能力。[1]

---

[1] 施小琳:《牢记嘱托 踔厉奋发 全面建设践行新发展理念的公园城市示范区》,《成都日报》2022 年 5 月 9 日,第 1 版。

在数字经济建设上,成都是四川省建设国家数字经济创新发展试验区的核心区域,数字经济正成为成都高质量发展的动力源泉。在各行业、各领域数字转型全面提速的背景下,成都吸引了腾讯、阿里巴巴、百度、字节跳动、快手、爱奇艺等头部企业纷纷落户。同时,积微物联、创意信息、海康威视、纵横自动化、国星宇航等一大批本土成长起来的企业已在数字经济细分领域拥有了话语权。[①]

在各项数字化转型实践中,成都形成了以"智慧蓉城"为核心的模式。这一模式的建设不仅是成都数字化转型的重要战略,也是其提升治理质量和市民生活质量的重要举措。这一建设为成都的现代化发展提供了新动力,同时也为其他城市提供了有益的经验和借鉴。

第一节 "云上天府":"智慧蓉城"加速发展的新机遇

推动"云上天府"建设的相关决策为成都市实现"智慧蓉城"提供了新的发展机遇。在这一背景下,"云上天府"项目以全域的整体性统筹为基础,注重高水平的顶层设计规划,全面整合了数字化转型的技术、组织和监管层面。此外,它还积极打造多个应用场景,将数字化转型与城市运行有机融合,并不断根据城市实际需求拓展应用领域。

"云上天府"项目的关键特点之一是其全域性的整体性规划。这意味着该项目不仅是零散的技术应用,而是通过全面规划,将各个领域的数字化转型有机地整合在一起,形成一个统一的数字化治理体系。这种整体性的规划有助于确保各个部门和领域之间的协同合作,提高了数字化转型的综合效益。此外,该项目还注重了顶层设计规划,决策者在项目启动之初就考虑了整个数字化转型过程的战略性和长远性,确保了项目的可持续性和一致性。这种规划有助于确保数字化转型的顺利推进,

---

① 李艳玲:《数字经济头部企业为何纷纷加码成都》,《成都日报》2022年6月29日,第9版。

并减少了后续的不必要调整和重复投资。

"云上天府"项目还致力于打造多个应用场景。这些场景不只是停留在理论层面,而是实际融入了城市的运行环节。这包括交通管理、城市规划、环境监测等多个领域。这种切实的应用有助于将数字化转型落实到实际行动中,提高了城市治理的效率和质量。并且,"云上天府"项目能够不断根据城市的实际需求拓展应用领域,具有高度的灵活性与敏捷性,并能够根据城市的发展和变化不断调整和扩展。这种灵活性有助于确保数字化转型的持续性和适应性,以满足城市不断变化的需求。

一、"智慧蓉城"的顶层设计

推进城市数字化转型,离不开政府主体的顶层设计和引导,在推进"智慧蓉城"建设的进程中,成都市政府也发挥了重要作用,高度重视数字化转型工作,这也使得成都迎来了"云上天府"建设的新纪元,并致力于实现事项全上网。2022年的成都市《政府工作报告》显示,截至2021年年底,成都已实现城市治理事项90%"可全程网办"。[①]

在充分把握建设"云上天府"机遇的基础上,成都市开始加快建设"智慧蓉城"的步伐,以更好地推进城市治理的数字化转型,对此,政府主体具体在技术、组织、监管三个层面实施了新举措(如图7-1所示)。[②] 一是在技术层面,持续夯实城市治理数字化转型的"数字底座"体系建设,通过科学规划布局感知设施(各类传感器等),加强数字"新基建"建设,推进千兆光纤网络覆盖拓展等,并持续优化城市公共服务治理的政务云总体架构,提升算力、算法、数据和应用资源一体化协同支撑能力,构建灵敏快捷的感知预警体系,完善城市治理数字化转型的硬件基础。二是在组织层面,以完善的组织体系支撑城市治理数字化转型,建

---

① 王凤朝:《政府工作报告》,《成都日报》2022年1月29日,第1版。
② 同上。

立完善市、区(市)县、镇(街道)三级协同联动的智慧治理架构和专业化指挥中心,建成"智慧蓉城"运行中心。根据以市民为中心的价值理念,强化智慧治理的生活化场景建设,整合共享政务数据资源,归集各类数据,高效打造以公共管理、公共服务、公共安全为重点的智慧主题应用,确保交通管理、应急管理等重点领域应用场景能够配套运行。与此同时,成都还加快建设国家智能社会治理实验综合基地,以进一步加强城市精细化管理,进而推进专项行动,例如,加快城市管道老化更新改造,开展地下管网治理专项行动,推行井盖"电子名片"等。此外,成都还高度重视社会组织在推进城市治理数字化转型中的重要作用,培育壮大社会组织、社会企业、志愿服务队伍,促进第三方组织参与城市治理转型的进程之中,并不断拓展"网络问政"等沟通渠道。三是在监管层面,一方面注重城市数据安全,切实加强数据安全保护,防止公共数据外泄,造成数据价值流失,另一方面也重视政府监管,着力实现数字法治政府,深入推进"互联网+"监管。

图 7-1　成都城市数字化转型的三个层面

在搭建了"智慧蓉城"城市治理平台的基础上,成都还进一步打造了"天府蓉易办""天府蓉易享""天府市民云"等子服务品牌,形成了成都数字化转型的独特名片。此外,在做强政府层面政务服务"一网通办"的同时,成都还依托政府初步搭建了"云网数端"的城市治理"数字底座",形成了以"城市大脑"为核心的管理中枢,整合在线监测、分析预测、应急指挥等功能,打造智能城市治理运行体系。在若干数字治理成果的搭建下,2021年,成都智慧城市建设获得"2021世界智慧城大奖·宜居和包容大奖"全球冠军①,成都模式也逐渐成形,成为我国城市治理数字化转型的重要范本之一,尤其是对中西部城市而言,具有重要示范作用。

成都模式并不仅仅局限于对已建成的"智慧蓉城"平台进行运用,而且包括对"智慧蓉城"平台进行不断的迭代与升级,以动态更新和渐进调试面向城市数字化转型。在2022年成都市《政府工作报告》中,成都市政府再次明确提出坚持整体性治理的系统思维,突出敏捷治理导向,加快推动超大城市治理体系和治理能力现代化,坚持"人民城市人民建、人民城市为人民",推动城市管理手段、管理模式、管理理念创新,进一步加快建设"智慧蓉城"。重点推进夯实城市"数字底座"体系建设,通过科学规划布设千万级社会治理神经元感知节点,推动市级各部门重要系统平台、感知设备统一接入"智慧蓉城"运行中心,统一建设市域物联感知体系。再一次将"数字底座"基础设施、治理数字转型的组织支撑体系作为重点推进工作而提出。

基于此,"智慧蓉城"建设总体架构设计如图7-2所示②。一个"数字基座",即聚焦城市智能基础设施、数据资源体系、数字使能平台,打造一体化、智能化、集约化的城市数字基座。一个"智慧蓉城"运行中枢,即组建智慧蓉城运行中心,搭建三级智慧蓉城运行管理平台,提升城市体征监测预警水平,增强事件处置指挥调度能力。三大重点智慧应用领域,即围绕公共管理、公共服务、公共安全三大重点领域,推进智慧化应用场景建设。三大支撑体系:一是双向赋能支撑体系,即构建数字经济与智慧蓉城建设深度融合、双向赋能的发展格局,助力数字经济发展;二是全域安

---

① 付真卿:《祝贺!"2021世界智慧城市大奖·宜居和包容大奖"中国区决赛冠军花落成都》(2021年10月16日),四川在线,https://sichuan.scol.com.cn/ggxw/202110/58313449.html,最后浏览日期:2022年10月29日。
② 成都市智慧蓉城建设领导小组办公室:《成都市"十四五"新型智慧城市建设规划》(2022年6月15日),成都高新区管理委员会网站,https://www.cdht.gov.cn/cdht/c149031/2022-06/17/321df7735bf74cf98dc06d2d599c16a1/files/d58123acc4554611a7cdcee206a6a676.pdf,最后浏览日期:2023年12月27日。

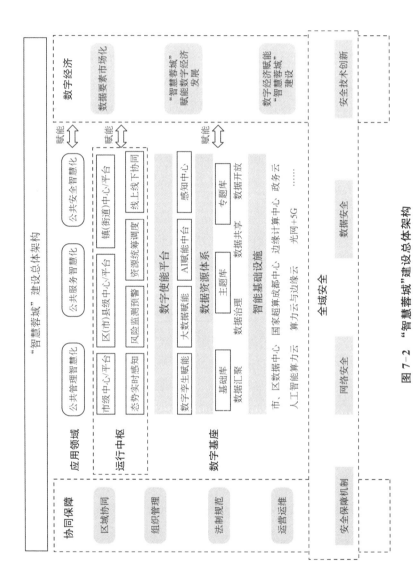

图 7-2 "智慧蓉城"建设总体架构

全支撑体系,即围绕安全保障机制、网络安全保障、数据安全防护和安全技术创新,构建全域网络和数据安全支撑体系;三是协同保障支撑体系,即建立完善区域协同、组织管理、法制保障、运营运维保障支撑体系。

二、"智慧蓉城"的应用场景

从城市治理的价值维度来看,城市治理数字化转型的根本目标仍然是为了服务和改善城市公众的生活质量。因此,其治理成效的好坏最终应由公众来评判。是否充分关注和满足公众的需求和体验,是衡量城市治理数字化转型是否成功的关键标准。在这一方面,成都在建设"智慧蓉城"平台后,致力于进一步满足公众的公共服务需求,打造了各种智慧治理应用场景,从服务公众的角度出发推动数字化转型。通过搭建"智慧蓉城"平台,成都创建了多个治理场景,直接关系居民的日常生活,涉及交通管理、医疗卫生、教育服务、环境保护等各个领域。这些应用场景的建设旨在满足居民的需求,提高居民的生活质量。此外,成都还强调数字化工具和平台的开发及使用应该以居民的需求和体验为中心。通过增强居民参与,提高服务便捷性,成都为居民提供了更好的公共服务体验。种种实践都表明,成都数字化转型的价值面向与最终目标都是为了改善居民的生活质量。

在聚焦"实战管用、基层爱用、企业和市民受用"原则的基础上,强化智慧治理场景建设,整合共享政务数据资源,高效打造以公共管理、公共服务、公共安全为重点的智慧主题应用,真正做到"智慧蓉城"建设从市民的需求和城市治理中的问题出发,不断提升城市的宜居性,增强市民的获得感、幸福感、安全感,以下三大场景是当前成都城市治理数字化的主要应用场景,也与市民需求息息相关。[①]

---

① 成都市大数据集团:《什么是"智慧蓉城"? 成都大数据集团下属智慧蓉城研究院为您解答》(2022年4月8日),百家号,https://baijiahao.baidu.com/s?id=1729507993105954978,最后浏览日期:2022年10月29日。

(一) 场景一：智慧交通

交通是城市公共服务体系中的重要模块，也是与每位公民日常出行息息相关的部分。为更好地方便市民出行，成都打造了治理平台——成都市交通运行协调中心，通过技术赋能提升市内交通大数据的利用水平，致力于让成都交通运行更聪明，助力市民实现"可视化"选择交通方式。具体以成都东站为例，成都市交通运行内的监控指挥中心可实时显示东站的出站客流数据，例如有多少辆出租车、网约车、公交车、共享单车在此等候，停车场的空位数量等，系统可提前30分钟预测并智能调度，精准地实现"人＋车＋数据"的实时匹配，解决区域内交通拥堵，优化百姓出行方式。与传统的人海战术、网格化管理的形式不同，智慧交通系统所具有的实时交互性与准确性特征能够为交通资源的高效配置提供有力支撑，也节省了大量的政府人力成本。

(二) 场景二：智慧养老

老龄社会治理是当前我国面临的现实问题，尤其是在我国加速迈向老龄社会的治理进程中，超大城市如何实现养老治理的模式升级成为城市治理转型的重要方面。第七次全国人口普查的结果显示，成都市常住人口为2 093.78万人，其中，60岁及以上老年人口为376.41万人，占常住人口的17.98%；65岁及以上人口为285.12万人，占常住人口的13.62%[①]，老龄化问题已成为成都城市治理需要面对的重要问题。对此，成都针对性给出了解决方案，例如，武侯区推出的社区居家养老服务综合信息平台，能够针对独居、空巢、高龄老人存在的居家安全隐患进行针对性解决。免费为特殊困难老年人家庭增设烟雾传感器、可燃气体传感器、关闭门传感器、红外生命体征传感器等设备，通过智慧物联监管平

---

① 程文雯：《解读｜成都人口发展有哪些新趋势？把握这些关键词》（2021年5月27日），川观新闻，https://cbgc.scol.com.cn/news/1404467，最后浏览日期：2023年3月1日。

台,为老人提供全天候贴心服务,实现居家老年人在家门口享受多层次、个性化的"一站式"健康养老服务,为我国超大城市养老服务与老龄社会治理提供了借鉴思路。

(三)场景三:智慧大运

特殊应用场景是一个城市数字化转型的特色体现。针对承办的大运会,成都市政府打造了先进可靠的赛事信息系统、绿色智能的场馆管理体系、便捷舒适的大运村服务体系和协同联动的城市保障服务体系,让赛事服务全连接、赛事过程全可视、赛事保障全可控,实现高水平办赛、便捷参赛、舒心观赛,成为全球范围内首个全方位5G加持的大运会。通过集成运用"5G千兆＋光网千兆＋Wi-Fi千兆＋卫星＋应急"等为一体的多功能、全方位、立体化精品网络,能够同时保障数万人聚集的场馆中比赛数据传输畅通,同时,"大运号"卫星为本次大运会提供场馆建设、智慧赛事、生态监测、应急处置等方面的服务,为"智慧大运"护航。在大运会场馆周边道路,还建设了500棵具有成都大运会元素的"智慧树",在实现基础照明服务的同时,搭载接入视频监控、路灯节能控制器、交通指示牌、交通信号灯等功能,打造物联网运营管理平台,实现全天候视频监控巡查、AI场景自动识别、节能照明控制、远程广播喊话、一键报警联动、智慧新能源充电等功能。

三、"智慧蓉城"的未来

除已打造的应用场景外,成都还对后续的数字化转型工作做了整体性布局。一方面,继续聚焦公共管理、公共服务、公共安全等传统城市治理涉及的重要领域,结合成都实际打造系列智慧应用场景,发布机会清单,鼓励市场主体、公民主体、社会主体等多方参与,助力企业的技术产品落地应用,并尝试在全国其他超大城市复制推广。另一方面,有序推动政务数据开放共享,重点推动企业信用、食品药品安全、综合交通、环境质量等相关领域数据向社会开放,赋能企业产品、服务和商业模式创新。此外,为充分吸纳各方主体力量以强化自身影响力,更好适应不断升级迭代的需要,成都还成立了智慧蓉城研究院,开展超大城市精细化治理与数字化转型的相关研究,为"智慧蓉城"建设提供前沿研究、宣传发声、生态打造等方面的智力支持,致力于打造"智慧蓉城"创新策源地、"智慧蓉城"应用场景试验场、"智慧蓉城"建设发展共同体,进一步促进城市治理体系和治理能力现代化,提升超大城市的敏捷治理与科学治理能力。

实现多主体合作是成都城市治理数字化转型的关键目标。为了达成这一目标,成都将智慧蓉城研究院作为平台,定期举办"群英会"等活动,以促进企业、高等院校与政府之间的交流与合作,共同为"智慧蓉城"的建设提供建议和智慧。通过这些平台,各方可以交流最新的科技和治理趋势,共同思考城市治理数字化转型的最佳实践,并提供宝贵的建议。这种多主体合作模式有助于充分利用各方的专业知识和资源,加速数字化转型的进程。企业可以提供先进的技术和解决方案,高等院校可以贡献研究成果和培训资源,政府则能够提供政策支持和监管指导,确保数字化转型的全面性和可持续性。同时,当前成都相关部门正在筹建"智慧蓉城"应用场景实验室,搭建企业与各级政府合作对接的平台,提供轻量化产品测试环境、专家把脉、成果宣传展示、行业交流沙龙等服务,赋能中小企业全面参与"智慧蓉城"建设,共建智慧城市产业生态。与此同时,为确保"智慧蓉城"可持续发展,成都加强全域安全支撑体系建设,以数据安全为核心,构建全域安全保障机制,加强网络安全技术创新,提升数据安全防护水平,加强城市全域安全保障支撑能力,建立协同保障支撑体系,统筹推动智慧城市区域协同建设,强化组织管理,健全法制规范,创新运营运维,支撑"智慧蓉城"建设高效运行。①

---

① 成都市大数据集团:《什么是"智慧蓉城"? 成都大数据集团下属智慧蓉城研究院为您解答》(2022年4月8日),百家号,https://baijiahao.baidu.com/s?id=1729507993105954978,最后浏览日期:2022年10月29日。

第二节　一键回应:构建整体智治新模式

成都正加快推进"智慧蓉城"建设,推进公共管理、公共服务、公共安全智慧化和数字经济发展,全力推动超大城市治理体系和治理能力现代化。① 成都重点打造线上线下联动、服务管理同步、政府社会协同的智慧蓉城应用中枢、指挥平台和赋能载体,加强态势实时感知、风险监测预警、资源统筹调度、线上线下协同等能力建设,促进城市运行"一网统管",实现"一云汇数据、一屏观全域、一网管全城、一体防风险"。② 尤其是在公共服务层面,在超大城市推进治理数字化转型,需要根植于以人为本的理念,即充分考虑公民诉求,并及时回应公民问题。正如前文所述,治理形态与相应逻辑演进以公民为中心,全面提升服务公民的能力。对此,我国许多城市都探索出自身的模式,形成了自身品牌。如北京"接诉即办"、浙江"最多跑一次"、上海"一网通办"、湖南"一件事一次办"等,成都则以"一键回应"为枢纽,力争实现群众诉求一键达。市民不但可以通过12345市长热线、市长信箱的传统诉求反映渠道,还可以通过成都发布的微博微信、"智慧蓉城研究院"微信公众号等新型互联网渠道,充分反馈对于"智慧蓉城"建设的建议想法,为"智慧蓉城"建设出谋划策。相关统计数据显示,在成都市政务服务管理和网络理政办公室统筹推动和及时督促下,四川在线"问政四川"成都板块全年网民留言办理量位居前列,并基本形成了政务服务"一网通办"、城市运行"一网统管"、社会诉

---

① 王雪钰、吴怡霏、缪梦羽等:《数字化治理让城市更"聪明"》,《成都日报》2022年1月26日,第5版。
② 成都市智慧蓉城建设领导小组办公室:《成都市"十四五"新型智慧城市建设规划》(2022年6月15日),成都高新区管理委员会网站,https://www.cdht.gov.cn/cdht/c149031/2022-06/17/321df7735bf74cf98dc06d2d599c16a1/files/d58123acc4554611a7cdcee206a6a676.pdf,最后浏览日期:2023年12月27日。

求"一键回应"的网络理政新格局。①

一、"智慧蓉城"运行中枢的基础保障

"智慧蓉城"的运行管理架构依赖于三级运行中心,并建立了三级运行管理平台②。一方面,成都创新构建三级运行中心有效推动"智慧蓉城"的整体运行。市级运行中心聚焦统筹指挥,抓总体、组架构、定标准,通过实时监测城市运行态势、研判分析城市运行风险、指挥处置重大事件,做实市本级跨部门、跨区域、跨层级事项处置"大循环"。区(市)县级运行中心聚焦实战枢纽,通过实时监测辖区城市运行态势、联通上下、衔接左右、指挥处置本级重大事件,形成区(市)县级跨部门、跨街镇、跨层级事项处置"中循环"。镇(街道)级运行中心聚焦联勤联动,统筹辖区各类力量,第一时间发现问题、控制风险、解决问题,形成镇(街道)级跨部门、跨村(社区)、跨层级事项处置"小循环"。其下属村(社区)主要发挥事件处置主体作用,做好巡查核实、应急处置、执行反馈等具体工作,形成基层治理事件处置"微循环"。另一方面,搭建三级运行管理平台保障三级运行的顺畅。市级平台主要涵盖监测预警、指挥调度、决策支持、事件流转、监督评价等核心信息系统,是市委市政府全面了解城市运行情况的数据窗口,研判决策的支撑平台。区(市)县级平台按照统一技术标准和框架规范,对现有平台系统进行改造提升,整合本级移动端应用,支撑实现监测预警、快速响应、高效处置、上传下达。镇(街道)级平台依托区(市)县平台延伸构建本级平台,通过移动工作端延伸至村(社区)、网

---

① 杨琴:《【问政四川】成都:让群众反映诉求像"网购一样方便"》(2020年1月21日),四川在线,https://sichuan.scol.com.cn/fffy/202001/57459759.html,最后浏览日期:2022年10月29日。
② 成都市智慧蓉城建设领导小组办公室:《成都市"十四五"新型智慧城市建设规划》(2022年6月15日),成都高新区管理委员会网站,https://www.cdht.gov.cn/cdht/c149031/2022-06/17/321df7735bf74cf98dc06d2d599c16a1/files/d58123acc4554611a7cdcee206a6a676.pdf,最后浏览日期:2023年12月27日。

格,纵向贯通城市运行管理末端,形成智慧应用矩阵。

(一) 构建"智慧蓉城"运行中心三级体系

在数字化转型的过程中,成都专注于实现城市运行的集中管理和事件的迅速、高效处理。在现有城市运行管理的基础上,成都构建了包括市级、区(市)县级、镇(街道)级在内的三级"智慧蓉城"运行中心。这个分层体系的目标是实现城市运行事件的主动发现、迅速响应、简化指挥流程、高效协同和灵活处理,从而有效应对运行风险,增强城市的应变能力,并提升智慧治理及服务水平。市级中心处于城市运行管理体系的核心位置,担负起总体规划和指挥的重任。它不仅负责监测和分析整个城市的运行状态,还承担重大事件的指挥和协调工作。区(市)县级中心在市级中心的指导下,专责管理各自区域的日常运行。而镇(街道)级中心则集中处理基层运行事件。通过这样一个分层管理体系,成都能够实现对城市运行的全面监控和有效处置,为提高城市的智慧治理和服务能力打下了坚实的基础。

成都构建的城市运行管理体系,通过各级运行中心的协同合作,实现了城市运行的全面监测和高效处置,为城市的智慧治理和服务能力提供了关键支持。这一体系的建立不仅有助于提升城市运行的效率和韧性,还为其他城市的数字化转型提供了有益的经验和借鉴。

(二) 搭建三级"智慧蓉城"运行管理平台

为满足"观管防结合、平急重一体"的要求,成都采用"统分结合"的模式,构建了市、区(市)县、镇(街道)三级"智慧蓉城"运行管理平台,形成了全面的数字化治理体系。市级平台包含了统一的运行管理系统、城市运行数字体征体系、市域物联感知体系、数据资源体系、"城市一张图"和标准规范体系。而区(市)县和镇(街道)则在该统一架构和标准体系的基础上,结合本地特色,建设创新应用,构建了市、区(市)县、镇(街道)、村(社区)和小区/网格五级应用层次,形成了"感知发现、决策指挥、反应处置、终端反馈"的工作闭环。这一体系的建立使得城市运行从事后统计向事前预测、从被动处置向主动发现、从"九龙治水"向"整体智治"的转变成为可能。

成都的数字化治理体系,以市级运行管理平台为核心,实现了对城市各层级信息和数据的统一监控和管理。这个平台通过数字体征和物联感知体系,提供城市数据的实时采集和分析。同时,数据资源体系和"城市一张图"功能支持数据存储和可视化展示。标准规范体系保证了部门间数据和信息的一致性及互操作性。在这个体系下,各区(市)县和镇(街道)根据当地情况,开发了创新应用,形成多级应用结构。这些结构不仅适应了地方特色和需求,还为城市管理提供了更细致的支持。闭环工作模式保证了信息的及时传递和处理,提高了城市管理的效率和敏捷性。

成都通过建立以统一架构和标准体系为基础的数字化治理体系,推动了城市运行管理的全面升级。这一体系为城市治理的数字化转型提供了关键支撑,使城市运行变得更智能、更具预测性,实现了从被动应对向主动管理的转变。

(三)建设"8+N"智慧应用场景体系

成都正在大力推进城市治理的数字化转型,通过建立多个智慧应用场景,极大地提高了城市管理的效率和智慧水平。这些应用场景覆盖了八大关键领域,包括智慧大运、疫情防控、交通管理、应急管理、智慧公安、生态环保、水务管理与智慧社区。这些场景被有效地整合到一个三级运行管理平台中,实现了不同领域系统的互联互通和数据的垂直整合。

这一数字化转型努力促进了城市运行事件的有效分级处理和线上线下协同,确保问题能在最低层级和最早时间内以最低成本得到解决。智慧应用场景不仅关注公共管理、服务和安全监测,还涵盖了文化旅游、消费、养老、教育、体育、农业农村、智慧气象、充电桩、城市建设和管理、企业和市民诉求感知等多个重点领域。

成都持续创新和扩展这些智慧应用场景,以便更好地整合和优化它们,使其更实用和受欢迎。这些场景都与城市运行管理的三级平台紧密对接,有效提升了城市精细化管理水平。通过这些举措,成都不仅满足了市民的多样化需求,还为城市管理提供了强有力的工具和资源,促进了城市的智慧化发展和运行效率。

二、"智慧蓉城"城市体征监测的预警能力

为了在城市治理的数字化转型中取得全面进步,并满足市民需求,成都重点加强了城市运行数字体征系统的建设。这包括建立一个全面的数字体征指标体系,旨在推动各项工作的有效实施。在构建这个体系时,成都综合考虑并整合了各业务部门提供的关于城市运行的数字信息,重点关注公共管理、服务、安全以及经济运行四大领域,结合城市体检指标,形成了一个全面的数字体征指标体系。该体系还细化了每个指标的数据来源、阈值、更新频率等关键要素,确保其合理性、科学性和可操作性。在区(市)县级别,成都进一步深化数字体征体系的建设,精细化地整合和构建了各自区域的数字体征指标,以加强本地城市运行的管理和监控。这些体系与市级平台相对接,及时汇总本地的城市运行数据,为当地的城市管理提供了坚实的数据支撑。

此外,成都还构建了一个城市运行数字体征系统,加强了对城市数字体征的监控和应用。该系统汇集了来自各业务系统、物联网感知和舆情反馈等多元数据资源,通过宏观、中观、微观三个维度构建的计算模型、监测预警模型和决策分析模型,实现了城市风险的实时感知。这一系统的建立有利于更有效地监测城市运行状态,及时发现并解决问题,提高城市治理的效率和质量。数字体征系统的建设为城市运行管理提供了关键的数据支持和决策依据,有助于推动数字化治理的全面实施,确保城市治理的数字化转型能够顺利进行,并向市民提供更优质的公共服务。

(一)强化城市运行态势实时感知能力

成都在推进城市治理数字化转型的过程中,紧密围绕群众需求和城

市治理关键问题,建立了统一的城市运行数字体征指标体系。这一体系集成了物联网感知、视频监控、社区感知、巡查发现、舆情监测、信访数据、市民热线等多种数据源,实现对城市建筑、基础设施、生态环境、交通流量、人流动态、能源使用、政务管理、民生服务和产业发展等多方面的全面感知。这些数据帮助实时、客观地掌握城市运行的整体态势和发展趋势。在具体实践中,成都致力于实现"一键有回应"的服务目标,通过制度规范来推动网络治理的落地实施。成都市政府出台了《中共成都市委书记信箱工作办法》重要文件,并配套了联动回应、督查督办、回访沟通等十个工作制度。此外,成都还建立了全市统一的社会诉求受理平台,整合了81条热线和2641个领导网络信箱,实现了群众诉求的"一号通"和诉求办理回复的"一网通"。每月,市长办公会都会对群众诉求情况进行统一分析,对满意度低于85%的单位进行通报处理①。

基于"数字基座"的大数据分析为政府决策提供了重要参考,形成了循证决策模式。未来,成都将继续升级网络治理平台,使群众诉求处理"像网购一样方便",加强对群众关注焦点和热点问题的分析,提高政府决策的精准度。同时,成都还将推动政民、政企互动,创建网络治理民生直通和企业直通节目,实现群众诉求与政府治理的同步协调。成都的这一举措充分体现了将公民、市民置于城市数字化转型中心的理念,坚持了"以人民为中心"的城市治理价值观。

(二)强化城市运行风险监测预警能力

成都加强了城市运行数字体征指标体系的分析应用,实现了感知数据的多渠道共享和实时反馈。为了提高监测和预警的效果,成都市政府制定了一系列监测预警阈值和标准,并精心设计了各行业体征指标的计

---

① 成都市智慧蓉城建设领导小组办公室:《成都市"十四五"新型智慧城市建设规划》(2022年6月15日),成都高新区管理委员会网站,https://www.cdht.gov.cn/cdht/c149031/2022-06/17/321df7735bf74cf98dc06d2d599c16a1/files/d58123acc4554611a7cdcee206a6a676.pdf,最后浏览日期:2023年12月27日。

算模型、监测预警模型,以及决策分析与持续改进模型。通过这些措施,成都开展了常态化监测监控和智能化预测预警,构建了城市运行的全域风险画像。成都通过"智慧蓉城"信息化系统有效应对了自然灾害。该系统通过实时监控气象数据和城市排水系统,快速响应并高效调度应急救援资源,提高了应对灾害的效率并显著降低了潜在损失。这一案例展示了数字技术在提升城市治理,尤其是在灾害管理、交通、环境保护和公共安全等多个领域的巨大潜力。

2022年,成都发布了《关于完善基层应急管理体系持续提升基层应急管理能力的意见》,该文件从六个方面推动基层应急管理体系和机制的创新。其中包括完善基层应急管理组织体系、明确基层应急管理职责、持续提升基层应急管理能力、强化基层应急管理工作保障措施等。该意见指出,到2025年年底,成都将力争实现"八有四清"目标,即机构、人员、场所、应急队伍、经费、装备、机制、监督的全面覆盖,以及综合风险、隐患动态台账、应急备灾资源、群众防灾安全应急能力的全面清晰。通过"1个完善+1个明确+4个提升"的模式,成都将实现所辖区域风险评估的全覆盖,完善风险防控和隐患治理体系,形成政府主导、社区、社会、志愿者队伍及个人协作参与的基层应急治理格局。

三、"智慧蓉城"事件处置指挥的调度能力

"智慧蓉城"项目的核心目标是通过技术创新和数据驱动的方法显著提升城市事件处理的效率和指挥调度的水平[1]。这一数字化转型不仅包括建立快速有效的应急响应机制,还涉及运用大数据和人工智能技

---

[1] 成都市智慧蓉城建设领导小组办公室:《成都市"十四五"新型智慧城市建设规划》(2022年6月15日),成都高新区管理委员会网站,https://www.cdht.gov.cn/cdht/c149031/2022-06/17/321df7735bf74cf98dc06d2d599c16a1/files/d58123acc4554611a7cdcee206a6a676.pdf,最后浏览日期:2023年12月27日。

术实现更加精确的决策支持。这种智能化的升级旨在提高公共服务效率,增强城市管理的能力,并促进城市的可持续发展。提升事件处理的指挥调度水平的关键在于系统性地改善和创新基层应急管理体系。这包括建立综合值守信息报送平台、构建事件处理系统、搭建应急指挥调度平台,以及促进社区和社会的协同参与,从而提高整体的指挥调度效率。

首先,建设综合值守信息报送平台涉及统一全市的重大事件和紧急情况信息报送渠道,确保各级值班信息的集中研判。这需要对发现的风险隐患进行系统分析,及时指出需要关注的重点和需要改进的短板,确保及时整改。其次,构建事件处理系统是通过汇集市委市政府总值班室的紧急事件、12345网络治理平台的投诉和举报、网格员巡查发现的问题,以及城市信息模型(city information modeling,CIM)平台的物联网感知设备报警,将这些信息分配到相应的处理部门。这一系统为各部门在城市运行管理事件中的协同处理提供了功能支持,实现了事件处理的闭环管理,包括线索管理、事件联动处理、事件资源配置、事件查询和统计管理,以及考核管理。最后,搭建应急指挥调度平台涉及升级完善音视频指挥调度系统和应急联动指挥调度的"一张图"功能。这一平台全面整合了市级各专项指挥部、市级部门和重点单位的专业指挥中心信息系统、应急管理数据、实时视频图像(包括无人机)和音视频通信调度系统。它构建了抗震救灾、安全生产、防汛抗旱等专项应急指挥调度的综合信息关联模型,创建了一个多方协同、上下联动、直达单兵的可视化即时互动会商平台。

(一)强化平战结合资源统筹调度能力

成都在提升城市管理和应急响应能力方面采取了积极措施,遵循"平战结合、即时转换、无缝切换"的原则,建立了一个结合日常值守和应急值守的集中值守机制,以及一个高效的紧急信息报送机制。这些措施确保了各类紧急突发事件的信息能够被及时上报和处理[①]。

为了有效应对常态和紧急事件,成都还完善了事件的分类处置流程。这包括事件的分发、处置、上报、归档和监督评价,形成了一个全流程的跟踪闭环管理系统。此外,成都加强了对人员、车辆、物资、感知设备等关键资源的统筹调度能力,以确保能够迅速、高效地应对城市级重大风险和事件,包括重大活动和跨部门治理的难题。通过建立统一的应急指挥调度机制,成都提升了危机管理和应急响应能力,保障了公众的安全和福祉。这一全面的值守机制、信息报送机制和分类处置流程的建立,以及资源统筹调度能力的加强,不仅确保了快速响应和高效处置各类事件,还提高了城市的安全性和稳定性,为市民提供了更优质的公共安全服务。

(二)强化事件处置线上线下协同能力

"智慧蓉城"项目在事件处理的建设上专注于实现"一件事的高效处置"。成都为此精心梳理了处置流程,明确了责任分工,并合理配置了资源,构建了一个涵盖全部环节的事件处理任务链。这一策略的目的是打破部门间的壁垒和信息系统的隔阂,以提高事件处理的效率。

为了实现这一目标,成都采取了线上数据整合和业务系统的升级,推动线下业务流程的重新设计和改造,从而创立了线上线下相结合的新型协同管理模式。此外,成都还加强了跨部门和跨层级的协同治理创新,通过整合多源数据和协调不同层级的资源调度,使得工作进程和状态信息一目了然。这些措施极大地提高了线上线下协同处置的效率,使得各相关部门和工作人员更加高效地协同工作,更加迅速地解决问题。总的来说,成都通过"智慧蓉城"项目在事件处理方面的投入和创新,实

[①] 成都市智慧蓉城建设领导小组办公室:《成都市"十四五"新型智慧城市建设规划》(2022年6月15日),成都高新区管理委员会网站,https://www.cdht.gov.cn/cdht/c149031/2022-06/17/321df7735bf74cf98dc06d2d599c16a1/files/d58123acc4554611a7cdcee206a6a676.pdf,最后浏览日期:2023年12月27日。

现了更加高效的处理流程,显著提升了线上线下协同处置的效率。这不仅更好地满足了市民的需求,也显著提高了城市治理的整体质量和效率。

第三节　数字联动:城市数字化转型跨域协同

作为四川省省会和新一线城市,成都在我国区域协调发展中扮演着关键角色,肩负着成为西部地区经济核心增长极的使命。在城市数字化转型的进程中,成都积极寻求与重庆等周边城市的合作,旨在实现城市数字治理的跨域协同,力争创建成渝地区双城经济圈。在成渝地区的数字化实践中,主要采取了以下三个方面的举措:顶层设计、数字新基建和数字经济。顶层设计方面,成都与周边城市进行协调,制定了一系列数字化发展的战略规划和政策框架,以确保数字化治理的协同推进。这一举措有助于确保各城市在数字化转型中有一致的方向和目标,以更好地实现区域协同发展。数字新基建方面,成渝地区通过建设数字基础设施,如5G网络、云计算中心和大数据中心,来支持数字化治理和经济的发展。这些新基建项目有助于提高城市的数字化能力,为创新和发展提供了强有力的支持。数字经济方面,成渝地区致力于发展数字经济产业,如人工智能、物联网、电子商务等,以促进经济增长和创新。这一举措有助于推动城市的数字化转型,提高了城市的经济竞争力。总的来说,成渝地区通过顶层设计、数字新基建和数字经济等方面的举措,致力于实现数字化协同发展,推动了城市数字化治理的进步。这一实践不仅有助于提高城市的竞争力,还为其他地区的数字化转型提供了有益的借鉴。

一、数字化协同的顶层设计

实现数字化协同离不开政策层面的顶层设计。在顶层设计上,成渝地区双城经济圈建设已正式上升为国家战略,由习近平总书记亲自研究、亲自谋划、亲自部署。① 2020年1月,中央财经委第六次会议决定大力推动成渝地区双城经济圈建设,把成渝地区双城经济圈建设排在国家区域发展战略第六个战略的位置。从基本情况来看,成渝地区目前是我国西部地区人口数量最多、人才聚集最密、产业基础最好、创新能力最强、开放程度最高、发展潜力最大的优势区域。这一区域内也形成了以成都、重庆为核心的"双核"城市群,具有区域经济发展的要素集聚优势,拥有国际都市圈的发展共性,具有很强的跨区域影响力和辐射力,对推动我国西部经济发展有重要影响,具备全国区域经济发展"第四极"的潜力,具有重要战略意义。从2007年明确提出建设成渝经济区,到2016年提出打造成渝城市群,再到2020年提出要全面建成成渝地区双城经济圈,其战略定位正在不断提升。时至今日,成渝地区发展规划已正式成为国家战略,目标成为西部发展的重要增长极,带动西部地区经济转型升级,致力于打造另一个参与全球竞争与合作的世界级城市群。

数字化协同的顶层设计着重体现在组织层面,既包括部门层面的业务交流,也包括公共服务的跨域互通。对此,成渝地区在国家引导下切实加强了两地区部门间的合作,例如,成渝两地部门数据的跨地区共享,公共服务的互通互认,异地门诊医疗联动结算,公积金互认互贷,营业执照互办互发等。② 顶层设计能够避免两地开展数字化转型的恶性竞争,并且能够较好地规避数字"新基建"的重复建设问题,为两地城市治理数字化转型的效能提升奠定了基础。

---

① 曾立、申晓佳:《双城经济圈建设跑出加速度——迎接市第六次党代会系列述评之六》,《重庆日报》2022年5月20日,第1版。
② 重庆市大数据发展局:《市大数据发展局深入推进成渝地区数字化领域合作》(2023年2月9日),重庆市大数据应用发展管理局网站,http://dsjj.cq.gov.cn/sy_533/bmdt/sj/202302/t20230209_11585012_wap.html,最后浏览日期:2023年3月1日。

二、数字化协同的"新基建"部署

数字化转型离不开"数字底座"的打造,即数字"新基建"的推进。对此,成渝地区积极合作贯彻"新基建"决策部署,加快推进具有成渝特色的"新基建",提高城市治理体系和治理能力现代化水平。2020年6月,重庆与四川签订协议,在共同推进新型基础设施建设、扩大垂直行业应用、提升通信保障能力、培育创新孵化能力四个方面开展合作,以促进两地实现信息通信业的区域协同、产业协同、企业协同,打造"新基建"标杆区,正式奠定了两地数字"新基建"的合作。其中,重庆市于2020年6月发布《重庆市新型基础设施重大项目建设行动方案(2020—2022年)》,围绕信息基础设施、融合基础设施、创新基础设施三个方面,积极布局5G、数据中心、人工智能、物联网、工业互联网等新型基础设施建设,有序推进数字设施化、设施数字化的进程。成都市于2020年7月发布《成都市新型基础设施建设行动方案(2020—2022年)》,着力建设高速泛在、融合绿色的基础信息网,建设辐射全球、内畅外联的枢纽交通网,建设安全持续、保障有力的智慧能源网,建设创新驱动、集群支撑的科创产业网。"新基建"是培育成渝地区经济发展新增长点的强力"催化剂",将对区域内投资建设形成有效拉动,助力成渝地区打造全国创新发展标杆区。[①] 两地数字"新基建"的布局相互补充,也为成渝地区城市治理的数字化转型打下了硬件基础。

三、数字经济统筹建设与区域分工

在数字经济领域中,由于国家顶层设计的高度重视,包括"新基建"

---

① 重庆市大数据发展局:《市大数据发展局深入推进成渝地区数字化领域合作》(2023年2月9日),重庆市大数据应用发展管理局网站,http://dsjj.cq.gov.cn/sy_533/bmdt/sj/202302/t20230209_11585012_wap.html,最后浏览日期:2023年3月1日。

和"一带一路"倡议的共同影响,在共建国家数字经济创新发展试验区方面,成都与重庆均作出了重要成就。作为全域性的重要产业,数字经济发展既要重视差异化创新发展,也要兼顾区域间统筹协调,避免重复建设与恶性竞争,尤其是在具有"双子星"的成渝地区。对此,两地均进行了合理规划,例如,《成都市"十四五"数字经济发展规划》提出,要推动数字经济在全域差异化协同发展,支撑城市全面数字化转型,为此,成都市各区(市、县)将承担不同的发展任务。围绕做优做强中心城区,聚焦高端要素运筹、国际交流交往、现代服务发展、文化传承创新、时尚消费引领等核心功能,规划对各区的主要方向进行了规定。具体而言:青羊区、武侯区、锦江区、金牛区、成华区加速传统产业数字化升级,做大做强数字文创、电子商务、金融科技等产业,打造一批智慧旅游、数字消费、智慧医疗、智慧社区等示范性数字生活场景,以数字场景应用助力城市有机更新;双流区、龙泉驿区、青白江区、新都区、温江区、郫都区、新津区则依托航空港、国际铁路港、国际公路港、自贸试验区、综合保税区等高能级平台,加快建设智慧物流、智慧交通、智慧能源等数字基础设施,积极发展新型显示、智能网联汽车、数字医药健康等产业,大力推广数字新技术、智能制造新模式,提升数字经济开放度。[1]

此外,数字经济的发展离不开公共服务,在两地跨域公共服务办理层面,川渝两地在全国高频政务服务跨省通办事项清单的基础上,进一步拓展跨省通办事项的范围和深度。成都西部片区、重庆西部片区入选国家城乡融合发展试验区名单,充分利用信息化技术手段,深入探索优化社区服务保障体系、完善农业转移人口市民化机制、加快涉农信用体系建设、搭建城乡产业协同发展平台。[2]

---

[1] 成都市发改委:《成都市"十四五"数字经济发展规划》(2022年4月14日),成都市发展和改革委员会网站,http://cddrc.chengdu.gov.cn/cdfgw/c120589/jksj_nry.shtml?id=1644217061372616704,最后浏览日期:2022年10月29日。

[2] 重庆发布:《迁户口、办社保卡……14天,"川渝通办"50余万件》(2021年1月15日),"重庆发布"微信公众号,https://mp.weixin.qq.com/s/M6EPSZ2ZU7JETRVwZSSXYQ,最后浏览日期:2022年10月29日。

第四节　全域数字:构建数据全要素流动体系

数据要素是指参与社会生产经营活动、以电子方式记录的数据资源,它们在国家发展中具有战略性和基础性的重要性。数据要素不仅是经济效益的源泉,也是推动数字经济发展的强大动力。随着数字经济的不断深化,数据要素的流通变得愈发重要[①]。只有当数据要素能够自由流动时,它们才能够发挥出真正的价值,并更好地为社会生活提供服务。同时,在数字化时代,数据要素的流通和共享也有助于加速创新、提高效率、降低成本,并促进经济增长。数据要素的自由流通不仅有助于企业和机构更好地理解市场和客户需求,还能够支持政府部门制定更具针对性的政策和服务,从而更好地满足社会的需求。唯有流动起来的数据才具有价值,更好服务社会生活。而在数据要素的流动体系的构建上,成都市也探索出了自己的独特经验。

一、数字驱动:解码数字要素的影响力

在城市推进治理数字化转型的进程中,数据资源同样发挥着基础性作用,数据汇集的广度与质量也决定着数字化转型的进度与成效。与此同时,数据要素作为城市数字化经济发展的重要基础资源,也已逐渐成为推动城市治理的重要推手,为城市"循数决策"奠定基础。为最大限度地发掘数据的公共价值,地方政府不能仅限于对狭义的政府数据进行治理,还应扩展到与公共利益相关的全部公共数据。对此,城市公共数据的治理应着眼并落脚于让公共数据处于"可使用"的状态,并包含三个基

[①] 宋灵恩:《〈"十四五"国家信息化规划〉专家谈:激发数据要素价值 赋能数字中国建设》(2022年1月21日),中国网信网,http://www.cac.gov.cn/2022-01/21/c_1644368244622007.htm,最后浏览日期:2022年9月12日。

本要求：一是范围要广，尽可能多地从相关主体掌控的数据资源中识别公共数据并纳入城市公共数据体系中，当然以不侵犯国家秘密、商业机密、个人隐私为前提；二是操作便捷，针对公共数据在不同主体、不同平台之间的流动，应构建便捷化的数据通道，促进数据的自由流动；三是管理有序，对于纳入城市公共数据体系的数据，需要从全生命周期对其构成、质量、流动等方面进行管理。① 在这些方面，成都均作出了有益尝试。

在公共数据的管理与运用上，为充分发挥公共数据的各项价值，成都市政府设立了大数据集团作为公共服务管理的组织保障，并将其组织职能定位于智慧城市投资建设运营服务商、成都市大数据资产运营商、成都市大数据产业生态圈服务商。成都市大数据集团以国家"十四五"规划纲要中"加快数字化发展，建设数字中国"号召为引领，致力形成创新数据要素流通及智慧城市投建运一体化运作两大核心能力，进而助力推动成都数字化转型和数字经济高质量发展。按照市政府的明确授权，成都市大数据集团集中开展全市公共数据运营服务管理，以成都超算中心的超强算力为底座，结合"隐私计算＋区块链"安全加密技术，打造"算力＋数据＋算法"的创新数据生态，构建"公共数据运营＋社会数据融通＋科学数据共享"的数据要素流通新范式，引领行业前沿发展。

在公共数据的流通上，自 2017 年起，成都就已探索"政府数据授权运营，开展市场化增值服务"的公共数据流通路径。机制上，授权成都市大数据集团开展对政府数据的授权集中运营，并率先出台了《成都市公共数据运营服务管理办法》，以形成对政府数据授权运营的制度安排。技术上，搭建成都市公共数据运营服务平台，打通政企数据通道，以企业需求和应用场景为驱动，运用领先技术手段，向企业和公众提供公共数据资源"可用不可见"的市场化增值服务，打破数据资源确权、定价依赖限制，在保证人民群众隐私和数据安全的情况下，实现数据要素价值的

---

① 张会平：《面向公共价值创造的城市公共数据治理创新》，《行政论坛》2020 年第 1 期，第 130—136 页。

充分释放,开创了公共数据流通的成都模式。①

根据规划布局,未来成都将持续以公共数据运营、科学数据共享、社会数据融通三方面为突破口,将公共数据、科学数据与社会数据充分融合,共同服务于城市数字化转型,并不断深化数据要素市场化配置改革探索,支持各行各业构建数据开发利用场景,融入市场主体、社会主体、公民主体。全面释放数据要素价值,培育数字经济新动能,将成都建设成为西部乃至全国数据要素流通的枢纽和高地。② 由于政务公共数据是政府目前拥有的最为庞大的数据,政府也是城市治理数字化转型中需要依托的核心主体,因此,可以通过依托成立的大数据集团,聚焦公共数据高效运营,健全涵盖公共数据运营主体、运营授权、运营平台、运营办法等的市场化全体系创新架构,持续探索精准高效的公共数据开发运营新模式。科学数据是"循数决策"的基础,通过聚焦科学数据共建共享,整合全市科学数据共享和科学数据竞赛平台,依托成都超算中心,精准构建"智算+超算+边缘计算"多层次算力支撑体系,实现城市决策的科学化。社会数据是涵盖范围最广的数据,通过聚焦社会数据融合创新,加快建设社会数据融通平台,创新社会数据流通机制,促进产业链上下游企业数据、政企数据有效融通。与此同时,成都还提出将坚持数字产业化和产业数字化双轮驱动,推动数字经济"6个核心产业+7个新兴优势产业+6个未来赛道"协同发展。③

此外,成都持续加强同数字化企业的合作,以实现共建共治共享。例如,第二届腾讯STAC科创联合大会在成都如期举行,会中汇集了从国务院参事到中国科学院、重点院校的知名学者,深度探讨数字经济发

---

① 李婷玉:《打通数据要素流通路径 成都培育数字经济发展新动能》(2021年4月26日),人民网,http://sc.people.com.cn/n2/2021/0426/c345167-34696133.html,最后浏览日期:2022年10月29日。
② 同上。
③ 杨富:《〈成都市"十四五"数字经济发展规划〉出炉》(2022年4月15日),中国新闻网,https://www.sc.chinanews.com.cn/cdxw/2022-04-15/165542.html,最后浏览日期:2022年9月12日。

展前沿,共同为成都数字经济发展贡献宝贵智慧。"数实融合"应用场景创新合作,智慧交通项目也在大会上宣布启动,并在未来立足科技创新、培养青年人才、打造新消费场景等,创造更多"数实融合"场景,发挥"链主"作用,助力成都数字经济产业建圈强链。[①]

二、智慧重塑:打造蓉城未来应用场景的新篇章

"智慧蓉城"在应用场景的设计是以智慧应用为主线,以数据共享为支撑,以共建共享为保障,推动公共管理、公共服务、公共安全智慧化,助力智慧韧性安全城市建设工程落地落实。

(一) 赋能未来的公共管理革新

第一,成都正在加速经济管理和市场监管领域的智慧化转型。围绕科学决策支持、监测预警系统、精准服务提供、要素保障及综合评价等多方面的应用场景,该市正在强化包括发展改革、财税金融、审计、统计、经济信息、商务、农业农村等部门的数字化基础设施建设。特别地,成都正在加强经济运行的监测分析能力和地方金融风险的监测预警能力。这涉及整合财税、金融、统计、投资项目、消费物价、产业发展、资源保障、生态环境等多个领域的数据,以构建一个包含宏观、中观、微观经济数据的综合性经济运行数据库。同时,成都正在完善经济运行监测预警指标体系,并建立经济分析模型、风险识别感知预警模型、经济政策仿真模型,从而增强对经济政策的监测分析能力,有效地预判和快速处置重大风险问题。在产业生态圈和产业链图谱的构建上,成都正着力加强重大项目的管理,对全市重点产业链的构成、协同发展程度和产业链集聚效应进行跟踪分析、监督检查和量化评估。此外,成都还在网络商品交易、特种设备监管、计量管理、检验检测、价格监管等场景中加强了数字化技术的

---

① 刘金陈、李艳玲:《数字经济国家图卷的成都编码》,《成都日报》2022年8月12日,第2版。

应用。成都正在探索"移动执法"和"非现场执法"等智慧执法方式,并建立了市场监管综合行政执法的智慧平台,推动包容审慎、智能智慧、分类分级的监管方式,旨在提升监管执法的数字化、规范化和透明度,努力实现市场监管的"无事不扰、无处不在"。成都还通过整合市场监管领域各部门的业务信息,构建"数据链",打造监管动态"驾驶舱",实现了市场监管、发改、税务、商务等部门的信息共享、资源互通、监管互动和协同联动。这些举措推动了监管执法模式由传统的业务驱动监管向数据驱动的智慧监管的转型。在加速完善市场监管部门的监管标准体系方面,成都也在探索创新监管标准和模式,强化平台监管和行业自律的作用。

第二,成都正在通过数字化转型努力提高社会治理、城市综合管理以及交通管理的智慧化水平。在社会治理方面,成都采取了升级"大联动·微治理"平台、推进全科网格建设等多项措施,实现了网格内的全天候、实时化、动态化管理和服务。同时,成都积极推动智慧社区建设,制定相关智慧社区建设规划和导则,构建起社区一体化的"数字底座"。成都还搭建了智慧社区综合信息平台,以满足社区在安全、治理、服务、发展和党建等方面的需求。在城市综合管理方面,成都致力于推动智慧化应用,以城市管理业务的智慧化为主线,补齐短板,巩固优势,加快构建城市综合管理智慧化新格局。在环卫固废监管、道桥监管、照明监管、城管执法、扬尘监管、户外广告招牌监管和综合管廊监管等重点领域也都实施了智慧化应用。城市管理综合服务应用的创新,提高了城市管理数据分析、辅助决策和应急指挥的能力。在交通管理方面,成都利用人工智能和大数据技术进行智能路网改造,实施智慧交通三期工程,推动传统交通基础设施的升级。这包括持续推动道路交通管理和交通运行协调的数字化能力建设,构建全市共享、精准调度和资源合理配置的交通数据体系,实现全市交通大数据的汇聚、储存、计算和分析。这一举措提高了交通基础设施前端感知设备的密度,构建了全市域、全方式、全过程和全要素的交通动态感知体系。其中,成都重点关注交通缓堵、公共交通运输保障和交通安全监管,形成了线上线下协同的交通管理工作闭环。此外,成都还积极推进智慧轨道、智慧公交、智慧停车和智慧物流建设,推动出行即服务(mobility as a service,MaaS)建设,全面提升超大城市交通运输的智慧治理水平。

第三,成都正在将智慧化转型应用于"四大结构"(城市空间结构、产业结构、交通结构、能源结构)的优化与调整,以支持"碳达峰、碳中和"目标的实现。数据驱动力是这一转型过程的关键要素,为城市的各个结构提供智慧化的支持。在城市空间结构优化调整方面,成都着力于优化生产、生活、生态三大空间。通过加强国土空间规划的数字化治理和建筑施工全过程的数字化管理,成都建设和完善了时空基础数据库,强化智慧规划管理和空间信息服务支撑能力,致力于打造15分钟便民生活圈等产城融合智慧应用场景。这些举措旨在赋能空间治理的全域统筹、差异管控和精细集约。在产业结构优化调整方面,成都加强绿色低碳优势产业集群建设、制造业高质量发展、传统产业数字化转型、生产性服务业发展和产业附加值提升等方面的数据归集、共享和融合应用。这些举措支持智慧应用的构建和大数据辅助决策,进而赋能绿色低碳循环经济体系的构建。在交通结构优化调整方面,成都围绕建设低碳化、高效化、立体化多层次交通运输体系,运用大数据等技术,推动交通基础设施、路网、充换电设施及加氢站等布局优化。这将促进"轨道+公交+慢行"的绿色出行体系更加完善,并强化"互联网+物流",以实现交通资源的精准调度和合理配置。在能源结构优化调整方面,成都聚焦于清洁能源供给和安全保障能力提升、能源消费结构调整深化、全生命周期用能效率的提升。此外,成都通过汇集政府、企业、民间的能耗数据,赋能清洁低碳安全高效的现代能源体系建设。

(二)公共服务的数字化转型

第一,成都正致力于升级"天府蓉易办"平台工程,以实现更加智慧和高效的政务审批服务。该平台旨在全面推广审批服务的"马上办、网上办、就近办、一次办、自助办"模式,创造一个便捷、高效的政务服务环境。其核心工作之一是打造智慧审批系统。这不仅涉及简化审批流程，还包括构建智能客服系统，建立线上线下咨询帮办系统，并创建政务服务知识库。这些措施将为企业和公众提供全方位的咨询和帮助服务，大幅提升政务服务的质量和效率。"天府蓉易办"平台作为面向企业办事和服务的主要入口，提供从企业开办到注销的全生命周期服务。通过推动"全程网办""一网通办""全域通办"，平台致力于实现"办事不求人、办成事不找人"的服务目标。成都还在加强综合窗口受理系统的功能完善和线上线下服务的融合，深化"一件事一次办"改革，整合申请材料和办理流程，推动政务服务流程的"减时间、减材料、减环节、减跑动"。同时，成都推进"天府蓉易办"平台与市级自建业务系统以及全省一体化政务服务平台的对接，提升跨层级、跨地域、跨系统、跨部门、跨业务的协同支撑能力。通过充分利用社会第三方资源来扩展办事渠道，成都力图实现政务服务的"就近办"。此外，成都正在加强一体化协同办公平台功能的建设和深度推广应用，优化再造政务办公流程，以进一步提高政务工作的效率和服务水平。

第二，成都正致力于建设"天府蓉易享"平台工程。这是一个集中的惠企政策服务平台，旨在通过数字化手段提升企业服务效率和质量。该平台建立了统一的政策服务入口、政策推送体系、政策申报平台、智能评审系统和资金快拨通道。这些措施旨在实现惠企政策的集中汇聚、精准查询、主动推送和高效兑现，从而提升政策的可访问性和执行效率。此外，成都市加强了政府信息的公开制度化、标准化和信息化建设，推动政府网站和政务新媒体的集约化建设。这包括将政府信息公开、办事服务、互动交流等融合进政府网站和政务新媒体的前端，以实现数据同源、服务同根。成都不断推进政府网站的智能化建设，深化"搜索即服务"功能和智能问答、智能互动功能。利用政务信息和数据资源丰富知识库，成都为构建符合业务要求的互联网产品和智能应用提供了支持，并提供了系统、深入和权威的政务内容。同时，加强内容安全性审查，确保不发布有误导性或错误的重要信息。成都加强了政务新媒体的运营互动力和引导力,统筹信息发布审核、评论收集和互动沟通,发挥权威发布、引导预期、回应关切的综合效应。此外,成都市政府门户网站(国际版)的建设也在加强,旨在提升国际化服务能力和水平,使其更好地服务于国内外用户。

第三,成都正在采取一系列措施加强建设"天府市民云"平台工程,以实现对市民全生命周期的服务需求的高效响应。该平台是一个多功能的市民服务集成体,旨在提供一个高效便捷的市民生活服务总入口。该平台集成了政务、公共和生活服务。通过持续优化服务流程,成都努力推动服务能力和服务资源的整合。"天府市民云"在提供服务的过程中重视应用大数据和人工智能等数字技术,致力于构建数字化社区便民服务中心,以提高服务效率和响应速度。通过推进各类卡码集成和多码融合,该平台逐步实现了生活服务的"一码通城",从而构建起一个完善的一体化市民服务体系。该平台围绕教育、医疗、文旅、养老、体育等领域提供了场景化服务,并推动人工智能技术与市民线上线下服务的有效融合。通过拓展市民服务的覆盖区域,并推动业务互通与数据共享,该平台更好地服务了德阳、眉山、资阳、巴中等周边地区的居民。通过这些综合措施,成都"天府市民云"平台工程致力于提供全面、便捷、高效的市民服务体验,满足市民的广泛需求,进而提升市民的生活质量和便利性。

第四,成都正积极推进市民数字教育和技能提升计划,以加快弥合数字鸿沟。重点工作包括开发适应老年人个性化需求的数字服务产品,以帮助他们解决智能技术应用的困难。同时,针对农村留守儿童、社会散居孤儿和困境儿童,成都开展了信息摸底排查、登记建档和动态更新,确保这些群体得到必要的关注和支持。为了提供无障碍信息服务,成都大力推广便利普惠的电信服务,加快政府政务、公共服务、电子商务和电子导航等领域的信息无障碍建设,并强化了助残服务的智慧化供给。智慧化公共服务资源正在向基层、农村和边远地区延伸,促进城乡智慧服务的均衡发展。同时,成都实施了民生电子档案的接收和跨区查档服务,以确保信息的完整性和可访问性。通过这些综合性措施,成都致力于构建一个更加包容和智能的数字社会环境,提升所有市民的生活质量和社会参与度。

(三)构建未来公共安全网络

第一,公共卫生安全智慧化。成都正在强化公共卫生防控的全流程、全环节、全主体闭环管理,通过构建一个高度集成和智能化的公共卫生数字化管理平台,提升应对公共卫生事件的效率和效果。该平台集数据监测、研判分析、指挥调度等多种功能于一体,与卫健、公安、疾控等市级部门的现有指挥系统接轨,实现了国家、省、市、街道、社区五级指挥系统的贯通,形成全市公共卫生总指挥中心。同时,成都推进基于大数据分析的食品药品安全信息平台建设,汇聚多源食品安全数据,优化食品安全风险识别模型,建立重大舆情监测、分析研判和快速响应机制。完善突发公共卫生事件的监测预警处置机制,构建智能高效的公共卫生应急体系、平战结合的医疗救治体系和配置完善的远程诊疗体系。这些措施旨在提升成都在应对突发公共卫生事件的能力,确保及时、有效地应对各种公共卫生挑战,保障市民健康和安全。

第二,社会治安管控智慧化。成都正在积极推动智慧公安建设,以期构建一个高效、动态且立体化的信息化社会治安防控体系。该体系旨在实现动态实时感知、有效甄别安全隐患,并通过扁平化的指挥调度系统增强响应速度和效率。通过加强全市天网补点和智能化升级,完善"天网工程""雪亮工程""慧眼工程"等平台,形成一个全面覆盖的视频监控网络。此外,成都主要推进以下措施:强化各行业、各部门、各警种之间的数据互联共享,推动重大活动保障、突发重大公共安全事件处理、群体性事件处理、违法犯罪侦查打击等任务的一体化联动处置;加强智慧安防小区、行业场所等治安应用场景的建设,增强应急安全感知能力,为基层平安建设提供坚实基础;深化智慧防控数据流与业务流、管理流的融合,从而提升社会治安事件的洞察力和联动防控能力。通过这些措施,成都致力于提升其公安系统的智慧化水平,以更高效、科学地应对各种社会治安挑战,确保城市安全与稳定。

第三,应急安全管理智慧化。成都正致力于推动城市关键领域的安全管理智慧化,包括城市生命线、消防、交通、特种设备、人员密集场所、生产、防灾减灾等。这些努力集中于构建一个能够弹性适应、抵御冲击并快速恢复的城市应急安全管理体系。一是城市安全风险综合监测预警体系:推进燃气、供排水、热力、桥梁、综合管廊等城市生命线工程的智能化改造;完善应急安全感知设施,汇集并融合消防、重型货车运输、电梯运行状态、密集场所人流、危险化学品、建筑施工、森林火灾等多领域的数据,以提升灾害的综合监测、风险早期识别和隐患预报预警能力。二是应急保障和安全处置救援体系建设:构建包含智能应急联动处置、防灾减灾救灾综合应用、应急物资储备、慈善救助服务等功能的应急保障体系;加强在极端条件下的应急救援通信保障能力建设,增强跨区域、跨层级、跨部门的快速响应和联勤联动能力。这些措施将提升成都在应对各类应急安全事件时的安全风险防范和应急指挥调度能力,确保城市及其居民在面对各种挑战时的安全与稳定。

第八章

上海模式：国际数字之都

"一网统管"和"一网通办"是上海智慧政府建设的一体两翼,是数字化治理的重要组成部分,强力支撑着城市的数字化转型。上海作为超大规模城市,无论是人流、物流、信息流还是各类要素流,都已经达到了前所未有的规模和高度。科层制下的职能分工、职级分层,已不能适应庞大体量下的城市管理要求,迫切需要构建城市整体性治理体制机制。上海市委、市政府推行的城市运行"一网统管"和政务服务"一网通办",是打破政府部门条块分割、促进政府流程再造、整合城市运行各类要素的重要实践。

第一节 "一网统管":城运中心的前世今生

一、"一网统管"的创设与发展

"一网统管"是推动城市治理体系和治理能力现代化的重要探索。上海"一网统管"的发展经历了从区域先行逐步扩大到全局部署的过程。按照总书记关于城市精细化管理的重要指示精神,2017年4月,浦东新区城市运行综合管理中心启动建设,同年9月,建成"横向到边、纵向到底"的城市运行综合管理体系。2018年1月,浦东启动打造城运中心的核心智能中枢——"城市大脑",探索实现城市管理和城市治理的智能协同。2018年11月,习近平总书记考察浦东城运中心,指出"一流城市要有一流治理",要求上海探索走出一条中国特色超大城市管理新路子。为贯彻落实总书记的要求,浦东启动了"城市大脑"的智能化迭代升级工作。2019年年初,时任上海市委书记李强提出了"一屏观全域、一网管全城"的建设愿景,在全市层面谋划城市运行"一网统管"的雏形。2020年4月16日,上海市委常委会会议审议通过《上海市城市运行"一网统管"建设三年行动计划》,全力推进以"一网统管"为标志的智慧政府建设。为推行"一网统管"的建设,上海市人民政府办公厅成立了城市运行管理中心(简称城运中心),各区、街镇在网格化管理中心的基础上,成立了实体运作的区、街镇城市运行管理中心平台,"一网统管"也由此进入了新的发展阶段。2020年年底,上海市出台《关于全面推进上海城市数字化转型的意见》,明确指出推动城市全面数字化转型,构建数据驱动的城市基本框架,把围绕着"高效处置一件事"的城市运行"一网统管"建设作为城市数字化转型的重要目标。2021年,"一网统管"创立了全国首个城市运行数字体征系统,基于物联设备前端感知和云计算技术,融合政务数据、社会数据和物联感知数据,形成32个类别、1 000项主要指标,对城市的"呼吸""脉搏""体温"等生命体征实时、全面、动态感知。[1] 2022年5月,上海市人大表决通过"一网统管"建设最新决定,明确了"一网统管"的建设目标和运行体系,并要求将"一网统管"和数字治理的理念融入城市规划、建设和管理。截至2023年,城市运行"一网统管"已经接入上海市50多个部门的198个系统[2],累计汇集各类应用1 466个,围绕系统集成、数据共享、场景牵引、机制完善等重点环节深化

---

[1] 熊易寒:《如何精准测度城市的呼吸、脉搏和体温?上海在全国首创这一系统》(2023年8月21日),上观新闻,https://export.shobserver.com/baijiahao/html/642521.html,最后浏览日期:2024年2月20日。

[2] 上海市社联:《聚焦上海两会丨从具象数字中读出发展信心和动力,代表委员解读政府工作报告数据》(2024年1月25日),上观新闻,https://web.shobserver.com/sgh/detail?id=1241410,最后浏览日期:2024年2月20日。

建设,不断提升超大城市的数字化治理能级水平。

二、"一网统管"的诠释及核心要义

(一) 何谓"一网统管"

"一网统管"就是围绕"高效处置一件事",基于实时在线数据,通过引入智慧化、智能化管理方法和手段,及时、精准地发现问题、解决问题,推动线上线下协同的高效闭环管理。[①]

具体而言,"一"体现建设"整体性政府",强调建立统一的城运系统。"网"主要强调纵向横向和线上线下协同。通过物联网、人工智能、云计算等技术赋能,构建整合的城市运行平台,再造整体流程,提升城市治理的数字化、智能化水平。"统"主要指资源的统筹,打破政府治理的碎片化,建设整体性政府。"管"主要指全生命周期的管理理念和模式。推动政府职能转变,形成城市全生命周期管理。综上所述,"一网统管"的建设目标是"建一网、统筹管",实现"一屏观天下、一网管全城"。

(二) "一网统管"的核心要素

"一网统管"旨在实现"高效处置一件事",而要做到这一点,关键在于打造一个标准化、集成化的"数字底座"。如同手机、电脑的操作系统一样,"一网统管"发展到一定阶段,也需要城市级的操作系统。而"数字底座"就是这一系统的载体,它以数据为燃料,以数字技术为发动机,驱动城市要素的最优配置,为"一网统管"提供数据支撑、技术赋能和平台服务。《关于全面推进上海城市数字化转型的意见》中提出,要建设"物联、数联、智联"的城市"数字底座"。"物联"在于全面、动态感知城市生

[①] 徐惠丽:《我们这样理解上海"一网统管"和数据要素的关系》(2020 年 10 月 27 日),"复旦 DMG"微信公众号,https://mp.weixin.qq.com/s/vzv7pfoLi-i2NQageSVZSw,最后浏览日期:2022 年 5 月 13 日。

命体征,将其转换为数据流贯穿城市运行的每个层级,使城市治理由人力密集型向人机交互型转变;"数联"在于依托数据实现智能研判、智能分析,使城市治理由经验判断型向数据分析型转变;"智联"在于以场景应用为牵引,将"物联"阶段的数据流和"数联"阶段的思考判断结果应用到"一网统管"的具体场景,通过自学习、自适应迭代升级算法技术,持续赋能多元场景需求,使城市治理由被动处置型向主动发现型转变。为了构建"一网统管"的"数字底座",上海围绕算力、算法、数据、网络四大核心要素持续发力,进一步完善数字城市基础设施体系的建设与布局。

1. 算力

算力是"数字底座"建设的"基石","为"数字底座"提供了可靠的支撑。上海依托全国领先的城市级数据中心集群和产业基础,已初步形成了"3+1+N"的算力网络调度体系和"一平台、五中心"的智算中心赋能格局。据《上海市算力基础设施发展报告(2023年)》显示,截至2022年年底,上海整体算力规模(含在建)超14EFLOPS(每秒百亿亿次浮点运算次数),算力指数排名位列全国第一,综合算力指数排名位列全国第二[1]。依托上海新型互联网交换中心,先行先试探索打造了全国首个算力交易平台,满足智算中心的算力调度和交易需要,并在实施"智算、惠企、普惠"赋能方案、探索"试点+改造"绿色算力模式、构建全生命周期算力监管体系等方面取得显著成效。

2. 算法

在人工智能时代,人脑逻辑性的思维问题可以利用算法转化为基于大数据的概率计算问题。因此,算法是人工智能的核心,算法的迭代创新引领了人工智能的技术演进,也是未来人工智能技术突破发展的关键所在。上海高度重视算法创新应用和算法产业构建。2021年8月,上海市出台了《上海新一代人工智能算法创新行动计划(2021—2023

---

[1] 吴卫群:《上海算力指数居全国第一 初步构建"3+1+N"算力网络调度体系》(2023年6月17日),上海市人民政府网,https://www.shanghai.gov.cn/nw4411/20230617/4f64d0a6302b4ee49dc7e685b15baf5c.html,最后浏览日期:2024年2月21日。

年)》，明确了算法基础突破行动、算法应用创新行动、算法生态培育行动、算法人才集聚行动、算法社区开放行动共五项主要任务，积极推动人工智能算法和产业发展的深度融合。

3. 数据

数据是"一网统管"的核心要素，"一网统管"和数据要素存在互相依存、互相促进的关系。一方面，海量、多元、异构的数据为"一网统管"提供了治理基底，政府可以通过数据对城市态势全面感知，精准锁定城市问题，敏捷、动态响应；另一方面，"一网统管"提供的海量应用场景，又成为城市大数据的重要来源，为数据资源的开发与应用带来了丰富广阔的前景。

"一网统管"不仅是数据的使用者，更是数据的生产者、制造者。在数字化转型的时代背景下，数据已成为继土地、劳动力、资本、技术之后的第五大关键生产要素，是驱动社会经济发展的重要引擎。上海高度重视数据要素的市场化建设，持续推动数据要素流动、促进数字经济发展，探索引领全国数据要素市场发展的"上海模式"。

第一，持续夯实制度基石，为数据要素市场化配置奠定基础。上海通过"立法＋管理办法＋规定＋行动方案＋指南"的方式，构建起了以《上海市数据条例》法律为引领，《上海市公共数据开放暂行办法》《上海市促进浦东新区数据流通交易若干规定(草案)》《立足数字经济新赛道推动数据要素产业创新发展行动方案(2023—2025年)》等政府管理办法、规定、行动方案为主体，其他各种指南、实施细则、工作重点、意见、政策措施为补充的"1＋3＋N"数据要素市场化配置制度体系。其中，2021年11月29日正式公布的《上海市数据条例》是国内首部省级人大制定的数据条例，以促进数据利用和产业发展为基本定位，聚焦数据权益保障、数据流通利用、数据安全管理三大环节，构建了数据要素的法治框架，以最大程度促进数据流通和开发利用，赋能数字经济和社会发展。该条例在明确数据财产权、设立数据交易所、建立公共数据授权运营机制等方面具有首创性和示范性，对其他省市数据要素市场化立法具有重要参考价值。

第二,成立国家级数据交易所,促进数据要素市场培育。上海于2021年9月正式成立上海数据交易所。上海数据交易所将"立足上海,服务全国,打造国家级数据交易所"作为建设目标,采取了一系列引领性、全局性的重大举措。例如,牵头发起全国数据交易联盟,创建数据要素市场国家工程研究中心,建立"上海数"市场发展指数,建设"一链三平台"数据交易基础设施,推动数据资产化评估及试点等。这为制定全国统一的数据交易规则、构建多层次市场交易体系、构建集约高效的全国数据流通基础设施提供了宝贵的先期探索和实践。

第三,创新公共数据授权经营模式,推动公共数据流通利用。上海根据自身特色,探索出了公共数据集中授权的经营模式。2022年9月,上海专门成立国资完全控股的上海数据集团有限公司,负责公共数据、国企数据、行业数据及其他社会数据的统一授权、集中运营。上海数据集团的组建是上海加快打造数据要素市场配置核心载体的重要举措,这一集中授权经营模式有利于推动公共数据和国企数据的汇聚、流通、开发、利用,加快公共数据和国企数据的要素化进程,激活数据资源。

4. 网络

5G的超高速率、超低延时、海量连接等特征,使网络能够覆盖所有领域和场景,为"一网统管"的场景应用提供实时且稳定的通信支持,助力城市"数字底座"建设驶入快车道。在5G基站的建设方面,截至2023年年底,上海累计建成5G基站9.2万个,占移动电话基站比重达38.5%,位居全国第一;5G基站密度达14.5个/平方千米,位居全国第一;每万人5G基站数达36.9个,位居全国第三。① 在产业应用方面,2022年2月,上海市通信管理局制定并发布《5G应用"海上扬帆"行动计划(2022—2023年)》,提出要持续提升5G应用的"四大传统赛道",即

---

① 蒋均牧:《建成5G基站9.2万个!上海5G发展领跑全国,良好政策环境必不可少》(2024-02-20),新浪网,https://finance.sina.com.cn/tech/roll/2024-02-20-doc-inaismak4256178.shtml,最后浏览日期:2024年2月21日。

工业互联网、智慧交通、智慧城市、智慧园区,重点开拓"四大新兴赛道",即智慧医疗、智慧教育、文化旅游、长三角智慧航运一体化,促进5G融合应用赋能五大新城和长三角一体化发展示范区的经济、生活和治理数字化转型。

三、"一网统管"的基本框架

"一网统管"以城运中心为运行实体,从运作体系、技术支撑、智能应用、精准治理、综合保障五个方面出发,构建了自身的基本框架(如图8-1所示)。

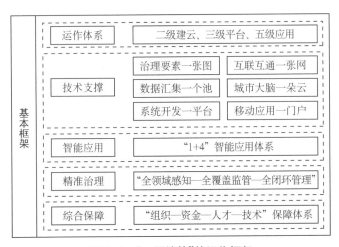

图8-1 "一网统管"的运作框架

1. 构建"二级建云、三级平台、五级应用"运作体系

"二级建云"是指在市、区两级搭建"城运云",整合各部门的数据资源,构建集约高效、开放共享的云端空间,为"一网统管"运行提供储存空间、算力支撑。"三级平台"包括市、区、街道三级城运中心。其中,市级平台负责"一网统管"的顶层设计、统筹规划和综合指挥;区级平台则发挥上下联通、资源整合的枢纽作用,是多数事件处置的指挥中心;街镇级平台则重在一线实践,一方面负责响应上级城运中心下派的工单,另一

方面负责对所辖区域进行网格巡查,发现和解决各类具体城市治理问题,是事件处置的末端和信息收集的前端。

"五级应用"则是在"三级平台"基础上的延伸,指从市、区、街镇、网络、小区楼宇五个层面推进改革,形成市级应用、区级应用、街镇应用、网格应用和小区楼宇应用五级应用。前三级应用侧重事件相关的协调、决策、指挥功能,后两级则主要依托移动终端进行现场处置。"五级应用"之间既互有分工,又彼此联系,通过层层赋能,旨在解决基层的共性问题和棘手问题。

2. 建构"六个一"技术支撑体系

"一网统管"在"三级平台、五级应用"的运行架构基础上,着力打造"六个一"(治理要素一张图、互联互通一张网、数据汇集一个池、城市大脑一朵云、系统开发一平台、移动应用一门户)技术支撑体系,通过技术赋能,提升城市的精细化治理能力。具体而言,"治理要素一张图"是以数字孪生城市为目标,运用物理模型、物联感知终端、实时动态数据采集等技术,实现城市全要素的虚拟化和数字化,实现现实世界与虚拟世界的双向映射。"互联互通一张网"是指依托市级政务外网,推动各区、街镇自建的业务专网"应并尽并",提升政务外网跨层级、跨功能、跨部门的支撑服务能力。"数据汇集一个池"是指汇总城市治理的全口径数据,对数据收集、存储、使用、公开等环节实行分级分类管理,充分发掘数据价值,确保数据安全。"城市大脑一朵云"是指在市、区两级搭建"城运云",加强信息集约化管理,打造共享开放的云端空间;统一规划利用云资源,实现数据资源在不同部门间的共享;利用分布式计算技术,为数据处理提供算力支撑。"系统开发一平台"是指推动系统集约整合,基于统一平台开发新建系统。"移动应用一门户"是指依托"随申办"政务平台,拓展整合各类移动应用,让市民们只要通过"随申办"就可以方便快捷地办理各项政务服务事项。

3. 建立"1+4"智能应用体系

"一网统管"坚持"应用为要、管用为王"的价值取向,打造"1+4"的智能化应用体系。"1"就是城运系统,作为城运中心的智能中枢,城运系统是运用物联网、云计算、大数据等数字技术建构的新型基础设施。通过对城市全域运行数据进行实时监测、汇聚、分析和处理,建立城市生命体征服务系统,实现对人、物、动、态的全面精准感知。"4"是指公共管理、公共服务、公共安全和应急处置四大领域的智能化应用。其中:公共管理类的智能应用主要满足城建、生态、环境、文化、旅游等部门监管需求;公共服务类的智能应用主要满足医疗、教育、住房、就业等公众场景需求;公共安全类的智能应用主要满足治安、交通、生产、食品安全等场景需求;应急处置类的智能应用主要满足防汛防洪、卫生防疫、火灾救援等安全事故处置的场景需求。

4. 建立"全领域感知—全覆盖监管—全闭环管理"精准治理体系

依托上海建立的国内首个超大城市运行数字体征系统,"一网统管"从"全领域感知—全覆盖监管—全闭环管理"三个层面赋能城市精细化治理。在全领域感知方面,通过物联感知终端、公共视频、12345市民热线等主动发现手段,构建了"全面实时、主动预前、实时动态"的城市运行体征感知体系。在物联感知终端方面,全市层面部署了超过 1 000 万个物联感知终端,每天采集包括气象状况、水质状况、道路状况、街面情况等超过 3 400 万条数据,实时动态地监测城市运行态势。在公共视频方面,基于算法库研判视频信息,及时发现各类隐含问题。在市民热线方面,积极整合城市其他热线,实现"一条热线管全城",每天接听并处置超万条群众诉求。

城市治理中发生的问题往往情况复杂,需要跨部门的协同治理才能解决。过去,受到科层体制的影响,各条条之间热衷于建立自己的信息系统,各系统之间的数据不开放共享,容易形成"信息孤岛"和"数据烟囱"。上海数字体征系统依据各办事机关的管理需求,汇聚分散在各管理主体的数据资源,实现数据资源的互联互通,实现城运系统的全覆盖监管。

最后,上海城市运行数字体征有机融通基层社会的不同管理单元,创新更多基层一线"需要用、愿意用、方便用"的应用场景,实现城市的全闭环管理。

5. 健全"组织—资金—人才—技术"综合保障体系

围绕组织、资金、人才、技术四个维度强化综合保障，有力支撑"一网统管"建设运用。在组织保障方面，在"三级平台、五级应用"的基础上，明确规定各级政府和部门的职责；在法治层面赋予城运中心派单调度的权力，依据承担单位处置情况进行督办核查；建立"一网统管"评估机制，将工作成效纳入个人绩效考核。在资金保障上，规定各级政府安排"一网统管"专项资金，建立科学高效的项目审批制度，加快"一网统管"项目落地。在人才保障上，通过聘任制公务员、专业技术人才引进等灵活引人模式，加快吸纳复合型人才。在技术保障方面，编制统一的技术标准，推动业务系统的整合归并，加快数据互融互通；制定数据治理标准，加强数据分类分级保护，切实保障数据安全和个人隐私。

四、"一网统管"平台治理的运作机制

"一网统管"之所以能够发挥赋能城市治理智慧化、现代化、科学化的作用，缘于其紧密连接、相互支撑的运作机制，即多重功能集成机制、全域系统架构机制、全面技术驱动机制和整体流程再造机制。①

（一）多重功能集成

"一网统管"统一整合了各治理领域业务，构建了集精准服务、监测预警、决策支持、全程监督、联动指挥五大功能于一体的多功能集成系统（如图8-2所示）。

第一，精准服务功能。"一网统管"构建了城市治理一体化平台，利用"网格化＋大数据摸排"，打造各类基层治理应用场景，提供精准

---

① 陈水生：《数字时代平台治理的运作逻辑：以上海"一网统管"为例》，《电子政务》2021年第8期，第2—14页。

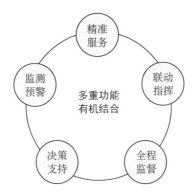

图 8-2　上海市"一网统管"的多功能集成系统

化服务。

第二,监测预警功能。上海铺设了 300 多类、超过 1 亿个物联感知终端,实现了市、区、街镇、社区四级层面的全域感知体系,实时监测预警城市运行态势,使城市治理从被动处置型向主动发现型转变。

第三,决策支持功能。"一网统管"依托人工智能技术的深度学习能力,对经过有效训练的算法模型进行智能应用,自动感知可能发生的社会治理事件,帮助决策实现从经验判断型向数据分析型转变,辅助科学决策。

第四,全程监督功能。"一网统管"平台具备实时监管、督查督办、投诉处理、管理日志等功能,对社会治理事件全过程进行监督。一方面,引导公众参与政府行为监督,构建"线上＋线下"全过程监督体系;另一方面,加强政府内部跨层级、跨部门、跨区域监督,发挥监督的多元性、全程性与有效性。

第五,联动指挥功能。"一网统管"整合了各类在线诉求接收渠道,实现诉求事件的全过程闭环管理,为跨区域、跨层级、跨部门的联动协同奠定基础。

(二) 全域系统架构

为实现多功能集成,"一网统管"搭建了包括前台、中台和后台在内的互相协同合作的全域系统,以保障整体平台的有效运作(如图 8-3 所示)。

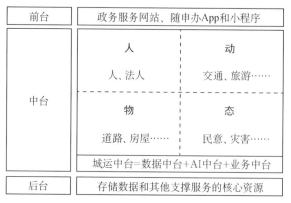

图 8-3 上海市"一网统管"的全域系统架构

"一网统管"的前台是向公民和各类组织提供服务的平台，如政务服务网站、移动端 App、微信、支付宝小程序等，它是政府与公众沟通的"桥梁"，通过集成各类政务服务项目，为公众提供一站式公共服务。中台则是"一网统管"平台建设的重点，有了中台的衔接，共性化的模块被抽离出来，减少了重复建设，提高了工作效率。在城运系统中，中台包括数据中台、AI 中台和业务中台，通过中台之间的配合作业，实时掌握关于城市人、物、动、态的多维海量体征。"一网统管"的后台主要面向平台运营和管理人员开放，负责存储前台汇集的各种数据和其他支撑服务的核心资源。

（三）全面技术驱动

数字治理理论强调数字技术在治理中的必要性作用，政府的组织形态会在吸纳技术的过程中发生相应改变。"一网统管"治理体现了强大的技术驱动逻辑，包括全域感知、实时动态获取数据的物联网技术、实现人机物快速互联互传的 5G 通信技术、对数以万计的数据进行快速处理的云计算技术。正是物联网、云计算、5G 等数字技术的运用，才保障了"一网统管"治理平台的高效运作。

（四）整体流程再造

科层体制和条块结构使得涉及基层治理的职能分散在相关部门，但在涉及政务服务时，往往需要跨区域、跨层级、跨部门的协同合作。由于部门之间受到权力、利益等因素的影响，往往缺乏协调、整合的内生动力和保障机制，形成各自为政的局面，导致治理的碎片化。"一网统管"通过推动城市管理由被动处置向主动发现转变、由经验判断向数据分析转变、由人力密集向人机交互转变，对业务流程进行整体性重构。

一是构建全口径数据库，打造城市生命体征系统，对城市运行中的各类风险隐患进行监测预警、分析研判，把管理端口最大限度地前移，实现城市管理由被动处置向主动发现转变。

二是厘清应用场景管理要素，动态监测后台数据，发现问题后第一时间自动派单给相关责任单位，联合执法提升治理效率。例如渣土治理，其中包含运输资质、车辆整洁度、是否按规定路线行驶、有无道路交通违法等多个管理要素，涉及环保、建交、城管、交警等多个执法部门，传统管理各自为政。"一网统管"通过汇集行业管理数据，针对管理难点痛点，利用感知网、大数据分析算法智能推荐和反馈，并结合勤务、执法办案系统实现渣土治理的全生命周期管理。

三是改变传统的以人海战术为主的管理方式，充分利用现代科技手段，弥补因城市发展更精密、更复杂带来的管理力量不够、管理能力不足的问题，以线上信息流、数据流倒逼线下业务流程全面优化和管理创新，做到线上线下高度协同，实现城市管理由人力密集型向人机交互型转变。

第二节 "一网通办"：一体化政务服务建设

"一网通办"是指应用大数据、云计算、人工智能等新一代信息技术，构建一体化政务服务平台，推动政府公共信息的互通共享，从而打破不同部门的信息壁垒，推动政务服务的跨区域、跨层级、跨部门通办，建设高效快捷的在线政务服务,全面提升政府行政服务的办事效率。①

"一网通办"开拓了线上服务渠道,通过整体化、集约化的技术手段实现了线上政务服务的统合,更通过技术手段推动了线上线下政务服务的融合共通。从目标取向上看,"一网通办"旨在集成"四减"目标,依托数字技术倒逼政府业务流程再造,提升政务服务效率。具体来看,"一"强调打造整体性政府,通过建立统一门户、整合服务事项、集中办事地点、建立单一窗口,让群众更加方便快捷地获得公共服务。"网"强调打破部门各自为政的局面,打造信息、数据互联互享的电子政务服务网。"通"强调实现线上线下政务服务的融通,建立统一的公共服务网。"办"重视办理,促进跨层级、跨部门之间的协同整合,提高办事效率和效能。

一、"一网通办"的创设与发展

党的十八大以来,深化"放管服"改革,加快推动电子政务,构建全流程一体化在线服务平台是行政体制改革的重要任务。"互联网+政务服务"作为深化"放管服"改革的关键环节,是地方政务服务改革创新的主要方向。上海的"一网通办"改革就发源于浦东新区的"互联网+政务服务"改革。作为上海"互联网+政务服务"改革的先行地,浦东新区在建设网上服务大厅的基础上,于2017年提出了"三全工程"建设,旨在解决个人和企业办事难、办事繁、效率低的问题。在浦东新区的实践基础上,2018年3月,上海市印发《全面推进"一网通办"加快建设智慧政府工作方案》,围绕"一网通办"改革作出了全面的战略部署。之后,"一网通办"成为上海推进"互联网+政务服务"改革的重要实践,标志着政府管理机制和服务模式的颠覆式变革。2021年10月,上海市人民政府办公厅印

---

① 赵勇、曹宇薇:《"智慧政府"建设的路径选择——以上海"一网通办"改革为例》,《上海行政学院学报》2020年第9期,第63—70页。

发《建立完善帮办制度提高"一网通办"便捷度的工作方案》,在全国首创"一网通办"帮办制度,为公众和企业在线上、线下办事提供即时帮办服务,提高办事便捷度。2023年3月,上海发布《2023年上海市全面深化"一网通办"改革工作要点》,明确提出打造"一网通办"智慧好办2.0版,优化法人和个人"双100"高频依申请政务服务事项,推进智能申报,实现企业群众首办成功率不低于90%,人工帮办解决率不低于90%。2024年1月,上海市人民政府办公厅印发《上海市优化政务服务提升行政效能深化"一网通办"改革行动方案(2024—2026年)》,继续聚焦"智慧好办"这一服务品牌,深入推进政府治理流程优化、模式创新和履职能力提升。

二、"一网通办"的改革路径

对"一网通办"改革路径的分析,可以从政务理念再造、服务流程再造、数据治理再造和监督评价再造四个方面展开(如图8-4所示)。

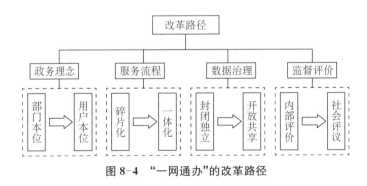

图8-4 "一网通办"的改革路径

(一)政务理念:从部门本位向用户本位转变

科层制下的政务流程以政府为中心,考虑的是政府提供服务是否便利。民众为办成一件事,往往需要花费大量的时间辗转于不同部门。"一网通办"则将公众需求作为提供公共服务的导向,实现从部门本位向用户本位的转向。

一是推进"高效办成一件事"作为"一网通办"改革的制度性安排。立足群众和企业视角,将公众和企业最关心、办理难度大、存在问题多的跨区域、跨层级、跨部门事件纳入"一件事"选题,实施业务流程再造。梳理"一件事"所涉的各类权力事项和公共服务事项,形成事项清单,有效地提升群众和企业的办事体验。

二是推动"一网通办"由被动服务向主动服务转变。"一网通办"通过推行"免审即享""线上线下帮办"等服务,提前了解群众需求,前移服务端口,提供主动服务。

三是推动政务服务向个性化、精准化转变。基于"一网通办"平台的大量数据,利用人工智能等数字技术,深度挖掘过往用户数据,进行用户画像和需求研判,从而为服务对象提供个性化、精准化的服务指南。

(二)服务流程:从碎片化向一体化转变

科层体制强调职能分工,每一项政务事项被分割成不同环节,各环节由不同的职能部门负责办理,这就使得办事对象不得不辗转于多个部门。"一网通办"通过建立全流程一体化的政务服务平台,整合线上线下服务,为群众和企业提供了一站式的政务服务模式。

一是建构了"一梁四柱"的全流程一体化在线政务服务平台。具体而言,"一梁"是统一受理平台,包括总门户网站和"随申办"移动端 App、小程序。统一受理平台对外是为个人和组织提供在线政务服务,对内则对接部门业务系统。"四柱"则是指"统一身份认证、统一总客服、统一公共支付、统一物流快递",体现了"一网通办"平台的基础支撑能力。具体而言,"统一身份认证"为个人用户和法人用户提供多种渠道的身份认证服务,为其在线业务办理提供便利。"统一总客服"是将 12345 市民服务热线作为总客服,为办理业务的个人和组织提供诉求咨询、办理、投诉服务。通过将客服业务整合进 12345 热线,解决了以往部门各自为政导系统重复建设、信息无法共通共享的问题。"统一公共支付"建立了多渠道支付、线上缴费线下办事、便捷退付的支付服务体系，促进缴费的高效、便捷、安全。"统一物流递送"是指根据业务场景，平台提供单程寄递和双程寄递服务模式，实现申请材料和办理结果的闭环传递，实现政务服务"只跑一次、一次办成"。通过"一梁四柱"的建设，使得分散在各个政府部门的管理和服务被集中到一个平台上，实现政务服务事项的跨部门、跨层级、跨领域的协同治理能力，市民通过一个平台就能办理全流程业务，大大提升了政务事项办理的便捷度、高效性。

二是实现线上线下无缝隙服务。在线上，一体化政务服务平台打破了数据壁垒，政务数据资源实现了跨部门的互联互通，避免了材料重复提交、信息重复采集的问题。在线下，"一网通办"平台积极推动各办事大厅建立"一窗受理、分类审批、一口发证"的综合服务模式，并且与线上平台实现数据联动，提供线上线下无缝隙服务。

(三) 数据治理：从封闭独立向开放共享转变

数据治理是"一网通办"平台运作的技术基础。为了促进政务数据的开放共享，"一网通办"以政务云为基础，构建了共建、共享、共用的数据资源平台，推动数据整合、共享。第一，通过建立高度集成的信息平台，推动跨部门、跨层级、跨领域的数据共享和互通。这一机制的建立不仅提高了政府内部各部门之间信息的协同性，同时通过制定数据资源整合、开放、共享、应用等技术标准和管理方法，有效避免了信息孤岛的问题，数据的横向联通也有助于提高政府决策的全面性和准确性。第二，平台系统通过引入先进的数据分析和挖掘技术，实现了对海量数据的深度挖掘和智能分析。这为政府决策提供了科学而深入的支持，使其能够更加精准地了解公众需求和趋势，有针对性地制定政策。数据分析的精准性和及时性为政府提供了有力的决策支持，有助于推动治理体系的创新和升级。第三，"一网通办"系统在数据安全和隐私保护方面采用了先进的加密技术和隐私保护机制。这为公民个人信息的安全提供了强有力的保障,确保了数据在传输、存储和处理的全过程中的安全性,对于维护社会信任、防范潜在的数据泄露和滥用风险具有重要意义。

(四) 监督评价:从内部评价向社会评议转变

传统的政府绩效考核注重内部评价,强调上级对下级的考核评估,造成基层政府只对上级负责,消极被动地回应公众诉求的行为倾向,进而削弱了民众对政府的认同感。为了解决这一问题,"一网通办"构建了以用户需求为导向的监督评议机制,使得公众能近距离、全方位地监督政府行政的全过程,倒逼政府部门提高主动回应性。具体而言,"一网通办"将各级职能部门的权力清单、服务事项、跑动办理次数、客服联系等信息在平台上主动公开,用户可以主动、便捷地查看各类详细信息,加强对政府行政的监督。此次,"一网通办"引入了第三方评价机制来主动接受外部监督。在线上设置咨询投诉功能板块,并将咨询热线统一合并至12345市民服务热线进行整体管理。在线下设置专门的投诉意见窗口,负责处理用户投诉。

第三节　高效处置"一件事"与高效办成"一件事"

一、高效处置"一件事"

高效处置"一件事"是"一网统管"的最重要目标,重点是做好发现和处置两个环节(如图8-5所示)。第一,要更快地发现问题,实现对城市运行态势的实时动态感知和精准预警预判;第二,要更好地解决问题,通过打破部门壁垒,整合管理、执法、服务等资源力量,构建联勤联动工作机制,又快又好地解决城市治理的各种难点、堵点。

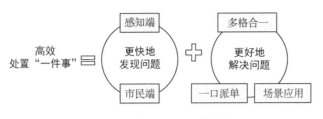

图 8-5 高效处置"一件事"

(一) 更快地发现问题

更快地发现问题要求构建群众诉求和城市运行风险的全面、及时、动态发现机制。

一是加快感知端建设。依托市域物联网运营中心,聚焦人物动态,逐步将分散在各处、碎片化、可共享数据的物联感知设备集成整合,进一步摸清感知端的家底。聚焦城市是有机体、生命体,打造城市免疫预警系统(负责城市安全的监视、防御、调控)、呼吸系统(负责城市自然生态、气象、城市环境的监视和预警)、运动系统(负责支撑城市运行的各类软/硬件设施的安全监测和预警)、新陈代谢系统(负责城市新旧更替、资源循环利用的安全监测和分析)、消化系统(负责城市运行所需能源、物资的供应监视和调控)、循环系统(负责城市车流、人流、物流、数据流等的安全监测、预警和调控)和神经系统(负责城市各类感知体系的运行监测和调控),实现全生命周期感知。

二是强化市民端的哨点作用。对信访和 12345 热线数据进行多维分析挖掘,逐步实现"未诉即办""未诉先办",充分调动市民通过热线参与城市治理的积极性,使之成为"人民城市人民建"的重要参与者。依托三级城运工作体系,建立基层信息员队伍,加强对朋友圈、微信群、微博等新媒体的敏感舆情民意的收集能力。

(二) 更好地解决问题

更好地解决问题要求整合分散在各网格中的资源,通过业务流程再造,实现有机联动。

一是推动"多格合一",打破部门壁垒,建立高效联动的基层社会治理机制。"多格合一"的核心是实现"六个合一"。第一是管理网格合一,以警务网格为基础,实现城运网格、住建网格、综治网格等不同网格边界的对齐。第二是处置力量合一,以"街道-网格-居委工作站"为基础,打造"1+5+X"的人员配置模式,"1"是指网格长,"5"是指所办队中心,"X"为居委会、业委会、物业、志愿者等社区自治力量。第三是多源案件合一,将来自12345市民服务热线、网格系统等不同渠道的案件集成合一,避免系统重复建设、工单重复处置。第四是事部件清单合一,梳理街道内各项事件部件,形成涵盖每类事件的融合清单。第五是处置流程合一,依据不同案件的复杂程度,打造"大-中-小"三级循环处置流程。小循环通过自治共治处理常规案件,中循环通过联勤联动处理稍微复杂的问题,大循环通过协商会商处理更复杂的问题。第六是"作战"工具合一,将不同渠道发现的问题归集到政务微信,方便基层工作人员现场处置使用。

二是将分散在不同业务条线的事项全部纳入"一口派单"系统,实施跨区域、跨层级、跨部门的业务协同,实现信息资源的集成共享。例如,群租房一直是城市治理的热点聚焦问题,通过搜索发现同一辖区有大量相同的投诉,就可以联合相关部门进行集中整治。与此同时,派单管理系统也在工单分类、工单派送、情况统计等方面实现了智慧化升级。第一,依托数字技术自动生成工单标签,实现工单的快速分级分类。第二,通过建立"预设流转规则+推荐承接部门+匹配历史工单"的派单机制,实现工单的"接收立派"。第三,统计工单的派送数量、派送部门、超期处置等情况,一键生成统计报表供后台审阅查看。

三是打造实战管用的场景应用清单。将城市运行和社会治理中的难点、痛点、堵点事项作为"小切口",形成主攻方向和场景清单,打造一批"实战管用、基层爱用、群众受用"的多跨应用场景。

二、高效办成"一件事"

"一网通办"的办事主体是企业与群众,重点是高效办成"一件事"。公众眼中的"一件事",背后实际上是由多个相关联的政务服务事项组成,这些事项往往是跨部门、跨层级、跨区域的,涉及多个不同的政府部门、公用企事业单位和服务机构进行办理。

(一) 制定"一件事"改革方案

"一网通办"立足于群众和企业的观点,将那些引起群众和企业高度关注、办理难度较大、问题较为烦琐的事务列为"一件事"选题,着重解决这些问题。从"减环节、减时间、减材料、减跑动"入手,最大限度地简化优化业务流程。探索使用人工智能等数字技术,系统集成申请审批的一系列流程,简化服务对象手动办理程序。同时,结合用户画像和行为分析,定制化办事指南,实现服务内容的精准推送。在此基础上,梳理"一件事"所涉的各类权力事项和公共服务事项,形成事项清单。截至 2023 年,"一网通办"已累计推出 38 个市级重点"一件事",按照"一次告知""一表申请""一口受理""一网办理""统一发证""一体管理"等"六个一"的标准,推进业务流程革命性再造,为企业群众提供方便快捷的集成服务。[①]

(二) 强化信息技术支撑

加快政务信息系统集成整合,构建全流程一体化政务服务平台。推动全程网办,简化现场环节,不得要求申请人重复提交材料,进一步减少跑动次数。深化电子证件、电子印章的应用,推进"一网通办"文件的电子归档管理。

---

① 上海商务:《一网通办|上海"一网通办"上线 5 周年,实名用户已有 8 146 万,累计办件超过 4 亿件》(2023 年 10 月 24 日),上观新闻,https://www.jfdaily.com/sgh/detail? id=1159304,最后浏览日期:2024 年 2 月 22 日。

(三) 推进线上线下办事深度融合

线上平台可以为所有网民提供全天候、全覆盖、全功能的办事服务，高效快捷。线下平台则培养了大量业务精通的专业人才，可以提供高质量、高深度的政务服务。因此，要推动线上线下平台错位发展，优势互补。

"一网通办"积极推动线上线下平台错位发展，优势互补。

一是首创线上专业人工帮办，打造"网购型"客服体验。"线上人工帮办"，主要是为了解决群众和企业在"一网通办"办事过程中遇到的在线操作、材料准备、业务标准、业务流程等方面的专业问题。2021年，首批35个线上人工帮办事项正式上线，2022年又推出了66项高频事项线上人工帮办。与首批事项合计101项，实现线上人工帮办覆盖本市办件量居前的100个高频事项的目标。

二是实现线上线下并行提供服务，满足服务对象的多样化办事需求。对于线上能办理的政务服务事项，在线下也要提供相应的办事窗口，供服务对象自由选择。对于已经在线上提交过的材料，不得要求申请人重复提交纸质材料。同时，推进政务服务事项、办事指南等在线上线下服务渠道同源发布、同步更新，做到线上线下无差别受理、同标准办理。

三是推动线下平台"单窗通办"。在线下，"一网通办"平台积极推动各办事大厅建立"一窗受理、分类审批、一口发证"的综合服务模式，让个人和企业在一个窗口就能办理好政务事项，并且实现与线上平台进行数据联动，提供线上线下无缝隙服务。

第四节 "两网融合"了吗？

上海正在大力推行的政务服务"一网通办"、城市运行"一网统管"建设，是城市治理的"牛鼻子"工作，也是数字政府建设的一体两翼。在具体实践中，很多应用场景既需要观察城市运行体征指标，又需要调用政务数据,进行综合研判、决策,这就需要"一网统管"和"一网通办""两张网"的融合,这是城市数字化转型的必然趋势,也是"两张网"的基本属性决定的。

一是建设理念相同。"一网统管"和"一网通办"都体现了"以人民为中心"的城市发展要求和价值取向。

二是建设行动逻辑相同。"两张网"都借助技术手段倒逼政府变革自身体制机制,实现职能转变和流程再造。

三是运行路径依赖相通。"两张网"都以具体的应用场景解决为路径依赖,通过解决应用场景任务实现为民服务的目的。

一、"两网融合"的现状及存在的问题

目前,"一网统管"和"一网通办"在领导机制、基础设施、公共数据、功能应用等方面相互依托、相互支撑、相互赋能,已初步实现深度融合。以养老服务为例,打开相关小程序,完成个人信息填写并进行评估后,"一人一档"即建立完成,用户可查看辖区内所有养老站点位,并根据养老机构分类来选择就近的养老机构、护理站、日间照料中心、综合为老服务中心或长者照护之家等。依托"一网通办"的大数据资源,"一网统管"AI平台实现了"一网管全城"。以最早推进"两张网"融合赋能的徐汇区为例,智能化监测覆盖了980个小区、600个邻里汇、65个养老院。智能发现、上门核实、协同处置,一气呵成,基层管理就此形成高效闭环。然而,在数字化转型推进的过程中,依然存在信息共享存在壁垒、统筹机制不够健全、数据治理较为薄弱以及协同联动不够到位等问题,严重制约着"两张网"融合发展以及城市数字化转型的推进步伐。

上海数字政府建设正处于"由建设为主向治理运行为主"和"由技术驱动向业务驱动"的阶段性跨越期,依然存在传统治理路径依赖、数据资源要素共享难、数字治理生态不健全、"最后一公里"难打通等问题。具体表现为:"三难"(互联互通难、数据共享难、业务协同难)依然不同程度

存在,"三通"(网络通、数据通、业务通)仍有瓶颈需突破,"三跨"(跨部门、跨层级、跨区域)难点痛点和突出问题亟待攻坚解决。当下,上海数据治理的核心痛点是基层场景、实战应用和数据共享脱节,城市运行的问题发现机制还不够灵敏、处置不够迅速、线上线下协同效率不高,政务服务的便捷性和群众感受度仍与各方期待有较大差距。

二、"两网融合"推进的思考及举措

充分发挥"一网通办""一网统管"作为数字政府一体两翼的核心功能,通过技术支撑、数据驱动、场景牵引等,形成两个"一网"互为表里、相辅相成、融合创新、相得益彰的发展格局,逐步构建数字城市治理"一张网"体系,努力提升人民群众的获得感、幸福感和安全感,为上海城市数字化转型提供有力支撑。

(一)优化数据和系统赋能机制,加快数据资源转化为治理能力

要多措并举,优化赋能机制,推动在更大范围、更高水平、更深层次上将数据资源优势和数据治理成果转化为治理方法、措施和手段,提升面上整体治理水平。

一是推动横向贯通向纵向级联的数据共享和管理体系建设。强化两个"一网"应用场景的数据共享授权机制,提高需求清单审核效率,对于符合条件的申请力争实现当天授权。在安全可控的前提下,推进两个"一网"公共数据分级分类开放,在普惠金融、交通出行、医疗健康、公共信用等领域探索建立数据开发应用模式。推进普惠金融2.0版,拓展银行、保险、证券等金融机构的接入,探索医疗大数据、人工智能训练数据集开放。构建多元开放生态体系,引入社会力量充实数据提供方、数据服务方、数据利用方等角色,探索政企数据融合。

二是探索系统整体赋能方式,破解数据赋能瓶颈。在"三级平台、五级应用"的"王"字框架下,按照"全链条、紧平台、松耦合"的思路,推动

市、区、街镇三级城运平台和各大生产系统的智能迭代,形成"一门户多系统"的系统基座。坚持开放式部署、模块化实施,统筹推动共性场景、特色应用的研发上线,使城运系统更有弹性和更具韧性。围绕"四早""五最"能力建设,加快居村数字化平台建设,明确其平台架构和"四梁八柱"要素内容,努力把所有的基层管理要素和居村关心的事项全量纳入,实现即插即用。

(二)强化应用场景融合联建机制,提升部门数字化实战水平

围绕高效处置"一件事",聚焦经济治理、城市治理、社会治理的若干关键环节,系统布局,协同发展,做强做优高频应用场景,实现全周期管理、全方位服务、全过程可控。

一是推动相关领域事中、事后监管与政务服务的深度融合。加强建设工程企业资质及注册人员批后非现场监管,通过后台社保等数据实时比对,准确地掌握企业人员数量达标情况以及"人证分离"情况。建立以患者为中心的健康医疗数据库,打通电子病历、健康档案、生物样本等各类医疗数据,形成服务于公众健康管理、新药研发、诊疗手段提升以及公共卫生服务的多维应用体系。建立完善医疗废物全程可追溯管理系统,全面接入医疗废物集中处置单位的收运数据,分析研究医疗服务业务与医疗废物数量的关联,打造医疗废物管理的闭环。加强危险化学品全过程监管,接入涉及危险化学品的各环节数据,实现危险化学品生产、储存、经营、使用、运输、废弃等全过程掌控,探索风险隐患智能识别和视频轮巡等功能。在机动车检验、生态环境监测、食品农产品检测、司法鉴定、产品质量检验等领域开展联合监管,依托统一的"互联网+监管"系统,高效整合各方资源、集中执法力量、形成监督合力。加强药品、医疗器械、化妆品产品和企业安全管理,通过对药械化企业审批许可、法院判决、行政处罚等数据进行分析,提前对相关企业、产品进行风险预警。

二是开展基层应用试点。全面加强区、街镇城运中心建设,从单一网格化管理功能,到全面实现指挥、协同、处置、赋能等功能,并逐步推动

区大数据中心、区企业服务中心、区市民服务中心等机构的建设,与区城运中心资源共享、功能集聚、协同联动。各区结合实际,在本区域范围内努力探索两网融合结合点,以"申、办、管、执、信"为核心,从小型工程、营商环境两方面,努力探索"两张网"事项串联点、数据关联点、业务融合点。对其中试点经验成熟、具备复制推广条件的,及时总结经验,在全市层面推广。

三是做优"两个主页"。依托上海"一网通办"市民主页、企业专属网页,将政府部门在服务、管理过程中产生的个人、法人相关基础信息、办件信息、监管信息、奖惩信息、信用信息等,向本人、本企业有序开放、精准推送。通过大数据分析、构建预警模型等方式,实现惠企利民政策的精准推荐、风险预警的主动提醒。

(三)重构问题发现和快速处置机制,解决服务和管理效能问题

整合并拓展现有发现手段,重构形成全面及时动态真实的群众诉求和城市运行风险发现机制,力求第一时间及时回应、精准预判、迅速预警,防患于未然。

一是强化12345市民服务热线作为"两个一网"总客服的作用。对信访和12345热线数据进行分析挖掘。一方面,更好地呈现民情、预测民情、理解民情;另一方面,辅助进行科学决策,提升决策的精准性、适用性。

二是加强舆情捕捉与监测,不断优化相关舆情系统的功能。利用专业技术紧盯新闻网站、微博、微信、移动端、新媒体等各类涉沪舆情信息和社情民意,强化对预警性、苗头性、倾向性信息的收集、研判、跟踪,及时推送需关注或处置的情况给相关部门,形成高效的闭环管理。

三是利用"随申办"超级应用的渠道优势加强政民互动。在"随申办"互动频道提供人民建议征集、"随申拍"等相关功能,方便市民上传意见建议与随手抓拍反映问题,为"一网统管"提供鲜活的数据来源。

四是加快整合并推进神经元体系建设。针对安全生产、防汛防台、

公共卫生、生态环境、轨道交通、大客流等城市运行管理的重点、难点问题和高频事项,有的放矢地加强神经元、感知端建设,织密数字化监测网络,实时记录、感知城市变化,建立和完善城市数字生命体征体系。加强数据汇聚、分析、应用,推动早发现、早预警、早研判、早处置。

(四)完善指导监督和评估机制,凝聚工作共识和推进合力

加强组织领导,形成市委、市政府统一部署,领导小组办公室牵头推进,各区、各部门分工协作、齐抓共管、各司其职、融合推进的良好工作格局。

一是充分发挥上海"一网通办""一网统管"工作和政务公开领导小组办公室的作用,加强日常指导、协调、监督和推进融合发展。城运中心负责城市运行管理数字化解决方案的组织和推动。大数据中心承担相关信息基础设施、公共数据的支撑保障和运营服务。各区、各相关部门是"两个一网"建设和融合的责任单位,要加强组织领导,明确责任人,牵头制定本区域、本领域"两个一网"建设融合方案,并组织推进实施。政府办公厅、城运中心、大数据中心加强对各区、市级各部门的指导监督,各区加强对各街镇、区级各部门的指导监督,形成一级对一级负责的工作推进机制。政府办公厅根据时间节点和任务要求,建立完善考核评估机制,推动全市形成整体合力。

二是推动城运中心实体化运行,加强跨部门、跨领域、跨层级城运业务协同的指导。建议聚焦赋能、协同、指挥三大功能,进一步完善和强化城运中心的功能定位,切实推动城运中心的实体化建设和运行,进一步理顺与委办局、基层的职责界面,发挥好高效处置跨部门、跨层级、跨区域事务过程中独特的统筹中枢作用。同时,充分调动各区、各部门的积极性,齐抓共管,协同搞好城市运行管理。

第九章
实践经验：超大城市治理数字化转型何以有效

第九章 实践经验:超大城市治理数字化转型何以有效

治理数字化转型是城市数字化转型的重要领域之一。推动超大城市治理数字化转型,有必要对我国具备典型性与先进性的案例、经验进行总结和提炼。相对于生活数字化、经济数字化,治理数字化更能够体现出一个城市的秩序和韧性,也更能够彰显党的领导下政府与公众之间的良好互动关系。作为超大城市,必须充分运用数字化方式探索超大城市社会治理新路子,回应人民对美好生活的新期待。秉持"实战管用"的原则,北京、上海、深圳等在超大城市治理数字化转型实践中积累了丰富的经验,无论是实时动态"观管防"一体化的城市运行管理平台,还是基层治理、交通管理、公共卫生、应急管理等领域的智能化应用场景,都充分体现了数字化转型所产生的治理效能。

在微观层面,每一个生活在超大城市的个体都是城市的主人,而不同个体的差异化需求带来了城市治理的复杂性与动态性。在宏观层面,不同的城市因地理位置、经济状况、社会文化等因素影响,也采取了不同的治理路径。尽管它们的重心与抓手存在着差别,但无一例外地都是在"以人民为中心"的思想和理念下不断探索更有利于城市生长、百姓受益的超大城市治理模式。例如,上海是一座老龄化程度相对高的城市,对于上海的独居老人而言,治理数字化转型能够向他们提供智能化、精细化、常态化的有效服务。2020年的端午节,家住浦东新区西三居委的一位独居老人凌晨起床煮粽子,点开燃气后却又睡着,导致锅内水被烧干,监测到这一现象后,其家中报警器随即发出警报;与此同时,警报信息通过智慧社区系统被反馈到居委干部的手机和城运中心平台,居委、社工等基层工作人员与志愿者及时上门走访、处置,以保障老人的安全。①此类案例同样存在于北京、深圳等超大城市的治理实践中。

总而言之,数字化转型正在以现代化手段助力城市治理全方位改革,并逐步赋能超大城市的有序运转与生长发育,通过技术的嵌入融合,实现精准发力,产生治理叠加效应。值得思考的问题在于,中国的超大城市治理数字化转型为何能够在不同的场景中成为城市新生的发展动力、人民美好生活的保障?为此,本章将从具体的本土实践中提炼治理数字化转型的成功经验,并结合公共管理相关理论进行阐述,从而为超大城市治理数字化转型提供借鉴。

第一节 转型创新:数字治理理念与制度

理念创新与制度重塑是超大城市数字治理获得成功的先行前提。2023年,《数字中国建设整体布局规划》中提到,要"推动数字化理念深入人心,营造全社会共同关注、积极参与数字中国建设的良好氛围","完善法律法规体系,加强立法统筹协调,研究制定数字领域立法规划,及时按程序调整不适应数字化发展的法律制度"。对于超大城市而言,理念与制度的作用则更为凸显。在上海,《上海市全面推进城市数字化转型"十四五"规划》中明确提到,要进一步推动治理理念创新,把制度优势转化为治理效能,不断提高社会主义现代化国际大都市治理能力和治理水平。

数字化的整体性、多样性、迭代性,超大城市的复杂性、系统性、融合

---

① 薛宁薇:《"一网统管"好用么?上海老阿姨老爷叔有话要说》(2020年7月1日),东方网,https://j.eastday.com/p/1593579650011234,最后浏览日期:2022年7月1日。

性,都为现代城市的治理带来新的挑战。数字治理理念与数字治理制度是实现数字化转型与创新的重要基石。一方面,理念形塑是推进数字化转型重要的初始阶段,城市治理数字化转型的内涵指向一种以数字化的理念为前提的变革及发展,即以数字理念推动数字制度建设,应对数字时代变化与需求,用数字化技术和手段重构公共服务流程,从而有效地回应治理难题与挑战。另一方面,数字化是制度变革的关键动力,而相关制度的建立健全是治理数字化转型的重要保障,治理数字化转型的效能是通过构建适应数字时代发展要求的制度机制得以发挥的。我国在推动超大城市治理数字化的过程中,既重视数据治理的政策体系建设,也关照到监管制度、组织协调机制、评估反馈机制等一系列规则体系,由此将理念形塑与制度变革结合并产生多重效应。

一、数字治理理念的形塑

首先是整体观念。上海、杭州等超大城市在治理数字化转型中将整体观念、全局思维、顶层设计作为理念形塑的重要部分,并在涉及的相关政策与具体的实践中结合整体性治理与数字化治理。不谋全局者,不足谋一隅。整体观念意味着需要在城市治理数字化转型中形成全局、全面的理念与思路,实现跨领域、跨层级、跨部门、横纵贯通的协同与服务。

上海的治理数字化转型过程,尤其是"一网统管"的建设及其"高效处置一件事"目标的推进,体现出整体性的特征。整体观念是在国家层面对数字化的战略部署之下引导形成的。党的十八大以来,党中央、国务院从推进国家治理体系和治理能力现代化全局出发,准确把握数字化、网络化、智能化发展趋势和特点,围绕实施网络强国战略、智慧社会战略、大数据战略等作出了一系列重大部署。2019年11月,习近平总书记在上海考察时强调,要深入学习贯彻党的十九届四中全会精神,提高城市治理现代化水平。上海的"一网统管"强化党建引领,在城市治理中推动党组织政治功能和服务功能的有机统一,发挥党总揽全局、协调各方的领导核心作用,将党的全面领导贯穿于治理数字化转型的理念之中,确保转型的正确方向。

例如,上海宝山在数字化手段的基础上,探索建立了以党建为引领、以居村党组织为核心、以城乡居民为主体的智能化治理系统——"社区通",让党旗飘扬在社区治理的一线阵地,把党的建设贯彻落实到基层治理的各方面、各领域。2017年2月以来,全区453个居委、104个村全部上线,51万余名居村民实名加入,覆盖近40万户家庭,成为一个在党的领导下促进城市治理数字化转型的典型网络共同体。①

在超大城市的运行过程中,突发事件、复杂问题频出,城市治理数字化转型整体观念还体现在多领域、全流程、跨部门的特点上。治理数字化转型强调以数字化为牵引,推动超大城市治理的整体性转变、全方位赋能、革命性重塑。这里所说的整体性,既是治理数字化与生活数字化、经济数字化相互融合、相互促进,也指向构建整体解决方案以发挥数字化优势、构建城市治理一体化格局的理念。这意味着在实践中将数字化转型贯穿治理的各领域和各环节,以新兴数字技术的应用融合推动部门间、主体间的协同行动,从而优化政府服务与业务流程并推动城市健康、顺畅运行。

冰冻、台风、暴雨等自然灾害的防范是城市治理的主要内容。杭州临安"九山半水半分田",地质灾害易发区占全区总面积的92%。在传统城市管理方式下,一旦发生地质灾害,断电、断路、断通信等极端情况会导致部门间协同处置困难。借助于数字化转型契机,临安充分运用大数据、物联网、数字孪生等技术,针对全区1.5万余个有人居住的斜坡单元,调查了17项地质基础数据,建立了"一坡一卡"的"体检单",并按照极高、高、中、低四个等级划分风险区进行管理。此外,临安还创建了降雨预警模型,形成不同撤离区域的预警条件,打通跨部门数据,一旦发生

---

① 上海市宝山区社会建设工作办公室:《上海市宝山区:"社区通"构建互联网时代 党建引领基层社会治理新模式》(2018年11月1日),人民网,http://dangjian.people.com.cn/n1/2018/1101/c420318-30376771.html,最后浏览日期:2022年7月1日。

突发情况,各处同步报警。2021年7月,受台风"烟花"影响,临安共发生地质灾害27处,有效管控19起,预警水平全省领先,实现了"不死人、少伤人、少损失"目标。① 可以发现,应急处置一键发送、一键启动、一码智控的"三步走"防控协同流程将整体观念融入其全过程的治理中,通过优化整合治理资源,形成部门合力,以实现跨区域、跨部门、跨层级协同管理和城市服务。

其次是数字思维。技术进步改变个体、组织、社会的思维,数字思维也将影响制度结构与制度安排。因此,治理数字化转型不仅仅是依托于技术的简单工具变革,也是一场传统管理认知与数字治理思维之间的碰撞与摩擦,其结果在于数字思维在公共部门与社会层面的形成与发展。在城市数字化转型中,数字思维的理想目标是实现城市治理的智能决策、精准施策、有序运转。随着数字化与智能化技术推动的治理工具的不断丰富,政府部门需要转向数智思维,懂得如何利用相关技术提高治理水平。② 在传统的城市管理中,尽管通常会形成一套能够维持城市运转的制度与规则,但固有的单向管理思维会限制公共服务的生产与供给效率,影响公众对政府的评价与满意度。例如,一些政府部门仍停留在以往的城市管理手段上,排斥数字化的应用、融合,或者虽然受到数字化的影响,但还是简单地把数字化视为工具性的应用,停留在技术与管理的片面结合上,搭建了城市治理的大数据平台却缺乏数据化的思维,将线下的公共服务搬运到线上却忽视了服务的适配性与可达性,甚至在数字化过程中缺乏责任意识与行动动力,实施层面难以推进。我国超大城市治理数字化转型重视政府部门及其工作人员数字思维的强化,突出"创新求变"。因此,在不同城市、部门差异化抓手的推进中能够形成共识、营造氛围。

另一个重要的方面在于社会层面,即企业、社会组织、公众等主体的

---

① 《杭州临安:数字赋能基层社会"智"治》,《光明日报》2021年12月27日,第10版。
② 韩梓轩、彭康珉、孙源、章昌平:《数字空间政府引致的公务员思维方式的转变》,《公共管理与政策评论》2021年第4期,第84—93页。

数字思维。在 5G、云计算、大数据、物联网、人工智能、数字孪生等数字技术综合应用创新的背景下，个体、组织与技术相互促进。数字治理顺利开展的前提之一在于全社会营造积极参与、不断创新、共同转型的良好氛围。上海有着开放、创新、包容的品格沉淀与社会文化。以年度智慧城市体验周为例，2020 年上海智慧城市体验周紧扣"数字化转型下的智慧城市"这一主题，举办"思想汇""成果展""直播秀""系列谈"等一系列重点活动，各区和相关行业协会、企业也举行了数十场类型丰富的系列活动。在 2021 年的中国国际大数据产业博览会上，在上海市城市运行管理中心的指导下，由上海市大数据股份有限公司牵头，上海数字治理研究院承办设立了上海城市运行"一网统管"主题展区，不仅吸引了诸多市民前来观看，让更多人了解到数字化转型，也面向企业等主体推介这一城市数字治理新模式，激励高新技术企业参与技术开发赋能数字治理的事业。同时，上海还在大型融媒体节目"民生一网通"中邀请来自政府、企业、科研院所等的专家学者对城市治理数字化转型进行解读，从而阐述"一网统管"给城市治理带来的蜕变。

最后，人本理念是上海城市治理数字化转型发挥效用的理念基础。城市治理数字化转型的目的在于通过数字技术的有效运用，为广大人民群众创造更大范围、更切身实际的利益，因而必须要坚持"人民至上""以人民为中心"的发展理念，全力打造科学化、精细化、智慧化的超大城市"数治"新范式，不断提升人民群众的获得感、幸福感、安全感。在超大城市治理数字化转型实践中，公众的评价已成为各项工作成效的重要标准，即践行一种满足公众对美好生活向往的追求。一方面，为公众提供更加方便、快捷的政务服务体验；另一方面，为城市治理的高效、安全、有序提供保障。

超大城市治理数字化转型的人本理念尤其体现在弱势群体的关照与帮扶上。对于独居老人而言，不仅需要担心日常的生活问题，还需考虑人身安全。2023 年 9 月，北京市马连洼街道启动高龄独居老人居家安全守护行动，即街道集中采购老年安全守护设备并提供免费安装服务,借助数字化的力量改善老年人的生活质量,保障老年人的居家安全。[①] 在保护老年人隐私的前提下,可通过室内水龙头、马桶、门锁等智能设施,实时获得老年人的居家活动信息,借助 AI 智能算法进行系统自动报警,发生紧急事件时及时通知其指定的紧急联系人,同时还有 24 小时人工呼救中心在线提供必要的救助服务。

社会救助工作在城市治理中发挥着促进社会公平、维护社会稳定的重要作用;但在政府等主体实施救助的过程中,可能会有一些家庭、居民由于主观或客观的因素被忽视,从而成为没能被社会救助体系覆盖的"沉默的少数"。在传统救助模式下,仅依靠社区基层通过人力方式走访排摸,难以完全发现所有需要救助的群体,同时,还需要经过主动申请、填表、审核、审批等多项程序,才能顺利实施救助。在人本理念、人民思想的引导下,上海徐汇结合城市治理数字化转型,推动社会救助工作的改革创新,依托"一网统管"平台打造精准救助场景,聚焦于困难群体的实际需求,利用人工智能等数字技术打造多维困境家庭救助需求分析模型,形成了具有治理效度与人文温度的"一网统管+精准救助"模式。[②]

二、数字治理制度的建设

制度是一种规范与规则,是宏观层面上保障正常运转、治理有序的必要条件,其本身就带有全局性、长期性与调适性。这意味着在城市治理中,相应的制度与机制并非一成不变的,而需要根据城市的特点、人民的需求、治理的模式进行调整和变革,以适应动态变化的城市发展。相对地,在城市治理数字化转型的过程中,数字技术让城市治理更加及时、

[①] 吴玥萱:《"智慧助老"守护高龄独居老人居家安全》(2023 年 11 月 21 日),北京市海淀区人民政府网站,https://zyk.bjhd.gov.cn/zwdt/tdzt/2018/lnr/zhyl/202311/t20231121_4629750_m.shtml,最后浏览日期:2024 年 2 月 5 日。
[②] 中共上海市徐汇区委员会:《"一网统管+精准救助"赋能建设有温度的人民城市》(2021 年 11 月 16 日),澎湃网,https://m.thepaper.cn/baijiahao_15411602,最后浏览日期:2022 年 7 月 1 日。

精准、有效，但也倒逼数字治理制度不断完善与变革，并在治理实践中对体制机制、政策体系进行检验与评价，从而以实际的治理效果审视制度的优劣。上海作为一个超大城市，人口多、流量大、功能密，且具有复杂、动态、巨系统的典型特征，城市发展、运行、治理各方面情形交织，尤其在数字技术深入运用于城市治理的过程中，不可避免地面临着法治、规则和道德伦理等方面的挑战，需要适应数字时代的发展要求，实现数字治理制度的变革，使治理数字化转型与制度重构有机融合。

我国超大城市在推动其数字治理之时，加强顶层设计并强化政策制定与贯彻落实，将制度建设穿插于转型的全流程中。不仅在国家战略的部署与指导下，通过城市数字化转型的整体规划使治理、生活、经济等方面相互促进，对于治理领域的数字化，也出台了相应的制度与政策。把局部的数字治理制度建设置于上海整体的数字化转型中进行设计，以在超大城市的治理数字化转型中实现其治理目标，发挥制度体系的积极性、主动性、创造性。从而，构建起规范有序的数字化治理体系，包括全方位、多层次、立体化的政策体系，合理化、安全性、开放性的技术体系，系统性、整体性、协同性的组织体系。

其一，政策体系的构建细化为超大城市治理数字化转型提供保障。例如，上海治理数字化转型的重点是：围绕使政务服务"一网通办"、城市运行"一网统管"这两张网进一步提质增效的目标，以治理的数字化推动治理的现代化。作为超大城市，要实现城市治理数字化与能力现代化，既要靠理念创新，也要靠完备的法制、监管、评估、激励等政策体系。同时，治理数字化转型政策体系的突破之处还在于，其不仅包含信息化政策法规体系，还更强调主体应用、人民受益的政策体系。上海提出了科学制定城市治理数字化转型工作方案，在全市层面的规划之上不断细化政策文件，区分地区层面、领域层面、场景层面的政策与规则，力求形成全面的政策体系，使治理数字化行动有据可依。具体而言，进一步完善各类政府长期规划、建设方案、指导意见、管理方法，配套建设政务服务、公共数据资源、信息安全、政务云平台、政务网络、资金使用等管理制度，着重建立健全场景开发、市场参与、公众使用的规则体系。

上海在"一网通办""一网统管"中已有细化的政策制度,并在整体的数字化转型意见之下,进一步区分二者的发展重点、目标;各区也根据自身情况制定了相应的推进政策。例如,《上海市数据条例》的制定出台,就标志着上海城市数字化转型"1+1+3+3"政策框架已初步建立,即数字化转型意见、数字化转型"十四五"规划和三大领域的行动方案,加以补充数据条例立法、促进政策措施、数据交易所基础设施。[1] 由此,政策体系的完善保证了城市数字化转型的成效。

其二,技术体系的建立健全为超大城市治理数字化转型提供支撑。数字技术本身只是一种工具或手段,需要通过持续使用、迭代、创新才能发挥作用,并应用于城市治理领域中,成为城市治理主体的有力辅助,帮助解决公众面临的难题。大数据、物联网、人工智能、数字孪生等新兴技术在融入城市治理时,以各种形态的硬件或软件而存在,如信息系统、集成平台、小程序等。公共部门在治理领域上有其优势,但技术领域仍相对需要其他主体的参与和共同开发。相较其他城市,超大城市自身技术基础优越,具有丰富的高新科技企业与组织、人才资源,因而可以在技术开发上进行体制机制的变革,通过完善数字技术的相关制度,推动自上而下与自下而上结合的技术开发与技术创新,从而为城市治理数字化转型提供敏捷、开放、整合的技术资源与能力,全方位支撑治理所需要的数字技术。

在关于数字化转型的规划中,上海等超大城市即以城市数字化转型为创新试验田,鼓励前沿技术和应用的创新实践,完善包容开放的制度环境,建立适应城市治理与数字化趋势的技术体系。例如,成都面向未来城市数字化转型发展的需求,发布了"面向未来城市的基层社会数字化治理系统研制及应用示范"榜单,旨在深入城市治理的"毛细血管",破

---

[1] 俞凯:《上海城市数字化转型"1+1+3+3"政策框架已初步建立》(2022年1月12日),澎湃新闻, https://www.thepaper.cn/newsDetail_forward_16253754,最后浏览日期:2022年7月1日。

解当前基层社会治理的难点问题;上海在治理数字化转型应用场景建设中进行"赛马制"和"最佳实践"等机制的试点,通过"揭榜挂帅"等形式支持有条件的企业参与"一网通办"和"一网统管"等相关技术和应用的开发。

增强数据治理能力是提升超大城市治理水平的关键,数据治理也是其技术体系的一个重要部分。数据治理涉及数据收集、使用、管理、安全等多个方面。数字治理虽然为公众带来了生活上的便捷,但也导致了数字利维坦、算法剥削、信息泄露等问题。因而,无论是公共部门还是学界都存在一个共识,即治理数字化转型中,既要肯定数据对于信息技术的重要助推作用和对城市运行及治理的支撑功能,也需要考虑数据的全流程规划和全周期管理,以健全数据治理体系为抓手,以人民需求为牵引,提升数据汇聚、治理、共享、开放和开发利用的能力,不断完善数据治理相关的法律、标准及其他规则,在不同的应用场景为城市治理统筹提供数据处理工具和数据服务。我国多个超大城市在数据治理的体系完善中也从不同的环节进行了有效探索,将来源丰富、特征多元的数据转化为城市治理的宝贵资源。

一方面,致力于加强各领域、各行业数据发展规划,健全各区、各部门数据治理机制,建立公共数据标准体系、分类治理规则。例如,作为改革开放的前沿阵地、经济特区的典范城市,2021年,深圳在《深圳经济特区数据条例》中提出要建立健全数据治理制度和标准体系,充分发挥公共数据资源对提升城市治理现代化水平的积极作用。目前,深圳正逐步建立全市统一的公共数据目录管理体系,包括全市统一的公共数据基础目录、公共数据开放目录、目录编制指南、开放目录汇总、市公共数据开放平台、目录动态更新和评估等。此外,数据分类分级是数据安全管理的基础。深圳在相关的条例中也开始实行数据分类管理,根据公共数据的通用性、基础性、重要性和数据来源属性等制定公共数据分类规则和标准,明确不同类别公共数据的管理要求。

另一方面,数据治理体系的完善还需要考虑数据伦理问题,既要保障可开放数据的流通共享,也要做好使用者的信息与隐私保护。超大城市在治理数字化转型过程中不可避免地需要接入、整合、应用来自公众、企业、社会组织等不同主体的各类信息和数据。数据使用的适度、合理、依法原则之下,如此海量的数据资源,要收集好、用好、保护好,就必须建立安全防护体系,对数据的产生、流动、应用全过程场景进行安全保障,及时预警和通报数据安全风险。杭州在《杭州市数字政府建设"十四五"规划》提出,"设立数据治理法律咨询小组、数字伦理与隐私保护咨询小组等机构,加强重点领域、重点行业个人信息开发、利用、保护定期检查,加强数据安全评估"。而深圳则从"首席官"制度入手,如深圳坪山重点推广首席信息官和首席隐私官经验,强化信息化建设的统筹推进、政务数据的分级分类与隐私保护。

其三,组织体系的设置完善为超大城市治理数字化转型提供基础。以上海"一网统管"为例,其运作实体是城市运行管理中心,"三级平台、五级应用"总体框架支撑着城市运行系统,也是治理数字化转型的基础。上海市委市政府相关领导在"一网统管"推进大会上强调,要按照"三级平台、五级应用"的基本架构,推动各类事件处置、风险应对更主动、更及时、更高效。目前,上海市、区、街镇三级城运系统已经陆续上线,"三级平台、五级应用"成为上海数字治理的运作架构。2022年,《上海市人民代表大会常务委员会关于进一步促进和保障城市运行"一网统管"建设的决定》也明确了市、区和乡镇(街道)三级城市运行管理机构的职责及其相互关系。

一方面,"三级平台、五级应用"形成了各有差异又相辅相成的定位与功能。通过市级、16个区、216个街镇三级城运中心建设,全方位统筹同级城市运行事项和城市数字治理的跨部门协同。市城运中心从顶层设计加强"一网统管"的整体建设,通过抓总体、组架构、定标准,依靠兼容开放的框架,汇集数据、集成资源,赋能支撑基层的智慧应用。区城运中心重在"联和管",向上打通市级,向下联通街镇,整合区级各业务系统,发挥系统的枢纽作用,打造智能权威的城市运行管理综合指挥中心。

除进行城市运行日常管理外,区城运中心也是区各部门共享的协同指挥平台,为区级层面的指挥和决策提供大数据研判,为街镇、网格实战应用提供更多有力保障。街镇城运中心重在"统和战",统筹街镇各方资源,第一时间发现问题、控制风险、解决问题,形成快速反应、处置高效的一线作战平台。"一网统管"建设三年行动计划中指出,"一网统管"是超大城市治理的"牛鼻子"工作,其中,99%的政务工作是落地在街道基层处理。街镇城运中心强调基层的城市治理,依托市级、区级城运平台,结合街镇自身特点,打造全覆盖、全过程、全天候的基层社会治理平台,将基础信息、案件处理、日常处置、应急调处等工作进行整合,快速发现、响应、解决老百姓的问题与诉求,缩短事项流程和处理周期。"五级应用"在"三级平台"的基础上加上网格和社区,力求将"一网统管"的"神经末梢"与应用场景延伸至城市治理的"最后一公里"。市、区、街镇、网格、社区(楼宇)五级运用城运系统履行各自管理职能,每一级为下一级赋能,上一级帮助下一级解决共性难题。

另一方面,上海逐步厘清城运中心与各委办局之间的关系,以发挥数字治理效能。从专业性的角度来看,城运中心更多地扮演数据和资源交互的平台角色,通过智能化城运中台联动、协同各委办局,各委办局则根据相应的城市治理事项成为具体事务处置的承担者和响应者。城运中心主要以高度汇聚和共享的数据流为基础,发挥数据赋能、系统支撑、信息调度、趋势研判、综合指挥、应急处置等职能,并给各委办局赋能;一旦涉及城市运行、治理中各类事件的处置,仍根据法律授权以各委办局为主。[①] 超大城市中的突发事件复杂多样,城运中心具备平战转换功能,对重大突发事件随时形成统一指挥调度的工作格局,对于紧急状态下影响到整个市层面的事务,由城运中心统一指挥和协调;常态下事务由各委办局承担和负责,城运中心提供数据支持和平台支撑。

---

① 根据课题组调研资料整理。

第九章 实践经验:超大城市治理数字化转型何以有效

第二节 双向驱动:技术嵌入与赋能赋权

信息技术的进步被视为新一轮变革浪潮开始的体现。新时代下,信息技术已呈突飞猛进的趋势,在全球范围内推进了新的社会变革,以大数据、人工智能等为代表的新一代数字技术,不仅成为衡量国家科技创新实力的重点指标,也对社会发展具有重要作用。从互联网技术开始普及,到大数据、物联网乃至人工智能、数字孪生、元宇宙等新兴概念与技术的不断发展、应用并在人类社会产生巨大的影响,数字技术俨然已经渗入到社会、经济、政治等领域的方方面面,嵌入个体生活、社会发展的微观及宏观层面。在城市治理中,技术的身影已是随处可见,无论是网格化管理,还是智慧城市,都将数字技术视为促进治理水平提升的有效工具与手段。政府的数字化转型实践中,技术以不同的方式嵌入城市规划、建设、管理、运行等环节,产生了大量的应用创新。城市治理数字化转型是一项与数字技术密切相关的方案,超大城市主动顺应和掌握数字化时代带来的新趋势、新机遇,除了制度以外,将新一代数字技术作为城市治理数字化转型的核心驱动力,在5G、云计算、大数据、人工智能等技术支撑下实现技术与治理互嵌,打造城运中心、"城市大脑"等应用平台,向城市管理者、公众等多元主体赋能赋权,实现超大城市的有效治理。

一、技术嵌入

数字技术的作用已在实践中被验证,技术不再是外生于社会与治理的独立因素,而是深度介入治理过程并对治理过程施加重要影响;技术的嵌入将其边界、影响力和价值不断拓展,成为驱动城市数字治理的重要前提。① 超大城市的特性使得其单纯依靠人海战术进行城市管理难以为继,可能导致治理过程中出现响应迟缓、处置落后、效率低下的情况。在治理模式必然要变革时,数字技术的嵌入是其转型的必要条件,也是城市治理得以改进、提升的基础。技术的发展、设施的建设与场景的拓展是技术嵌入的逻辑链条(如图 9-1 所示)。具体而言,大力发展数字技术,突破原有技术条件限制,面向城市治理集约提供大数据、人工智能、区块链、数字孪生等通用技术组件,提升人工智能相关技术供给能力,降低技术开发成本。数字基础设施建设为城市治理提供了技术框架与底座支撑,将 5G、大数据、云计算、人工智能、物联网、区块链等新一代信息通信技术与传统的物理基础设施相结合,通过数字化改造与适配,形成数字时代的新型基建。在城市治理中基于数字基础设施,以人民需求为导向推进数字城市不同场景的应用功能开发。

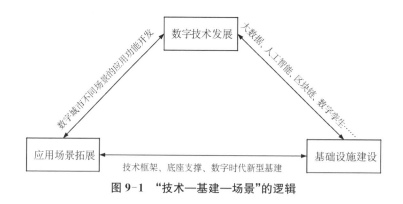

图 9-1 "技术—基建—场景"的逻辑

尽管"以人民为中心"的城市治理强调将公众的感受与需求作为治理的风向标,但城市治理数字化转型仍需要将数字技术视为一种不可缺少的前提。与传统的城市管理不同,新时代下的超大城市治理需要更好利用技术为城市运行、社会发展提供内生动力。超大城市具有强大的技术层面优势。一方面,超大城市制造能力较强,科技型企业发展较好,在

---

① 陈水生:《技术驱动与治理变革:人工智能对城市治理的挑战及政府的回应策略》,《探索》2019 年第 6 期,第 34—43 页。

新兴技术及其设备制造与更新升级上更为便利;另一方面,超大城市科技创新能力强,人才储备丰富,依托于高等院校、国家级实验室等可开展领先的数字技术研发活动。因此,超大城市的数字治理建立在信息通信技术基础之上,并在持续不断的迭代发展中融入新兴概念与技术,使得城市治理由人力密集型向人机交互型转变、由经验判断型向数据分析型转变、由被动处置型向主动发现型转变。政策、资金、人才及技术落地后的一系列保障、使数字技术研发顺利开展,为超大城市治理数字化转型中的基础设施建设提供技术动力。

以元宇宙这一新兴却又对于城市治理中的数字孪生、孪生城市建设具有重要意义的技术为例,以北京、上海、深圳、杭州等超大城市为代表的第一梯队,在政策引导、技术研发、资金扶持、人才培育等方面已经形成了较为显著的领先优势。例如,北京凭借自身的科创优势,扎根文旅元宇宙,提出要将城市副中心打造成为以文旅内容为特色的元宇宙应用示范区。为打破技术方面的瓶颈,北京先后于2022年3月、8月印发《关于加快北京城市副中心元宇宙创新引领发展的若干措施》《北京城市副中心元宇宙创新发展行动计划(2022—2024年)》,通过集聚创新主体资源、组织关键技术攻关、搭建创新赋能平台等举措,实施强基赋能行动。上海则是我国元宇宙产业发展最早、最全面的城市之一,近几年陆续发布了《上海市培育"元宇宙"新赛道行动方案(2022—2025年)》《上海市打造文旅元宇宙新赛道行动方案(2023—2025年)》《上海市"元宇宙"关键技术攻关行动方案(2023—2025年)》等政策,系统全面地对元宇宙所涉及的各项关键技术、基础设施、交互终端、数字工具做出了指引。超大城市在数字技术研发中的实践为城市治理数字化转型,尤其是智能硬件、核心软件、数字孪生建设指明方向;进一步地,面向城市治理应用需求构建支撑城市数字化转型的智能底座,得以形成敏捷治理、精准治理、技术先行的超大城市治理方案。

数字基础设施建设为超大城市治理数字化转型提供坚实载体。数字基础设施是以数字治理为引领,在技术创新基础之上,面向城市治理数字化的需要来提供转型升级、融合创新等服务的基础设施体系。随着5G、人工智能、工业互联网、物联网、数字孪生等新兴技术全面融入城市治理,数字基础设施成为超大城市高效治理的重要支撑。例如,深圳紧紧把握自身在数字基础设施建设方面的优势,围绕新基建提出"极速先锋城市""超充之城""数字孪生城市"等多个新目标,持续推进新型基础设施建设,不断塑造发展新动能、新优势。在"极速先锋城市"建设方面,截至2024年1月,深圳已累计建成5G基站7.5万个、10G-PON端口40万个、水电气物联网感知终端926万个,成功构建高速率、大容量、低时延的超级宽带网络,实现了"双千兆、全光网、1毫秒、万物联"网络建设目标,千兆城市建设水平全国领先。① 在"超充之城"建设方面,深圳率先打造了国内首个"电力充储放一张网",融合多源异构数据,包括18万个充电桩、5100个5G储能基站、6000个电动自行车充换电柜、1200个光伏站、15个储能示范站、13个车网互动站、46个换电站及大型数据中心等资源,并与虚拟电厂管理平台协同,实现分布式资源可观、可测、可控,全过程科学化、智能化、精细化管理。深圳全市已建成超充站65座,充电桩超过19万个,是我国新能源汽车充电桩数量最多的城市之一。② 深圳之所以能持续"抢跑"新基建,是因为新基建与传统基建的深度融合、与城市产业发展的密切结合。

随着超大城市的不断发展,城市管理者面临的问题与公众的需求也在不断发生变化,因此,不断拓宽数字技术与数字基础设施的应用场景正是使治理数字化转型落地执行、发挥实效、解决问题的重要一环。从无序设摊、车辆乱停放、暴露垃圾类似的城市治理"小事",到防汛防台、突发危机这样的"大事",都可以成为治理数字化转型的实践情境。例

---

① 周雨萌:《深圳累计建成5G基站7.5万个,千兆城市建设水平全国领先》(2024年1月19日),深圳门户,https://www.dutenews.com/n/article/7955500,最后浏览日期:2024年2月7日。
② 叶青:《实现分布式资源科学化、智能化、精细化管理"一张网"提升城市能源安全韧性》(2023年7月12日),科技日报,https://digitalpaper.stdaily.com/http_www.kjrb.com/kjrb/html/2023-07/12/content_555930.htm,最后浏览日期:2024年2月7日。

如,杭州"城市大脑"从惠民利民的一些小事切入,建设了包括公共交通、城市治理、卫生健康等在内的 11 大系统 48 个应用场景,建成数字"驾驶舱"158 个,日均协同数据 1.2 亿条。如杭州卫健系统的"舒心就医",原来到医院就诊,挂号、放射检查、化验、配药每个环节都要往返付费,在杭州"城市大脑"的协同下,在杭州参加医保且信用良好的病人,就医全程无须先付费,就诊结束后 48 小时内通过自助机、手机等方式一次性支付,实现"最多付一次"。又如杭州城管系统的便捷泊车,扫码一次,终身绑定,全城通停,并实现"先离场后付费"。

二、技术赋能

赋能是许多学科和领域共同关注的概念与理论。同时,赋能是一个多维的社会过程,它发生在社会、心理、经济等维度,也发生在各个层面,如个体、群体和社区等,其本质在于通过一定的行为干预帮助培养能力、控制生活的过程[1];赋能也可以理解为赋予他人能力,是权力的去中心化和再分配。技术与治理互相交织、促进是数字时代的重要特征,在数字浪潮影响经济、社会、政治等不同领域之下,技术赋能成为推动治理逻辑重构的"绣花针"[2]。在城市这个动态、复杂的场域中,以数字技术赋能城市治理是推进城市治理能力现代化、精细化、智能化的重要路径。数字技术赋能可理解为以数字技术赋予能力、能量,创造必要的条件,促使既定目标的实现成为可能的过程[3]。在治理视阈下,技术赋能主要体现在技术的融合性、治理的精细化和决策的科学化三个方面[4]。技术融

---

[1] Nanette Page and Cheryl E. Czuba, "Empowerment: What Is It?", *Journal of Extension*, 1999, 37(5), pp. 1-5.
[2] 李雪松:《新时代城市精细化治理的逻辑重构:一个"技术赋能"的视角》,《城市发展研究》2020 年第 5 期,第 72—79 页。
[3] 郁建兴、樊靓:《数字技术赋能社会治理及其限度——以杭州"城市大脑"为分析对象》,《经济社会体制比较》2022 年第 1 期,第 117—126 页。
[4] 胡卫卫、陈建平、赵晓峰:《技术赋能何以变成技术负能?——"智能官僚主义"的生成及消解》,《电子政务》2021 年第 4 期,第 58—67 页。

合即通过数字技术将技术与行政实现有效融合,治理精细化即让公共部门的治理行为更好地回应公众需求,决策科学化则更强调智能预测、防患未然的城市治理模式。从主体视角来看,超大城市治理数字化转型中的技术赋能的对象既包括公共部门,也包括企业、社会组织、公众等多元主体。对于政府的治理而言,现阶段存在三个技术赋能政府改革以提升治理能力的维度,一是重构政府治理能力的构成,二是赋能政府自身治理,三是赋能政府的经济与社会治理。① 对于其他主体而言,数字技术也在治理过程中增强了主体能力、促进了城市治理共同体的形成。因此,技术赋能也是技术与治理实践在城市系统情境中不断交织,使各主体能力得以增长的迭代升级过程。

一方面,超大城市在数字治理中通过数字技术实现了"减负"。一个超大城市的有序运转离不开各个层级城市管理者的时间、精力投入,而这并不意味着对"人海战术"的盲目推崇。单纯地依靠人力实现的城市治理在效率与效益上是有待提升的,数字技术的引入无疑为超大城市的治理注入了新的助力。尤其是在基层组织中,数字技术的"减负"作用是实现治理数字化转型的重要动力。我国《居民委员会组织法》规定,居民委员会一般在 100 户至 700 户的范围内设立,由主任、副主任和委员 5 至 9 人组成。例如,根据上海市常住人口及居(村)委会的数据,上海市一个居(村)委会平均需对接约 3 940 名居民。② 面临如此巨大的压力,如何让超大城市治理更加有效是公共部门与社会需要共同考虑的问题。

数字技术的发展为居委会等基层组织的"减负"创造了条件。技术助力居委会"减负"主要有运作电子化、条线部门与基层治理问题对接的

---

① 孟天广:《政府数字化转型的要素、机制与路径——兼论"技术赋能"与"技术赋权"的双向驱动》,《治理研究》2021 年第 1 期,第 5—14 页。
② 边嘉璐、陈杨、高文昕等:《数读上海居委会:疫情下城市的"末梢"治理难在哪》(2022 年 6 月 20 日),上观新闻,https://j.eastday.com/p/1654124606030183,最后浏览日期:2022 年 7 月 12 日。

电子化、普及和优化各类政务类电子化平台与流程三种路径。① 基层的工作往往面临着"上面千条线,下面一根针"的挑战,但"一网统管""城市大脑"极大地减轻了超大城市的基层工作压力。通过运用大数据等智能化信息技术助力基层治理,社区一线工作人员在工作的过程中,可实现信息直接录入、直接上传,信息可以自动保存汇总,按需生成各类表单,将居民区工作人员从各类数据表格填写中解放出来,明显提高了工作效率;同时,党的领导能力也得到有效加强。在日常工作中,通过安装传感监测设备、二维码自行申报等方式,大大降低了基层人员的治理负担,防汛防台、垃圾分类等政策咨询服务也可以通过轻应用统一推送给商铺店主。②

另一方面,数字技术在超大城市治理数字化转型中发挥了"增能"的作用。习近平总书记在浙江考察时指出,"推进国家治理体系和治理能力现代化,必须抓好城市治理体系和治理能力现代化"③。在超大城市治理中,党建引领毫无疑问地发挥了极大的组织作用,将党的领导贯穿于城市治理的全过程中,对于城市治理效能提升具有保障意义。从治理手段与方式的视角来看,数字化转型丰富了城市治理与治理能力的内涵,推动了数字技术与治理能力提升之间的有机结合。例如,针对城市治理模式碎片化、市民需求多元化、公共决策环境复杂化等现实情况,成都市成华区以成都的城市信息模型平台和城市运行管理服务平台试点为抓手,在杉板桥搭建"1+3+6+N"的"智慧城市系统架构",构建"云、网、端、数"的"智慧城市治理平台",催生出一个具有"全时空感知,多维度监测"新特征的"杉板桥数字孪生社区"。这一数字孪生社区融合了建

---

① 付建军:《从组织变革到机制创新:居委会减负改革的路径演变与持续逻辑》,《中国行政管理》2020年第8期,第60—67页。
② 周琳:《上海:人机协同"一网统管"助基层减负》(2021年7月2日),新华网,http://www.xinhuanet.com/mrdx/2021-07/02/c_1310039558.htm,最后浏览日期:2022年7月14日。
③ 中共中央党史和文献研究院:《习近平关于网络强国论述摘编》,中央文献出版社2021年版,第143页。

筑信息模型数据骨架和城市信息模型基础平台,构建出现实社区与信息模型全方位"镜像映射、实时互动"的数字孪生空间,为社区智慧治理应用场景开发提供强大的数字基础支撑。在此基础上,社区内部署了400多路"天网"视频和6 800多智能井盖等物联感知设备,根据社区生活场景,打造了覆盖社会治安、消防安全、环境保护、交通管理、城市管理、养老关怀6大领域的32个智能感知应用场景,实现社区治理场景全覆盖,健全完善横向到边、纵向到底的智慧治理体系。进一步地,打通区、街道、社区各层级信息系统,构建大屏展示的社区运行管理服务平台,实现区级大脑、街道中脑、社区小脑、小区微脑四级数字化贯通,配套开发面向街道、社区管理人员的中屏及针对居民、游客的移动端应用,打造社区治理"一屏全观""一网统管",充分实现系统融合、数据共享、功能联动。

在数字化转型的背景之下,城市治理能力已不仅局限于公共部门的行政能力,也包括其他主体的多元化能力。有学者将这种数字技术对社会主体的影响称为激活社会,即数字技术激活社会资源,实现组织内外资源的全链接和整合重组,推动社会力量在治理中广泛参与。[1] 以公众参与城市治理为例,北京市海淀区依托"城中大脑",开发了全新应用功能——"环境随手拍",让人民群众参与到社会治理的过程中。打开"掌上海淀"小程序,点击"环境随手拍"按钮,市民就可以上传图像及文字,随时上报在全区范围内公共空间及小区内公共空间发现的环境问题。[2] 当公众发现随意停放在人行道上的共享单车产生安全隐患时,可以通过小程序拍照上传、投诉;依托后台融合指挥系统,可及时实时调用周边网格力量,让最近的网格员进行现场处置,使得"市民吹哨,街道报道"立见成效。

---

[1] 陈天祥、徐雅倩、宋锴业,等:《双向激活:基层治理中的数字赋能——"越秀越有数"数字政府建设的经验启示》,《华南师范大学学报(社会科学版)》2021年第4期,第87—100页。
[2] 《海淀环境治理"随手拍"正式上线》(2023年11月27日),北京市海淀区人民政府,https://zyk.bjhd.gov.cn/ywdt/hdywx/202311/t20231127_4630582.shtml,最后浏览日期:2024年2月7日。

三、技术赋权

作为治理中的重要部分,数字技术对个人和组织发挥着显著的"赋权"功能,不同主体依靠数字技术,通过信息流通、参与表达和采取行动等方式,在提升自身参与能力的同时完成自我增权,具体表现在数字技术赋权公民参与、社会组织驱动政社协同等方面。① "赋权"中的"权"兼有权力与权利的双重含义。尽管当前学界对技术赋权这一概念的使用仍相对审慎,但大多数学者更强调自上而下的权力转移;随着技术的发展并在治理中逐渐形塑治理的方式、模式与过程,理解技术赋权必然需要厘清现代技术的演化路径及技术与治理二者之间的关系。② 技术赋权主要是面向治理中的弱势群体,致力于通过现代信息技术提升弱者的利益主张能力,并改变其在公共治理场域中的边缘地位和"失语"状态。③ 从价值视角出发,技术赋权也可理解为行动主体为实现特定的价值规范与目标,以技术为媒介,将价值目标和意愿加以现实化,从而提高治理效率的过程。④ 但可达成共识的是,新兴技术不仅改变了城市治理的模式,也不断形塑个体、组织的行动,加速了参与治理的权力与权利的流动。因此,技术赋权更重要的意义在于在多元空间联结了不同的社会阶层,为个人行使权力、表达权利和采取行动提供了契机,也为权利、权力的生效提供了实现的路径。⑤

---

① 孟天广:《政府数字化转型的要素、机制与路径——兼论"技术赋能"与"技术赋权"的双向驱动》,《治理研究》2021年第1期,第5—14页。
② 朱婉菁、刘俊生:《技术赋权适配国家治理现代化的逻辑演展与实践进路》,《甘肃行政学院学报》2020年第3期,第104—114页。
③ 邹家峰:《技术赋权:乡村公共能量场与乡村治理转型》,《华中农业大学学报(社会科学版)》2021年第6期,第121—128页。
④ 王磊:《参差赋权:人工智能技术赋权的基本形态、潜在风险与应对策略》,《自然辩证法通讯》2021年第2期,第20—31页。
⑤ 孟天广:《政府数字化转型的要素、机制与路径——兼论"技术赋能"与"技术赋权"的双向驱动》,《治理研究》2021年第1期,第5—14页。

与技术赋能相同,技术赋权是以一种双向的方式作用于公共部门与社会主体,而不仅仅是对社会主体产生作用(如图9-2所示)。一方面,城市治理中的技术赋权以数字技术作为新的沟通媒介或渠道的基础,使政府能够及时地了解公众等主体的需求与问题,精准地识别城市治理过程中的相关信息;另一方面,借助于数字化转型所不断迭代发展的媒体平台,个体在城市治理中的意见与建议得以通过线上形式被城市管理者所听到、看到,而知识、信息的传播也突破了原有的模式,使个体间、个体与组织间、组织间关于城市治理的话语得以分享、讨论。一言以蔽之,在城市的治理数字化转型中,技术赋权发挥在于协同与共享效能,通过改变个体或组织参与认知、赋予相应参与权利或权力,建构起一个多元主体平等参与、自主表达、相互作用的城市治理共同体,进而改善城市治理的绩效。

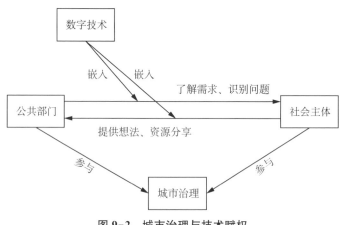

图 9-2 城市治理与技术赋权

在超大城市的治理数字化转型中,数字技术主要从权力下沉与权利拓展两个维度发挥赋权作用。党的二十大报告指出,要夯实社会治理基层基础,推动社会治理重心下移。做好社区治理赋权"加法",正是治理重心下移重要举措,要尽可能地把资源、服务、管理放到社区,让离人民群众最近、感知最灵敏、反应最迅速、处置最快捷的基层有人、有权、有物。数字技术推进了城市治理中社区这一关键场域的赋权过程。例如,依托"一网统管"平台,上海的数字治理正逐步向村居延伸,使社区治理在防汛、消防、养老等方面发挥更加高效精准的效果。上海全市有16个区215个街镇的数千个居村委会能应用"社区云"开展社区治理和为民服务工作。以往社区基层工作者需要上门排摸信息,而现在只要登录社区治理平台,就可及时上传、更新居民信息。在可控范围内赋权,实现了超大城市治理重心的下移,既降低了治理中响应与处置的时间成本和协调成本,也提升了城市的精细化治理与智能化治理水平,在应对重大突发事件时做到"心中有数"。

对于社会、市场、公众等主体而言,数字技术的引入使治理权力结构特征趋向扁平化、均等化、共享化,有效地实现了"还权于民"。[1] 2023年,杭州市余杭区发布了线上"众人议事厅"应用场景,以数字赋能全过程人民民主,实现随时随地参与议事"不打烊"。"众人议事厅"应用场景以全过程人民民主协商闭环管理为主基调,构建了区—镇街—村社—网格四级议事协商闭环体系,打通自上而下、自下而上两条议事协商、民意收集渠道,涵盖了区—镇街—村社—网格—村(居)民五级主体。同时,与"余智护杭"基层智治平台形成事件流转交办的交互体系,切实解决群众关心关注的重点难点问题,实现了全时空民主协商、全层级分层协商、全领域覆盖协商、全主体参与协商、全流程规范协商。前期在径山镇试运行期间,形成"关于完善修订西山村《村规民约》""关于小古城村全村范围内文明养犬事宜"等七个示范案例,共收集问题1 000余条,办结率达99.1%,实现"人人可报料、户户可参与",有效改变遇事无人可诉、无人可找、无人可办的局面。[2]

---

[1] 梁正:《数字双赋打通韧性城市建设"最后一公里"》,《人民论坛·学术前沿》2022年第Z1期,第26—34页。
[2] 吴一静:《"众人议事厅"喊你上线 随时随地提意见谈想法》(2023年8月23日),杭州市余杭区人民政府网站,https://www.yuhang.gov.cn/art/2023/8/23/art_1532122_59057400.html,最后浏览日期:2023年2月7日。

第三节　价值取向：实战管用与多元参与

技术嵌入无疑是超大城市治理数字化转型的必要条件与重要动力，由此才逐步实现了治理过程中赋能与赋权的双重目标。在技术维度之外，治理数字化转型推进至今能够取得成就的一个前提还在于价值的引导与实践。现代城市的数字治理转型既需要建立在人本理念的基础上，也要兼顾工具维度与价值维度的取向，注重治理成果的共建共治共享。一方面，强调数字技术的创新与应用建立在城市管理者的业务需求之上，促进城市治理与数字技术的跨层级、跨系统、跨部门、跨业务融合，让政务服务、城市运行的资源得以合理流动配置，解决城市治理的真实痛点，提高数字化转型的效率。另一方面，理解数字时代下城市治理所承载的"人民城市"重要使命，动员广大主体积极参与、形成合力、推动转型，让企业、公众、社会组织等主体感受到城市治理数字化转型的"温度"和"精度"，以及协同治理所带来的参与感、获得感、幸福感，大力构筑城市治理的共同体。同时，还应当看到，无论是在常态化的城市治理，还是在突发城市危机事件中，城市治理数字化正发挥着促进公共服务共同生产的积极作用，不仅重塑了治理过程中公共服务生产、传递与使用的流程环节，还在价值层面上形成了公共价值与个人利益协调、多元价值相容的格局，从而提升了超大城市运行中的数字价值与治理效能。

一、应用为要，管用为王

各大城市积极开展数字化转型探索，强化应用为要、管用为王，为建设数字中国和提高超大城市治理现代化水平作出贡献。"应用为要"指的不仅是基于数字基础设施所搭建的各类平台和系统，还包括超大城市治理中的应用场景。通过将城市治理的应用开发与应用落地相结合，结合城市管理者尤其是基层干部以及人民群众的需求,不断拓展城市数字化转型的应用场景,提升了城市治理的效能。同时,还将应用效能的评估与实战性挂钩,即通过管用、爱用、受用等多维的评价指标促进城市数字治理中应用及场景的持续改进与完善。

第一,通过应用平台的集约化建设减少了重复建设与浪费。总体规划与因地制宜是集约化建设的关键。超大城市治理数字化转型需要依赖于一系列应用平台的搭建与使用,并在技术领域形成统一标准与共享流程,在城市治理的各个层级形成资源的合理流动。对大数据、人工智能、区块链、数字孪生等通用技术组件的集约提供,可以降低技术成本,知识、经验的分享也可以节约人力、财力、物力及时间成本。例如,2020年,上海提出要加快推进"一网通办""一网统管"两张网建设,要求"一网通办"围绕"高效办成一件事",为城市运行的多元主体提供全面优质服务;"一网统管"着眼"高效处置一件事",保障城市治理的高效与及时。《上海市全面推进城市数字化转型"十四五"规划》就提出,要按照"统一规划、集约建设、创新赋能、安全可控"的原则,推进城市"数字底座"建设,从而全面提升城市数字化转型的泛在通用性、智能协同性和开放共享性。但城市的数字治理得以有效的原因还在于坚持因地制宜的理念,即在城市运行的不同层级发挥应用开发的不同功能。在"一网统管"建设里,市级城运中心就负责开发市级平台业务应用,为全市"一网统管"建设提供统一规范和标准;区级平台主要提供与本级应用相适应的软硬件基础,强化本区域个性化应用的开发和叠加能力;街镇级城运中心则通过应用的实践,根据不同的条件将智能化的应用、工具与手段合理有效地赋能于基层干部。

超大城市正在聚焦数字化基础设施和政务服务、城市运行等综合应用,推动集约化建设和运营,实现跨区域、跨部门、跨层级协同的集约部署、共建共享与管理服务,从而解决城市治理中公共部门尤其是基层单位对于技术及应用平台开发建设的需求响应慢、技术经验缺乏、应用集约化不足等问题。例如,2021年,上海成立"一网统管"轻应用开发及赋能中心,夯实了城市治理数字化的应用基础。这一中心是上海在城市治理数字化转型中推进集约化建设与个性化定制的典型案例。一方面,可以提供已成型的各类数字化应用和工具,相关部门、单位的基层管理人员通过平台可以寻找、下载其日常工作中所需要的轻应用;另一方面,通过统一服务门户、需求发布大厅等面向提供服务和开发工具,即相关部门单位提出需求,由供应商"量身定做",形成需求发布、服务响应、在线协同开发等流程的闭环运行机制。① 同时,"一网通办"也遵循统筹规划、集约建设的原则。以遍布社区的智能化终端设备为例,一站式数字政务服务需求存在着共性,办理、查询、证件打印等事项,可以通过推进自助终端集约化、智能化建设,在"家门口"得以体验。

第二,推进应用场景的精准化拓展解决了城市治理的痛点和难点。超大城市的运转具有复杂性与动态性,城市治理需要满足不同主体的需求与特点,面临的问题同样错综复杂。"场景"一词包含着多重要素,是基于特定的时间、地点和人物,以各种关系为中心构建起的特定时空集合,应用场景则指向在某种情况下通过特定的方式以解决面临的问题、满足主体需求的内涵。对于治理数字化转型而言,超大城市本身就是一个严密且庞大的应用场景。但对于城市治理数字化转型中的各种应用、平台与系统等而言,其应用场景则是以超大城市为背景,进一步细分的各类痛点、难点与急难愁盼问题。可以看到,无论是政务服务还是城市运行,应用场景的开发与拓展都是以需求为牵引的。例如,在推进"城市大脑"的建设中,杭州致力于构建一个集成城市数字化治理的平台和体系。聚焦于解决实际问题,这项工程已经成功开发了覆盖 11 个领域、包含 48 个场景的应用程序,直接针对城市治理中的关键难题、阻碍点,以及民众关切的焦点和难点。为应对数字时代诸如"数字难民"和"数字鸿沟"等新兴问题,杭州市还推出了《杭州城市大脑赋能城市治理促进条

---

① 栾吟之:《上海"一网统管"接通 200 多款轻应用,为填万张表格、打千通电话的他们减负》(2021 年 3 月 25 日),上观新闻,https://export.shobserver.com/baijiahao/html/352757.html,最后浏览日期:2022 年 7 月 15 日。

例》,旨在为城市内部的数字边缘群体和数字能力较弱群体提供法律上的保护。[①] 同时,杭州完善多部门协同,推出多项便民举措,例如,"先看病后付费"在全市 302 家医疗机构实现全覆盖,平均使用率 99%。

第三,以应用效能的实战性作为评估的重要标准。无论是"一网通办"还是"城市大脑",在城市治理中,数字化转型的最终落脚点还是"用",要充分考虑实际应用需求,从使用者的角度出发,注重使用者的感受,将管用、爱用、受用作为重要的评价标准。从数字理念过渡到实战运用,方能看到应用是否与场景适配,数字化工具与手段是否真正解决了城市治理的难题瓶颈,城市治理数字化转型是否取得了有效的成果。因此,数字技术及其应用、平台与系统需要在应用场景中进行检验,城市管理者与人民群众的评价是城市治理数字化转型的评价者,应当通过评价、反馈来推进应用迭代与治理改善。上海、杭州、深圳等多地的治理数字化转型并不流于政策层面或概念形态,而是在实战中形成了一套系统的评价体系,其中,使用者的评价已成为关键的"导航仪",通过开展应用场景市民体验评价,探索建立"用户体验师"制度,持续推动城市治理数字化转型的应用场景迭代升级。

在城市数字化转型的进程中,深圳致力于加速构建数字政府和创新型智能城市,实现高频服务事项的 100% 移动处理能力。根据《深圳市国民经济和社会发展第十四个五年规划和 2035 年远景目标纲要》,深圳提出了三大目标,旨在加快数字政府和智能城市的建设,为市民和企业提供更加周到和实际的政务服务。这包括深化政务服务的"一网通办"策略,通过构建主动、精确、智能的数字政府体系,规范化和标准化政务服务事项的管理,开发面向用户的政务服务产品。深圳还计划到 2025 年进一步推动政府治理的"一网统管",建设高效的市政管理服务指挥中心,促进城市治理的数字化转型,打造超大型城市的数字治理新

[①] 罗卫东、方洁:《一键直达,杭州城市大脑让城市学会思考》(2021 年 2 月 22 日),瞭望周刊社,https://lw.xinhuanet.com/2021-02/22/c_139758235.htm,最后浏览日期:2024 年 2 月 5 日。

模式。此外,深圳强调政府运行的"一网协同",推进数字化进程,加速政务协同平台的集成与优化,构建数据中心和容灾备份中心,统一数据标准和接口规范,优化政务流程,实现跨部门数据的无缝对接。①

二、多元参与,共治共享

治理理论强调一种多中心的共同参与,形成有效的治理网络与参与机制。超大城市是一个复杂的巨系统,其发展与运转需要多方合力,这意味着超大城市的治理不仅是城市管理者的责任,也涉及不同的主体与对象,如政府、企业、社会组织、公众等。"人民城市"的理念要求在推动超大城市治理数字化转型时坚持面向市民、基层、市场,调动多元主体的积极性、主动性、创造性,让城市治理不再悬浮于政策之上,而是为更多人民群众所了解、参与、感受。"人人都能有序参与治理、人人都能切实感受温度",这既是现代化城市治理的应有之义,也是数字化转型加持之下的目标之一。一方面,城市治理数字化的效果不仅体现于体制机制创新与政府流程优化,还拓展了传统城市管理的主体范围,提供了市场、社会等多元主体协同参与的机会与渠道,激发多元主体参与治理的主体性、能动性和创造性。②另一方面,共同体塑造可以推动共建共治共享的发展,即城市由多元主体共同建构,城市由多元主体共同治理,治理的效益与成果也由多元主体共同分享。③数字化的工具与手段将城市治理的成果受益范围进一步扩大,使数字化转型在实践中能够具有普惠性的特征。

---

① 李定、黄晓航:《数字改变生活,智慧幸福之城!2022 年,数字深圳建设的十件大事》(2023 年 1 月 21 日),南方网,https://pc.nfnews.com/39/7288894.html,最后浏览日期:2024 年 2 月 7 日。
② 张锋:《超大城市社区技术治理的反思与优化》,《学习与实践》2022 年第 3 期,第 72—81 页。
③ 张桐:《迈向共建共享的城市治理:基于对西方两个代表性治理理论的反思性考察》,《城市发展研究》2019 年第 11 期,第 96—101 页。

第九章　实践经验:超大城市治理数字化转型何以有效

数字化转型拓展了多元主体参与的城市治理范围及渠道,也强化了他们更进一步的参与意愿及行为,使共建共治成为超大城市有效治理的路径。党的领导贯穿于超大城市治理数字化转型的全过程,政府在其中发挥着组织作用。以往的城市管理活动的开展多依靠于公共部门,公众等主体缺少参与的机会与渠道,尽管公共部门可以自上而下地了解公众需求,但在超大城市这个巨系统中,仍难以完全、及时、精准地为所有主体解决当前的痛点和难点问题。因此,公共部门以外的多元主体主动、积极地参与到城市治理中成为推进现代治理体系与能力的必要前提。治理数字化转型强调将更多的力量与资源统筹、集中,充分调动并合理运用公众、企业、社会组织等主体的力量,从而发挥"集中力量办大事"的优势,形成"人民城市人民建"的格局。互联网、大数据、人工智能甚至数字孪生等新兴数字技术极大地改善了城市治理的参与性,通过技术与治理的融合,涌现出诸多城市治理创新,上海在"一网通办""一网统管"的基础上进一步拓展了多元主体参与的渠道和方式;相对地,多元参与也推动了超大城市治理的有效性。

"城市是主场、企业是主体、市民是主人"[①]。在基层治理中,上海依托政务公开、人民意见建议征集、居社互动等渠道,助推社会多元主体参与。2021年6月,"拍贤城·美奉贤"小程序在微信公众号上线,实现了奉贤各街镇及主要委办局政务类微信公众号全覆盖,生活在奉贤的市民可以通过小程序上传身边发现的问题或提出城市建设管理的建议;为鼓励市民参与城市治理,相关部门还对参与者进行奖励。市场力量同样不容忽视,数据要素价值进一步被释放。深圳在前海深港现代服务业合作区推动数据经纪人和"数据海关"试点项目,目标是建立社会性数据经纪机构和数据经纪人管理制度,规范数据流通服务,探索跨境数据传输,以安全高效的方式促进数字经济创新发展。2022年11月,深圳数据交易

---

① 钱学胜:《城市数字化转型 全面助力上海人民城市建设》,《上海信息化》2022年第1期,第6—13页。

所成立并开展首批线上交易,至 2023 年年底,已形成 61 个交易场景,交易额达 12 亿元,吸引 551 家参与主体,实现了国内首批跨境数据交易。同时,粤港澳大湾区大数据中心建设加速,已开始试运行,加强了区域数据资源的整合。在实践中,尤其是高新科技企业的参与极大程度推动了数字技术的开发应用,从而为治理数字化转型提供了技术上的保障。

数字技术的应用提升了城市治理成果的共享性,让公众、企业、社会组织等主体真切体会到数字化转型的作用与影响。党的十九大报告提出,要打造共建共治共享的社会治理格局,保证全体人民在共建共享发展中有更多的获得感。城市治理亦然,既要动员多元主体参与到城市的建设与发展、运行中,也要促进由此产生效应的共享。由于城市的复杂性与公众需求的多元性,如何让城市治理的成果为更多人所享受到一直以来都是一个社会难题,一部分群体在城市发展过程中容易被忽略。尽管在数字时代,新兴技术不仅为多元主体提供了更为顺畅、便捷的参与渠道与平台,还叠加强化了城市数字治理共建共治所形成的效益。然而,尤其是在超大城市中,数字技术也可能导致"分蛋糕"的不均衡。城市治理数字化转型的成果要合理、公平、公正地惠及每个人,在不同区域、层级、群体间形成平衡且充分的共享格局,为广大人民群众创造美好的城市生活,就要以需求作为牵引,更好地发挥数字技术在促进共享上的功能,保障每一个个体可以在城市治理中拥有获得感、幸福感。

超大城市面临的一个艰巨挑战即老龄化。当前互联网智能技术呈现生活全场景应用,数字化技术也在渗透养老领域。人工智能、物联网、云计算、大数据等新一代信息技术和智能硬件产品在养老服务领域深度应用,促使数字化养老院智慧养老场景变为现实。如何通过数字化转型让城市治理成果惠及这部分群体俨然成为一个重要课题。根据,到 2025 年,杭州户籍老年人口预计将达到 235 万,其中 60 岁及以上的老年人将占户籍总人口的 27.10%。为了应对这一人口老龄化趋势,杭州升级了其"互联网+养老"服务平台,该平台集成了物联网、云计算、大数据和智能硬件等前沿技术,旨在为老年人及其家属提供一个高效、便捷的服务系统。这个系统包括供需匹配、质量评估、远程监控和数据分析等功能,构建了一个线上即时响应、线下积极互动和全程监管的智能养老服务模式,有效解决养老服务"最后一公里"的难题。杭州为15万低收入、高龄及失能老年人提供全天候服务——包括"一键呼救"在内共3大类13项服务。杭州还推出了无接触取餐的老年食堂"刷脸吃饭"服务、智能养老管家和养老地图等智慧应用场景。同时,杭州开发了养老服务线上商城,提供"点单式"服务,并将养老服务补贴直接发放至老年人社保卡(市民卡)中的养老服务专用账户。此外,杭州首创全市通用的养老电子货币"重阳分",有效打破了以往的地域限制,形成了一个统一的全市养老服务市场。①

三、价值创造,转型融合

1995年,马克·摩尔(Mark Moore)首次提出公共价值的概念,并以"战略三角形"框架来解释这一概念,其中涉及组织与运作、合法性支持以及价值目标三个维度。② 随后,公共价值理论逐渐被应用于公共管理领域的分析中,甚至有学者将其视为新公共管理后的一种新范式。公共价值范式的一个关键是集体偏好,这也是其与新公共管理范式的个人主义的重要区分,即公共价值创造依赖于以政治为媒介的集体决定偏好的表达,承认公众所决定或偏好的东西是有价值的。③ 公共价值的概念

---

① 《"数字赋能 智慧应用"杭州市推进养老服务新实践》(2020年8月25日),民政部信息中心,https://xxzx.mca.gov.cn/n784/c24648/content.html,最后浏览日期:2024年2月7日。
② Mark H. Moore, "Managing for Value: Organizational Strategy in for-Profit, Nonprofit, and Governmental Organizations", *Nonprofit and Voluntary Sector Quarterly*, 2000, 29(1_suppl), pp.183-204.
③ Janine O'Flynn, "From New Public Management to Public Value: Paradigmatic Change and Managerial Implications", *Australian Journal of Public Administration*, 2007, 66(3), pp.353-366.

迄今仍存在诸多探讨,一些研究从广义的视角认为其包括但不限于公共物品,也可以是公共利益、民主价值、管理价值,如服务质量、诚信、平等机会和公民参与等①,其创造涉及各种行政流程。随着理论与实践的深入,越来越多的实践证明公共价值的创造并不能简单地归集于个体价值的加总,而是要寻求一种有机的平衡路径。创造公共价值是公共管理者和公共部门组织的核心活动之一,这意味着公共部门与公共管理者是"受社会委托寻找公共价值的探索者"②。因此,创造公共价值的一个有效方式是公共部门在为公民提供产品和服务方面进行创新,尤其是数字城市、智慧城市、数字化转型,从技术角度为城市治理提供了价值创造的新路径。

公众是定义公共价值与接受数字服务的主要利益相关者,城市治理数字化转型的有效性在很大程度上取决于公众采用和使用数字化的公共服务,并参与到服务的生产、供给与改进中。在数字时代,公共价值可以通过使用多种数字技术生产和提供的综合公共服务而创造。当人工智能等技术的进步和政府的数字治理为政府、公众等不同主体带来好处时,也就创造出新的价值。③ 数字技术与公共服务不断融合创新,是政府部门满足不断变化的公众需求的有效路径。尤其是"以人民为中心"的维度与公共价值的概念密切相关,政府可以了解公众的需求并将各种新兴的数字技术融合在治理中,进而满足公众的需求并提供个性化的信息和服务。

城市治理数字化转型以创造公共价值为目标,充分发挥数据价值、技术价值、平台价值,保障城市的良好运转与快速发展的同时提升整体的治理现代化水平。数字政府治理所要创造的公共价值,包含了诸如公共服务效率、公民参与、社会福祉管理和责任等战略目标。同样地,对于

---

① Timo Meynhardt, "Public Value Inside: What is Public Value Creation?", *International Journal of Public Administration*, 2009, 32(3-4), pp.192-219.
② Mark H. Moore, *Creating Public Value: Strategic Management in Government*, Cambridge, MA: Harvard University Press, 1997, p.299.
③ Panos Panagiotopoulos, Bram Klievink, and Antonio Cordella, "Public Value Creation in Digital Government", *Government Information Quarterly*, 2019, 36(4), p.101421.

超大城市而言,城市整体的治理数字化转型不仅要实现经济目标,也要考虑政治与社会层面的公共价值创造。城市治理数字化转型体现出协同共治的价值目标,并追求技术的持续迭代、城市治理精准化、政府流程的优化与公共服务的改善。① "人民城市"的治理是价值取向、制度保障与工具支持的统一,价值与另外二者的脱嵌将导致城市治理产生新问题。② 因此,中国各个超大城市的数字化政务平台在治理数字化转型中实现了从技术工具到公共价值创造的转变。

正如上海在数字化转型中所提到的要建设国际数字之都,城市治理数字化转型正是围绕着"数字"与"治理"这两个关键词,释放出更大的公共价值。自 2018 年"两张网"开始建设以来,"一网通办""一网统管"已逐渐渗透到城市发展的方方面面,成为城市运行不可或缺的一环。其创造的公共价值通过高效处置"一件事"体现出来,具体的机制表征为推动跨界协同、突破部门壁垒、促进资源流动等方面,当数字技术转化为城市"智治力",实现精准化的治理与服务时,也就在社会层面创造出新的公共价值。

一个超大城市要在城市治理中显示出"温度"与"效度",就应当促进多元价值的融合,实现公共价值的同时将个人收益最大化。2022 年,深圳持续强化政务服务渠道的建设,致力于将政务服务推广至市民日常生活,实现服务的广泛可达性。深圳成功实现了"零跑动"事项的覆盖率超过 93%,标志着向市民提供更便捷服务的重大进展。"十四五"期间,根据《深圳市数字政府和智慧城市发展规划》,深圳进一步推动数字政府和智慧城市的发展,大力培育数字经济,取得了"一号走遍深圳""一屏智享生活""一图全面感知""一体运行联动""一键可知全局"和"一站创新创业"等成就,使其在智慧城市发展水平和网上政务服务能力等方面居于

---

① 顾丽梅、李欢欢、张扬:《城市数字化转型的挑战与优化路径研究——以上海市为例》,《西安交通大学学报(社会科学版)》2022 年第 3 期,第 41—50 页。
② 易承志:《人民城市的治理逻辑——基于价值、制度与工具的嵌入分析》,《南京社会科学》2022 年第 7 期,第 61—70 页。

全国领先地位。①《深圳经济特区数据条例》成为国内首部数据领域的综合性地方法规,涉及数据权益、个人数据保护及公共数据管理等数据市场基础制度,这对于前瞻性地探索数据治理体系和提升治理能力现代化具有重要的示范和里程碑意义。

超大城市治理数字化转型的一个重要特征在于,其通过数字技术、平台及系统形成动员参与能力,尤其在城市运转面临突发事件的情况下,能够更快速、及时、有效地将各种力量聚合在一起,实现公共服务的共同生产与价值的共同创造。在突发城市公共危机中,公众通过共享电子文档互相了解需求、发挥友邻互助精神;在物资短缺时,社区中自发形成"团购"队伍,利用微信小程序等平台一起解决物资问题。超大城市数字治理的价值不仅体现在促进公共服务的共同生产,也在于由此所形成的公众信任与公民精神。

第四节 以人为本:超大城市数字化转型的应有之义

实践是检验真理的唯一标准。尽管存在数字城市、智慧城市、城市数字化转型等不同的提法,但实质上都是基于大数据、人工智能乃至数字孪生等新兴技术来形塑城市发展模式与公共服务流程。以人为本,是超大城市数字化转型的应有之义,是超大城市数智治理的基本原则,人民满意不满意是检验超大城市数字化转型成功与否之要义。

在超大城市中,人口密集、各种资源流动性强、治理要素实时变化,这样一个复杂的巨系统要运转得当,满足不同个体与组织的差异化需求,必然要呼唤更为精准与有效的治理方法与模式。城市治理数字化转型是城市整体数字化转型的重要部分,与生活、经济领域的数字化转型

---

① 程昆:《深圳数字政府和智慧城市"十四五":将建成全球数字先锋城市》(2022年6月22日),南方都市报,https://m.mp.oeeee.com/a/BAAFRD0000020220622696105.html,最后浏览日期:2024年2月7日。

互为基础、互相促进。通过数年的探索,我国超大城市立足于自身的城市建设基础特征、数字技术发展水平以及人民幸福生活需要,在数字时代的新发展格局下找准城市治理的发力点与突破口,通过实践检验了治理数字化转型对于提高城市治理水平的作用,并不断探索有效的理念、工具、机制与路径。本章尝试沿"理念—制度—工具—价值"的逻辑对我国超大城市治理数字化转型实践进行阐释,结合实际的案例说明这一方案在超大城市治理中何以有效(如图9-3所示)。

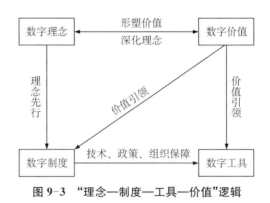

图9-3 "理念—制度—工具—价值"逻辑

我国超大城市治理数字化转型秉持着整体观念、数字思维、人本理念,在全社会形成浓厚的数字治理理念。在党的领导与国家战略的统筹安排下,根据城市发展情况实施转型方案,突出了多领域、全流程、跨部门的整体性特点。在推动公共部门、企业、社会组织、公众等树立起创新求变的思维的同时,将"人民城市"理念融入城市治理的全过程中,从而在制度层面为城市治理,尤其是技术应用、数据安全、组织协调等方面进行保驾护航。

数字技术的发展推动了技术嵌入城市治理的进程。5G、大数据、云计算、人工智能、物联网等新一代信息通信技术的迭代更新,以及区块链、数字孪生、元宇宙等新兴技术概念的产生是数字治理的前提要素。我国超大城市凭借虹吸效应,汇集了丰富的高新科技企业与人才资源,在开展数字技术研发活动中起到领先带头作用。基于数字技术,我国超大城市系统搭建了城市治理所需的数字基础设施,例如:上海"一网统管"中涉及的治理要素"一张图"、互联互通"一张网"、数据汇聚"一个湖"、城市大脑"一朵云"、城运系统"一平台"、移动应用"一门户";杭州"城市大脑2.0""一网通办、一网统管、一网共治"的体系架构,以互联、在线、智能和开放为特征,为世界提供了数字赋能超大城市治理的样本;重庆推动三级治理中心与"一中心四板块一网格"基层智治体系有效衔接,纵向提高贯通能力。因而,超大城市治理中丰富的场景得以融合技术及其系统、平台,促进城市治理智能化与精细化。进一步地,技术的嵌入使技术向城市治理及多元主体赋能赋权成为可能。例如,在社区治理中,为基层工作者减负的同时也持续增能,通过数字技术的引入提高工作效率与服务的精准性,减轻了工作压力,避免由于繁杂事务而对公共服务产生负面影响。

  城市治理中的技术驱动是一种工具理性,多元共治则是一种价值层面的理性。超大城市治理数字化转型强调"应用为要,管用为王",即将实战管用作为数字治理的重要追求。在实践中,推进技术供给、平台搭建、系统建设的集约化发展,通过轻应用开发赋能及应用中心,实现跨区域、跨部门、跨层级的集约部署、共建共享与管理服务。在持续不断地拓展应用场景,实现精准化治理的同时,各大城市将实战效果作为评价技术与治理是否适配、治理数字化转型是否有效的关键评价标准,形成应用开发、实战检验、评价反馈、改进更新的闭环链条。例如,上海的城市治理在与数字化转型相结合的过程中,还围绕"人民城市人民建,人民城市为人民"的理念促进治理的多元参与,实现共建共治共享的城市治理新格局;杭州通过"城市大脑"App等手机应用端连接公众参与和收集社情民意,形成政府和社会相互赋能的运行模式。以党的领导为核心,以政府为主导,公众、企业、社会组织等主体协同共治,发挥各自优势参与到城市治理中。数字化转型在其中不仅拓展了参与主体的范围,通过数字技术赋能与赋权,提供多样性的参与渠道和平台,进一步地强化了治理成果的共享性,真正实现"人民城市"的追求。

  建设以人为中心的城市,并加快数字化转型、提升治理现代化水平,是当前超大城市治理的核心目标之一。我国超大城市的治理数字化转型正以数字技术为工具,汇集各方主体与价值共识,形成创造公共价值的合力。这不仅让公共部门的治理活动更加得心应手,更加精准化、智能化、有成效,也让公众、企业、社会组织等城市中的主体拥有更多的参与感、获得感和幸福感,最终促进超大城市的良性运转与发展。

第十章 现实困境：超大城市治理数字化转型的盲区

第十章 现实困境:超大城市治理数字化转型的盲区

在数字治理时代,我国超大城市的治理数字化转型实践如火如荼,数字治理带动的城市经济发展、政务服务优化、生活场景升级,展现出蓬勃的活力。但是,超大城市治理数字化转型并非一帆风顺,尤其是公共危机突发等问题冲击着城市治理能力和治理水平。在推进过程中,超大城市的数字化转型实践遇到了一些瓶颈,主要体现为:顶层设计有待完善,配套政策亟须出台,数字治理有待加强,数字鸿沟需要弥合,等等。

第一节 顶层设计:"四梁八柱"稳了吗?

随着大数据、云计算、人工智能、区块链等数字技术的运用创新及其在经济、社会、治理等领域的普及,数字化已经成为促进城市未来发展的关键驱动力,推动治理数字化转型已经成为超大城市提高竞争力、实现现代化的必然选择。对于超大城市而言,推进数字化与城市各方面深度融合,对于建设现代化城市体系、推动城市高质量发展具有支撑作用。

党的十九大以来,中央政府和地方政府围绕数字化发展,在数字政府、数字经济上下功夫,加强一体化平台建设,实施数字化转型战略,支撑各行业改革发展。超大城市治理数字化转型是一项系统性工程,涉及超大城市的方方面面,需要站在顶层角度系统谋划,以"一盘棋"思维统领各领域、各过程,实现系统推进和全面转型。综观北京、上海、深圳、杭州和成都的数字化转型,它们在顶层设计方面仍然需要进一步完善。

一、治理体制尚需理顺

目前,我国城市的治理仍属一种条块治理体制,兼具垂直管理和属地管理的特性。这种条块治理体制能够促进城市治理的专业化分工,但是,随着城市环境的复杂性、治理的综合性加剧,条块体制在城市运行过程中常常出现部门掣肘、职责模糊、条块矛盾等问题。肩负社会治理责任的基层部门,可能由于经济资源、执法权限的缺乏导致治理力度不足;对于跨区域、跨部门的治理事项,由于部门间的合作意识不强,也导致多部门合作治理难以落实。

超大城市治理既具有一般城市治理的属性,也更具治理的复杂性。一方面,超大城市的人口密度大,人口流动性高,经济发展迅速,社会风险性高,在经济发展、社会治理、生态优化、维稳综治等方面面临艰巨任务;另一方面,随着数字技术的运用,城市现代化治理体系和治理能力建设进程加快,对于超大城市数字化治理的要求越来越高、越来越迫切。这两个方面的因素使得既有的超大城市治理体制的短板愈发明显,需要提升治理水平以满足日益增长的城市发展需要和市民生活需求。

党的十九届三中全会明确提出构建简约高效的基层管理体制。因此,如何改革既有的城市管理体制,提升城市数字化治理水平,成为数字治理时代城市治理需要解决的一个关键问题。

超大城市的治理数字化转型需要匹配相应的治理体制。就市级层面而言,市级部门需要统筹建设,各部门各司其职。然而,在市级层面上,超大城市治理数字化转型的体制机制尚需理顺。以上海城市数字化转型实践为例,治理领域、生活领域、经济领域这三个领域的数字化转型工作推进分属于不同的职能部门管理,三者之间的牵头部门不一致,容易导致数字化转型的协同程度不够。① 具体而言,上海的治理数字化由市政府办公厅牵头,经济数字化由市经信委牵头,两个体制建设各自为政,容易导致项目重复建设和交叉建设的问题,也容易导致因为创新考评和绩效考评而加剧部门竞争和项目扯皮的问题。② 因此,在超大城市治理数字化转型的过程中,需要理顺治理体制,体制不畅、职责不明、协同不足影响了数字化转型的整体性,也阻碍数字化转型的深度和广度。

二、机构设置尚未完善

在机构设置上,城市数字化转型的相关机构需要配备到位。这涉及数字管理机构的完善、领导小组的成立等。数字管理机构(如城市运行中心、大数据中心等)能够保障数据治理、运行和应用,而领导小组的成立则能够统筹推动数字化转型的进程。超大城市治理数字化转型涉及方方面面,影响经济、政府、社会各个领域,若缺乏专门的管理机构统筹协调,则缺乏统一的管理体制和推进标准,加之政策不健全等问题,会在很大程度上拖慢数字化转型的步伐。

有些政府部门并没有充分参与数字化转型,不知道数字化转型到底转什么,将给自身工作带来何种提升。这些政府部门由于没有真正理解数字化转型的含义,还给后续的转型推进、数字工程实施等带来阻力。一些部门的工作开展与数字化没有挂钩,与部门的服务创新、城市长期发展战略没有很好地联系起来。因此,下一步的发力点应当是推动超大城市各个网络平台的集成,以及系统的深度融合。例如,政务服务"一网通办"和城市运行"一网统管"是上海城市治理中两个肩负不同责任又不可分离的系统平台,推动"两网"的融合,对于数据流动、系统集约建设和

---

① 顾丽梅、李欢欢:《上海全面推进城市数字化转型的路径选择》,《科学发展》2022年第2期,第5—14页。
② 顾丽梅、李欢欢、张扬:《城市数字化转型的挑战与优化路径研究——以上海市为例》,《西安交通大学学报(社会科学版)》2022年第3期,第41—50页。

平台治理的持续深化具有重要意义。目前,"两网"融合已初具雏形,突破部门壁垒,促进部门合作、优化机构变革等举措能够进一步推动"两网"融合的实现。

许多城市已经成立城市数字化转型工作领导小组。城运中心是支撑城市数字化运行的载体和依托,是城市治理数字化转型的主要管理主体和推进主体,但是,城运中心目前的定位尚不明确,由于编制、资源等因素限制所导致的人员配置尚不完备,机构权力也较为薄弱。此外,很多主体并未意识到数字化转型是一场具有变革性的进步,未能给予足够的注意力和关注度,这也就导致了目前政府里的信息技术部门是主要参与力量。而专业建设运营任务往往会发包给信息企业和技术专家,造成数字建设的碎片化,也为相关的数字建设管理增加难度。

三、设施建设缺乏统一规划

超大城市治理数字化转型,需要注重数字设施建设。数字基础设施是超大城市治理数字化转型的基础,能够搭建组织架构和技术框架,保障数字城市建设和运行的顺畅,推动政务、经济和生活等各领域的数字化发展。例如,上海市大数据中心和城市运行管理中心是保障城市数字化运行的组织载体,杭州"城市大脑"保障城市数字化运转,这些都离不开相应的基础设施建设。目前,超大城市治理数字化转型的数字设施建设尚需改善,主要问题是缺乏统一规划,影响了城市治理数字化转型的效能。

一是数字意识淡薄,对于数字设施的应用不足。部分政府部门和民众对数字化认知存在偏差,把数字化视为信息化,认为运用互联网和打造应用平台就是数字化转型,或者认为数字化转型与之前的智慧城市建设并无二致,这些认识都没能准确把握城市数字化转型的本质,导致数字应用不足。此外,部分政府部门和民众的数字化思维缺失。城市数字化转型需要公众的广泛参与,但是目前部分公众对新技术、新事物的接受度较低,仍然依循传统的生产、生活和社交方式,共享性、创新性等前瞻性思维薄弱,导致对于数字应用的接受度和认可性较低。

二是各层级的数字化建设缺乏统一规划。超大城市治理数字化转型,市级政府需要统筹规划,各区级政府需要协同推进,基层政府根据自身需求建设特色项目。综观北京、上海、杭州、深圳、成都的数字化转型,它们在数字设施建设中都存在不统一的共性问题。具体而言,市级层面出台了数字化转型的政策文件,制定数字化转型的标准规范,但是,各区及其以下街道的部门对于数字建设各自开发系统和应用,各自为政,与市级政府缺乏对口,与横向部门间也缺乏协调。这就容易阻碍数据在跨部门、跨层级、跨区域间的流动和共享,也造成了由于系统不兼容和数据标准不一致引致的数据流动梗阻,在很大程度上影响超大城市政府日常管理和应急处理的事项跨界管理和联勤联动等。

四、各方转型尚未协同

超大城市治理数字化转型需要各个领域数字化转型齐头并进。各方数字化转型的协同,主要体现在主体协同、领域协同、业务协同三个方面。目前,由于数字意识淡薄、体制不完善和技术弱化等原因,政府与市场、社会的协同,政府内部各部门的协同,以及各领域间的数字化转型协同水平不高,数字化转型尚未形成合力,影响了超大城市数字化转型的整体性。

首先,在主体协同方面,超大城市治理数字化转型离不开政府、个体、市场、社会组织等多方的共同作用。就目前超大城市中的市场主体和社会主体参与数字化转型的现状来看,中小企业参与数字化转型的后劲不足,积极性有待提高,数字化转型的项目成果较少,作为转型主体的责任性和与政府合作的专业性尚未充分体现。对于社会组织而言,社会组织参与超大城市治理数字化转型的规模和力度尚未展现,其在社会治理中的优势对于带动公众参与数字化转型具有重要作用,但是,由于社会力量数字化转型的参与性不足,社会组织的专业优势得不到充分释放。

其次,在部门协同方面,超大城市治理数字化转型需要促进城市不同行业、不同政府部门、不同信息系统的合作。这些合作立足于信息自由交互的基础上,离不开数据共享平台建设。然而,目前部分部门割据、行业壁垒、"数据烟囱"等问题依然存在,影响了信息开放共享,进而影响到城市业务系统的协同建设。而且,在超大城市治理数字化转型的推进过程中,城市政府重项目建设、轻业务系统建设的问题存在,各板块、各条线各自为政建设的问题存在,导致超大城市治理数字化转型面临建设主题不集中、资源浪费、重复建设、主线缺失等问题,影响了数字化转型的效率与质量。

再次,在领域协同方面,既需要治理领域的数字化转型,也需要经济领域、生活领域的数字化转型。但是,目前在许多超大城市各个领域的数字化转型的过程中,政务、经济和生活的数字化转型协同性不足。以上海为例,上海在数字治理方面有政务服务"一网通办"和城市运行"一网统管"两块金字招牌,在数字生活方面有叮咚买菜、盒马等线上便捷生活方式,与数字治理和数字生活相比较,上海的数字经济发展优势尚不显著。上海的数字经济领军企业、领军人物、领军产品不足,与杭州的阿里巴巴、深圳的腾讯相比,上海的互联网龙头企业、大型平台型企业、独角兽企业等的数量和质量在全国市场上均不占优势。而且,日益复杂的国际环境和竞争激烈的市场环境也会给国内超大城市发展带来挑战。

第二节 配套政策:"组合拳"落实了吗?

超大城市治理数字化转型是一个数字技术创新、数字技术赋能的过程,在这个过程中不可避免地存在着法治规则不完善的挑战,需要适应治理数字化转型的要求来重构社会秩序,完善相关的配套政策。目前,超大城市治理数字化转型的制度建设不完善,相关政策出台相对欠缺,规则机制有待优化。因此,现阶段完善超大城市治理数字化转型的理论框架和制度框架势必给城市政府带来相应程度的"供给烦恼"。超大城市治理数字化转型需要政府加强制度供给,在政策出台、制度完善等方面"更上一层楼"。

一、系列保障政策有待完善

超大城市治理数字化转型涉及数据治理、人才培养、资源供给等系列保障措施。

首先,数据治理的法制保障有待细化。在数字应用过程中,需要面对知识产权保护、个人隐私保护、道德伦理审查等相关的法制和规则问题,需要构建与之相匹配的政策体系。尤其是超大城市运行和管理过程中涉及的公共数据的获取、归集、共享、开放、应用等政策规则尚不明晰和完备,与数字政府建设、智慧城市建设相关的标准和规范也有待于进一步细化。

其次,数字人才政策有待完善。超大城市治理数字化转型的快速发展会催生经济新业态、新模式,创造更多的灵活就业机会,为市场发展带来新机遇和新挑战,也为数字人才开拓出更大的发展空间。与数字人才缺乏的相关问题主要体现在三个方面:其一,由于数字经济、数字治理发展的差距,引致区域间数字人才的流动,进一步扩大了区域间的发展不平衡;其二,劳动力供给满足不了数字化转型的需求,现有的教育体系和结构与数字化转型对于劳动力教育水平的需求不匹配,数字人才供给仍然存在缺口;其三,就业结构调整落后于产业结构调整,与数字化密切相关的就业岗位主要集中于第三产业,但在第一产业、第二产业中占比较低。[①] 促进城市的数字化转型,需要出台政策规范市场,带动数字新业态发展,加快建设数字人才培养体系,提升数字人才供给水平与质量。

---

① 顾丽梅、李欢欢:《上海全面推进城市数字化转型的路径选择》,《科学发展》2022年第2期,第5—14页。

数字人才的供给与城市数字化转型的推进密切相关,尤其是超大城市更需要吸引数字人才,培养领军、中坚等层级的人才,汇聚人才资源。

最后,财政政策有待完善。超大城市治理数字化转型需要财力保障,目前,城市政府的数字项目建设、数字应用开发和数字平台搭建面临的挑战包括资金不足的问题。一些数字化转型项目存在资金投入不足,或是新市场打开缓慢的困境。[①] 解决这些困境需要政府出台相关的财政优惠政策,或者引导社会资本融入数字化项目建设和数字化应用场景的建设。此外,超大城市治理数字化转型相关的预算管理机制不够优化,与城市数字化转型的速度和需求不相匹配。数字化建设项目往往存在资金投入-产出的不确定性,这在很大程度上抑制了财政投入的积极性,影响了数字化转型的持续发展。[②]

二、政府监管制度有待发展

数字化转型所带来的数字经济发展是数字治理时代经济发展的核心,不仅改变着生产要素,而且正深刻影响着人们的生产生活方式。与此同时,随着数字平台规模的扩张和资本集聚,由数字化转型所带来的一些问题也接踵而至。如信息安全风险、"大数据杀熟"、平台经济不规范发展等,都是不容忽视且亟须解决的问题。

首先,适应超大城市治理数字化转型发展需要政府监管与时俱进。超大城市治理数字化转型,伴随着数字手段的运用、数字工具的创新及政府管理模式的变革,适应这些创新和变革需要建立包容审慎的监管制度,既能够激励数字化转型过程中的新业态、新模式的发展,又能够做到有效监管和规范发展。随着平台经济的发展,企业和市场主体数量逐渐

---

① 郭冀川:《强化财政支持 推动中小企业数字化转型》,《证券日报》2022 年 8 月 5 日,第 A02 版。
② 顾丽梅、李欢欢、张扬:《城市数字化转型的挑战与优化路径研究——以上海市为例》,《西安交通大学学报(社会科学版)》2022 年第 3 期,第 41—50 页。

增多,但是,市场主体资质良莠不齐,这对政府监管提出了需求。此外,现有的政府监管体制、监管职能与平台经济发展不相适应,政府监管依据不足,监管标准和体系与市场创新需求不匹配等问题依然存在。解决上述问题,需要完善政府监管制度,创新政府监管形式。

其次,规范平台经济发展需要政府监管。平台经济的发展容易导致两个方面的问题。一是平台垄断问题。平台企业可以通过收集海量信息,建立用户信息的数据库,并基于大数据分析和大数据算法精准定位用户需求、预测市场需求,吸引更多的用户接入平台。在我国互联网企业发展中,头部平台企业(如淘宝、天猫、京东等)可以根据用户的购买习惯,通过技术手段向用户推荐偏好产品,实现市场扩张。二是"算法合谋"的问题。[1] 平台经济具有天然的垄断属性,平台企业之间具有利益关联,可以借助大数据算法和技术在用户搜索时优先排序自有产品或商业伙伴的产品,这就形成了平台企业之间的合谋,在很大程度上也进一步妨碍了市场竞争。[2]

三、考核评估机制有待健全

衡量超大城市治理数字化转型的成效,需要建立考核评估机制。目前,有关治理数字化转型的考核指标不明晰、不细致、不具体,由此导致政府各部门数字化转型工作的推进成效难以衡量。具体而言,考核评估机制存在的问题表现在两个方面。

第一,考核机制不够健全。超大城市治理数字化转型涉及多个领域,也涉及多个政府部门,协同转型的难度较大。倘若有完善的数字化转型的考核评估机制,则能够在很大程度上促进部门间的合作,以求有

---

[1] 北京民生智库:《民生智库 | 平台经济监管常态化,哪些问题值得关注?》(2022 年 8 月 8 日),澎湃新闻,https://www.thepaper.cn/newsDetail_forward_19367069,最后浏览日期:2022 年 9 月 12 日。

[2] 同上。

好的数字化转型绩效。目前,城市政府在考核机制、评估指标与职能配置上仍需进一步推进落实。超大城市治理数字化转型的重大项目推进需要考核评估,业务指标和数据标准需要制度保障,只有建立起完善的绩效评估机制,才能够保障治理数字化转型目标的实现。①

第二,开展评估的配套措施不足。城市治理数字化转型归根结底是"为人而转",因此,绩效评估也应该由市民来参与。目前,政府绩效评估多以政府评估为主,缺乏社会公众的评估和媒体的监督,政府评估过程不公开、不透明,具有一定的封闭性。而且政府尚未建立支撑性的数据信息网络,使得评估资料搜集整理、分析不足,精准把握力度不够,评估结果反馈较差。而且,各个部门对于数字化转型的认知不一,导致了绩效评估的差异,因而无法建立一套完善的城市治理数字化转型的绩效评估指标体系和方式方法。不同部门所采用的考核评估指标和方式的不同,致使实际考核评估绩效的过程存在差异。

第三节 数据、算力与算法:数字治理与区块链

区别于传统的城市治理,数字城市治理强调动态数据运行,更加需要流动的、活跃的、共享的、互动的数据要素,而这些数据要素经过汇聚之后形成海量数据资源,需要对其加以分析和挖掘,以保障城市的数字化运行和管理。超大城市治理数字化转型的显著特征是将城市打造为一个整体性的、可视化的、可管理的数字体,数据是必要的要素,超大城市治理数字化转型必须重视数据的价值。目前,超大城市数据治理问题突出地体现为数据安全问题和算法问题。

---

① 顾丽梅、李欢欢、张扬:《城市数字化转型的挑战与优化路径研究——以上海市为例》,《西安交通大学学报(社会科学版)》2022年第3期,第41—50页。

第十章　现实困境：超大城市治理数字化转型的盲区

一、数据安全与数据治理

数据是数字治理时代的关键性生产要素，是推动经济、社会发展的新动能。我们正处于数字技术与城市发展的各个领域、多个方面深度融合的时期，随着经济、治理和生活等各个领域的数字化转型的推进，数据利用的广度和深度都将会增加，这也伴随着个人隐私数据治理的需求与日俱进，数据的违规采集、数据的滥用等一系列问题，挑战着现有的数据安全治理体系。现有的数据治理体系难以满足保障个人隐私安全和敏感数据治理等需求。2021年11月1日起实施的《中华人民共和国个人信息保护法》提出要保护人民群众的信息权益。[①] 在该法指导下，各地方政府在数据隐私保护、数据安全等方面仍然需要继续完善相关政策。

首先，个人信息被违规采集，部分平台或应用私自收集用户信息。部分App、小程序等强制、频繁、过度地索取权限，在未经过用户同意的情况下，获取用户信息，或者通过非法的途径购买个人信息，愈发威胁个人信息安全。例如，存在个人信息被违规滥用导致商业杀熟、诈骗等隐患，也存在精准描绘个人画像、生活习性、人际关系等隐私侵犯问题，甚至可能侵害个人权益和身心安全。

其次，数据垄断问题。在数字经济、数字生活、数字治理的各个过程中，政府、市场和公众个人都是数据平台的参与者，各个主体在此平台上交流互动，从而产生静态的数据和流动的数据，但是，涉及数据采集、流通、确权、交易、使用、收益分配等方面的政策法规和指导规范还不健全，在政府、企业和个人的博弈中，如果政府治理落后，公共平台中占据重要地位的企业可能会实现对数据的垄断，这就容易导致数据被资本垄断，也在很大程度上存在数据被非法窃取、地下交易等问题，数据泄露和滥

[①]《中华人民共和国个人信息保护法》(2021年8月20日)，中华人民共和国国家互联网信息办公室网站，http://www.cac.gov.cn/2021-08/20/c_1631050028355286.htm?qid=b17de6a1000350570000000364618156，最后浏览日期：2024年6月12日。

用侵害了公众的隐私,危害公众的财产安全。

再次,数据共享存在阻碍。府际间数据不共享是老生常谈的问题,然而,此问题仍需政府着力解决。受到层级制的影响,政府各层级间、各部门间的信息共享面临困境。尤其是在城市治理数字化转型中,数据共享问题更为突出。城市运行管理中心(以下简称"城运中心")虽然是城市数字治理的载体,但是由于缺乏实权,在向其他部门请求数据接入或是数据共享时,其他部门往往反应迟缓,甚至不乐于将自身部门数据共享给城运中心,因此,无法实现数字化治理中的数据获取和数据共享。[①]"信息孤岛""数据烟囱"现象仍然是信息共享中存在的较为突出的问题。[②] 除了政府内部信息共享存在困境之外,不同区域、不同层级、不同部门之间的政府也存在信息难以共享的问题,政府与外部主体之间同样存在信息共享的困境,政府与市场主体、社会组织和公众间的信息壁垒尚未完全打通。一方面,政府和企业数据对接不畅,公共数据向社会公开不足,公共数据的开放有待完善;另一方面,受多种因素的影响,政府对于社会数据的搜集也存在困难,各个主体之间的数据流通和共享进展缓慢。

最后,跨境数据流动的安全风险不容忽视。随着贸易全球化、数字全球化的发展,数据跨境流通的速度和流量持续加大,数据跨境过程中的传输、应用、交易等环节都面临着被窃取、截获的风险。不可忽视的是,部分境外组织或机构可能利用跨境数据来损害我国的数据资源安全,更有甚者,会发布敏感数据,威胁我国国家安全。因此,对于跨境数据的治理,中央政府和地方城市政府需要给予重视。

---

① 顾丽梅、李欢欢、张扬:《城市数字化转型的挑战与优化路径研究——以上海市为例》,《西安交通大学学报(社会科学版)》2022年第3期,第41—50页。
② 张成杰:《上海市长龚正答澎湃:上海在数字化转型方面优势明显,基础扎实》(2021年4月22日),澎湃新闻,https://www.thepaper.cn/newsDetail_forward_12330067,最后浏览日期:2022年9月12日。

二、算法与数字治理

在数字治理时代,算法是互联网信息发布的重要工具,大数据算法使得信息扩散更为高效,信息推送和获取更为精准,从"大海捞针"转变为"私人定制"。① 但是,如果操作不当,算法操纵也会引发一系列问题,造成信息数据安全风险。

一是信息传递单一,有形成"信息茧房"的潜在危险。算法建立在海量信息和海量用户匹配的基础之上,在关于算法推荐影响的讨论中,最受关注的话题是"信息茧房"。所谓"信息茧房",指的是当算法推荐向用户只推荐同质化信息时,用户的观点会受到影响,信息传播、意见观点、社会共识的形成会变得更加困难。② 久而久之,处于"信息茧房"之中的用户固守已有的单一信息,屏蔽异己信息,不利于理性思想的形成。在数字时代,人人都是信息传播者,人们既有社会认知形成的各种矛盾造成社会中激流暗涌,群体之间的不满情绪和意见也日益增加,加剧了社会矛盾的形成。此外,各类 App 应用、网络直播、网络带货等平台互联网生态中,企业追求流量盈利,利用算法来招揽顾客,增加用户黏性,或者是向公众推送博人眼球的虚假信息、低俗信息、"标题党"等信息,影响公众的价值判断,操纵用户思想。平台通过操纵算法向公众推送有针对性的信息,让用户在潜移默化之间遵循固定的思维方式,影响了公众思想和社会舆论的形成。

二是算法滥用侵害用户利益。大数据算法技术的前提是海量数据。伴随着大数据、物联网、区块链等数字技术的兴起,数据呈现出爆发式的增长、流通和聚集。如果缺乏算法规范和约束,部分机构操纵算法,侵害

---

① 胡坚波:《多措并举推进我国算法治理》,《人民论坛·学术前沿》2022 年第 10 期,第 20—28 页。
② 喻国明:《拒绝"信息茧房",算法如何优化?》(2021 年 7 月 14 日),澎湃新闻,https://www.thepaper.cn/newsDetail_forward_13582909,最后浏览日期:2022 年 9 月 12 日。

用户权益。一方面,部分企业在未经过用户同意的情况下收集用户信息,并对此加以贩卖和利用等,侵害用户的隐私权,损害用户利益。此外,部分平台存在算法歧视的问题。平台会根据用户的地理位置、使用习性、手机品牌等特征,对商品歧视性定价,致使部分用户在未知情的情况下支付更高的价格。这既侵害了用户的知情权,影响公平交易,也损害了公平交易的市场秩序。算法歧视还体现在不同技术水平的用户之间,一般而言,不懂技术的用户更易受到算法歧视,享受不到技术红利,这就造成了不同群体之间的数字鸿沟。

三是算法操纵影响社会治理。大数据技术和算法的应用在很大程度上提高了治理效率,例如,数字医疗、数字交通、数字医院等数字系统应用大大提高了服务效率。但是,大数据算法在提高服务效率的同时,也造成了社会利益和公众权益的困境,算法不精确或者算法不足制约了服务质量的提高。例如,外卖骑手被算法技术支配,劳动者的工作时间并没有通过数字技术优势被合理管控和优化。此外,算法技术的不成熟或者是算法错误,还导致技术失灵问题。对于因算法错误而导致的人身安全、财产损失等问题,由于责任归属不清,也难以在产品设计者、算法设计者、产品使用者之间进行责任分配,这也是目前关于算法应用的一大诟病。

第四节　数字鸿沟:何时走向"数字包容"?

数字技术革命席卷世界各国,深刻影响着各行各业,推动着各个领域的数字化变革。在大数据、云计算、物联网、人工智能等数字技术运用下,数字鸿沟相应产生。超大城市推进治理数字化转型,是围绕"人"而转,应当践行"人民城市人民建,人民城市为人民"的重要理念。由于转型不协调问题,全民全体实现数字化转型的任务艰巨,当前,超大城市治理数字化转型的不平衡不充分问题依然突出。实现平衡性发展、充分性发展、公平性发展,减少数字排斥、数字鸿沟等问题,是实现包容性超大城市治理数字化转型的重要关注点。目前,超大城市治理数字化转型中的数字鸿沟问题正广泛地在个体和企业之间产生。

一、个体层面

个体层面的数字鸿沟问题主要体现在老年群体中。老年群体往往是数字弱势群体,他们受到认知能力、学习能力和教育水平的限制,对于数字应用的接受度较低,运用性不足,因此可能难以适应城市数字化转型的发展,成为"信息贫困者"。

在目前我国的超大城市中,上海、北京、杭州、成都都在一定程度上面临着老龄化的问题。上海是中国最先迈入老龄化的城市之一,也是中国老龄化程度最高的城市之一,自改革开放以来,上海市老年人口总量翻了两番,上海市老年人口的人数和占比逐年增加(如表10-1所示)。2022年年底,上海全市户籍人口为1 505.19万人,60岁及以上老年人口为553.66万人,占总人口的36.8%。

表10-1 上海市2010—2022年老年人口比较

(万人,%)

年份	户籍总人口数	60岁及以上		65岁及以上		70岁及以上		80岁及以上	
		人数	占总人口比重	人数	占总人口比重	人数	占总人口比重	人数	占总人口比重
2023	1 519.47	568.05	37.4	437.92	28.8	—	—	81.64	5.4
2022	1 505.19	553.66	36.8	424.4	28.2	263.17	17.5	83.15	5.5
2021	1 495.34	542.22	36.3	402.37	26.9	247.76	16.6	83.88	5.6
2020	1 478.09	533.49	36.1	382.44	25.9	233.47	15.8	82.53	5.6
2019	1 471.16	518.12	35.2	361.66	24.6	220.71	15.0	81.98	5.6
2018	1 463.61	503.28	34.4	336.90	23.0	208.25	14.2	81.67	5.6
2017	1 456.35	483.60	33.2	317.67	21.8	197.71	13.6	80.58	5.5

(续表)

年份	户籍总人口数	60 岁及以上		65 岁及以上		70 岁及以上		80 岁及以上	
		人数	占总人口比重	人数	占总人口比重	人数	占总人口比重	人数	占总人口比重
2016	1 449.98	457.79	31.6	299.03	20.6	188.62	13.0	79.66	5.5
2015	1 442.97	435.95	30.2	283.38	19.6	181.09	12.5	78.05	5.4
2014	1 438.69	413.98	28.8	270.06	18.8	177.03	12.3	75.32	5.2
2013	1 432.34	387.62	27.1	256.63	17.9	171.93	12.0	71.55	5.0
2012	1 426.93	367.32	25.7	245.27	17.2	169.13	11.9	67.03	4.7
2011	1 419.36	347.76	24.5	235.22	16.6	167.36	11.8	65.92	4.4
2010	1 412.32	331.02	23.4	226.49	16.0	164.33	11.6	59.83	4.2

数据来源:历年《上海市老年人口和老龄事业监测统计信息》。

北京市老年人口总体上也呈现增长的趋势。2016 年,北京市 60 岁及以上的户籍老年人口为 329.2 万人,占总人口的比例为 24.1%;2020 年,北京市 60 岁及以上的户籍老年人口为 378.6 万人,占总人口的比例为 27.0%(如表 10-2 所示)。从 2016—2020 年的老年人口增长比较中可以看出,虽然 75 岁及以上户籍老年人口的增长速度有所下降,但是,北京市 65 岁及以上户籍老年人口、70 岁及以上户籍老年人口、80 岁及以上户籍老年人口、90 岁及以上户籍老年人口从 2016 年到 2020 年占总人口的比重都有所增长,其中,60 岁及以上的老年人口增长速度最大。

表 10-2　北京市 2016—2020 年老年人口比较

(万人,%)

年龄组	2016 年		2017 年		2018 年		2019 年		2020 年	
	人数	占总人口比重	人数	占总人口比重	人数	占总人口比重	人数	占总人口比重	人数	占总人口比重
60 岁及以上	329.2	24.1	333.3	24.5	349.1	25.4	367.7	26.3	378.6	27.0
65 岁及以上	219.3	16.1	219.8	16.2	232.9	16.9	252.8	18.1	264.5	18.9
70 岁及以上	149.2	10.9	142.9	10.5	146.9	10.7	157.1	11.2	162.0	11.6

(续表)

年龄组	2016年		2017年		2018年		2019年		2020年	
	人数	占总人口比重	人数	占总人口比重	人数	占总人口比重	人数	占总人口比重	人数	占总人口比重
75岁及以上	102.9	7.5	95.7	7.0	96.7	7.0	101.4	7.3	102.0	7.3
80岁及以上	59.5	4.4	55.7	4.1	58.4	4.2	63.1	4.5	63.3	4.5
90岁及以上	4.4	0.3	4.8	0.4	5.5	0.4	6.9	0.5	8.7	0.6
100岁及以上	751(人)	—	833(人)	—	928(人)	—	1 046(人)	—	1 438(人)	—

数据来源:北京市老龄工作委员会办公室、北京市老龄协会、北京师范大学中国公益研究院:《北京市老龄事业发展报告(2020)》,2020年,第17页。

据《杭州市2019年老龄事业统计公报》显示,杭州市的老年人口也呈现出上升的增长趋势。在杭州市2010—2019年老年人口比较中,60岁及以上的老年人口占总人口的比重最大,2019年,60岁及以上的老年人口占总人口的比重为22.55%;其次是80岁及以上的老年人口,占比为15.91%。同时,60岁及以上、65岁及以上、80岁及以上的老年人口占总人口的比重,都呈现出增长的趋势(如表10-3所示)。

表10-3 杭州市2010—2019年老年人口比较

年份	60岁及以上		65岁及以上		80岁及以上		百岁老人数(人)
	人数(人)	占总人口比重(%)	人数(人)	占总人口比重(%)	人数(人)	占老年人口比重(%)	
2019	1 795 707	22.55	1 210 030	15.19	285 802	15.91	618
2018	1 744 364	22.53	1 172 324	15.14	279 315	16.01	451
2017	1 671 824	22.16	1 104 390	14.64	269 741	16.13	409
2016	1 591 349	21.55	1 047 934	14.19	271 830	17.08	430
2015	1 509 018	20.86	1 008 810	13.94	268 658	17.80	360
2014	1 429 715	19.98	956 029	13.36	237 670	16.62	331
2013	1 348 842	19.10	912 694	12.92	221 202	16.40	244
2012	1 278 948	18.26	869 722	12.42	199 889	15.63	224
2011	1 221 936	17.53	838 426	12.03	190 678	15.60	202
2010	1 168 769	16.97	797 548	11.58	180 939	15.48	185

注:数据来源于《杭州市2019年老龄事业统计公报》。

据《成都市2021年老年人口信息和老龄事业发展状况报告》显示,虽然60—69岁的户籍老年人口占老年总人口的比例从2017年的56.36%下降到2021年的48.19%,但是,70—79岁的户籍老年人口占老年总人口的比例从2017年的29.69%上升到2021年的35.09%;80岁及以上的户籍老年人口占老年总人口的比例从2017年的13.95%上升到2021年的16.72%(如图10-1所示)。截至2021年年底,老年人口(60岁及以上)为320.80万人,占户籍总人口的20.61%,比2020年增加5.53万人,增长1.75%(如表10-4所示)。2021年,全市城乡居民人均期望寿命为81.76岁,比上年增加0.24岁。70岁及以上户籍老年人口占老年总人口的比例持续上升,达到51.81%,比上年增加3.06%。①

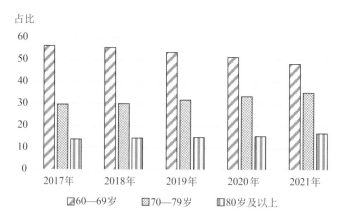

图10-1 2017—2021年成都市各年龄段户籍老年人口占老年总人口的比例(%)

数据来源:《成都市2021年老年人口信息和老龄事业发展状况报告》。

表10-4 2017—2021年成都户籍老年人口数据

时间	2017年	2018年	2019年	2020年	2021年
老年人口数(万人)	303.98	315.06	316.04	315.27	320.80
增长数(万人)	—	11.08	0.98	−0.77	5.53

---

① 《成都市2021年老年人口信息和老龄事业发展状况报告》(2022年7月28日),成都日报,http://www.cdrb.com.cn/epaper/cdrbpc/202207/28/c101955.html,最后浏览日期:2022年9月12日。

(续表)

时间	2017 年	2018 年	2019 年	2020 年	2021 年
增长率(%)	—	3.64	0.31	−0.24	1.75
占比数(%)	21.18	21.34	21.07	20.75	20.61
全国老年人口平均占比(%)	17.30	17.90	18.10	18.70	18.90
全省老年人口平均占比(%)	21.09	20.40	21.22	21.71	21.51

数据来源:《成都市 2021 年老年人口信息和老龄事业发展状况报告》。

通过分析上述城市的老年人口增长现状,可以看出,有的城市面临着老龄化问题。在城市治理数字化转型的过程中,老龄化遇上数字化,往往加剧了城市数字化转型的难度。数字技术应用难题使得数字鸿沟不断拉大。例如,不会使用智能手机打车的老年人遭遇"打车难"的问题,不会线上预约的老年人难以在医院挂号等,这些新闻屡见报端,老年人"数字鸿沟"成为当前城市数字化转型亟须破解的难题。因此,超大城市治理数字化转型在加大互联网的普及和数字应用的推广的同时,也应保留一定的传统生活方式,如线下支付、线下挂号等,充分考虑到老年群体难以与数字化转型相融合的困境。

二、企业层面

企业是超大城市治理数字化转型的重要参与者。企业的数字化转型有利于提高生产效率,降低生产成本,特别是在公共危机突发的困境下,数字化转型能够帮助企业缓解危机带来的冲击,对于企业发展具有重要的意义和现实价值。然而,企业的数字化转型也存在着一定的转型困境,大致体现在以下四个方面。

一是对数字化转型的认识程度不足。大多数中小企业对于数字化转型的重视程度不高,缺乏对于数字化转型的必要性认识,转型的意识不够强烈,也没有形成数字化转型的具体思维和系统推进机制,以至于中小企业仍然处于数字化转型的观望阶段。受到突发危机的冲击,部分企业急匆匆地进行数字化转型,缺乏系统规划,只会"依样画葫芦",使得数字技术的运用并不能很好地融合于企业运营中,不符合企业的发展需求。大数据、云计算、物联网、人工智能等数字技术很少在中小企业中得到运用,中小企业的基础设施建设薄弱,增加了其数字化转型的难度。同时,我们注意到不同行业之间,甚至同一行业内部也存在数字鸿沟。一方面,在不同行业的发展对比中,大部分消费端企业(如零售、文娱、金融等)已经完成或者接近于完成了数字化转型,而一些制造业企业、资源型企业的数字化转型的完成度较低;另一方面,同一行业内部也存在数字化转型的鸿沟问题,即处于同一行业的不同企业之间的数字化程度存在差异。例如,在制造业行业中,多数领军型企业已经是数字化转型的典范,而多数中小型制造业企业尚处于数字化转型的初期阶段或试点阶段。[①]

二是支撑数字化转型的资金、人才等资源缺乏。企业的数字化转型,需要资金支持和数字人才支持。数字化转型是一个长期过程,需要大量的资金投入来支撑数字技术设施建设、数字技术应用打造、运营、维护和管理等。企业数字化转型的目的是提高利润,提升企业的竞争力。对于一些数字技术设施的投入,往往有较高的沉没成本,且短期内的收益尚不明确。对于中小企业而言,数字建设成本的高投入,增加了企业的负担。大企业能够意识到人才培养的重要性,吸引数字人才的力度较大。中小企业吸引人才的力度远远低于大企业,缺乏更大的平台和优越的工作环境,以至于大量的数字人才流向大企业,加剧了中小企业的人才短缺。而数字人才短缺又在很大程度上妨碍了中小企业数字化转型工作的顺利开展,影响其数字化转型的进程。

三是政策扶持有待完善。各地方政府为支持企业数字化转型出台

---

① 马述忠、房超:《弥合数字鸿沟 推动数字经济发展》(2020年8月4日),光明网,https://news.gmw.cn/2020-08/04/content_34054458.htm,最后浏览日期:2022年10月19日。

了一系列支持政策,如减免税收、降低租金、线上服务等。然而,政策落地的效果是否客观仍然值得商榷。目前,大多数的帮扶政策主要集中于降低税收租金、提供公共服务方面,关于推进数字化转型的政策仍然有待强化。① 例如,如何激励中小企业数字化转型,如何支持鼓励建设数字技术平台,如何鼓励数字人才进入中小企业等。此外,从中小企业数字化转型的现状来看,囿于平台垄断,它们转型的机会很少,对此,政府需要加强反垄断的治理,支持各个市场主体平等地进入数字化市场,参与数字化转型。公平、有序的市场环境,能够增强中小企业的资源获取和信息获取能力,增强它们的市场竞争力,增加参与数字化转型的机会。

四是数据开放体系尚不成熟。目前,政府层级间、部门间以及各区域间的政府信息尚未实现充分的开放共享,政府开放共享给企业的数据不足。加之市场、社会中的信息开放共享不充分,自由流通的数据要素市场尚未建立,为企业实现大数据资源的利用带来了困境。总而言之,数据开放体系尚不成熟,增加了企业数字化转型的难度。

---

① 金国峰、马梦园:《后疫情时代中小企业数字化转型进路》,《情报探索》2022 年第 7 期,第 59—65 页。

第十一章 他山之石：超大城市治理数字化的国外实践

第十一章 他山之石:超大城市治理数字化的国外实践

在全球城市高质量发展与公共服务创新的双重驱动下,数字技术已经成为当前城市治理的核心要素。尤其是美国纽约、英国伦敦、美国洛杉矶、日本东京等超大型城市,它们在数字化发展方面都展现出其独有的特征。这些城市不仅在城市规划、交通管理、公共安全等多个领域采用尖端数字技术,而且在探索数字化治理模式上积极运用大数据、人工智能等先进技术手段,有效提升城市管理效率和服务质量,进而为市民带来优质的生活体验。然而,数字技术的发展也给城市治理带来了前所未有的挑战,城市规划者需要直面多维度的变化,利用数字工具不断提高公共服务的质量,为城市建设注入更多创新思维与灵感。本章将深度剖析数字化城市系统的核心要素,重点探讨上述超大城市在数字化治理方面的实践经验,也为中国的城市数字化转型提供一种可资参考的"他山之石"。

第一节 纽约模式:自由发展与数字化建设

作为全球知名的文化、金融和媒体中心,纽约是华尔街、百老汇和联合国总部的所在地,也是美国人口最多的大城市之一,拥有880多万市民。预计到2050年,全球城市人口将达到64亿,约占总人口的66%,

纽约市人口也将大幅攀升。① 在过去的 30 年里,纽约市政府一直坚持透明和开放的政策,促进公共参与和数字技术创新。数字化转型给纽约市带来前所未有的机遇、效率和创新。2015 年 4 月,比尔·白思豪(Bill Blasio)市长发布《纽约市:一个强大而公正的城市计划》(*One New York: The Plan For a Strong and Just City*),旨在为所有纽约市民打造一个可持续性发展的智慧城市计划,以应对未来数字化社会和复杂变化的经济环境所带来的挑战。

数字化转型为纽约这座大都市赋予了自由和开放的特质,同时引入了四种特征(如图 11-1 所示):自由连接、自由学习、自由创新、自由合作。自由连接体现在互联网的高速发展和数字化参与度的提升。这促进了经济增长、就业选择、教育机会、公共安全、医疗保障等方面的发展。自由学习凸显了数字技术在革新思维方式和学习模式方面的潜力,加速了技术创新。自由创新是数字化转型的关键,通过个性化发展激发市民创造力,为城市发展注入新的活力。自由合作强调了数字化治理下的参与式民主,使数字信息、政府治理与社会民众紧密相连。② 纽约市的数字化转型总体规划为政府行动者提供了一个具体的任务指南:一是确定行动范围,制定必要的数字化原则性框架;二是承担统筹协调责任,协调政府和机构之间的关系;三是积极推进数字计划,促进城市数字化转型的持续活力。

一、网络基础设施,数字技术全面赋能

纽约拥有丰富的社会背景和语言文化,为市民追逐梦想提供了广阔的平台。在这样的环境下,高速互联网连接对于每个纽约市民来说都至

---

① Olivia Lai, "How New York Smart City Projects are Leading the Way" (March 9, 2022), Earth Org, https://earth.org/new-york-smart-city/, retrieved August 12, 2022.
② 武英涛、付洪涛:《全球城市数字化转型的典型案例分析及对上海的启示》,《全球城市研究(中英文)》2021 年第 3 期,第 2—3 页。

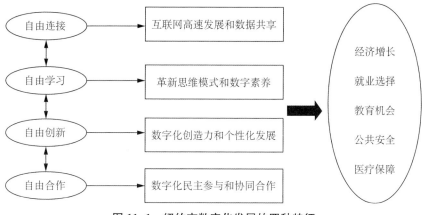

图 11-1　纽约市数字化发展的四种特征

关重要。自 2015 年以来,纽约推出了"连接纽约市"(Link NYC)的免费网络计划,确保纽约市民可以随时随地享受互联网的便利,增强与全球的连接,提高市民在数字化领域的参与度。2020 年 7 月,纽约宣布实施更完善和更专业的《纽约市互联网总体规划》。[①] 该规划旨在为纽约的五个行政区提供高速互联网的访问,被视为纽约数字化标准基础性建设的核心内容。不同于之前的免费网络(Link NYC),新的规划将在公共场所内设置三倍于原项目的 Wi-Fi 热点数量[②],目标是打造全美最大的免费公共 Wi-Fi 系统和公共计算机中心网络。尽管从外界看来,纽约已经成为一座信息技术发展完善的超大都市,但是实际上仅有 60% 的市民能够连接互联网,许多基层社区在数字服务方面存在大量不足。另外《纽约市互联网总体规划》设计了五大标准,即公平、表现力、可承受性、隐私权利和选择权利,旨在为公共部门和私营部门提供解决长期的基础设施缺陷,为纽约市民提供高性能的互联网链接,并积极消除"数字鸿沟"的问题。

---

① 腾讯研究院:《纽约:智慧城市如何在"算法"与"公平"之间寻求平衡》(2020 年 10 月 23 日),腾讯研究院网站,https://tisi.org/17291,最后浏览日期:2020 年 8 月 8 日。
② NYC CTO Team, "The New York City Mayor's Office of the CTO: 2021 Impact Report" (November 1, 2021), Mayor's Office of the Chief Technology Officer, https://www.nyc.gov/assets/cto/downloads/annual, retrieved August 8, 2022.

2003年以来,纽约在数字化转型方面取得了显著进展,其城市的数字化基础设施日益增多。这些基础设施包括全球定位系统(GPS)、传感器、互联网接入、大数据应用系统、城市创新中心、无线网络技术等。不过,在2002—2013年,即迈克尔·布隆伯格(Michael Bloomberg)担任纽约市市长期间,数字城市基础设施的数量并没有大幅增加。然而,自2014年比尔·白思豪当选第109届纽约市长以来,数字化城市设施数量显著增加(如图11-2所示)。① 由此可见,在比尔·白思豪的领导下,数字化城市建设成为纽约市发展的核心规划与社会刚需的关键部分。

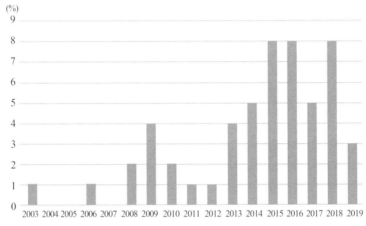

图11-2 2003—2019年数字化基础设施增长率(%)

(资料来源:Shiori Osakata, *How has New York City Developed as a Smart City? Evaluating Smart City Contributors in New York City*, master's thesis, Columbia University, 2019, p. 19)

二、提升数字素养,点亮智慧城市

数字技术为千禧一代提供了宝贵的学习机会,激发了他们对于科技的好奇心。在数字化时代,数字素养(digital literacy)是激发创造力和

---

① Shiori Osakata, *How has New York City Developed as a Smart City? Evaluating Smart City Contributors in New York City*, master's thesis, Columbia University, 2019, p. 19.

促进经济增长的催化剂。数字素养是指个人在数字化环境下获取、理解和应用数字信息的能力和水平,以及利用数字技术解决问题、创造新知识的能力。纽约市政府大力推广数字化技能的学习与实践课程,帮助年轻一代在未来以信息技术为驱动的世界中获得更多的机遇。第一,《纽约市互联网总体规划》包括CS4All计划,该计划旨在2025年将计算机科学教育普及到纽约市的每一所小学、初中和高中。政府各个部门积极响应此计划,力图通过超过500个公共计算机网络中心,提供美国最强大的数字素养教育计划。① 第二,纽约市布鲁克林的红钩区(Red Hook)为年轻人提供点对点的互联网服务和数字化就业培训机会;纽约市教育局为公立高中增加了软件工程学习的核心课程,并提供在科技公司的实习机会。② 第三,作为一个多民族、多语言的城市,纽约市政府服务部门在2020年3月新冠肺炎疫情时期,从线下转向线上。政府工作人员需要快速、精准地为近100万非英文人口提供翻译服务。市长办公室与纽约数字响应部门积极合作研发,并得到了纽约市移民办公厅的大力支持,独创了ELSA(Easy Localization System Access)数字化翻译程序。该程序结合本地语言系统,每天自动更新需要翻译的内容,并利用翻译记忆存储卡重新使用之前翻译过的内容,通过人工翻译对11种语言进行更新。③ 这一技术不仅减少了政府财政支出和工作人员的工作量,还确保服务和信息能够提供给数百万纽约市民。

---

① Cheri Fancsali, June Mark and Leigh Ann Delyser, "NYC CS4All: An Early Look at Teacher Implementation in One Districtwide Initiative", 2020 Research on Equity and Sustained Participation in Engineering, Computing, and Technology (RESPECT), Portland, OR, USA, 2020, pp. 1-8.
② Nancy Scola, "Getting Connected" (February 1, 2015), Orion Magazine, https://orionmagazine.org/article/getting-connected/, retrieved August 10 2022.
③ NYC CTO Team, "The New York City Mayor's Office of the CTO: 2021 Impact Report" (November 1, 2021), Mayor's Office of the Chief Technology Officer, https://www.nyc.gov/assets/cto/downloads/annual, retrieved August 8, 2022.

三、打破信息孤岛,推动数据共享

正如美国前总统罗斯福(Franklin D. Roosevelt)在四项自由演讲中所阐述的那样:"每个人都应该有免于贫困的自由,享有适当的生活标准,获得足以维持生计的工资,并从事有意义的工作"。

这一理念在数字化信息共享的语境下显得尤为重要,可以促进经济发展和提高公民的生活水平。数字信息共享还有助于实现公共监督、政府问责,以及推动各行政部门间的合作。纽约市政府在推动数字创新经济体的发展方面扮演着关键角色。从传统制造业到服务业,再到 AI 智能产业的转型,以提高纽约市民的生活品质并提供有意义的工作机会。采用数据开放的应用程序使得市民能够轻松访问和利用在该市范围内生成的所有数据。开放数据治理成为纽约市数字化转型的最大闪光点。在纽约两任市长迈克尔·布隆伯格和比尔·白思豪的积极推动下,2012 年 2 月 29 日纽约市通过《开放数据法案》(Open Data Law)。该法案规定,所有城市报告都应以数字化形式呈现,允许自由访问、公开、并免费提供给需要的民众,无须任何烦琐的线上流程或者是线下注册。[①] 此外,纽约市还建立了"纽约数字开放系统"(NYC Open Data),鼓励纽约居民直接从政府网站下载所需的数据和资料。这不仅是一种便利化公共服务的体现,也是对罗斯福"四项自由"理念的现代化实践和拓展。

四、打造空间数字底座,共创安全城市

2019 年 4 月,纽约市发布《一个纽约 2050》(One NYC 2050)的白皮

---

① NYC Government, "This is the People's Road Map to a Digital New York City"(April 30, 2022), NYC Road Map, http://nycroadmap.us, retrieved August 10, 2022.

书。① 该文件披露了纽约的未来城市愿景,构建了未来数字一体化的基础框架。其主要从八个维度进行创新和突破:强化民主机制、提升经济包容性、活化社区环境、促进健康的生活状态、推进公平卓越的教育体系、适宜居住的气候、便捷的交通方式和超现代化的基础设施。与《一个纽约2050》白皮书相辅相成的是纽约市的"零愿景数字计划"(Vision Zero)。此计划正是通过利用空间数字底座的概念,促进民间企业与当地政府合作互助,共同打造一张精细的大数据城市地图。这张地图主要利用互联网传感器(如行人交通跟踪系统、智能摄像头和交通传感器)收集的数据,来标定行人安全的关键性指标。通过这些信息,公共安全部门能够实时监控交通冲突,并使用预测分析来管理交通和人员流动,从而提升城市交通安全。另外,执法部门内部共享信息可以提供事前预警机制,保障纽约市民的出行安全,并提高政府处理安全事务的效率。空间数字技术的有效应用被视为是一种提高运营绩效和创造服务机会的公共服务改革方式。② 通过这种创新模式,纽约市不仅增强了城市的安全性和运营效率,也为城市未来智慧化发展奠定了坚实的基础。

五、应急管理数字化,提升服务效率

纽约市数字储备库由审查专家技术志愿者组成,以确保纽约市能够在应急管理和技术需求领域提供精准有效的数字资源。在应急管理领域,数据储备扮演着非常重要的角色。通过分析历史数据和实时数据,城市管理者可以建立模型来预测灾害潜在的发生时间、地点和规模。由此,城市管理者能够提前预警,并采取相应的措施。在灾难发生后,数字储备

---

① NYC CTO Team,"The New York City Mayor's Office of the CTO: 2021 Impact Report"(November 1, 2021), Mayor's Office of the Chief Technology Officer, https://www.nyc.gov/assets/cto/downloads/annual, retrieved August 8, 2022.
② NYC Government,"Vision Zero in New York City"(November 1, 2021), Vison Zero Building a Safer City, https://www.nyc.gov/content/visionzero/pages/, retrieved August 10, 2022.

库还可以提供有关人口分布、医疗和救援资源的重要信息,帮助应急管理人员了解灾害的范围和影响,从而更有效地进行救援和恢复工作。例如,在2021年8月飓风亨利和艾达袭击纽约市时,纽约市首席技术部门、市长气候办公室、纽约城市大学和纽约大学共同设计的防洪应急系统(Flood Net)提供了一系列最新的数据资讯,包括前期实现感知、分析的功能,后期拓展服务和监察功能,为纽约市提供了专业的数据信息。[1] 通过精准化数字技术应用,纽约市能够更好地保护市民免受气候变化引起的极端天气影响,凸显了数字技术在公共安全和应急管理领域的重要性和有效性。

六、经验与启示

对于城市管理者而言,数字化政府的核心职能是经济调控、市场监管、社会服务和公共管理。纽约市的数字化转型提供了一种创新的理念,对全球其他城市,包括中国数字化城市建设,有借鉴和启发作用。数据技术的发展可以有效解决城市建设中所面临的瓶颈,精准化服务使公众的高质量生活需求得到受益。纽约市市长埃里克·亚当斯(Eric Adams)对纽约市数字化转型也有远大抱负和期待。他整合该市数字技术相关机构,于2022年1月签署了3号政府执行法案,将现有的信息技术和电信部门转变为"技术和创新办公室"(Office of Technology and Telecommunications)。该办公室将监督纽约市数字化机构的工作,涵盖了市长数据分析办公室、市长信息隐私办公室、纽约市网络司令部、算法管理和政策办公室等公共服务部门。[2] 这一重大的组织架构调整标

---

[1] NYC CTO Team, "The New York City Mayor's Office of the CTO: 2021 Impact Report" (November 1, 2021), Mayor's Office of the Chief Technology Officer, https://www.nyc.gov/assets/cto/downloads/annual, retrieved August 8, 2022.

[2] Anne McDonough, "Adam Orders Consolidation of City Tech Agencies Under One Authority"(January 19, 2022), City & State New York, https://www.cityandstateny.com/policy/2022/01/adams-set-consolidate-several-city-tech-agencies-under-one-authority/360895/, retrieved August 10, 2022.

志着纽约市数字治理新格局。此举提高了政府运营的效率和透明度,还为市民提供了更好的服务,为全球其他城市提供了数字化转型的参考模式。

首先,纽约市互联网总规划是一个数字化城市基础建设中不可缺少的要素,它强调了将每位纽约市民纳入数字化进程的重要性。开放和免费的网络鼓励每个纽约居民更好地与全球各地相连。这也为其他超大城市的数字化转型之路提供参考和借鉴。其次,数字化信息共享系统是一个城市数字化发展的主要驱动力。这些共享的城市数据不仅提高了纽约市民的生活质量,也推动了经济发展,成为塑造城市竞争优势的新机遇。此外,地方政府、大学和企业之间的科研成果共享对于纽约市数字化转型至关重要。同时,纽约市还重视数字化人才的培养,特别关注软件工程师等人才的培养。核心的信息数据是纽约城市发展的重要资源,为政府治理提供了新的发展契机。最后,治理的逻辑始终要以人为本,让数字化更好地为人服务。数字化城市建设在多个维度提高了市民生活的品质与乐趣。其中,数字交通、数字医疗、数字文化教育、数字安全等新兴领域由公私合作建立而成,这也在一定程度上减轻了政府的财政压力,提升公共服务的质量。

纽约市已经逐步升级到数字化新型社会。纽约市政府作为数字技术的引领者和管理者,搭建了一个线上+线下的交流服务平台。同时,纽约市政府鼓励市民通过自己的创新理念,让城市生活变得丰富多彩。值得强调的是,合理利用数字化科技可以解决未来面临的城市环境挑战和污染问题,为城市发展提供更多可能性和人性化选择。通过研究纽约市数字化城市的建设,我们可以得到以下宝贵启示。第一,发展个性化的数字化城市,确保多元化声音在数字化发展的过程中得到倾听,在数字治理的过程中尊重弱势群体的需求和利益,缓解数字鸿沟的问题。第二,以数字化教育为起点,注重培养数字化人才。第三,加强基层数字化建设,推动城市数字化治理的持续发展。

第二节 伦敦模式:"数治合作"

如果把目光转向欧洲,在超大城市数字治理中表现最为突出的欧洲城市当属伦敦。作为英国的首都和政治、经济、文化中心,伦敦兼有英国最大和最重要城市的双重身份。在世界一流城市中,伦敦的城市数字化治理取得了较为突出的成绩,在众多国际智慧城市排名中位居前列:2018年,伦敦在"IESE城市动态指数"排行中获评"全球最佳智慧城市",与纽约和巴黎齐名。①《全球智慧之都报告(2020)》将全球智慧城市分为引领型、先进型、追随型三类,而伦敦属于"引领型"城市("leading" smart city),在智慧城市评选的几乎所有方面都处于世界领先地位。② 2022年,伦敦再次获评"全球最佳城市""全球最具可持续性的城市"(如图11-3所示),在经济、环境、交通等方面表现亮眼,成为全球城市数字化治理的典范与标杆。③ 作为数字化转型时期全球城市数字治理的"领跑者",伦敦的数字治理以具有以人为本理念的"共创"为核心特征,通过伦敦社会各界的协作配合,共同推进智慧城市建设,形成了独具特色的"数治合作"模式。

---

① IESE, "IESE Cities in Motion Index 2018" (May 23, 2018), Business School, University of Navarra, https://blog.iese.edu/cities-challenges-and-management/2018/05/23/iese-cities-in-motion-index-2018/, retrieved July 5, 2022.
② Smart City Research Group of Shanghai Academy of Social Sciences, "Global Smart Cities 2020-Humanity, Technology and Sustainability" (October 16, 2020), United Nations, https://unpan.un.org/node/1535, retrieved July 5, 2022.
③ Schroders, "London Retains Its Crown in the Schroders Global Cities Index 2022" (March 29, 2022), Schroders, https://www.schroders.com/en/global/media-relations/media-centre/london-retains-its-crown-in-the-schroders-global-cities-index-2022/, retrieved July 5, 2022; IESE, "IESE Cities in Motion Index 2022" (October 27, 2022), Business School, University of Navarra, https://www.iese.edu/stories/smart-sustainable-cities-in-motion-index/, retrieved July October 30, 2022.

第十一章 他山之石:超大城市治理数字化的国外实践

图 11-3 2022 年 IESE 城市动态指数排名前十城市

(资料来源:IESE Cities in Motion Index 2022)

一、城市战略引领"数治",一张蓝图绘到底

长期以来,英国在数字政府建设方面一直处于世界领先地位。基于"政府即平台"的理念,英国政府通过一系列战略、计划等构建新型行政体系,推动了以平台为基础、以服务为核心的数字化转型。作为英国的首都,伦敦始终高度重视城市治理体系变革,着力推进城市数字化转型。20 世纪 80 年代的都市区治理体制改革,使伦敦形成了以地方分权自治、各类组织介入都市治理、管理错综复杂为特点的"碎片化"治理模式。20 世纪 90 年代,英国工党政府上台提出的"第三条道路"治国方略推动了英国各地地方治理的重大变革。2000 年,大伦敦政府(Greater London Authority,GLA)在伦敦市民公投后成立。大伦敦政府成为伦敦具有战略意义的区域性权力机构,负责对 32 个自治区及伦敦市开发公司进行战略规划与统辖管理,负责治理的领域包括经济发展、交通运输、治安维护、应急救援、环境保护等。① 大伦敦政府的建立,标志着伦敦城市治理理念与治理方式的转变,即走向以市民为中心的整体性治理。大伦敦政府拥有战略性而非操纵性权力,充当授权者的角色,主要负责制定有关整个伦敦地区发展的战略规划以及协调伦敦政府与私人组织、社会组织间的公私合作关系。

---

① 陶希东:《20 世纪 80 年代以来伦敦大都市治理改革的进程及展望》,《城市观察》2021 年第 5 期,第 87—95 页。

大伦敦政府始终秉持全局长远的战略思维，通过制定系列政策引领智慧城市建设。2013年，大伦敦政府出台了第一个智慧城市规划《智慧伦敦规划》(Smart London Plan)，阐明了大伦敦政府力求通过运用新技术服务伦敦和改善伦敦市民生活的坚定决心与明确目标。该规划提出了智慧伦敦建设的七个关键主题：以伦敦市民为核心；提供开放数据的访问途径；充分利用伦敦的研究、技术与创新人才；通过网络促进与其他智慧城市利益相关者间的联系；使伦敦在适应中成长；市政府提供更有效和更综合的服务；为所有人提供"更智慧"伦敦体验。[①] 2018年，伦敦市长谋划了将伦敦打造成为世界上最智慧城市的第二个蓝图：《共创智慧伦敦》(Smart London Together)，这是指导伦敦向世界最智慧城市转型的"市长路线图"。该路线图包括20多项举措，阐述了伦敦市长对更加用户导向的数字服务、开放的城市数据、世界互联互通、数字包容、网络安全、数字领导力和技能、创新等方面的承诺。它的核心是利用信息技术和数据共享使伦敦成为更好的生活、工作、观光和学习场所，建立一个协作互联和响应迅速的智慧城市。[②] 伦敦市政府仍与时俱进地探索新的城市发展方案，《伦敦城市韧性战略2020》(London City Resilience Strategy 2020)、《伦敦规划2021》(The London Plan 2021)等系列城市战略为伦敦未来城市发展提供了思路与框架，引领着伦敦的数字化转型与可持续发展。

二、"数治合作"，市民"共创"智慧伦敦

伦敦的数字治理以政府主导、社会共治的"数治合作"为主要特征。

[①] Greater London Authority, "Smart London Plan" (December 19, 2013), London Gov UK, https://www.london.gov.uk/sites/default/files/smart_london_plan.pdf, retrieved July 14, 2022.

[②] Greater London Authority, "Smart London Together" (June 5, 2018), London Gov UK, https://www.london.gov.uk/sites/default/files/smarter_london_together_v1.66_-_published.pdf, retrieved July 14, 2022.

伦敦市长萨迪克·汗(Sadiq Khan)认为,"伦敦的未来是一个以公民创新为特色的全球'试验城市',所有好的想法在这里都能得到开发、丰富和推广"。为了解决伦敦城市建设与发展中面临的各种问题,伦敦市市长呼吁"采取比以往任何时候都更加紧密合作的方式"来建设智慧伦敦。[①] 伦敦市政府高度重视伦敦市民在城市数字治理中的全过程参与,逐渐形成了政府管控与市场促进的公私合作伙伴关系,塑造了更加公平合理的城市发展格局。

伦敦通过民意调查、公民顾问团、伦敦谈话项目、市民会见市长会议等诸多方式,积极吸纳公民对城市建设与发展的意见,鼓励所有公民参与到治理过程中来,共同讨论城市的重要事务,给政府提建议。在城市数字化转型方面,伦敦还通过一系列项目(如伦敦谈话项目等)开展数字化的宣传活动,专门建立科技城市协会(Tech City Institute),鼓励伦敦市民共同讨论新兴技术的相关议题,不断提升市民在城市数字治理中的参与度。伦敦政府还通过设立公民创新挑战赛支持高新技术公司,以财政资助、创新奖励等形式推动政府和技术企业、学界共同为解决各类城市发展问题相互协作,促进了城市的创新生态系统建设。伦敦市长还专门设立了与"地方数字宣言"(Local Digital Declaration)紧密结合的伦敦技术与创新办公室(London Office of Technology and Innovation,LOTI)。该办公室以开放许可的方式开展工作,将伦敦城市数字治理相关的项目提案在六周内进行实验(如图11-4所示),并集中资源推动优势项目,以支持地方政府间、地方政府与私人组织、地方政府非营利组织在数字项目上进行协作,实现尽可能广泛的技术和数据共享、建立良好的公私合作伙伴关系,从而推动技术创新与发展,培养地方领导人的数字素养和领导力,不断满足城市数字化转型的发展需要。

[①] Greater London Authority, "Mayor Launches Roadmap to Make London the World's Smartest City"(June 11, 2018), London Gov UK, https://www.london.gov.uk/press-releases/mayoral/mayor-launches-smart-london-plan, retrieved July 14, 2022.

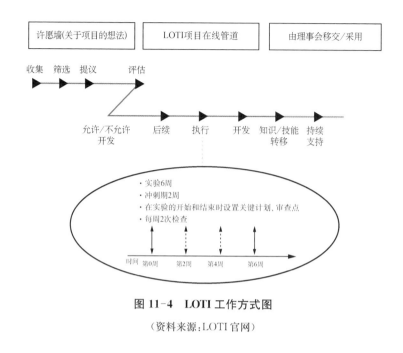

图 11-4 LOTI 工作方式图

(资料来源：LOTI 官网)

三、利用数字技术提升公共服务水平，培育数字产业优势

以"小政府、大社会"著称的英国拥有较为健全的公共服务体系，伦敦是英国公共服务的突出代表。长期以来，伦敦致力于为每个伦敦市民打造方便、高效和个性化的公共服务体验，利用信息技术保证每个伦敦市民都有获取到公共服务的渠道，便捷地获取与自身需求相关的、权威的信息，并能方便地使用这些公共服务。伦敦建立了政务信息资源共享的长效机制，始终确保政府信息公开，财政、社会保障、医疗、教育、住房、交通、文化体育、公共安全、生态环境等公共服务各个方面的相关信息都能够在伦敦政府的官网上顺畅地获得。全球最早建立的数据开放共享平台之一——伦敦数据储存库(The London Datastore)也为伦敦市民提供了全面系统的数据资源(如图 11-5 所示)，既有利于提升公共资源的整合度与公共服务的感知度，又有助于提升伦敦政府的透明度，促进了行政效率的提升。

图 11-5　伦敦数据储存库

（资料来源：The London Datastore 官网）

伦敦在城市治理中高度重视发挥数字技术和数据资源的作用，通过数字化基础设施、城市运行系统建设等激发城市数字化转型的动能，实现新兴技术在公共服务领域的广泛应用，推动了数字产业新业态的形成，培育了数字产业优势，为城市精细化治理提供了重要的技术支撑。其中最典型的当属伦敦的智能交通系统。伦敦是世界上公共交通历史最悠久的城市之一，始终秉承以人为本的理念为伦敦市民、游客提供生活及出行的便利。伦敦交通局一直以开放格式免费发布大量实时更新的公共交通数据，人们可以通过手机应用软件获取公共交通的即时信息和关于路线的实时建议，能够更加准确地规划行程。可重复使用的伦敦智能卡——牡蛎卡（Oyster Card）也为人们支付公共交通费用提供了便利，伦敦交通局基于牡蛎卡收集到的乘客出行数据对城市交通运营与管理进行分析评估，不断完善城市公共交通系统。伦敦还利用无人驾驶技术提供车辆接驳等服务，使新技术在城市的可持续发展中发挥作用。

四、打造"技术摇篮"，成就"人才乐土"

伦敦是欧洲著名的"科技之都"，在金融投资、科技创新、教育等诸多领域均位居世界前列。伦敦市长萨迪克·汗曾言："经历了脱欧和新冠后，伦敦展示了其韧性，证明自己是全球科技创新和创业的理想之地。"全球领先的政策咨询和研究机构 Startup Genome 发布的《2022 年全球创业生态系统报告》(*The Global Startup Ecosystem Report 2022*)显示,尽管受到了脱欧和新冠疫情的接连影响,伦敦的创业生态系统依旧体现出强大的韧性,连续第三年获得第 2 名,仅次于美国的硅谷(如表 11-1 所示)。科技和创业投资的高增长状态为伦敦科技创新的发展注入了强大动力。[①] Startup Genome 称赞伦敦是世界上屈指可数的拥有成为世界顶级科技中心所有必要要素(政府政策、资金支持、市场环境、连通性、技术、经验和人才等)的城市。

表 11-1 全球创业生态系统排名

地点	总体排名	绩效	资金	关联性	市场覆盖	知识	人才与经验
硅谷	1	10	10	10	10	10	10
纽约	2	10	10	9	10	5	10
伦敦	2	9	10	10	10	6	10
波士顿	4	10	9	8	9	7	9
北京	5	10	8	3	9	10	10
洛杉矶	6	9	10	7	9	7	9
特拉维夫	7	9	8	10	10	6	8
上海	8	9	6	1	9	10	9
西雅图	9	8	7	6	8	8	8
首尔	10	7	9	7	5	8	7
华盛顿	11	8	6	8	7	3	8
东京	12	5	8	1	4	9	9
圣地亚哥	13	8	4	3	8	7	6
阿姆斯特丹	14	5	7	10	6	1	7
巴黎	15	1	8	7	1	1	8
柏林	16	6	7	8	4	1	6
多伦多	17	1	9	9	3	1	7
新加坡	18	1	9	4	8	1	5

[①] Startup Genome,"The Global Startup Ecosystem Report 2022"(June 14,2018)Startup Genome,https://startupgenome.com/report/gser2022,retrieved July 14,2022.

(续表)

地点	总体排名	绩效	资金	关联性	市场覆盖	知识	人才与经验
芝加哥	19	4	6	5	6	1	7
悉尼	20	7	5	6	5	1	5

资料来源：The Global Startup Ecosystem Report 2022。

良好的经济与投资环境、开放的市场环境、健全的技术生态系统、以包容性和多元性闻名全球的城市文化、完善的人才引进与培养机制等诸多优势，使得伦敦对专业人员具有极强的吸引能力。伦敦拥有剑桥大学、牛津大学、伦敦帝国理工学院等众多世界一流大学，聚集了来自全球各地的数字技术、金融、工程、环境、法律研究等领域的专业人才，是全球顶尖人才的乐土。此外，伦敦对伦敦市民数字意识的培养和数字技能素质的提升也尤为重视。《共创智慧伦敦》(*Smart London Together*)中明确提出"增强伦敦市民的数字领导力与技能"，包括针对儿童的编程技能培训计划、旨在发展16—24岁的伦敦年轻人数字技能的数字人才计划、通过文化机构的系列活动促进各年龄段的伦敦市民对塑造他们生活的智能技术与数据形成更深入的理解，在取得了良好的数字教育效果的同时，为伦敦数字治理提供了丰富的人才资源。[①]

五、经验与启示

伦敦的智慧城市建设立足以人为本，始终以建设全球"最智慧的城市"为愿景、以促进可持续发展理念为引领、以解决市民需求为目的。伦敦具有较为完善的城市数字治理的制度体系，尤其突出公共政策的规划引领作用。多年来，伦敦市政府始终致力于立足全局谋划伦敦城市的整体发展布局、积极推动城市各领域的变革，通过适时调整的不同版本的

---

① Greater London Authority, "Smart London Together"(June 5, 2018), London Gov UK, https://www.london.gov.uk/sites/default/files/smarter_london_together_v1.66_-_published.pdf, retrieved July 14, 2022.

城市战略规划引领城市数字治理,力求不断满足城市发展需求。在城市治理数字化转型的过程中:应立足于本地实际谋划顶层设计,打破城市数字治理中的部门、信息、系统壁垒,促进政府各部门间的协作;应围绕经济、文化、社会、服务、环境等领域擘画城市发展的宏伟蓝图、制定各领域相应的配套政策与实施方案,完善城市政务服务、数据资源、运营维护、安全管理、绩效考评等方面的相关制度与标准体系,打造规范、高效、有序的城市数字治理体系,确保政策执行的各个环节有章可循、有据可依、有源可溯,实现长效管理。

除了全面、务实、科学的政策体系外,"共创"为智慧伦敦的成功建设提供了重要保障。大伦敦政府作为战略性的地方当局,与伦敦金融城和32个相对独立的伦敦自治市分享政府权力。伦敦负责城市治理的各个机构都有着明确的职能分工与协调,都致力于伦敦的公共服务供给与公共事务治理,追求服务的高效与优质。伦敦政府部门内部、伦敦政府与社会组织、伦敦政府与企业等主体开展的广泛合作是伦敦智慧城市建设的主要形式。多元社会力量的参与、多样化的公众参与方式塑造了伦敦独具特色的城市治理格局。这样的治理体系充分体现了整体性治理理念,强调公共部门的整合、前瞻性与结果导向。相关城市在推进城市数字化转型时,可借鉴伦敦公私合作治理模式的先进经验,转变政府主导的传统观念、摒弃流于形式的管理方式,强化服务意识,构建公众参与平台,广泛吸纳多元的社会力量参与到城市数字治理中,推动社会治理力量真正下沉一线;同时,不断完善政府沟通体系,建立更高效的沟通反馈机制,追求"多元共治"。政府可与市民、企业、高校智库、科研机构、周边城市等开展多渠道、多领域、多维度、多地域的交流与合作,推动产学研融合,提高城市治理中人民群众的参与度,凝聚城市发展的共识,使城市数字治理的观念、策略等深入人心,使政府的决策真正反映民众的期望,以实现社会效益的最大化。

在数字化转型时代,数字技术的日新月异给城市政府的治理理念、治理模式、制度供给、行政流程等带来了新的挑战。伦敦始终高度关注城市治理中的技术驱动。例如,制定政府数据质量标准与技术流程,确保政府间数据标准的一致性,提供数据分析工具与治理方法;建立并适时更新伦敦数据储存库,为城市所有民众提供了涵盖城市各个领域的海量数据,为人民生活和城市治理提供了极大的便利与支持。整合城市的公共数据资源向社会开放,既有利于提升政府的透明度与公信力,又能吸纳社会力量参与政府城市治理的决策中,提升了政务服务的效率。因此,政府有必要发挥数字信息技术的优势,在保障数据安全、公民隐私和数据质量控制的基础上开放公共数据,充分挖掘数据的价值,实现数据信息等资源的整合、汇集、共享与应用,以数据赋能城市治理。

伦敦对数据的充分利用还体现在其致力于提升伦敦市民的数据技能上。从市民学校教育、社区教育到公共部门工作人员职业培训,市民的基本数据素养、公共部门的数字领导力得以通过实践逐步提升,也使得数据文化成为伦敦城市文化的重要组成部分。除了伦敦内部市民数字化能力的培养外,以开放、包容、多元著称的伦敦还积极吸纳来自世界各地的人才。可以说,人才是伦敦数字治理成功的关键因素。伦敦吸引了全球众多优秀的数字、科创、金融等领域的复合型人才,他们为伦敦的数字化转型注入了新的活力与动力。在城市数字化转型的过程中,既应关注市民数字素养的培养与公共部门数字领导力的提升,也应重视城市形象与城市环境建设,通过基础设施完善、城市风貌"气质"塑造、优惠政策支持、制度保障、社会治理精细化、宣传引导等途径改变城市在外来者心目中的形象,努力打造城市品牌,为人才提供适宜的发展环境与高品质的生活体验,提升城市的包容性和对人才的吸引力。更进一步地,要重视人才的培养与发展,定期开展数字人才的培训,强化人才队伍支撑,实现人才集聚与城市可持续发展的良性互动。

综上所述,科学完善的政策、市民"共创"城市的治理理念、技术赋能、复合型人才集聚等关键因素共同驱动了智慧伦敦的成功实践。政府、公民、企业、社会组织等多元主体间的"数治合作",为伦敦城市治理提供了源源不竭的动力,使城市数字化发展的公共价值得以释放,为全球超大城市治理提供了可资借鉴的示范样本。

第三节 洛杉矶模式:"天使之城"的数字化创新

洛杉矶数字化城市建设独具特色。设想在 2028 年夏季奥运会和残奥会期间,游客们一抵达洛杉矶国际机场航站楼,就能体验到卓越的数字化奥运之旅。游客们可以使用自动化人流分离系统在机场轻轨专线、拼车或出租车之间灵活选择。迎接他们的将是数字标牌和多语言的电子系统,并通过智能手机连接酒店、餐馆等公共场所的网络服务。无论是参观著名的好莱坞大道还是威尼斯海滩,游客们都可以使用专门设计的城市数据 App,以自己最熟悉的语言了解地标和服务信息。虽然与美国东海岸大都市纽约相比,洛杉矶在数字化转型方面并非居于领先。但是在洛杉矶市长、市检察官和精通技术的市议员的领导下,洛杉矶已经成为美国首个大型 5G 城市。2020 年新冠疫情的暴发加速了洛杉矶的城市数字化转型,以及增强了对"非接触式"政府服务的需求,并强调用户体验度对现有数字技术的重要性和实操性。

作为三届美国数字城市奖得主(2016—2018 年),洛杉矶市致力于推进数字化基础设施建设和城市数字服务。对于这座位于美国西海岸的"天使之城"而言,数字技术有助于改善其 400 万市民、50 多万家企业和每年 5 000 多万游客的生活体验。① 基于现有技术,洛杉矶努力改善居民的生活、工作和交通出行方式,促进城市的可持续性发展。洛杉矶数字化城市发展主要涉及四大领域(如图 11-6 所示):一是数字化基础设施,数字化科技可以提供给当地民众多种选择,最大限度地享受政府服务资源;二是大数据共享理念,通过共享机制可以有效提高公共服务的质量;三是大数据都市应用软件,创新型城市功能软件使民众的日常

---

① Smart City Committee Contributors,"Smart LA 2028"(December 1,2020), Smart City Committee, https://ita.lacity.org/smartla2028, retrieved August 10,2022.

生活和出行变得更加便捷；四是数字服务平等化，数字化法律保护可以让城市免受种族或社会不平等因素影响。

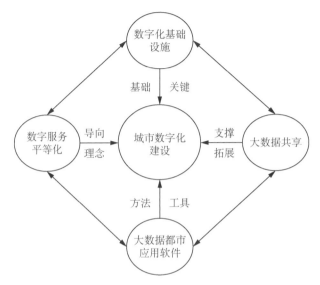

图 11-6　洛杉矶数字化发展模式

一、包容的数字社会：西海岸"数字之都"

数字化转型在这座美国西海岸之都得到前所未有的发展和创新。美国各大城市已经把网络覆盖作为建设数字化城市的基础目标。相比较波士顿、迈阿密等美国超大城市的数字化转型发展，洛杉矶在无线和有线通信数字技术方面已实现对整个城市的全面覆盖。这得益于洛杉矶政府设立的宽带服务数据办公室，大力推动 Wi-Fi 的覆盖率，为低收入人群提供免费便利的 Wi-Fi 服务。[①] 政府希望利用网络基础设施力量在数字化城市的建设中发挥其最大优势。数字化城市的形成不仅需要

---

① 兰红平：《建立数字政府 提升社会服务能力》，《特区实践与理论》2016 年第 1 期，第 115—118 页。

政府政策的引导,更需要社会各方力量的积极参与协助。洛杉矶市所在的加利福尼亚州一直以民主和包容著称,在制定数字化保护法律方面有着开创性的历史。① 加利福尼亚州在数字化法律方面的开创性举措可追溯至 2002 年,它成为美国第一个实施数据泄露通知制度的州。这一立法趋势继续扩展,2013 年加利福尼亚州通过了全美第一个《橡皮擦法案》(Eraser-Button Law),该法案允许 18 岁以下的青少年在社交媒体上删除他们的在线历史,包括发表的评论和视频。② 随后在 2014 年,加利福尼亚州颁布了首个专门保护学生在线个人信息的法律,这一举措很快被美国其他几十个州所效仿。

此外,洛杉矶市政府从不同维度积极完善政策理念,因地制宜地制定数字化城市战略规划。洛杉矶市政府意识到,许多国际超大城市在数字化基础设施上进行了过度投资,并将基础设施本身与"数字"过度联系,这反而会对数字城市规划产生不良影响,数字化基础技术的最终成效应该是更贴合当地民众的日常生活,建立一个更具包容性的数字化社会。

二、开放城市数据:多方共同参与

为了更好地发展数字化城市信息技术产业,洛杉矶采取了一系列创新策略,重点是利用大数据共享机制全方位改革公共服务。这种策略的核心是建立一个开放的数据共享环境,允许第三方企业免费访问政府数据,从而激发他们的创新精神和工作动力。这样的做法不仅可以降低政府成本,提高运营绩效,还能创造新的服务机会,帮助政府发现并改进公

---

① Natasha Singer, "Charting the 'California Effect' on Tech Regulation" (October 12, 2022), The New York Times, https://www.nytimes.com/2022/10/12/us/california-tech-regulation.html, retrieved October 21, 2022.

② Andrea Peterson, "Author of California Online Eraser Law: It's Not Always Easy to Find the Delete Button" (September 15, 2020), The Washington Post, https://www.washingtonpost.com/news/the-switch/wp/2013/09/25/author-of-california-online-eraser-law-its-not-always-easy-to-find-the-delete-button/, retrieved October 21, 2022.

第十一章 他山之石：超大城市治理数字化的国外实践

共服务的不足之处。

洛杉矶数据科学联合会（City of Los Angeles Data Science Federation）是洛杉矶市政府信息技术办公室与南加州大学（University of Southern California）合作成立的机构，专注于解决交通安全、环境保护等社会问题。数据科学联合会已发展成为一个包含18个学院、完成40多个项目的大型合作网络。它将市政府部门的复杂社会数字治理问题与科学家们的最新技术研究相结合，旨在提升基层公共服务的质量。[1] 此外，数据科学联合还在金融领域发挥作用，协助市政府财务办公室提高审计效率，将审计回报率翻倍。通过数字化监察技术，对洛杉矶的老旧建筑进行评分并估计拆迁的可能性，促进城市规划更新，保障建筑安全。这不仅提高了城市管理的效率，还有助于解决洛杉矶低收入人群面临的无家可归问题。

三、线上数字技术体验：优化大数据治理

洛杉矶研发的智慧城市数字化服务系统（Smart City Digital Services）为公众提供了一个轻松方便的途径来获取城市信息、申请特殊公共服务或是与政府进行多方合作。与数字化城市其他基础设施不同，数字化公共服务为洛杉矶市民、企业和游客提供了方便的线上操作平台。"我的洛杉矶311"（MyLA311）App 与呼叫中心、当地政府协同合作，提供了1500多项城市服务，小到城市墙面涂鸦清洁服务，大到公共交通问题，都可以尽快地得到解决。在城市治理规划方面，洛杉矶政府利用城市数字地图（GeoHub）对城市的街道、人口信息进行精准捕捉。[2] GeoHub 基

---

[1] Smart City Committee Contributors, "Smart LA 2028"(December 1, 2020), Smart City Committee, https://ita.lacity.org/smartla2028, retrieved August 10, 2018.

[2] Pamela Scott-Johnson, Hengchun Ye, Phyllis Owens, et al., "Empower Community to Use LA City's Data Portal and GeoHub for Public Good: The Perfect Marriages of GIS and Big Data, Education and the Urban Community, Public University and Nonprofits", CSU Geospatial Review, 2020, 17, pp. 3, 12-13. https://par.nsf.gov/servlets/purl/10174057.

于数字孪生框架的基础设施,将500多个数据集编织在一起,形成一个集中的商业智能系统。其允许成员、公众和外部机构访问、可视化和分析实时数据,旨在为城市部门、县、州和联邦政府提供最新数据。非营利组织和地方大学也参与GeoHub运营,可以存储不同区域的最新数据,让所有用户都能访问一手城市数据。在启动GeoHub三个月后,洛杉矶市民就开始了对公共安全、基础设施和生活质量的实践性探索。在数字化地图的基础上,洛杉矶利用数据开放系统,进行街道环境整治。[1]"清洁道路计划"(Clean Street LA)是洛杉矶基层街道工作人员利用地理数据信息系统,采集街道的环境卫生数据,再将大数据信息设施上传到GeoHub上面,实时获取街道信息,借助数字化方法促进多方参与城市基层治理工作,展现了数字化城市服务在提高管理效率和居民生活质量方面的巨大潜力。

四、基层实践参与:解决数字鸿沟

对于那些无法接入宽带互联网的市民来说,数字化转型为他们带来了显著挑战。洛杉矶政府正致力于消除数字鸿沟,强化对数字化弱势群体的帮助。2022年5月3日,洛杉矶学校数字计划指导协会宣布,将在未来投入5 000万美元,为全美第二大学校系统的所有家庭提供充足的互联网服务。这一行动旨在消除持续存在的数字鸿沟,特别是针对那些无法负担高速Wi-Fi的低收入家庭。[2]数字鸿沟造成微型企业无法建立基本的商业网站,还会增加低收入人群竞争高端工作机会的难度。所以,洛杉矶政府力图解决这种数字技术造成的社会不平等问题,让微型

---

[1] 丛琳:《洛杉矶市利用开放数据系统 整治街道环境的实践经验》,《城市管理与科技》2018年第2期,第93—94页。
[2] Howard Blume, "Gaping Digital Divide among L. A. Students is a Civil Rights Issue, Supt. Carvalho says" (May 3, 2022), Los Angeles Times, https://www.latimes.com/california/story/2022-05-03/lausd-will-try-again-to-get-students-online-at-least-for-a-year, retrieved Oct 21, 2022.

企业更具有核心竞争力。例如,洛杉矶公共图书馆不再仅仅是一个阅读的地方,Tech2Go 自助亭将免费的笔记本电脑、平板电脑和移动热点直接提供给需要帮助的洛杉矶民众。洛杉矶创新与绩效委员会由 9 名成员组成,致力于通过民众提出的试点项目来创新洛杉矶市政府服务。委员会每年通过创新基金(Innovation Fund)发放 100 万美元的资金,鼓励创新科技想法,以改善城市服务质量或降低成本。自 2016 年成立以来,已经资助了 40 多个项目,包括减少急诊室就诊和流动性护士站、减少纸张应用程序,以及用于公共工程项目快速制作的 3D 打印机。[1]

五、规划顶层设计:助力数字化转型

2014 年,在美国前总统奥巴马数字化改革的号召之下,时任洛杉矶市市长埃里克·加尔塞蒂(Eric Garcetti)颁布 3 号市长特殊法律[2],核心要求是开放洛杉矶市政府公共数据。该法律条款包括:合法的隐私权、保密权、数字安全性等数据保护内容。除此之外,政府部门收集的原始数据资料应以易于查找和访问的形式向公众公开。开放政府数据化信息系统,也可以减少洛杉矶市犯罪率,起到一举多得的作用。2020 年 8 月,洛杉矶开始施行"无接触式"政府服务。为了实现这项数字化转型的政策,信息技术部门与城市其他部门一起合作,成立跨部门数字政策委员会,联合各部门进行系统化的政府数字化转型服务,从而改善洛杉矶市民数字化的体验。[3]

洛杉矶市信息技术政策委员会(Information Technology Policy

---

[1] Smart City Committee Contributors,"Smart LA 2028"(December 1, 2020),Smart City Committee, https://ita.lacity.org/smartla2028,retrieved August 10, 2022.
[2] 丛琳:《洛杉矶市利用开放数据系统 整治街道环境的实践经验》,《城市管理与科技》2018 年第 2 期,第 93—94 页。
[3] Information Technology Agency, "City of LA Digital Strategy" (June 23, 2021), City of Los Angeles, https://ita.lacity.org/sites/g/files/wph1626/files/2021-03/City%20of%20L.A.%20Digital%20Strategy%20-%20COVID-19%20Pandemic%20%26%20Beyond_0.pdf, retrieved August 10, 2022.

Committee，ITPC)致力于实施五项数字化服务政策，建立以电子政府为核心的城市战略框架(如图11-7所示)。这些技术旨在完善数字一体化系统、优化用户体验满意度、提升政府部门的行政效率，将对洛杉矶数字化转型服务和市民服务体验感产生实质性的影响。

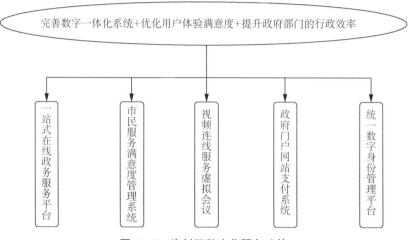

图11-7 洛杉矶数字化服务政策

第一，一站式在线政务平台(Digitizing Paper-Based Processes)。公众与政府互动的方式主要是通过数字化政府平台。公众可以便捷地通过政府平台获取信息、提交问题、申请公共服务等。一站式政务平台有以下优点：提供全天候式不间断的政府咨询服务；减少不必要的政府财政支出；网站随时更新政府服务进程。

第二，提升市民服务满意度管理系统。接收并评估市民反馈，有效管理城市资源，以快速响应并解决市民请求。

第三，视频连线服务。虚拟会议、服务台和听证会是参与公众服务的重要渠道。通过使用视频会议，公众意见可以及时地向政府官员反馈，以获取信息或提出要求。

第四，政府门户网站支付系统。ITA政府在线支付系统是接收在线支付的重要工具。该网站简化了数字支付的程序，并保护城市部门不必遵守复杂的联邦支付卡接口要求。支付门户提供了易于使用的"非接触式"在线支付服务,减少了城市部门IT人员的工作量,同时确保网络安全。

第五,洛杉矶的统一数字身份管理平台。由美国信息技术署(Information Technology Agency)推出的"洛杉矶账户"允许市民和企业通过一个用户ID和密码轻松地在线访问洛杉矶所有的应用程序和网站。

六、经验与启示

洛杉矶城市数字化的案例对中国城市数字化发展提供了多维度的启示和借鉴价值。洛杉矶的成功经验在于其全面、协调的顶层设计和战略规划,以及对技术和专业知识的深入应用。这些经验可为中国地方政府在推进数字化城市建设方面提供参考。

首先,洛杉矶市通过跨部门协作,实施了一系列数字化政策,旨在通过业务形态的变革和调整,提升城市治理能力和提升治理现代化水平。这些政策不仅促进了产业高质量发展,也显著提高了市民生活质量。其次,城市的转型离不开数字技术和专业知识在背后的支持,所以洛杉矶政府与当地大学积极合作,共创超一流的数字化平台。这些合作也是城市数字化发展的重要推手。政府大力推广数字化教育,培养数字化人才。数字化城市归根结底还是要以人为核心,建设便民利民的城市。再次,打造基于用户信息的精准服务,重点聚焦个性化服务。洛杉矶属于移民城市,聚集了不同种族的人口,其在数字化转型的过程中关注差异化和多样化的需求,努力提供更精细化的服务。最后,相较美国其他超大城市,洛杉矶已经率先将数字孪生技术与城市治理相结合,形成"孪生智慧城市",在现实世界和虚拟空间的相互交织中提高城市治理能力和水平。运用新一代信息技术,积极开展智慧城市规划实践,涵盖交通、环境等多个领域。

城市数字技术的核心理念在于融合数字化发展与人文理念,实现"数字包容",减少"数字鸿沟"。在技术推广过程中,洛杉矶特别关注少数族裔和弱势群体需求,同时保护个人隐私的权利,并鼓励公众积极参与数字化转型。2028年洛杉矶夏季奥运会的筹备工作加速了这座城市数字化转型的步伐,提升了其面向未来的综合竞争力。经过多年的发展和经验积累,洛杉矶在国际数字化城市建设中树立了标杆。无论是纽约的"自由数字化",还是洛杉矶的包容、民主的数字模式,都强调让每个市民积极参与数字化进程,共同努力提升城市数字化竞争力。

第四节 东京模式:亚洲数字化转型典范

东京是日本第一大都市,与英国伦敦、法国巴黎、美国纽约并称为世界四大超级城市。2011年日本大地震之后,日本政府也深刻意识到现代文明建立在脆弱的城市基础设施之上,智慧城市和数字化转型的概念开始进入人们的视野。如果说美国和英国的数字化城市转型的关注点是技术升级,提高社会服务效率和自由民主理念,日本的数字化城市则专注于社会凝聚力和解决老龄化问题。东京的城市愿景是建立一个以数据驱动、人工智能为核心竞争力的新型亚洲大都市,即"社会5.0"概念(如图11-8所示)。东京政府的宣言"东京的未来,由市民决定"强调了市民在塑造未来城市中的重要作用,彰显了政府致力于将东京打造成为一个具有国际影响力和高度数字化的城市的决心。[①]

2001年,日本开始推广数字化第一阶段"e-japan",让日本逐步向数字化社会转型。2004年,日本提出城市科技发展计划"u-Japan",旨在进一步推进国家的互联网系统。2015年,日本推出数字化普及计划

---

① 日本日立东大实验室:《社会5.0:以人为中心的超级智能社会》,沈丁心译,机械工业出版社2020年,第15页。

第十一章 他山之石:超大城市治理数字化的国外实践

图 11-8 日本数字化城市建设模式意象

(资料来源:刘泉、黄丁芳,《日本智慧城市 PPP 平台合作模式解读》,《未来城市设计与运营》2022 年第 4 期,第 27 页)

"i-Japan",确保所有公民都能访问和利用数字技术,从而提高社会整体的数字素养。[①] 2017 年 10 月,日本政府发布了指引性文件《"互连产业":东京举措 2017》,重点发展五大制造业领域,并在 2018 年将其上升为国家战略,明确"互连产业"是未来国家数字化发展的新方向。2020 年以来,东京政府积极利用数字化力量助力这座超大城市的正常运作,构建城市的数字孪生空间。在宏观政策上,政府实施"智慧东京"的战略方案,强调提升东京民众的整体生活质量,利用 5G 和高速 Wi-Fi 的东京互联计划积极助力城市的数字化运作。东京各区还大力推广被称为"城市 OS"(City Operation System)的民间信息服务平台,目的是给公众提供一个简单、便利化的行政窗口,并将城市各个领域的信息进行汇集,与市民共享和使用。

一、智慧养老服务:攻克老龄化难题

日本面临的老龄化问题既是其基本国情,也是一个全球性挑战。据统计,2021 年日本老年人口约 3 540 万,占总人口比重的 29.1%。老年人受限于经济、教育、认知能力等多种限制,成为数字化社会中的"弱势群体"。为应对老龄化挑战以及实施数字化转型,日本政府实施了"社会 5.0"等战略计划。此计划的目标包括提高政府服务效率,完善公共服务供给侧结构,同时利用人工智能技术代替烦琐的行政工作。东京基层政府以社区为基本单位,建立精细化的养老服务体系,通过尖端 ICT 技术提升老年人的生活质量。鼓励发展家庭生活类机器人,通过机器人解决居家养老困难的问题。在社会行政管理方面,政府简化老年人办事流程,采用智慧系统方便老年人进行线上服务办理。在居家养老服务方面,利用大数据平台为老年人提供健康支持服务。通过在家安装检测系

[①] 刘平、孙洁:《日本以"互连产业"为核心的数字经济发展举措》,《现代日本经济》2019 年第 4 期,第 24—33 页。

统,将数据报告发送给医生,随后再进行远程问诊。在公共出行方面,东京市政府考虑到老人行动不便的出行问题。在公共交通上设置了到站提醒服务,东京市的公共场所也随处可见便捷化的科技服务系统。日本的数字化服务不单单能在领先的科技产业中得到体现,也能在养老服务中呈现。

二、交通安全数字化:提升城市幸福指数

日本数字化交通在世界范围内处于领先地位。东京率先采用了全自动智慧交通控制系统进行创新和高效管理。第一,东京的交通控制系统共有133台计算机,对全市14 447个路口红绿灯中的7 247个进行智能自动控制。[①] 东京交通系统可以做到实时大数据共享,允许紧急车辆(如警车和救护车)优先通行,有效提高道路使用效率。第二,交通大数据共享系统可以实时播报交通信息。东京设有1 296个信息显示板和7个广播电台、160个路侧广播,以及车辆信息通信系统(VICS),能够实时播报交通信息,极大提高公众的出行效率和安全性。第三,东京土地稀缺,停车不是一件容易的事情,东京为车主开通了车位网络查询系统。2009年,东京市道路整备保全公社开办"S-PARK"东京市内停车场检索网站,随时查询到附近停车场及其车位情况,避免在停车上浪费过多的时间。东京在未来还会进一步推动数字化协同车辆的运输示范,将在2023年之后发展商业化的高速公路无人驾驶车辆编队系统,推动交通智慧在未来进一步发展。

三、物品信息化:促进市场消费

自2007年起,东京市政府启动了"东京无所不在"计划。该计划在

[①] 范炜:《日本智慧交通建设的借鉴》,《浙江经济》2012年第21期,第48—49页。

全市范围内实施,旨在通过先进的技术手段提升城市生活的便利性和可达性。这个计划的核心是应用泛在的身份标识号码识别技术,结合商品的二维码标签和识别码。其主要功能是快速读取东京市内物品的标签信息,并进行自动识别。这一系统旨在帮助来自世界各地的游客轻松识别物品信息,从而增强他们的购物体验。

东京市政府期望通过这一计划将真实世界与虚拟化技术相结合,创新性地将数字化科技融入日常生活。通过商品的数字化推广,这一计划不仅增加了用户体验的便捷性,还带来了经济收益。这一计划最早在东京最繁华的城区(如银座和新宿)开始实施,覆盖了地面商场及地下街道。无论是前往咖啡店还是购物场所,游客都可以通过"场所"和"物品"的识别码快速获取信息。这一计划为不懂日文的国际游客提供了多语言个性化服务,极大地丰富了他们在东京的购物体验。这一项目不仅在技术创新上取得了成功,还在促进文化交流和经济发展方面发挥了重要作用。

四、运用机器人服务:助力城市运输

数字物流是东京数字化转型中的重要组成部分,也代表一种可持续发展的供应链模式。日本制造业面临着海内外顾客的巨大需求和劳动力短缺的困境。所以,要开发数字化物流、机器人配送以适应未来的需求。自动化物流技术会在未来超越传统行业限制,为日本 5.0 数字化转型服务。不同机构之间的数据共享是关键要素,它显著节省人力和时间成本,简化不必要的工作流程。例如,日本通运总公司实施的数字化战略模式,实现了入库到出库的全过程数字化。2022 年,日本 7-11 便利店开始与 Asratec 公司进行合作,利用机器人 Rice 进行配送服务,当客户通过智能手机下订单后,Rice 将送货上门。未来,东京会有越来越多的机器人走向街头,代替人工服务实现配送全自动化。

五、数字田园都市国家：塑造多元化城市

2020年9月，日本政府设立数字办公厅，目标是"用智能手机在一分钟内完成所有行政程序"。在宏观层面上，日本政府将数字化转型定为国家重大战略策略；在微观层面上，日本试图解决行政部门效率低下、人手不足的问题，希望各个部门之间顺利合作。2021年，岸田文雄上任日本首相后，采取了一系列大刀阔斧的措施，以促进国家的数字化转型。这一变革的核心是"数字田园都市国家构想"（Digital Garden City Nation），一个融合了先进数字技术和田园都市理念的前瞻性城市模型（如图11-9所示）。[①] 该模型在英国著名社会活动家、城市学家埃比尼泽·霍华德（Ebenezer Howard）倡导的田园都市（Garden City）论的基础上进行创新，旨在通过数字化手段应对现代城市化所面临的诸多挑战，如过度拥挤、环境污染、资源配置不均和社会分化等。[②]

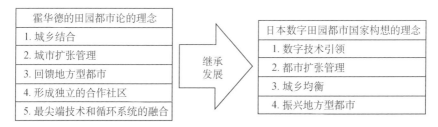

图11-9　日本数字田园都市国家构想的理念

（资料来源：胡啸宇，《日本数字田园都市国家构想的理念、举措与借鉴》，《上海城市管理》2022年第5期，第55页）

第一，高度数字化的运营服务。城市运作高度依赖人工智能、大数

[①] 李玲飞：《数字化能否融合田园与都市？评岸田内阁"数字田园都市国家构想"》（2021年12月16日），"盘古智库"网易号，https://www.163.com/dy/article/GRC144H40519D88G.html，最后浏览日期：2023年12月14日。

[②] 胡啸宇：《日本数字田园都市国家构想的理念、举措与借鉴》，《上海城市管理》2022年第5期，第51—57页。

据、物联网等前沿技术,以提升管理效率和居民生活质量。

第二,田园都市理念的融合。此理念汲取了历史上田园都市的概念,强调城市与自然的和谐共存,推动绿色生活和可持续发展。

第三,社区自治的强调。提倡社区层面的自治和参与,赋予居民在城市规划和管理中更大的话语权和决策权。

第四,智能基础设施的建设。建设智能化的交通、能源、水务等基础设施,以提高资源利用效率并减少对环境的负面影响。

第五,经济和社会的包容性。力图创造一个经济可持续、社会包容的环境,确保所有居民都能共享科技进步带来的益处。

第六,健康和教育的重视。重视提供高质量的医疗和教育资源,促进居民的全面发展。

综上所述,岸田文雄提出的"数字田园都市国家"构想,是一种结合了传统与现代、自然与科技的理想型城市模型。其目标是创造一个更加宜居、可持续和智能化的未来城市环境。这一构想不仅着眼于技术创新和环境保护,还强调了社会公正和人民福祉,反映出对当代城市发展挑战的深刻理解和全面应对策略。

除了日本政府的宏观规划以外,东京数字化城市布局涉及安全城市、城市多元化、智慧城市三大领域①(如图11-10所示)。"安全城市"主要是应对城市紧急情况和自然灾害,提升政府的应急管理能力,将人工智能技术引入城市治理,以一种高效率、高科技的方式对城市进行保护。"城市多元化"是指利用数字技术在城市

图 11-10　东京数字化城市布局

---

① 俞俊、薛亮、陈悦:《数字化转型与科技人才推动全球城市的竞争》,《全球城市研究》2021年第4期,第165页。

其他领域提供社会服务。例如,在医疗领域,东京重点构建智慧医疗体系,减少患者的等待时间,帮助其尽快就医;在教育领域,东京已经建设了"东京智慧学校项目",将可视化教育融入日常教学体验,对学生进行一对一指导。此外,东京还利用数字化教育技术对残障儿童进行特殊关怀教育。"智慧城市"的理念已经嵌入东京城市发展战略与治理框架。"智慧东京先行实施地区"已经利用5G科技灵活地将数字孪生技术融入城市研究,形成城市的3D地图,并被用于自然资源管理、教育、政府行政等不同领域。数字化转型为东京这座传统的亚洲超大城市注入全新的生机与活力。

六、经验与启示

从"平成"走向"令和"的时代转变,也象征着日本走向数字化社会。与其他国家的大都市不同,东京作为一个高度老龄化的超级大都市,面临着数字化转型的挑战。在转型中,政府利用数字技术来提高劳动效率、解决老龄化问题绝非易事。东京政府实施以人为本的数字化转型策略,始终强调"开辟每个东京都市民充满希望的未来"。数字城市让数字技术融入人们生活的方方面面,从交通安全到养老健康,其中可资借鉴之处如下。

第一,智慧养老服务引领城市建设。用数字技术满足养老服务多样化、个性化的日常需求。积极鼓励社会组织参与提供养老服务,也为养老服务的可持续发展创造新的利润点。东京都政府力图用数字技术来改变城市老龄化的困境,提供一种解决社会问题的新思路。在数字化城市的建设中,东京都政府加快推进智慧养老服务的信息化基础设施建设。日本政府也鼓励研发智慧养老产品,积极推动智慧养老产品科研成果转化。

第二,敏捷服务的数字化公共服务体系。东京的交通运输部门与大数据安全管理平台构造互动网络,部门之间可以密切协同。这样,数字化改革者也可以在信息交换机制中开放诉求,赋予大数据治理更多灵活性和可操作性。打通各部门之间的堡垒同时也意味着更高效率的运作方式。让数字技术走向基层,促进各个行政部门开放自身资源,构建通力协作的工作机制,将具体决策权下放到一线,从而形成多元化治理的新格局。

第三,数字田园都市国家对当代城市化挑战的深刻理解和全面应对。通过结合传统与现代、自然与科技,其旨在创造一个更加宜居、可持续和智能化的未来城市环境。它不仅着眼于技术创新和环境保护,还强调了社会公正和人民福祉,展现了一种全方位、综合性的城市发展策略。

近年来,日本开始在数字化领域乘胜追击,激发中小型企业的创新与活力,注重数字化人才的培养,布局5G信息基础设施,促进传统社会与数字化进行融合。东京的实践经验强调了数字化转型不仅是技术上的进步,更是对社会结构和企业运作方式的全面调整。通过关注不同群体多元化的需求,东京在保持其工业发展优势的同时,也确保了数字化转型的包容性和可持续性。这为其他城市和国家提供了一个值得参考的案例,特别是在如何平衡技术创新和社会需求方面。

第五节 其他国家与地区的数字治理模式

一、新加坡:智慧国

作为世界上首先提出"政府信息化"的国家之一,新加坡是世界上互联网和移动终端普及率最高的国家之一,历年都在联合国电子政务发展指数上名列前茅,2021 IMD 智慧城市指数排名(IMD Smart City Index 2021)荣居首位[①]。虽脱胎于多元文化的移民背景,但新加坡却以稳定

---

① IMD business school,"IMD Smart City Index 2021",2021,p.114,https://imd.cld.bz/Smart-City-Index-2021.

的政局、廉洁高效的政府而著称。

新加坡对数字政府的探索始于20世纪80年代,政府成立国家信息化委员会并发布《国家计算机计划》,以期通过信息及通信技术的普及和应用来提高政府管理的效率。以此为开端,先后经历第一阶段的信息技术普及(1980—1991年)、第二阶段的国家科技计划(1991—2000年)和第三阶段的电子政务服务计划(2000—2006年)。2006年起,新加坡的数字政策规划进入第四阶段(2006—2025年),负责全国信息技术产业发展的新加坡资讯通信发展管理局先后宣布启动为期10年的"智慧国2015"(iN2015)发展蓝图,以及"智慧国家2025"10年计划。[1] 在该计划的推动下,新加坡一方面应对和解决"城市病"问题,一方面愿景建设一个以信息驱动的全球化都市和无缝整合IT、网络和数据的智慧化国度。新加坡在打造智慧城市的进程中一路高歌猛进,引人注目。以连接(Connect)、收集(Collect)和理解(Comprehend)为核心理念("3C"理念),"智慧国"确立了数字政府(Digital Government)、数字经济(Digital Economy)、数字社会(Digital Society)三大战略转型重点[2],同时辅以强大的基础设施系统建设和人文建设,聚焦于面向未来的城市组织机制创新和发展环境优化,共同促进智慧城市的实现。

(一) 数字政府:智慧蓝图

新加坡的小国大政府模式,给智慧城市建设带来强有力的行政效率,其高效、廉洁、透明的特质,也被认为是吸引外部投资、推动信息产业发展的重要推手。

2018年6月,新加坡公布《数字政府蓝图》,对各政府部门提出了数字化服务的绩效考核指标(如图11-11所示);10月,推出《数字服务标

---

[1] 胡税根、杨竞楠:《新加坡数字政府建设的实践与经验借鉴》,《治理研究》2019年第6期,第53—59页。
[2] Smart Nation Singapore, "Transforming Singapore Through Technology", https://www.smartnation.gov.sg/about-smart-nation/transforming-singapore, retrieved May 4, 2022.

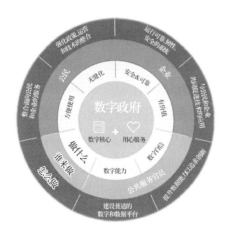

图 11-11 新加坡的《数字政府蓝图》

(资料来源:新加坡智慧国家和数字政府办公室)

准》,规范和统一数字化政府服务的设计和使用标准,以更好地利用数据和新技术。同年,为解决现有政府数据结构存在的问题,新加坡设立政府数据办公室和国家数据系统,将数据视为数字政府的核心,采用整体政府的方式,在新的综合数据管理框架下对公共部门进行重组,将数据置于机构数字化转型工作的前沿和中心,即最高领导层之中。

新加坡在以"3C"理念推动数字政府和智慧城市建设的过程中,尤其强调以民众为中心、以民众需求为导向。在电子政务建设中,这就体现在,公民可以通过一个口令、一个域名、一个邮箱等登录政府网站,并通达上千个在线服务功能。这也成为目前全球最为成熟的 G2C 电子政务模式之一。① 新加坡政府相继推出 SingPass、OneInbox、OneService、MyInfo 等,意在向公民提供整合式而非碎片化的公共服务:OneInbox 让民众可以通过一个邮箱就收到所有来自政府部门的信件,无须烦琐的查询过程;OneService 一站式求助平台为公众提供实时和全面的求助服务,通过信息汇聚,更好地反馈民意和调度资源;MyInfo 使公民实现个人材料、家庭信息、雇佣关系等方面证明文件的线上保存,在申请线上服务时随时调用而无须多次提交;与单纯地获取信息不同,"互联网+政务服务"强调民众与线上政务的交互,即能够通过政府网站实现个人信息上传、业务流程办理和电子支付等功能,旨在树立民众信息安全信心的 SingPass 双重认证系统,通

---

① 马亮:《新加坡推进"互联网+政务服务"的经验与启示》,《电子政务》2017 年第 11 期,第 48—54 页。

过使用"口令＋手机或密码生成器"登录个人账户,这一举措增加了数字安全保障。

(二) 数字经济:营商保障

数字经济将与数字政府一起共同支持政府服务的数字化,为未来转型需求构建产业能力。为此,新加坡政府于 2018 年推出了《数字经济行动框架》(*Digital Economy Framework for Action*),以数字基础设施、政策规则与标准、研究与创新、人才这四方面为助推器,以加速已有产业数字化、培育新的数字生态系统、转型发展下一代数字产业为战略优先领域,旨在打造一个有着持续自我重塑能力的世界领先的数字经济体(如图 11-12 所示)。

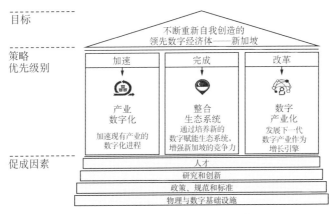

图 11-12 新加坡的《数字经济行动框架》

(资料来源:新加坡信息通信与媒体发展管理局)

此外,在"营商环境"这一指标上,新加坡也被看作亚洲乃至全球最佳经商环境城市。长久的亲商政策、完善的知识产权保护体系、科技创新的高额补助、优良的网络基础设施,在多层体制的保护下,多家科技公司都选择在新加坡建立区域总部或研发中心,包括戴尔、微软、Zoom、Meta,大批顶尖公司的聚集为新加坡的经济增长和就业提供了机会,并使其保持吸引国际投资和人才的优势地位。

(三) 数字社会:智慧素养

为使政务服务更便利,提高国民数字素养,鼓励人们参与数字社区和平台,新加坡数码发展及新闻部引入了"数字储备蓝图"(Digital Readiness Blueprint)计划。新加坡公民有能力最大化个人机遇并利用数字社会的便利追求个人价值的实现和更优质的生活体验。

其一,智慧交通。在用地稀缺的新加坡,政府面临的挑战是优化利用有限空间以提供更高效、安全、可靠的交通服务。新加坡推行的电子道路收费系统就是为改善中央商务区的拥堵提出的解决方案,道路上的"电子眼"和汽车上的行车记录仪是汽车行驶海量数据的可靠来源,为更有效地管理机动车提供了基础。城市路网信息通过传感器、红外线设备等被联接成网络,新加坡陆路交通管理局结合电子道路收费系统等提供的历史交通数据和实时交通信息,对未来10分钟、15分钟、30分钟,甚至1小时内的交通流量进行预测,界定拥堵路段,设置不同价格的收费路段和时段。对市民来说,通过MyTransport手机应用或车载GPS,所有交通信息可以"一网打尽",新加坡市民可以查询未来时段的交通情况,并选择合适的出行时间和路线。这些数据和信息技术也为自动驾驶公交车、下一代智能交通灯控制系统等的探索提供了可能,完善而有序的智能疏导大大提升了路面交通系统的效率。

其二,智慧医疗。新加坡基本实现了医疗病例的数字化和共享平台的建立,包括全国电子健康病历系统、综合临床管理系统、个人健康记录计划,以及远程合作征求计划。在医疗系统中,医生通过简单查询身份证号码就可以跨部门获得患者的历史医疗记录和最新体检结果,从而为快速诊断、综合判断提供了可能。不仅如此,新加坡市民已开始使用可穿戴设备或智能手机来监测他们的健康和活动,这也为医疗保健服务提供了更多数据信息。另外,面对加速的老龄化挑战,新加坡政府和企业还联合推出试点居家保健服务和远程护理服务,即通过远程诊疗和给药,为老年人士和行动不便人士进行社区辅助,这种便捷的医疗资源获取方式不仅减少了医生和患者的非必要通勤,也在一定程度上节省了医疗成本。

其三,数字包容。新加坡的"智慧国家"强调为人服务,让技术成为"社会平等者",利用技术增强社会凝聚力和社会归属感。为使无法上网或获取网络资源困难的民众能够在使用政府网上服务时得到帮助和指引,新加坡在民众联络所和民众俱乐部设立了 26 个公民联络中心,提供免费的上网工具并建立"数字礼宾服务",授权公务人员用心服务、赢得公众的信任、信心和支持,以确保所有人(包括老年人、低收入或残障人士等弱势群体)顺利获取线上政务服务,共享数字化成果。此外,政府还在官方网站试点开通人机对话和交互服务,当民众浏览政府网站却对所办理的业务手续无从下手时,"请问洁米"(Ask Jamie)的虚拟助手可以提供在线解答。针对老年人在现实世界中应用数字信息的难题,政府通过"银色通信倡议"(Silver Information Initiative)制定了一套计划帮助他们更好地融入数字社区,该计划包括意识、技能、接入点和使用四个关键部分,涵盖了近 24 个主题,老年人可以在这里学到基本的计算机使用方法,如写电子邮件、视频通话、预防网络欺诈,也可以学习更高水平的 IT 技能,如在线交易、使用政府电子服务甚至编码创作、数字摄影、视频制作等。[①]

城市生活的智慧应用创新还包括多种智慧感知网络,例如泳池防溺水监测、老年人紧急呼救按钮、环境监测与信息发布、公共交通的银行卡支付、水表自动读数服务、登革热高发区域的无人机调查和数字防疫、需求响应式接驳车、企业和政府共享云融合的 CODEX 平台等,这些智慧创新通过使公共服务更加便于获得、提高居民数字信息化能力和鼓励民众参与数字社区和平台,确保个人受益于数字国家。

(四) 新加坡的"智慧"经验

一是政府主导型的牵引发展模式。新加坡的"智慧国"计划不同于

---

① 联合国经济和社会事务部:《2020 联合国电子政务调查报告》,联合国出版社 2020 年,第 195 页。

"智慧城市"或"智慧岛"计划,它由总理办公室直属工作组负责编制和执行,举全国之力,强调整体性政府,利用强有力的领导支持,使之成为全国范围内的变革。自20世纪80年代初新加坡政府意识到计算机技术是与其他国家和地区竞争的重要工具后,就一直举国上下动员推广新技术,分阶段设定目标,并制定针对性的国家战略计划,注重政府部门和组织、企业的数据资源整合,以使各部门和社会各界达成共识——"劲往一处使"。为了支撑"智慧国"建设愿景,2017年,新加坡政府颁布的《数字经济框架》《数字政府蓝图》《数字准备蓝图》三项政策,从企业、政府和公民三大建设主体入手,更加全面系统地推进"智慧国家"建设。总体而言,新加坡"智慧国家"以服务公民需求为重点,实行以政府为推动主体,与企业和公民深度合作,涉及智慧经济、智慧民生、智慧政府城市基础设施建设等多方面的智慧国家建设路径[①],充分利用数字技术,实现一个"可以为自己创造超越自己想象的可能性"的国家。

二是数字素质培养。数字化作为一种适用于所有人的通用技术,是跨部门和应用技术的下一个关键前沿,无论是数字政府战略、数字化经济战略,还是智慧城市的推进,这意味着每个个体、企业、行业和政府机构都将加快数字化进程。作为东南亚国家科教事业最为发达的国家,新加坡把培养学生的创新意识、发展信息技术教育列为教育改革的重点,减少数字使用的焦虑,从小树立数字化行为的积极影响,并强调终身学习的必要性。为了适应企业数字化的要求,加速公民对技术环境变化的适应,新加坡政府不仅为中小企业在每个成长阶段使用的数字技术提供循序渐进的指导,还出台了一系列提升公民数字工作能力的政策。例如"加快培训专才计划"(Tech Skills Accelerator,TeSA),其通过模块化和可认证的技能课程,帮助企业职员提高技能,并且提供职业咨询和数字

[①] David Lee Kuo Chuen, *Artificial Intelligence*, *Data and Blockchain in a Digital Economy*, World Scientific, 2020, pp. 1-15, https://www.worldscientific.com/doi/pdf/10.1142/9789811218965_0001;刘红芹、汤志伟、崔茜等:《中国建设智慧社会的国外经验借鉴》,《电子政务》2019年第4期,第9—17页。

化领导力技能培训,鼓励员工抓住新的机遇、驾驭数字革命的浪潮。除了发展本土人才外,新加坡政府还努力建设可信的人工智能生态系统,比如2021年推出的"科技准证"(Tech. Pass)计划,向全球范围发出号召,在创新技术和高科技领域吸引和培养研究人工智能领域的人才,扩充在STEM(科学、技术、工程和数学)学科表现出色的强大人才库,进一步巩固新加坡作为区域科技枢纽的领先地位,以包容开放的态度拥抱数字化。

二、阿姆斯特丹:可持续的智慧城市

作为欧洲首个提出"智慧城市"战略的城市,阿姆斯特丹在2023 IMD智慧城市指数排名(IMD Smart City Index 2023)中名列第15位[1],在智慧社会、智慧生活、智慧经济、智慧政府、智慧设施水平等方面都是欧洲国家中的典范城市。阿姆斯特丹的智慧理念认为,"当资本和通信基础设施的投资推动可持续的经济增长和高质量的生活,并结合自然资源的高效利用时,城市就是智慧的"。[2]

经过智慧城市计划建设的多次迭代,阿姆斯特丹已从最初的概念化阶段,发展到拥有一个自下而上蓬勃发展的智慧城市平台,即阿姆斯特丹智慧城市平台(Amsterdam Smart City)。该平台的构建出发点不仅仅是提供技术解决方案,更是促进城市内利益相关者之间的合作、共同创造和伙伴关系,推动向可持续和智能解决方案的转变,供阿姆斯特丹

---

[1] IMD business school, "IMD Smart City Index 2023", 2023, p. 41, https://www.imd.org/wp-content/uploads/2023/04/smartcityindex-2023-v7.pdf.

[2] "A city is smart when investments in capital and communication infrastructure fuel sustainable economic growth and a high quality of life, in combination with an efficient use of natural resources." See Renata Paola Dameri, "Comparing Smart and Digital City: Initiatives and Strategies in Amsterdam and Genoa. Are They Digital and/or Smart?", in Renata Paola Dameri and Camille Rosenthal-Sabroux, eds., *Smart City: How to Create Public and Economic Value with High Technology in Urban Space*, Cham: Springer International Publishing, 2014, pp. 45-88.

市民就城市传统问题和节能问题发表自己的意见和建议。随着发展目标的日益多元,阿姆斯特丹智慧城市平台的发展方向也从可持续生活、可持续工作、可持续交通和可持续公共空间扩展到数字城市、循环经济、市民生活、能源、治理与教育和城市交通六大智慧领域,不断促进整个阿姆斯特丹大都市地区的智慧转型。这些项目的规模都不大,但与市民生活密切相关,涉及生活、工作、移动、公共空间和开放数据等多个主题,具有实用性和可推广性,从可持续的房地产开发、公司能源消耗的改善到培育和提升员工的智慧工作意识,能迅速运用于现实生活和生产。这样的平台和信息共享在本质上是自下而上的,充分吸纳了社区的投入和参与,使得阿姆斯特丹的普通市民颇具归属感,完全投身于这座城市的福利与经济增长之中。

(一)可持续生活

阿姆斯特丹是首批考虑应对城市地区污染和能源消耗战略的城市之一,它通过采用智能节能技术和开发新能源,提出了多个项目来降低碳排放量和能源消耗量,其中影响比较大的有格兹范德区规划(Geuzenveld)、西橙(WestOrange)等项目[1]。西橙项目以节省能源为目标,为 500 户家庭安装了一种新型能源管理系统。通过这一系统,居民在某一间房屋就能了解整个屋子的能源使用量,甚至每一件家用电器的用电量。与此类似,格兹范德区规划项目也为超过 700 多户家庭安装了智慧电表和能源反馈显示设备,它能自动地将家用设备消耗的天然气与电力数据发送给能源供应商,从而让电力部门实现动态监测,宏观掌握每个社区乃至城市的家庭用电总量,更好地对能源使用量进行评估和控制。同时,在此过程中,居民开始关心自家的能源使用情况,邻里间就节能问题的讨论一时成为热潮,不少市民在社交网络上分享自己的家庭节

---

[1] 上海社会科学院信息研究所:《智慧城市辞典》,上海辞书出版社 2011 年版,第 209—211 页。

能方案,政府也对公民评选出的"最优提议"发放能源补贴,以示奖励。

(二) 可持续工作

为了让城市林立的众多大厦得到高效合理地利用,阿姆斯特丹启动了智能大厦项目:在商业大厦安装智能插座,实时记录能耗情况并整理分析能耗数据,为智能管理大厦的照明、供暖和安保提供参考和依据,实现低能耗运行,即在保证商业工作正常进行不受影响的情况下,将大厦的能耗尽量降到最低。

在居民和企业拥抱数字化的同时,政府也在开发国家层面的数字化战略,用政策和资金推动数字化发展。位居世界前三、高达92%以上的互联网普及率,独特的荷式数据化大环境造就了阿姆斯特丹傲立全球数字化政府前三的地位。欧洲统计局将欧盟28国的平均值与荷兰一国作比较,发现荷兰居民使用互联网获取政府机构信息、与政府机构线上互动的比例远超欧盟国家的平均值。尤其是在获取信息方面,荷兰政府更是做到了通畅便捷:自2015年起,所有荷兰居民都可以通过电子政务网站MijnOverheid.nl直接访问、接收和查询来自公共部门的信息。这是荷兰政府的电子身份(eID)计划的成果——一个标准的在线荷兰公民身份识别系统,显示居民的身份、财务、工作、健康、住房、车辆和教育信息,网页浏览安全透明,个性化界面设置一目了然。2019年,荷兰内阁更新了《数字化战略》,将重点放到充分利用数字化的机会上,发展以人为本的人工智能,利用数据解决社会问题及刺激经济增长。

(三) 可持续交通

城市慢行系统与公共交通系统的有机结合是荷兰城市交通设计的基本理念。这座"在单车上起舞的王国"布设了大量的自行车道网络,随处可见的自行车专用道和便利的停车设备满足了市民绿色出行的需求,整个城市道路纵横却不混乱。为便利市民的出行,提供多式联运服务,荷兰国家铁路运营商Nederlandse Spoorwegen(NS)与三家公共交通公司合作(阿姆斯特丹的GVB、海牙的HTM和鹿特丹的RET),共同建立了数字运输平台,联手成为"出行即服务"的提供商,旅客可以通过该数字平台规划、预订和支付旅行,自由组合火车、公交、地铁、共享汽车或自行车的交通方式。

除了交通方式上的可持续,在阿姆斯特丹的道路空间上也是汇集了各种巧思:自行车道路上安装的路灯和各类传感器均使用太阳能能源;港口的靠岸电站中配备有电源接口供船只利用清洁能源充电;城市公共空间的多功能设备提供充电接口、网络热点,同时内置的传感器还收集街道的环境数据。这些设施和交通出行数据全部向公众开放,可以在数据开放平台上查阅下载。智能化管理系统还与汽车内的导航设备连接,拟为出行者提供其目的地的实时出行信息,提供个性化的数字道路管理员服务。在城市中嵌入的各种数字基础设施和网络、设备、传感器和执行器等产生的数据量也因此呈指数级增长。

(四)可持续公共空间

其一,可持续的线下公共空间。从能源利用到改变人们工作生活的空间,阿姆斯特丹的智慧城市行动计划包括在线监控的市政办公楼方案、太阳能共享计划、智能游泳池计划、小学节能效率竞赛、建筑屋顶发电研究、智能家用充电器、商务办公区域全面使用太阳能节能计划、雨水循环利用的啤酒实验等,各类实践引人注目。例如,自2009年6月起,阿姆斯特丹市启动的"气候街道"(The Climate Street)项目,用于缓解乌特勒支大街因小型公共汽车和卡车穿梭运输垃圾造成的交通拥堵,整个项目涉及三大主体:一是后勤部门,取代原先的燃油用车,搬运垃圾、集中货物、转运到户等过程中均使用节能电动汽车;二是公共空间,街道照明装置有深夜灯光自动减弱功能,太阳能垃圾箱内置的垃圾压缩设备能将垃圾箱空间回收率提高至原来的5倍;三是商户,为沿街商户配置智能电表,使其可以通过能源可视屏随时掌握能源消耗情况,并基于智能电表关闭未使用的家用电器。① 整个商业街在这个项目中摇身一变,成为一个展示智能产品和服务的生活实验室,泛在的物联网技术是其智慧公共空间建设的基础。

其二,可持续的线上公共空间。为激发民众使用可再生能源的热情,增进社会各界对区域能源应用技术及其综合效益的认知和理解,阿姆斯特丹提出了"城市服务开发工具包"项目(City SDK),收集、整理、规范化地址记录、地形数据、地籍数据等城市信息,通过可视化与交互技术呈现阿姆斯特丹的方方面面。其中具有代表性的是能源领域的图集系统:阿姆斯特丹公共部门与私营企业合作,搜集每个区热量及电力的生产及消耗数据、现有及拟建的可持续能源项目、城市中心供热与制冷可储能地点的分布图等信息,利用可视化的呈现方式帮助各方了解能源利用、基础设施、排放量以及可利用能源等。② 这也成为一个极有效用的决策工具。同时,与许多其他欧洲智能城市相似(如伯明翰、都柏林、伦敦),阿姆斯特丹与广大社区公开共享数据,通过"阿姆斯特丹城市仪表盘"(City Dashboard Amsterdam)统一、实时地提供有关交通环境的关键信息。

阿姆斯特丹的经验显示,信息基础设施及信息技术的泛在化并不是智慧城市的唯一标签,也不是成为智慧城市的充分必要条件。智慧城市首先应注重其城市功能的提升,包括面向人的生活、教育、经济、环境等城市能力增长的推动力,关注城市里的人,借助信息技术的应用手段来提升人们的生活质量,让现代城市更为繁荣、宜居、更具幸福感和可持续性。阿姆斯特丹成功地将环境和社会目标与经济和技术目标结合起来,也因此被视为欧洲智慧城市的榜样。

(五) 阿姆斯特丹的智慧经验

一是搭建多方合作机制。在阿姆斯特丹的智慧城市建设中,智慧城

---

① 周静、梁正虹、包书鸣,等:《阿姆斯特丹"自下而上"智慧城市建设经验及启示》,《上海城市规划》2020年第5期,第111—116页。
② 欧亚:《阿姆斯特丹:绿色城市的可持续发展之道》,《前线》2017年第4期,第74—79页。

市平台(Amsterdam Smart City)是非常亮眼的存在,也是其核心组成之一。通过信息共享,承载大量创新项目的智慧城市平台提供了一种创新合作机制——对接公共和私人利益的多维度目标和多层次需求,利用平台这一虚拟社区和社群优势,将大量致力于智慧城市建设、有共同兴趣爱好的人和企业集聚起来,成为智慧城市项目中的多行动主体。在这个过程中,政府、企业、市民三者共同对未来城市发展产生深远影响。[①] 战略性、动态性和包容性城市公共政策,辅以当地开发的、适当的和有效的技术,再加上有前瞻性思维、积极参与、尽管有差异但团结一致的社区,三重要素的驱动对智慧城市建设至关重要。在过去,公民的作用往往被忽视,政府更加重视技术方面的搭建和应用。然而,智慧城市不仅需要技术发展,还需要参与者和机构之间的合作。阿姆斯特丹的实践旨在改变公民的行为,使公民之间以及公民与公共行政部门之间建立更多的数字关系,并更加谨慎地尊重城市环境。因此,智慧城市也成为一种工具,可以增加人们在城市政府中的民主参与,从而在社会意义上创造更高的共识和更好的生活质量。

二是建立创新激励机制。在阿姆斯特丹智慧城市平台上,个体可以发布创新想法,吸引感兴趣的合作伙伴共同参与、讨论、设计并最终得到资金或政策支持、落地想法,这一类型的实践项目被认为是PPP模式的升级。通过这样的方式,政府部门"借力"和"嫁接"这些平台,推动政务服务在市民熟知的生活领域和常用的移动应用上得到最大程度的推广,以更快的速度完成资源整合、加工和再利用。具体而言,政府允许平台上发布的可行性方案在城市特定地区进行测试,减少政策成本,例如,"气候街道"的成功推行就来自早期的生活实验室项目。企业乐于参与其中,提供专业咨询建议,并进行商业化推广而获得经济收益。参与项目的市民也因此得到物质性奖励或其他激励,促使其从消费者到积极的

---

① 安小米:《面向智慧城市发展的信息资源管理协同创新策略——以荷兰阿姆斯特丹智慧城市为例》,《情报资料工作》2014年第3期,第49—53页。

共同创造者和贡献者的转变,例如,大学生通过项目合作学习新技能或拥有展示自我价值的机会,社会工作者与更多有相似兴趣的人建立社会联系,研究工作者获取到一手调研数据。从政府开放数据到市民参与产生数据到企业开发利用数据,"平台—项目—激励"这样的正反馈机制发挥了政府、企业和市民的各自优势,多协同主体之间互动,多维度关系联通,不仅优化了信息流动,提高了全社会信息资源管理的整体效率,还使更多的市民参与到城市转型、技术创新项目和行动中,利用数字工具共同塑造社区,整体提升智慧城市发展的潜力。

第十二章
未来展望：数字化转型时期超大城市治理路在何方

第十二章　未来展望：数字化转型时期超大城市治理路在何方

2019年，我国的城镇化率首次超过60%，城市发展与进化在数十年间取得了世界瞩目的成就。其中，超大城市承载着特殊的历史使命与担当，其不仅作为国内城市的典型与样板，也是面向全球展示综合能级与国际竞争力的重要窗口。在人口、资源、经济等因素影响下，全球范围内的超大城市都面临着更为艰巨的治理任务与挑战。因此，超大城市如何实现有序、健康的发展是一个全球性的治理难题。在我国，"摸着石头过河"是城市治理的一个鲜明特征，即在不断试验和探索的过程中寻找到合适的破题之道与发展路径。在不同的阶段下，政治、经济、社会、文化等条件具有差异性，城市治理模式与方式也不尽相同，尤其是超大城市治理的模式更需要随时代而不断地动态调整、迭代更新。在信息技术飞速发展的时期，数字化转型成为现代城市治理的一条可行路径，即将数字技术应用于治理过程中，从而解决传统城市管理，特别是"人海战术"模式所面临的难题。

纽约、伦敦、洛杉矶、东京等超大城市在发展中形成了各具特色的治理实践。近年来，在"数字中国""数字政府""智能社会"等战略引领下，我国在超大城市治理上也开启了数字化转型之路，北京的"接诉即办"、上海的"一网通办""一网统管"、成都的"智慧蓉城"、杭州的"数智杭州"等模式百花齐放。在实践中，一批具有典型特征与借鉴意义的样本涌现，超大城市治理也不断总结成功经验与不足之处，持续改进和完善城市治理路径。

在数字孪生、ChatGPT[①]等新兴技术及载体更新迭代加速,数字化趋势持续深化,公众多元化需求更为凸显,超大城市复杂性特征不断强化的背景之下,我国的超大城市治理如何能够与时代、世界接轨,打造具有中国特色的城市治理模式,为现代城市发展贡献中国智慧与中国方案,仍需进一步总结提炼既有经验。本章在多个城市案例实践阐述的基础上,基于实践成果与瓶颈难题,总结数字化转型时期超大城市治理的可行之策与发展路径,从而为推动我国城市高质量发展与城市生长发育提供参考,为深化新时代城市场域下的中国之治、实现城市治理的中国式现代化贡献力量。

第一节 人民城市:"以人民为中心"的城市治理

2019年,习近平总书记在上海考察时提出"城市是人民的城市,人民城市为人民"的重要论断,要求上海不断提高社会主义现代化国际大都市的治理能力和治理水平。在浦东开发开放30周年庆祝大会上,习近平总书记又强调:"要坚持广大人民群众在城市建设和发展中的主体地位,探索具有中国特色、体现时代特征、彰显我国社会主义制度优势的超大城市发展之路。"[②]人民性是现代城市治理追求的价值与底色,体现一个国家、城市发展的人文特征与人本主义。人民城市具有深刻理论内涵,从根本上揭示了城市建设、治理、发展依靠谁、为了谁。因此,"以人民为中心"的城市治理强调必须要将人民置于中心地位,赋予人民参与城市治理的能力与权利,发挥人民的积极性、能动性,实现城市中的善治与良治;将人民需求作为治理活动的出发点与落脚点,维护人民的切身利益,使城市发展与治理成果共享于民。

---

① ChatGPT 是由 OpenAI 于 2022 年基于人工智能技术研发并推出的聊天机器人程序。它能够通过语言模型的训练,实现理解和学习人类的语言并与人类进行互动、交流,帮助完成一系列的工作。ChatGPT 发布后,在全球掀起了新一轮的人工智能浪潮。
② 习近平:《论把握新发展阶段、贯彻新发展理念、构建新发展格局》,中央文献出版社 2021 年版,第 437 页。

第十二章 未来展望:数字化转型时期超大城市治理路在何方

一、城市治理依靠谁、为了谁

从历史的观点来看,"人民至上"的理念是我们党的事业取得胜利的关键法宝,这已在长期的实践中得到了验证。城市治理要坚定正确的价值取向,形成有效的实践指南。"人民城市"即为推进我国城市发展与治理提供了价值指引与方法指导。尤其是超大城市庞大的人口流量,在客观上就要求公共部门不能忽视人民的力量,而要更大程度地发挥人民的主体作用;将"代表最广大人民的根本利益"落实于具体实践中,在夯实城市治理价值基础之上彰显中国特色。尽管数字化转型之下,城市的形态、结构与治理模式都发生了巨大变化,但这样的价值底色仍适应于城市每一个发展阶段并契合当代中国的发展步伐。因此,打造"人民城市",不仅要从根本上理解城市建设、治理与发展是依靠谁、为了谁,还要通过各种方式与手段,特别是数字时代下的互联网、大数据、人工智能等数字技术实现这一理念。

首先,树立"以人民为中心"的超大城市治理理念,秉持以人为本思想,营造浓厚的社会氛围,强化超大城市治理的共同体意识。2015年,中央城市工作会议首次明确指出,城市是我国经济、政治、文化、社会等方面活动的中心。"人民城市"的建设是时代赋予的重大命题,应当要在思想与理念上先行。一方面,要在政府中号召深入学习领会习近平总书记"人民城市"重要理念的深刻内涵,使广大党员干部树立起"人民至上"的理念,在城市治理中始终把人民放在心中的最高位置。更重要的是,在全社会营造"人民城市"的氛围,将每一个微观个体纳入城市治理中,发挥其主体性作用。既要利用好当下数字化转型所带来的便利,通过各类媒体平台进行线上与线下相结合的宣传报道,也要结合社区宣讲、课堂教学等方式,讲好我国超大城市在数字化转型时期下的城市治理优秀案例与故事,进一步将"人民城市"的重要理念宣传好,推动"人民城市"的重要理念走进不同场所,让"人民城市"与城市治理数字化转型的重要理念深入人心。

其次,通过数字技术拓展超大城市治理参与主体的范围,搭建多元参与渠道与平台,让每一个市民都成为城市治理的坚实参与者。公共部门应当全方位倾听公众对于城市治理的意见与建议。数字化转型下,技术为公众参与赋能,公共部门可以借助技术形成连接政府与公众的桥梁,打通跨界屏障。上海发布的《推进治理数字化转型实现高效能治理行动方案》提到,要依托政务公开、人民意见建议征集、居社互动等渠道,助推社会多元主体参与基层治理,提升基层共建共治的水平。在实践中,"一网通办""一网统管"以及一系列的小程序、应用程序为公众提供了及时、有效的参与平台。同时,也应当鼓励市场主体发挥其技术、组织、资源优势,参与到城市治理的投资、建设和运营中来。例如,北京在建设数字基础设施时,就要求以政府投资、政企合作、特许经营等多种方式吸纳企业力量,推进传统基础设施的数字化改造,参与开发更丰富多元的治理数字化转型工具。

再次,需要建立健全激励人民参与超大城市治理的制度基础与政策体系。治理数字化转型既有赖于科技人才、高新科技企业的持续创新创造,更依靠于广大市民的积极主动参与。因此,需要探索如何让每一个市民、组织都能自愿地参与到城市治理的全过程中,在政策出台、落地以及公共服务生产、提供等方面实施激励政策,坚持激发人民的主人翁意识,紧紧依靠人民的智慧和力量建设、发展超大城市,努力打造全过程人民民主的最佳实践地。例如,设立专项资金,强化财政支持,进行市民参与奖励,同时激励企业等主体为城市治理开发更多数字化工具、更大力度地投入与政府、公众的公共服务合作生产。同时,将参与治理的激励措施予以制度化、政策化,加强政府政策制度的引导和约束,建设多元协作的治理机制,确保人人都能有序参与城市治理。

"人民城市为人民"既是指城市建设、治理要从人民的需求与期望出发,又是指将城市发展的成果更多更公平惠及全体人民。将人民的需求与问题作为行动的出发点,急人民之所急,践行"人民城市"的重要理念。

聚焦城市治理中事关人民群众幸福感、满意度的大小事项,通过技术赋能,实现城市治理、公共服务的精准化与智能化,更深入地挖掘市民群众的急难愁盼问题。

最后,要在超大城市良好运转与有序治理的基础上,让更多的治理成果惠及人民,实现人人共享。数字技术嵌入城市治理的一个特征在于其效应的互动及放大,即不仅对公共部门产生重要影响,精简了政务服务的流程和环节,推进了跨部门事项处理的效率,同时也让人民群众感受到数字治理带来的便利,各种网上办、掌上办、自动办大大节省了市民群众的办事成本。这种公众的获得感是"人民城市"所追求创造的,也是治理数字化转型不可或缺的价值。在使超大城市治理不断精细化与现代化的同时,将数字化的应用、平台融入基层的治理中,建设好数字化社区与数字化便民服务;也应更有效率地使城市治理资源流动起来,例如,实现数据资源的分级分类管理,面向公众逐步开放、有序共享。

二、"效度"与"温度"的融合

习近平总书记在上海考察时强调:"着力提升城市能级和核心竞争力,不断提高社会主义现代化国际大都市治理能力和治理水平"①。超大城市治理需要有"效度",在数字化转型时期以数字技术进一步提升超大城市治理的有效性。聚焦公众、企业等主体关心关注的就业、医疗、教育、出行、应急安全、营商环境建设等重大城市运行、民生保障问题,拓展城市公共服务范围,提升服务的科学化、标准化、便利化、精细化、智能化水平。例如,上海在"一网通办"和"一网统管"的技术支撑下精简优化政府业务流程,使城市治理各方面紧密协同,探索"综合窗口"工作机制,实现"一窗受理、分类审批、一口发证",对个人和企业办事共同的难点、堵

---

① 谢环驰:《习近平在上海考察时强调 深入学习贯彻党的十九届四中全会精神 提高社会主义现代化国际大都市治理能力和水平》,《人民日报》2019年11月4日,第1版。

点进行数字化的专项改造,从而发挥技术应用在城市治理中的驱动作用,更好地为人民提供优质服务。

显然,治理数字化转型强调将技术作为与制度同等重要的驱动力,追求双轮驱动城市治理改进与优化。在大数据、物联网、人工智能等新兴技术不断被应用到超大城市治理的各个层级、方面,逐渐渗透到公共部门服务与公众社会生活中,延伸了数字治理触角的同时,也可能产生技术拒绝、数字鸿沟、数字"利维坦",以及公共服务的包容性不足等困境。未来的超大城市治理应当致力于在数字化转型的背景下,平衡好数字技术与人文关怀之间的关系,从人的视角审视技术的创新与应用。即数字应始终以人的感受为出发点和落脚点,把握好城市治理的"效度""温度"和"尺度"。[①] 实现未来超大城市治理的人民性,强化"人民至上"的理念,不仅要突出数字化转型的"效度",为城市主体充分赋能并满足其多元需求,也要重视城市治理的人文属性,让人民群众感受到数字技术的"温度"。

以数字化促进公平性,增强超大城市治理中的数字包容,保障城市中每一个个体在治理数字化转型中拥有获得感与幸福感,特别是面向重点人群提供精准化、人性化的公共服务。数字技术的发展速度已经超乎想象,在国家战略的部署下,无论是超大城市或是其他规模的城市,实际上都在尝试通过技术嵌入使城市治理更加有效。需要关注的是,数字鸿沟与数字歧视的产生并不一定成为技术应用于治理的必然后果,却是影响城市治理与人民幸福的负面现象。超大城市治理的数字化转型不是一味地将城市作为一个增长机器,追求更精密、更复杂、更系统,而是要在不断使超大城市更新迭代、生长发育的同时,关注到城市运转发展所依靠的主体,提高技术化适应程度,也应接纳包容步伐稍慢的那部分群体。这样的"技术正义"或者"技术公平"才是超大城市治理数字化转型带来的进步。

许多城市都在组织各种活动、计划提高全民数字素养与技能,例如,

---

① 郑磊:《数字治理的效度、温度和尺度》,《治理研究》2021年第2期,第5—16页。

通过处于技术优势地位的年轻人对老年人进行帮扶、培训,使老年人更容易使用、感受到数字技术在日常中的便利,参与到治理数字化转型中(如表12-1所示)。2022年,上海的"全民数字素养与技能提升月"以政府引导与社会参与、线上平台与线下渠道相结合等方式展开,不仅采访老年人、青少年、残障人士、农民等群体,倾听心声、加深认识,还举办"长者数字生活工作坊"等活动,满足弱势群体的数字学习需求。北京则通过"数字技能进社区""首都百万老年人数字素养提升行动""数字助残,共享未来"等活动,教授老年人、残疾人士学习利用智能手机等移动端进行就医挂号、生活缴费等,不断弥合城市治理与日常生活中的数字鸿沟,进一步促进全民共享数字化转型成果。

表12-1 部分城市数字素养提升活动

城市	活动/方案	具体内容
上海	数字伙伴计划	改造互联网应用、建设"一键通"场景、线上线下培训
	乐龄申城·E行动	开展网络普法和违法有害信息辨别等相关培训
	长者数字生活"随申学"	为老年人提供智能手机学习培训和帮办服务
北京	智慧助老	以老党员带动老年人共跨数字鸿沟
	数字技能进社区	通过大讲堂活动,手把手地教学,帮助老年群体更好地融入智慧社会
	首都百万老年人数字素养提升行动	用老年人易懂的语言,制作数字素养融媒体系列作品进行宣传
成都	蓝马甲助老公益行动	为老年人提供使用智能手机、普及防骗知识、地铁出行等适老化公益服务
杭州	银龄跨越数字鸿沟	聚焦老年人生活需求,开展智能手机应用科普培训,帮助老年人更好地融入智慧社会
	青智助老	帮助老年人了解智能手机的使用方法,解决生活中智能手机的使用痛点,营造关爱、和谐的良好社会氛围

具有包容性的治理数字化转型"温度"还体现在治理过程中考虑到每一类群体的感受与评价,将公众感受、体验作为技术应用好坏、优劣的重要评价标准,而非单一崇尚技术赋能政府效率提升。上海的"数字体验官"活动组织公众走进各类数字化转型应用场景、互联网应用适老化

及无障碍改造单位开展体验调研和用户评测活动,包含便捷就医、智慧出行、为老服务一键通、数字商圈等各类数字化转型典型场景。"数字体验官"微信小程序也开始上线试运行,包括城市数字化体验、数字无障碍体验、市民观点和建议征集等板块。通过搭建线上平台,市民可以更加便捷地查看日常活动,进行在线活动报名签到和意见反馈等;市民观点、建议征集板块则可以集中展示市民的关注热点、重点和对数字化转型的观点建议。① 由此,公众可以感受数字化转型如何助推城市治理蜕变,还可以对目前的治理数字化转型提出意见与建议,帮助各类应用不断改进完善。

第二节　数字孪生:前沿技术赋能城市生命体

城市不仅是人类文明发展的结晶,也是一个汇聚各类要素的容器,它在不同的时代受到各种因素的影响与形塑。一方面,数字化正以不可逆转的趋势影响着人类社会,从互联网的普及,到大数据、物联网、人工智能,直至新近提出与兴起的数字孪生、元宇宙等数字或智能技术,都形塑着城市的形态及治理模式与发展方式。另一方面,城市,尤其是超大城市因其复杂性面临新的治理困境与挑战。城市有机生命体的本质与治理新路子是前后因果的联系,正是意识到超大城市具有有机的属性与生命的特征,才需要突破传统城市管理下将城市视为增长机器的观念,从新的视角看待城市、发展城市、治理城市,实现一种包容式、均衡性的进步。因此,在城市数字化转型的背景下,超大城市为何是一个生命体,如何成为一个生命体,如何治理好这个生命体,理解这一系列的问题是探索与超大城市发展规律相匹配道路的关键之一。

---

① 上海市经信委:《让数字化真正提升市民体验,上海"数字体验官"微信小程序正式上线》(2022 年 1 月 27 日),"上海经信委"公众号,https://mp.weixin.qq.com/s/Hbc0AYQ0Pv6Xp8TttfEOwA,最后浏览日期:2022 年 7 月 30 日。

第十二章　未来展望:数字化转型时期超大城市治理路在何方

一、让超大城市成为生命体

超大城市的一个显著特征在于人口基数巨大,社会流动性强,信息流、资本流、技术流等"流量"即时汇聚与交换,其治理面临巨大的不确定性和危机的突发性考验。[①] 作为生命体,同样地存在与此相似的特征。越来越多的城市学家开始反思城市的本质,推动了从"城市是一个机器"到"城市是一个有机体"的认识的过渡;上海世博会以"城市,让生活更美好"为主题口号,让更多人意识到城市也不仅仅是有机体,而是一个生命体。理解城市与生命体之间的内在联系和天然契合,有助于加深对城市生命体内涵的认识,也可以更好地改善人与城市之间的和谐关系。在未来超大城市治理的道路探索中,不仅要将超大城市视为有机生命体,还要赋予这个生命体以智慧化的特征,从而使其更聪明、会思考、有温度,得以生长发育、融合迭代。

对于传统的城市而言,生命体的表征并不完全凸显,其更多地表现在结构上,即生命体具有细胞、组织与器官,城市也有居民、组织单元、子系统等,这是二者的相似之处。数字化转型之下,数字技术让超大城市具备了更多生命体的特征。一些研究认为,可以从功能和结构两个方面来理解城市生命体的内涵。[②] 许多城市都开始启动"城市大脑"的建设,如杭州、上海等,这意味着城市也可以和生命体一样,通过人工智能等技术为城市构造一个智能的"大脑"以实现智慧化决策与治理。在数字化基础设施不断推进的同时,也相当于赋予了超大城市以"心脏"和"眼睛"。例如,大街小巷安装的监控探头成为城市的"眼睛",让城市治理可观可感,及时获取各种数据并支撑智能预测与事项处置。超大城市治理

[①] 唐亚林:《当代超大城市治理的运作原理建构》(2021年11月21日),文汇网,https://wenhui.whb.cn/zhuzhan/liping/20211121/435344.html,最后浏览日期:2022年7月30日。
[②] 李文钊:《城市是生命体有机体而不是增长机器》(2020年8月13日),长江网,http://news.cjn.cn/sywh/202008/t3685058.htm,最后浏览日期:2022年7月20日。

数字化转型中的中枢平台、云网设施、数据资源,以及不断产生并创新的应用、系统,都构成了城市生命体的骨骼、脉络、血液等不同"器官",让超大城市这个生命体更加具有拟人性与自主性。

从功能视角来看,生命体具有新陈代谢、生长发育、应激性等功能。超大城市本身并不必然地完全进化出这些功能,而需要外在的、客观的因素加以影响与助推,如经济发展、技术进步、文化积累等。超大城市的治理数字化转型为其提供了一个完善生命体功能的契机。一个超大城市的发展有其本身的规律可循,在经济发展抑或人口集聚等过程中形成了一些固有的功能,那治理数字化转型如何为超大城市生命体赋能增能?

新陈代谢功能需要有更多的数据资源流动、交换,依靠互联网、大数据等技术为超大城市搭建起一根根"神经脉络",建立起跨层级、跨界的网络。数字技术与城市治理的融合,使城市治理与发展不仅关注体量规模增长,也关注到城市生命体的"体质"优化,即通过数字化方式使城市治理如"绣花针"般精细。数字技术的嵌入让城市能够迅速感知内外部环境的变化,精准、有效、及时地作出反应与处置,这尤其体现在城市的应急管理与危机治理领域中。超大城市的防台防汛、冰冻灾害等,都需要在数字治理上"做文章",通过构建起城市运行监测"一张网",多层次、全方位地掌握城市运行状态,完善城市公共安全应急智能响应系统。强化超大城市生命体的自适应性,不仅需要围绕国家在数字化方面的顶层设计与战略方针,也要响应人民群众不断变化的复杂需求,即要通过技术手段更加精准、深入地了解民意、倾听民声,打造更加人性化的城市公共服务。

超大城市生命体的一个重要关键词是"有机",可将其理解为城市各结构、要素之间强关联、高耦合的特性。未来的超大城市治理应当建立在层级、部门、业务以及不同主体间的有机协同之上,破除各种城市治理所面临的壁垒和障碍,促进治理的高效转变。一方面,要加快数据的全面贯通与共享,推进数据跨部门、跨层级、跨地区融合。以成都为例,目前成都正在加快"智慧蓉城"建设，从全市层面统筹推进数据跨部门、跨层级、跨地区汇聚融合和深度利用。另一方面，要完善好城市运行与协同治理的架构体系，例如，上海"一网统管"以"三级平台、五级应用"为核心，筑牢"王"字型城运架构，完成市、区、街镇三级城运中心建设，并各自作为本级枢纽节点，统筹同级城市运行事项的跨部门协同。同时，还需要注重调适、反馈与改进，即强化"遗传与变异"的功能以促进城市生长发育、治理完善。例如，北京的"吹哨报道"机制通过12345市民热线服务进行整合治理，加强对市民诉求的响应与处理，也基于响应率、解决率、满意率"三率"量化考核排名。

生命体征是超大城市治理中的一个新概念，它是城市生命体与数字化转型相结合的产物，也是推进现代超大城市数字治理的一个重要基础。和人一样，超大城市作为一个生命体，可以通过一系列运行指标来反映其"健康"状况，形成"体检报告"之后，城市治理就有了更为精准的目标和方向。即以各种数字化手段与工具全面监测城市"呼吸""脉搏""体温"，研判城市运行的趋势和规律，及时发现城市潜在的运行风险，助推城市的精细化治理。

因此，需要把握超大城市的生命体征，以全周期管理提升能力水平。未来的超大城市治理数字化转型可以进一步推进生命体征的完善，实现"态势全面感知、趋势智能研判、资源全面统筹、行动人机协同"。2015年，上海就已经有相关部门开展了上海城市体征诊断模型的相关项目；2020年，国内首个超大城市运行数字体征系统在上海正式上线，以全面支撑上海市、区、街镇城运系统的快速行动响应。目前，上海城市运行数字体征体系已涵盖气象、交通、安全、环境、人口等八个方面，共1万多项指标。[①]

[①] 李强：《上海市第十二次党代会报告》（2022年6月25日），文明上海，http://sh.wenming.cn/GG/202206/t20220630_6417433.htm，最后浏览日期：2022年7月30日。

二、城市生命体的全周期管理

习近平总书记在湖北省考察时为城市治理提出了重要理念,即"树立全周期管理意识";随后,他又多次强调要把全生命周期管理理念贯穿城市规划、建设、管理全过程和各个环节。全周期管理强调对管理对象进行全过程、全方位和全要素的整合,优化组织结构、业务流程和资源配置,实现管理的集成化、系统化和协同化。[①] 在数字时代,全周期管理逐渐将对象视为一个动态、开放、生长的生命体,从其结构功能、系统要素、过程结果等层面进行全周期统筹和全过程整合。超大城市作为一个复杂的有机生命体,其生长发育有着规律性、周期性;超大城市、有机生命体、全周期管理三者之间存在内在的逻辑关系,因此需要把握好系统、全局观念,从全周期的理念出发对超大城市进行治理。

从技术应用的角度来看,数字孪生作为一种将现实世界全生命周期过程映射到虚拟世界的技术,用全周期理念将城市规划、建设、治理、发展,特别是超大城市治理的全过程,以数字化的形式反映在屏幕之上,从而使数字孪生助力形成城市治理的闭环链条。让城市在虚拟世界中可观、可感,让治理活动以数字的方式实现公开、留痕、溯源,提高了超大城市治理的精细化与及时响应性。其生命体征的建设更是以智能化预测、处置城市生命体健康的风险隐患为目标,构建了"观、管、防、处"一体化、全过程、全周期的治理体系。[②]

超大城市生命体的全周期管理需要将数字技术融入治理闭环中,实现以技术无缝隙保障公共服务全流程的目标。在传统的城市管理中,城市治理尤其是城市公共服务的生产与提供以公共部门为中心,形成单向

[①] 毛子骏、黄膺旭:《数字孪生城市:赋能城市"全周期管理"的新思路》,《电子政务》2021 年第 8 期,第 67—79 页。
[②] 陈水生:《城市治理数字化转型:动因、内涵与路径》,《理论与改革》2022 年第 1 期,第 33—46 页。

的服务链条。全周期管理理念要求超大城市的治理从公众需求开始,做到基于需求分析的治理和服务流程的完备。数字化转型下,数字技术让公共部门更加及时、有效地了解公众对公共服务的需求与呼声。对于公共部门而言,数字技术也可以全过程地追踪服务链条,关注事件发生、预警、处置及反馈等多个环节的变化和演进,由此形成全公开、全留痕、可溯查的全流程和全方位闭环治理。依托"一网统管",上海市普陀区石泉路街道针对垃圾投放安装了监控设备并接入"一网统管",实现了对小区生活垃圾投放情况的监督,一旦智能识别有居民随意投放垃圾,就会自动拍照"取证","一网统管"平台自动生成事件工单并推送给相关人员和街道城运中心大屏幕,形成"一网统管、全程留痕"的精准溯源体系。

全周期的管理理念还意味着超大城市治理应当关注更广泛的城市治理领域,融合住房保障、市政管理、生态环境、交通运输等方面业务数据,推动跨部门、跨层级的协同共治。超大城市作为一个复杂的巨系统,城市管理部门所承担的责任是艰巨的,公共部门需要围绕衣食住行、生老病死等与人民群众生活息息相关的领域进行公共服务的生产与供给,也要瞄准城市经济发展、社会进步等宏观层面的目标不断努力。在数字化转型的背景下,在不同的治理领域中实现跨区域、跨层级、跨部门的合作,从而使提高城市治理效率成为可能。数字技术的嵌入让公共服务的整体性供给更有效率,例如,上海的高效办成"一件事"和高效处置"一件事"就是基于技术平台、部门协调、精准施策的典型。要在全周期管理理念下促进超大城市治理的转变,还应当充分利用好数字化的工具与手段,打破部门间、主体间的信息壁垒和资源壁垒,强化"条""块"联动协同能力,为高效决策提供信息基础与数据支持。

可以将超大城市这个生命体视为一个动态、多元的生态系统,从宏观、中观与微观的不同视角激发每一个城市细胞、器官的活力,在全周期管理的框架下不断提升城市治理水平。一方面,超大城市全周期管理需要统筹发挥好政府、市场与社会三方的力量,即以党的领导为核心,以政府为主导,吸纳社会组织、企事业单位、公众等各类主体有序参与到城市治理中。其中,在数字化转型的推动下,不断拓展人民群众参与公共服务合作生产的渠道和路径,激发其主动性、积极性与创造性。例如,杭州市下城区研发"亲邻 E 站"居民应用端,搭建居民线上说事、议事、评事平台,拓宽居民线上参与的形式,把人民主体地位落到实处。另一方面,利用数字技术打通社区治理与社区服务的"最后一公里"。社区作为城市治理的基本单元,也是全生命周期管理的重要场域。国家"十四五"规划纲要明确提出,要推进智慧社区建设,依托社区数字化平台和线下社区服务机构,建设便民惠民智慧服务圈。治理数字化转型需要打造更为精细、高效的"城市大脑",不断优化社区基层治理的理念、机制、手段和技术,构建起精准、灵活、智能的社区治理新体系,以推动社区治理的协同高效转变。同样以杭州市下城区为例,该区推进社区"1 Call 办"政务服务模式,即利用现代数字技术打造聊天场景化服务,为居民提供"一句话就能办事"的政务在线咨询和办理服务。

全周期管理理念下的超大城市治理数字化转型,要求平衡好常态化城市治理与应急状态下城市治理之间的关系,既要解决常态化治理时"头痛医头、脚痛医脚"和"一刀切"的问题,也要解决非常态化治理危机动员响应时的应急处置不力、统筹调配不足等方面的问题。[①] 依托数字化手段使日常的城市治理更加有效,满足公众的常态公共服务需求。更重要的是,在面对城市突发事件与危机时,也能够以及时、高效的方式予以处置。数字化转型时期,超大城市治理需要在技术赋能下提升城市应急管理水平。其中的关键在于,如何实现城市应急管理的观、管、防于一体,在"一张图"上呈现城市运行状态、识别综合风险,从而形成防、抗、救应急管理全周期管理。

三、现实与虚拟的想象

数字孪生概念最早由迈克尔·格里夫斯(Michael Grieves)在产品

---

① 倪明胜:《以"全周期管理"重塑基层治理格局》,《文摘报》2020 年 4 月 9 日,第 6 版。

设计领域提出。数字孪生是指所有物理系统都可以有一个所谓的"数字等价物",其本质是一种存在于物理空间和虚拟空间之间的双向映射关系。从这个意义上说,实时运行的数字孪生与物理系统本身没有本质差异;从目的而言,使用者们希望能够通过数字孪生来模拟现实,进而指导原有的物理系统完善和发展。这就提出了一个问题,即如何将数字孪生应用于了解物理世界、模拟测试。数字孪生城市是数字孪生概念在城市层面的应用。随着物联网、大数据、人工智能等技术的发展,城市数字化已经开始从最初的静态3D建模层面逐步向动态数字技术与静态3D模型相结合的数字孪生形态演进。[1] 尽管可能非常接近现实城市,但数字孪生城市难以涵盖所有社会和经济功能运作的过程,即便嵌入了实时动态的数据,如交通和人口流动,但也只是一种城市在时间横截面上的简单体现,因此,数字孪生城市更趋于传统的计算机模型。[2] 更多的研究与实践则将数字孪生城市视为数字化转型之下城市治理的一种新技术、新模式,认为其将引发城市规划、治理和服务的重大创新,成为现代城市建设的"新起点"。[3]

自河北雄安新区的规划将数字孪生城市写入相关政策中,许多城市尤其是北京、上海、深圳等超大城市也开始探索数字孪生赋能城市治理的道路,力图让城市生命体更有活力、更加生动。上海杨浦大桥自1993年通车至今已有30年,为掌握大桥的数字体征,全桥布设了17类1 100多个数据感知点,实时监测风速、风向、温度、大地震动等环境数据,分为5大类120多项结构安全指标,所有指标点均由数字孪生编码,初步形成了"物联成网""数联共享""智联融通"的大桥神经元感知体

---

[1] J. Yan, S. Zlatanova, M. Aleksandrov, et al., "Integration of 3D Objects and Terrain for 3D Modelling Supporting the Digital Twin", *ISPRS Annals of the Photogrammetry, Remote Sensing and Spatial Information Sciences*, 2019, IV-4-W8, pp. 147-154.

[2] Michael Batty, "Digital Twins", *Environment and Planning B: Urban Analytics and City Science*, 2018, 45(5), pp. 817-820.

[3] Li Deren, Yu Wenbo, and Shao Zhenfeng, "Smart City Based on Digital Twins", *Computational Urban Science*, 2021, 1(1), p. 4.

系。① 作为数字孪生示范,杨浦大桥运用新一代数字孪生技术为设施数字化创新应用赋能,实现了"观、管、防"的立体融合管控。

显然,数字孪生城市利用各种先进的数字技术,采集、传输城市基础设施运行、资源调配、人流、物流、车流等数据,构建起一个虚拟的数字空间,从而精准地反映物理世界的动态信息,为城市管理者提供决策、治理、行动的参考和模拟。但在技术方面,数字孪生还面临数据、基础知识库、系统融合以及人才问题等方面的挑战②;在治理方面,则面临着思维、组织和价值等方面的困境③。对数字孪生技术关注不足或过多,都会导致城市治理的不当;部门的碎片化、跨界参与的障碍等也会带来新风险。数字化转型下,未来的超大城市不仅需要更好地将数字孪生等新兴技术应用于城市治理,也需要精准识别存在的问题与瓶颈,从而使技术适配治理,让超大城市的现实与虚拟融合成为治理新路子。

"空间数字底座"是数字孪生所依靠的重要数字基础设施,其通过地理信息系统、三维信息系统等形成覆盖全市域的信息模型和数据资源体系。随着新一代信息技术的发展,"空间数字底座"将成为促进城市时空数据应用于经济、生活、治理领域的关键基础,推动超大城市生命体治理效能提升。因此,未来的超大城市治理数字化转型要不断完善城市数字基建,通过集成发展新一代感知、网络、算力等数字基础设施,实现城市"物联、数联、智联",全面布局物联感知体系,通过各类传感设备的数据采集,实现虚拟与现实之间的数据交互连接,准确、及时地反映城市生命体的运行状态。以上海为例,虹口区选取云舫小区及周边地块作为探索试点,通过建设三维数字孪生底座,联通物联感知、视觉感知、虚实结合、

---

① 根据课题组调研资料整理。
② 张新长、李少英、周启鸣,等:《建设数字孪生城市的逻辑与创新思考》,《测绘科学》2021年第3期,第147—152页。
③ 向玉琼、谢新水:《数字孪生城市治理:变革、困境与对策》,《电子政务》2021年第10期,第69—80页。

大数据、云计算等先进技术手段,赋能城市微观精细化管理,仅云舫小区就接入了19类1 000余个物联感知设备.[①]

数字孪生城市的建设需要收集海量的信息并投射于三维虚拟空间中,为城市管理者提供一个数字化的城市孪生体,从而可以科学地预测、分析、处置城市问题、数据、事件。显然,数据资源具有关键作用,因此,应当推进各类数据的管理体系建设。一方面,制定数据分级分类管理规范,促进数字孪生城市数据建设与利用的标准化。这不仅需要建立好城市层面的数据资产目录,将公共安全、交通运输、环境环卫、社会服务、健康卫生等领域的数据进行全面梳理、归集、整合,也需要建立数据资源共享和开放的相关政策,推进数据资源在政府、市场、社会间的合理合法流动,支撑数字孪生城市与平台的建设。另一方面,推进基础设施建设,将数字孪生城市的平台应用于各层级、领域的精细化城市治理。

持续推动感知建模、人工智能、仿真模拟等前沿技术的创新与融合,发挥数字孪生、元宇宙等新兴数字技术的驱动作用,激活城市生命体全面生长。随着超大城市治理的不断推进,数字化转型趋势愈发明显,一些城市开始基于既有技术寻求新的突破,如元宇宙,上海发布了培育元宇宙新赛道的行动方案,深圳也发布国内首批元宇宙技术标准。万物交互、虚实相融、去中心化是元宇宙的三个典型特征,元宇宙可以在"一网通办""一网统管"、数字孪生城市、"城市大脑"等模式的基础上,进一步推动超大城市治理的智慧化与精细化。[②] 因此,应当以包容、审慎、开放、创新的态度对待元宇宙等新兴概念和技术,鼓励多元主体在技术开发上进行发力,通过制度、资金、人才等多方面的资源倾斜,为超大城市治理的数字化转型提供技术支撑。

---

① 薛宁薇:《上海数字化转型:孪生城市数字治理"破茧成蝶"》(2022年2月15日),东方网,https://j.021east.com/p/1644917737035809,最后浏览日期:2022年7月30日。
② 彭国超、吴思远:《元宇宙:城市智慧治理场景探索的新途径》,《图书馆论坛》2023年第3期,第86—92页。

第三节　应用场景:打造超大城市治理试验场

一、场景化的超大城市治理

尽管场景在生活视野中更多地出现在互联网行业中,在开发软件、应用,设计互联网平台功能时往往会考虑应用场景。这说明场景是服务提供者与使用者接触的一个时空,也是构成个体生活、社会活动的一种基础单元。在数字时代,数字化转型赋予超大城市治理以新的动力与发展模式,使超大城市治理具有更多的技术特性,例如,逐渐将场景融入治理过程中,视场景为治理场域、试验空间,也是城市建设运行的新竞争点。随着数字化转型的纵向深入,应用场景成为推进数字治理的重要发力点。许多城市,特别是超大城市在应用场景布局、建设、优化上达成了共识。以杭州为例,自2016年以来,杭州"城市大脑"相继推出"人才码""数字城管""数字驾驶舱""两山银行"等应用场景。上海作为城市数字化转型的典型,也积极布局建设城市场景体系,在2022年的《政府工作报告》中,"场景"一词出现了8次,覆盖数字生活、数字经济、数字治理等领域。超大城市治理正在走向一种与数字化相伴相生的场景化进程,推进超大城市治理的现代化,需要进一步理解场景是如何嵌入治理,以及治理是如何影响场景的。因此,既要树立场景化思维,也要坚持顶层设计、统一规划,不断促进超大城市治理场景的丰富与多元。

其一,在超大城市治理中树立场景化思维,将数字化理念与场景化思维融合,将数字技术应用于不同场景中,从而提升治理效能。例如,成都提出全面推进落实"场景营城"理念,并将其作为未来重要的城市发展战略,积极营造新经济应用场景、消费场景、社区场景、公园场景等城市发展新场域,目标是从宏观、中观、微观的角度形成整座城市的场景矩阵,逐步呈现出"处处皆场景、遍地是机会"的场景城市特征。① 要认识到应用场景既是城市建设、治理、发展的机会,也是公共部门服务人民群众的机会,用场景化思维来布局超大城市数字治理,让每个角落、每个场景、每个生活的片段都成为数字化的"实验场",也让每一个个体与组织都能在场景中有参与感、获得感。在杭州,"城市大脑"的应用场景已经深入到每个市民的生活中,例如,能够计算在途机动车数量的智能系统交通,接入电子探头、数据收集、智能分析等功能的在线警务场景,为老百姓提供"最多付一次"服务的"舒心就医"场景,"10秒找空房""20秒景点入园""30秒酒店入住"和"数字旅游专线"四大便民服务场景,让游客能够实现"多游一小时",等等。②

其二,加强顶层设计与统筹规划,强化超大城市治理中应用场景建设的制度建设和供给,从人力、财力、物力等方面保障应用场景的不断完善与健全。系统谋划超大城市数字治理应用场景创新模式和推进机制,出台支持场景创新的实施意见或政策措施。例如,《上海市促进城市数字化转型的若干政策措施》中提到,要在全市数字化转型应用场景建设中试点"赛马制"和"最佳实践"等机制,从而创造条件让更多的社会力量参与。同时,还要理顺场景工作机制,明确牵头负责单位,明晰工作重点、流程和要求,稳步有序推进超大城市应用场景建设的相关工作。深圳在数字政府的"十四五"发展规划中明确,要针对社会、生活、经济等领域进行应用场景布局,特别是统筹建设市级应用专题、多跨应用场景,以各级指挥中心为载体,建立全市统筹、分级管理,各职能部门依责响应,工作成效统一监督的多级联动工作体系。

其三,全面落实应用场景建设的相关行动方案,以治理数字化转型为契机,推进超大城市治理的应用场景建设业务规范和技术标准的

---

① 吴军、营立成:《从"城市场景"向"场景城市"跃升》(2021年2月4日),成都市新经济发展委员会网站,http://cdxjj.chengdu.gov.cn/xjjfzw/c005003001/2021-02/04/content_4717c047824d4cdb8690f9689b3b7802.shtml,最后浏览日期:2022年7月30日。
② 《让城市会思考——建设城市大脑场景创新城市治理方式》(2020年8月27日),新蓝网,http://i.cztv.com/view/13501035.html,最后浏览日期:2022年7月30日。

制定与出台，从而指导数字化转型时期下的超大城市治理与场景建设。2021年，国家标准委下达当年第二批国家标准制修订计划的通知，随后，国家标准《智慧城市人工智能技术应用场景和需求指南》被制定并发布。2022年，《智慧城市人工智能技术应用场景分类指南》通过审查。这一标准对民生服务、城市治理、产业经济、生态宜居中的人工智能技术应用场景进行了分类和描述。同样，上海为了完善精细化的治理数字化转型，服务于更高效能的治理需求，在2022年出台了《上海城市数字化转型标准化建设实施方案》，以推动政务服务"一网通办"、城市运行"一网统管"的跨部门多场景应用标准化，在营商环境、综合监管、自然资源、生态环境、水系统治理、公共安全等领域，推动标准研制和应用。

其四，建立超大城市治理的应用场景清单发布机制，根据人民群众的需求打造一批重大项目场景，将已建场景提炼为示范标杆场景，通过条块联动加快示范性应用场景的复制推广。上海市黄浦区通过梳理涵盖城市运行、社会治理、精细化管理等领域的事项，理顺部门之间职能交叉事项的责任与分工，形成规范化、标准化的事项清单。浦东新区在"城市大脑"升级后，将以往涉及经济治理、城市治理和社会治理的100多个场景进行集成，形成10类57个整合场景，构建了统筹推进和有机衔接的治理体系。此外，为了使超大城市治理更加适应场景化趋势，还应当结合自身地区、部门定位与优势进行场景创新，不断总结提炼场景创新模式、亮点，重点挖掘可复制推广的场景经验和解决方案。上海市闵行区房管局以新虹街道智慧安居为模板，在马桥等四个街镇复制推广；区绿容局以梅陇镇垃圾分类为模板，在梅陇等七个街镇复制推广；区城管执法局以非现场执法为切入，指导吴泾、梅陇等街镇应用场景建设。清单机制与示范建设的意义在于市场主体可以按照场景化的模式，参与到与公共部门的合作中来，实现服务流程、服务模式、服务渠道等方面的优化升级。

二、治理场景的探索与创新

在超大城市治理数字化转型的趋势下,应用场景的作用也不断凸显,如提高治理精细化水平、满足市民多方面公共服务需求、协同创造公共价值等。场景化的超大城市治理意味着将场景视为数字化的基本元素,需要在应用场景上"做文章",进而形成以场景建设促进数字治理的格局。但超大城市拥有庞大的人口,各种要素与资源处于不断变化之中,经济社会发展也在形塑着公众的生活状态乃至超大城市的治理格局,因而,个体、组织的需求并非一成不变的。相应地,应用场景也应当不断地探索、拓展与创新,以适应动态变化的超大城市与不同主体需求。技术视角下,场景创新是以新技术的创造性应用为导向,以供需联动为路径,实现新技术迭代升级和产业快速增长的过程。[①] 数字化转型下,超大城市治理的应用场景创新同样依托于新技术,但其目标应当是通过数字技术实现应用场景的升级与拓展深化,并将政府、企业、公众等主体纳入场景探索和创新的全过程,最终满足超大城市治理的需求。推动超大城市治理应用场景创新,对于支撑城市经济发展、"人民城市"建设具有重要意义。5G、大数据、物联网、人工智能、数字孪生等新技术快速发展,城市数字化转型持续推进,"一网通办""一网统管"等统筹建设,为超大城市治理场景探索与创新奠定了坚实基础,但是仍存在对场景创新认识不到位、场景创新动力不足等问题。未来的场景创新需要从领域拓展、要素供给、参与激励、学习借鉴等方面入手,保障应用场景建设与超大城市发展相契合。

超大城市治理的应用场景创新需要以前瞻性、开拓性思维不断探索新的领域,也要坚持"人民城市"理念,从不同主体的需求出发,在经济、社会、生活等方面进一步细化场景创新与打造(如图12-1所示)。数字

[①] 科技部等:《关于加快场景创新以人工智能高水平应用促进经济高质量发展的指导意见》(2022年7月29日),中国政府网,https://www.gov.cn/zhengce/zhengceku/2022-08/12/content_5705154.htm,最后浏览日期:2023年8月10日。

化思维要与"人民至上"的理念相结合,引领超大城市应用场景的创新与建设,深化政府、社会与市场对应用场景创新的认知,围绕不断变化的公众需求与城市发展特征,通过应用场景创新不断延伸城市数字化转型的"末梢"。治理要素是构建智能化场景的最核心因素,浦东"城市大脑"3.0版使全区的实有人口、安全隐患、轨道交通、消防井盖、电力设施等涉及人、事、物等治理要素实现全域覆盖,包括公共安全、建设交通、综合执法、应急管理等7大领域,在场景体系上,按照日常、专项、应急三种状态,形成近80个场景,这些应用场景仍在根据超大城市的治理需求、服务需求、发展需求不断完善与增加。超大城市的应用场景创新还需要有前瞻性与大局观,服务于国家战略与社会发展。

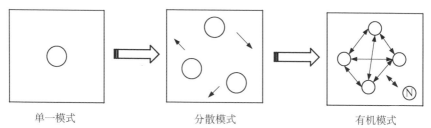

注:单一模式指场景打造处于初步阶段;分散模式指场景数量增加但是关联性不足;有机模式追求场景的数量、质量以及内在的相互联系,N指未来可探索的创新场景。

图12-1 场景打造的模式发展

以环境保护为例,2020年,中国宣布了碳达峰和碳中和的目标愿景,"双碳"目标成为国家发展的新一轮战略决策与转型路径。超大城市治理可为"双碳"目标的实现提供重要支撑,生态保护、环境治理、能源管理、排放监测既是超大城市数字治理的应用场景创新方向,也是"双碳"战略实施的重要领域。杭州就在此基础上构建了"生态智卫"大场景,横向打通政法委、林水、城管、城投等生态文明建设协同部门,纵向贯通省、市、区(县)、镇(街)四级应用,覆盖了多个生态环境要素。①

---

① 陈昀、陈爱民:《杭州:创新"生态智卫"让环境治理更有"数"》(2021年12月30日),浙江在线,https://zjnews.zjol.com.cn/zjnews/202112/t20211230_23574648.shtml,最后浏览日期:2022年8月1日。

数字技术及其平台是超大城市治理应用场景建设的基础,数据资源则为应用场景建设提供鲜活的要素,未来超大城市治理场景的探索与创新也应当要强化技术、数据、人才等各类要素供给,为场景创新注入动力。通过数字技术与应用场景深度融合,可以推进城市治理数字化转型的深入,实现城市公共服务流程优化、业务协同和模式创新,并在利好超大城市治理的同时,促进数字技术与平台系统的不断迭代更新。数据也是数字治理中的宝贵财富,因此,超大城市治理的应用场景创新还需要促进数据的汇聚融合、共享开放、有序流动和开发利用,以应用场景为牵引,充分发挥我国海量数据资源和丰富应用场景优势。例如,上海市闵行区拓展数据应用场景,以全方位赋能城市数字化转型,2021年,在"一网统管"建设中形成34个共4.17亿条主题库数据目录,为"一网统管"主题库定制开发了110个接口,提供了18家单位约25亿条数据,满足城运中心防汛预警、环卫车辆、垃圾分类等业务需求;为应急专题库提供10家单位约160万条数据。[1]

治理场景创新要强化市场、社会的创新作用,培育场景创新专业机构,鼓励不同主体参与场景建设与拓展,从而探索多元主体合作的场景创新新机制。一方面,鼓励行业领军企业、科技龙头企业、科技类社会组织等开展超大城市治理应用场景创新活动,发挥技术优势与利用行业资源,聚焦超大城市治理场景创新需求,联合开展场景创建。支持懂场景、懂政策、有能力、有资源的专业机构进行治理场景研究与实践,如场景技术研发、场景清单编制发布、场景供需对接、场景创新品牌塑造等,推动市场化场景创新促进服务机构发展。浦东"城市大脑"3.0在积极促进各类社会力量参与上不断迭代升级,与行业顶尖企业开展合作,同时吸纳相关的高校、科研院所与智库进行理论与实践上的创新。另一方面,"人民城市"的要求也体现在应用场景创新上,应用场景建设与拓展不仅

---

[1] 上海闵行区行政服务中心:《数据共享凝聚转型向心力,场景应用驱动发展新引擎》(2021年9月27日),上海闵行区人民政府网站,http://www.shmh.gov.cn/shmh/zwdt-xzfwzx/20211008/529323.html,最后浏览日期:2022年8月1日。

要政府与企业的合作,也要将公众的需求放在首位,才能构建起多元参与、多元共治、多元共建的超大城市治理应用场景新型创新合作生态。作为北京唯一的国家级经济技术开发区,北京经济技术开发区面向社会启动"头脑风暴",公开征集大数据场景应用方案,对征集上来的方案组织专家评审,并设荣誉证书、奖金等奖励。①

最后,鼓励举办场景创新活动以发布场景创新成果、场景合作机会,创造场景创新交流平台,加强场景创新主体交流合作,推动超大城市间的场景学习与典型扩散。在科技部等六部门发布的《关于加快场景创新以人工智能高水平应用促进经济高质量发展的指导意见》中提到,要组织好场景创新大赛,围绕社会治理等需求开展场景创新,形成一批具有示范推广性的解决方案,也要建设好场景创新体验区、展示馆等场景展示体验环境,定期面向社会举办场景展示体验活动。四川省举办的数字四川创新大赛就设立了数字政府、创新应用等赛道,致力于以大赛为媒介,以服务提升政府治理效能为目标,通过发现、挖掘大数据、云计算、人工智能等新一代信息技术在数字政府建设上的应用,打造一批数字化治理的应用场景,形成一批可复制推广的经验和模式。同时,超大城市之间虽有共性之处,但更多的是在经济、社会、文化上的差异性。因此,基于因地制宜原则的超大城市治理应用场景创新,在发力领域、重点方向上都有不同之处。对优秀经验的借鉴,可以为应用场景的探索减少不必要的经济损失、时间投入、试错成本,对于超大城市而言,同样可以通过典型应用场景的建设与扩散,树立标杆效应、提升城市的品牌效应。

---

① 北京亦庄:《鼓励社会力量参与共建"城市大脑",北京经开区公开征集大数据场景应用方案》(2021年2月24日),澎湃新闻,https://www.thepaper.cn/newsDetail_forward_11446650,最后浏览日期:2022年8月1日。

第四节　未来已来:探索新时代的中国经验与中国方案

　　超大城市治理是全球性的难题,每个地方的超大城市都面临着共性或异化的治理挑战。数字化转型为其开出了一剂"良方",数字技术与城市治理的有效融合,可助力超大城市的建设与发展,并为市民带来更加高效、精准的服务。随着全球化趋势不断深化,我国在越来越多的领域中取得世界瞩目的成就,也相应地为全球其他国家提供了更具中国特色的经验与案例。数字化转型背景下,北京、上海、深圳、成都等超大城市不断推进数字化治理,形成了一批可复制可推广的超大城市治理经验,并向世界传播了"人民城市"理念,贡献出中国智慧和中国方案。2021年发布的"联合国全球城市监测框架——上海应用指数"由联合国人居署、中国住房和城乡建设部和上海市人民政府共同开发,是衡量城市可持续发展进程的全球指数,其综合考虑了发达国家、发展中国家及新兴国家城市的不同诉求,提高了中国在全球可持续发展领域的话语权。[①] 这说明在持续推进治理数字化的同时,我国也致力于促进治理的国际化进程,不仅对国外典型超大城市的经验进行总结,还努力建设治理领域的"中国标尺"。未来的中国超大城市数字治理探索,需要从技术、组织、价值等维度进行考虑,在发挥好党的领导的坚实作用与制度优势的同时,也要将超大城市治理同人民对美好生活的向往相结合,积极与ChatGPT等技术浪潮接轨,体现出国际视野、中国特色,贡献中国经验、中国方案。

[①] 刘辉:《"上海指数"首次发布 计划2030年适用于全球1 000座城市》(2021年11月1日),人民网,http://sh.people.com.cn/n2/2021/1101/c176738-34984685.html,最后浏览日期:2022年8月1日。

一、党的领导下的超大城市数字治理

在中国特色的现代国家治理体系中,中国共产党既是执政党,也是领导党。中国特色社会主义最本质的特征是中国共产党领导,中国特色社会主义制度的最大优势是中国共产党领导。因此,党的领导是新中国的优良传统和独特优势。城市工作也是中国共产党伟大事业的重要组成部分。① 一直以来,党带领人民群众不断推进中国的城市建设与发展。在新时代,城市治理关系着国家软实力与竞争力,也同社会发展紧密联系;数字化转型趋势下,党的领导仍贯穿于城市治理,尤其是超大城市治理的全过程,为城市治理从量变到质变,从初步探索到走出特色道路,提供了基础性的引领。北京、上海、深圳等城市通过创新实践,走出具有中国特色的超大城市数字治理道路,既促进了数字技术和城市治理运行体系有机融合,也发挥各级党组织在城市治理中的引领作用;既做到了坚持党的领导,也充分把握了城市发展规律和数字化转型的基本逻辑。

党的领导在超大城市治理的数字化转型中发挥了其制度优势,为城市治理与转型提供了方向,还发挥了其组织优势,统筹配置各类资源、动员不同主体实现超大城市的有效运行与治理优化。

一方面,党的领导是数字化转型时期超大城市治理的思想保障与方向引领。城市治理是国家治理体系和治理能力现代化的重要内容,以习近平同志为核心的党中央对城市治理工作高度重视,习近平总书记在上海、杭州、武汉等城市视察时均对"超大城市现代化治理新路子"作出重要指示、提出新要求,"人民城市""城市生命体、有机体""绣花般的治理",这些要求为超大城市的数字治理提供了未来发展的方向。从北京

---

① 付高生:《中国共产党城市工作的百年历程与宝贵经验》,《湖南农业大学学报(社会科学版)》2021年第4期,第8—15页。

的"接诉即办"改革,到杭州的"城市大脑""整体智治",再到上海的城市数字化转型、"一网通办""一网统管",都体现了党在现代城市治理、发展上的中国特色社会主义城市治理理念与思想,而得益于党的领导,超大城市治理也展现出与传统城市管理不一样的生命力,在时代发展中不断迭代升级,验证了党的领导的正确性与有效性。

另一方面,党的领导为我国超大城市数字治理提供组织支撑与动员保障。2018 年,习近平总书记在上海考察时指出,基层党建既要发扬优良传统,又要与时俱进,不断适应新形势,拓宽基层党建的领域,做到党员工作生活在哪里,党组织就覆盖到哪里,让党员无论在哪里都能找到组织找到家。[①] 这不仅体现了党组织的重要性,也充分说明在城市治理中,党组织有着纵向到底、横向到边的严密组织网络。在党的领导下,超大城市得以迅速组织动员、统筹配置各种治理资源,实现协同联动。借助其广泛深入的社会"触角"和基层党组织的"神经末梢",动员包括体制性力量、党员、市场与社会等各方力量,激发公众的治理积极性、主动性与潜能。[②] 在超大城市治理数字化转型中,也需要在党的领导下,实现政府、社会和市场等多元主体的共同参与,从而发挥党的组织优势。

因此,以党的领导为核心的超大城市数字治理具有丰富的理论渊源、现实依据、制度优势、组织优势和群众优势,在进一步探索具有中国特色的超大城市数字治理道路中,必须坚持党的领导。具体而言,要把握好党建引领这根"红线",紧跟城市数字化转型趋势,构建党建引领下的超大城市数字治理架构与格局,厚植党建引领的制度与组织优势,在党建引领城市治理上走出新路子,不断提升党建引领的积极效应。在推进城市治理现代化的实践进程中,党中央及其地方组织和基层组织为城市治理现代化提供政治保证,担负着总揽城市发展和治理全局、协调城

[①] 谢环驰、李刚:《习近平在上海考察时强调 坚定改革开放再出发信心和决心 加快提升城市能级和核心竞争力》,《人民日报》2018 年 11 月 8 日,第 1 版。

[②] 唐皇凤、杨婧:《中国特色政党主导型城市应急管理体系:运行机制与优化路径》,《学海》2021 年第 5 期,第 54—63 页。

市治理多元主体的政治责任。① 数字化转型、党建引领、城市治理三者之间存在内在的逻辑关系。数字技术不仅赋能城市治理,同样使党建工作迈向智慧化,"智慧党建"则为城市治理效能提升创造了有利的条件与保障(如图12-2所示)。上海市静安区临汾路街道与高校共同打造"数字驾驶舱",主动对接上海"社区云"平台并建设"民情日志"大数据平台,为"四级党建网格"体系提供了数字化载体,使各级网格内党员干部摸排公众需求更加精准。

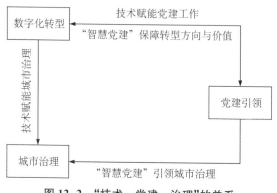

图12-2 "技术—党建—治理"的关系

要发挥党员在超大城市数字治理中的先锋模范作用,建设一支在城市治理中具有数字理念、数字技能、责任担当的队伍,强化"中国之治"的组织优势、制度优势和治理优势。聚焦新时代首都发展,北京推动全市11.2万个基层党组织、247.3万名党员共同融入城市治理格局,充分说明党员干部在超大城市治理与数字化转型结合的过程中发挥着先锋者、推动者、践行者的角色。在上海,为了有效服务、保障进博会的顺利开展,赵巷镇网格化中心党支部、城管中队党支部、市场监管所党支部成立了以党员为主要力量的"一网统管党员应急突击队",负责解决城市治理中的重点和难点问题。不仅是公共部门中的党员干部为超大城市数字

---

① 田芝健:《推进城市治理现代化必须坚持党的全面领导》(2022年5月6日),江苏智库网,https://www.jsthinktank.com/xhrbzkzk/202205/t20220506_7531338.shtml,最后浏览日期:2022年8月1日。

治理作出努力,企业、社会组织等同样发挥了党员的先锋模范作用,为顺利完成上海城市运行"一网统管"平台的"智慧电梯"应用场景建设,相关企业抽调党员骨干组成"智慧电梯应用场景"党员突击队,助力"一网统管"连接"智慧电梯",这些案例彰显了党员干部在超大城市治理数字化转型中的先锋姿态,体现了中国超大城市治理数字化转型的特色。

二、治理数字化转型与美好生活向往

我国一直将数字化、信息化放在重要战略地位,在多次五年规划纲要中均提及信息化并予以高度关注。2016年,"十三五"规划提出"加快建设数字中国",2017年,党的十九大报告提出要建设网络强国、"数字中国"、智慧社会。中国互联网络信息中心发布的第53次《中国互联网络发展状况统计报告》指出,截至 2023 年 12 月,我国网民规模达 10.92 亿人,其中农村网民规模达 3.26 亿人,互联网普及率达 77.5%。"数字中国"、网络强国、智慧社会等数字化战略已初步显现优势,对推动国家发展、社会进步、生活美好具有巨大潜力。城市治理数字化转型是数字化发展的重要组成部分,并已成为全面建设社会主义现代化国家的必要之举。

城市是人口、产业等要素和资源的聚集地,具有不同程度的辐射效应与虹吸效应。超大城市更是一个国家竞争力的"火车头",是经济社会发展的动力与引擎。[1] 在我国,北京、上海、深圳等超大城市飞速发展的同时,衍生出国家治理现代化必须解决的各种前沿、复杂问题[2];尤其表现在变化的瞬时性、管理和服务需求的多元化,以及城市问题的关联性[3]。

---

[1] 董慧、王晓珍:《超大城市治理现代化:经验、理念与治理体系建构》,《学习与实践》2022 年第 5 期,第 70—77 页。
[2] 赵孟营:《超大城市治理:国家治理的新时代转向》,《中国特色社会主义研究》2018 年第 4 期,第 63—68 页。
[3] 王郁、李凌冰、魏程瑞:《超大城市精细化管理的概念内涵与实现路径——以上海为例》,上海交通大学学报(哲学社会科学版)》2019 年第 2 期,第 41—49 页。

城市高质量发展已引起政府、社会的广泛关注,其评价指标涉及治理、社会、经济、生态、科技等多个方面。治理数字化转型与城市高质量发展密切相关,《中华人民共和国国民经济和社会发展第十四个五年规划和2035年远景目标纲要》(下称《规划》)提出,迎接数字时代,以数字化转型整体驱动生产方式、生活方式和治理方式变革。在城市场域中,其目的在于通过数字技术与治理体系的融合,转变城市发展方式、完善城市治理体系、提高城市治理能力,从而促进整体的高质量发展。

更为重要的是,数字治理、城市高质量发展与人民美好生活向往之间存在应然的逻辑关系。正如《规划》中所强调的,"运用数字技术推动城市管理手段、管理模式、管理理念创新,精准高效满足群众需求"。"美好生活"精确地描述了国家发展、城市建设追求的根本目的与价值,即让人民群众拥有更优质的生活环境、条件与未来。让数字化转型精准地触达"基本民生"、创新发展"品质民生"。城市数字化转型以物联网、云计算、大数据、人工智能、数字孪生等新一代信息技术为支撑,从多个维度推进城市治理的科学化、精细化、智能化,不断满足人民群众对美好生活的向往。高质量发展与高效能治理是双向促进、共同实现的;而城市的发展不仅仅体现在衣食住行等人民基本性需求上,还要在教育就业、医疗养老、文化体育、生活环境、社会秩序等关乎人民群众切身利益的方面,体现城市的发展质量与治理水平。

数字化转型下,超大城市治理的发展必须依靠人民、为了人民。既要顾全城市大事,也要关照市民小事,将数字治理融入人民美好生活的微观层面中,持续提升群众的获得感、幸福感、安全感。2019年8月19日至22日,习近平总书记在甘肃省考察时强调:"城市是人民的,城市建设要贯彻以人民为中心的发展思想,让人民群众生活更幸福。金杯银杯不如群众口碑,群众说好才是真的好。"[1]

---

[1] 中共中央党史和文献研究院编:《习近平关于城市工作论述摘编》,中央文献出版社2023年版,第37页。

一方面,以数字技术发掘公众需求,坚持民有所呼、我有所应,找准服务人民群众的切入点和着力点,在城市治理应用场景开发建设中实现转变,即推动城市公共服务供给模式由被动、粗放、分散转向主动、精细、协同,高效整合政府及社会分散资源,加强资源精准匹配,有效地满足人民群众多元化的需求。

另一方面,超大城市的特点决定其治理数字化转型的复杂性与系统性,推进城市高质量发展与人民美好生活的步伐,不仅需要以党的领导为核心,发挥政府的主导作用,也要在顶层核心领导力量的统筹协调下,组织动员多元治理主体协同参与。"城市治理共同体"体现了这一理念与实践,构建基于城市数字治理的命运共同体,发挥数字化转型的优势与力量,最大限度地撬动公众、企业、社会组织等各方资源,推动人人参与、人人奉献、人人共享。

首先,要培育价值共识、凝聚广泛共识,数字技术的进步和应用使超大城市治理方式逐步实现公开化、透明化和民主化,其也有赖于人民群众的参与意识与行动——人民要有城市建设者和主人翁意识,才能汇聚起共建共治共享人民城市的磅礴力量[①],才能更好地实现城市数字治理的多元参与格局。

其次,在治理数字化转型的实践中,将公众评价纳入闭环治理的全过程中,为人民群众提供方便、有效的反馈渠道与平台,让人民群众愿意对数字治理"开口发声";数字技术的一个关键作用还在于能够将公众的评价与反馈进行数字化,从而形成渠道开放、指标多元、体系建设的公众参与机制与治理改进机制,提升超大城市治理的科学性、开放性和合理性,共同建设美好的超大城市生活。

最后,如同不断迭代发展的数字技术,数字化转型时期的超大城市治理充满了无限的可能。大数据与人工智能赋予了城市治理以新的想

---

① 魏崇辉:《习近平人民城市重要理念的基本内涵与中国实践》,《湖湘论坛》2022年第1期,第22—31页。

象力,当 ChatGPT、Bing Chat 等人工智能技术驱动的自然语言处理工具开始以超乎预期的速度影响全球多个领域或行业的时候,超大城市治理或许也可以从中得到一些思考。在舆情管理与分析、智慧交通管理、数字化城市规划与建设、城市安全监测与预警等方面,数字技术可以作为连接政府与公众的桥梁,帮助政府部门更好地了解城市居民的需求和意见,而人工智能等前沿且复杂的技术,是否能够成为政府,尤其是基层政府及其工作人员的有力工具,或让公众更有效地参与共同生产、共同创造,则需要经历跨时期与跨地区的实践考验。其中,不仅是数字治理的理论中存在效率与价值的两难选择,在未来如何实现工具理性与价值理性的有机统一,也是超大城市治理驶上数字时代的"快车道"时,对每一个城市管理者与作为城市主人的公众提出的问题。

参考文献

[1] 顾丽梅. 信息社会的政府治理:政府治理理念与治理范式研究[M]. 天津:天津人民出版社,2003.

[2] 顾丽梅. 治理与自治:城市政府比较研究[M]. 上海:上海三联书店,2006.

[3] 顾丽梅,翁士洪. 网络参与下的地方治理创新[M]. 上海:上海人民出版社,2015.

[4] MARRES N. Digital sociology: The reinvention of social research[M]. Malden, Mass: Polity Press, 2017.

[5] OSTROM E. Understanding institutional diversity[M]. Princeton, NJ: Princeton University Press, 2005.

[6] JANSSEN M, RANA N P, SLADE E L, et al. Trustworthiness of digital government services: Deriving a comprehensive theory through interpretive structural modelling[M]//GIL-GARCIA J R, DAWES S S, PARDO T A. Digital Government and Public Management. Routledge, 2021: 15-39.

[7] 鲍静,贾开. 数字治理体系和治理能力现代化研究:原则、框架与要素[J]. 政治学研究,2019(3):23-32,125-126.

[8] 北京大学课题组,黄璜. 平台驱动的数字政府:能力、转型与现代化[J]. 电子政务,2020(7):2-30.

[9] 陈少威,范梓腾. 数字平台监管研究:理论基础、发展演变与政策创新[J]. 中国行政管理,2019(6):30-35.

[10] 陈水生. 城市治理数字化转型的整体性逻辑[J]. 兰州大学学报(社会科学版),2022,50(6):72-80.

[11] 翟云,程主,何哲,等. 统筹推进数字中国建设 全面引领数智新时代——《数字中国建设整体布局规划》笔谈[J]. 电子政务,2023(6):2-22.

[12] 丁煌,梁健. 探寻公共性:从钟摆到整合——基于公共性视角的公共行政学研究范式分析[J]. 江苏行政学院学报,2022(1):96-103.

[13] 丁煌,马小成. 数据要素驱动数字经济发展的治理逻辑与创新进路——以贵州省大数据综合试验区建设为例[J]. 理论与改革,2021(6):128-139.

[14] 丁煜,朱火云. 农村互助养老的合作生产困境与制度化路径[J]. 厦门大学学报(哲学社会科学版),2022,72(1):112-123.

[15] 高恩新,刘璐.平台的"祛魅":城市治理数字化转型中的组织 技术互嵌逻辑[J].东南学术,2023(2):125-134.

[16] 高小平.我国行政管理制度创新的重大实践——对2023年机构改革的行政学分析[J].行政管理改革,2023(5):12-19.

[17] 顾丽梅,李欢欢.我国城市数字化转型的三种典型模式之比较——以上海、深圳和成都为例[J].公共管理学报,2023,20(4):53-63,170-171.

[18] 顾丽梅,李欢欢,张扬.城市数字化转型的挑战与优化路径研究——以上海市为例[J].西安交通大学学报(社会科学版),2022,42(3):41-50.

[19] 顾丽梅,宋晔琴.公共价值视角下老年人数字鸿沟治理的实践探索与推进策略——基于H市的实践案例分析[J].行政管理改革,2022(12):66-76.

[20] 顾丽梅,宋晔琴.超大城市敏捷治理的路径及其优化研究——基于上海市"一网统管"回应社情民意实践的分析[J].中国行政管理,2023(6):6-14.

[21] 顾丽梅,张扬,郝文强."价值—工具"视角下的中国治理数字化转型[J].西安交通大学学报(社会科学版),2023,43(5):12-22.

[22] 韩兆柱,马文娟.数字治理理论研究综述[J].甘肃行政学院学报,2016(1):23-35.

[23] 何艳玲.大国之城,大城之民:再论人民城市[J].城市规划,2024,48(1):4-11,20.

[24] 黄璜,谢思娴,姚清晨,等.数字化赋能治理协同:数字政府建设的"下一步行动"[J].电子政务,2022(4):2-27.

[25] 黄建伟,陈玲玲.国内数字治理研究进展与未来展望[J].理论与改革,2019(1):86-95.

[26] 黄晓春.党建引领下的当代中国社会治理创新[J].中国社会科学,2021(6):116-135,206-207.

[27] 姜晓萍,李敏.治理韧性:新时代中国社会治理的维度与效度[J].行政论坛,2022,29(3):5-12.

[28] 姜晓萍,吴宝家.人民至上:党的十八大以来我国完善基本公共服务的历程、成就与经验[J].管理世界,2022,38(10):56-70.

[29] 蒋敏娟,黄璜.数字政府:概念界说、价值蕴含与治理框架——基于西方国家的文献与经验[J].当代世界与社会主义,2020(3):175-182.

[30] 李雷,赵先德,简兆权.电子服务概念界定与特征识别——从商品主导逻辑到服务主导逻辑[J].外国经济与管理,2012,34(4):2-10.

[31] 李三希,武玙璠,李嘉琦.数字经济与中国式现代化:时代意义、机遇挑战与路径探索[J].经济评论,2023(2):3-14.

[32] 李文钊.数字界面视角下超大城市治理数字化转型原理——以城市大脑为例[J].电子政务,2021(3):2-16.

[33] 刘雨婷,文军."数字"作为"劳动"的前缀:数字劳动研究的理论困境[J].理论与改革,2022(1):117-131.

[34] 马亮.数字政府建设:文献述评与研究展望[J].党政研究,2021(3):99-111.

[35] 马亮.政务服务治理:一个理论框架[J].西北师大学报(社会科学版),2021,58(3):94-101.

[36] 马亮.中国式数字政府与国家治理现代化[J].信息技术与管理应用,2023,2(1):1-12.

[37] 孟庆国,郭媛媛,吴金鹏.数字社会治理的概念内涵、重点领域和创新方向[J].社会治理,2023(4):22-31.

[38] 孟天广.政府数字化转型的要素、机制与路径——兼论"技术赋能"与"技术赋权"的双向驱动[J].治理研究,2021,37(1):5-14,2.

[39] 孟天广.数字治理生态:数字政府的理论迭代与模型演化[J].政治学研究,2022(5):13-26,151-152.

[40] 孟天广.智能治理:通用人工智能时代的治理命题[J].学海,2023(2):41-47.

[41] 孟天广,黄种滨,张小劲.政务热线驱动的超大城市社会治理创新——以北京市"接诉即办"改革为例[J].公共管理学报,2021,18(2):1-12,164.

[42] 欧阳日辉.创新城乡融合的数字生活场景[J].人民论坛,2023(17):31-37.

[43] 彭勃,杨铭奕.问题倒逼与平台驱动:超大城市治理重心下沉的两条路径[J].理论与改革,2023(3):79-93.

[44] 邱泽奇.数字社会与计算社会学的演进[J].江苏社会科学,2022(1):74-83,242.

[45] 邱泽奇.专题导语:数字生态与数字治理[J].电子政务,2022(3):2-3.

[46] 孙志建.平台化运作的整体性政府——基于城市运行"一网统管"的个案研究[J].政治学研究,2022(5):39-48,152-153.

[47] 谭必勇,刘芮.数字政府建设的理论逻辑与结构要素——基于上海市"一网通办"的实践与探索[J].电子政务,2020(8):60-70.

[48] 唐亚林,郝文强.中国共产党领导中国式现代化——政党引领国家现代化的理论建构与实践创新[J].南京社会科学,2023(6):1-11,21.

[49] 王洪川,齐云清,侯云潇.智慧共同生产:数字技术重塑乡村公共服务机制研究[J].电子政务,2023(7):44-56.

[50] 王天夫.数字时代的社会变迁与社会研究[J].中国社会科学,2021(12):73-88,200-201.

[51] 王天夫.构建数字时代社会理论的历史性机遇[J].公共管理与政策评论,2022,11(6):17.

[52] 王轩.数字社会治理:价值变革、治理风险及其应对[J].理论探索,2023(4):46-52.

[53] 王学军,陈友倩.数字政府的公共价值创造:路径与研究进路[J].公共管理评论,2022,4(3):5-23.

[54] 魏钦恭.数字时代的社会治理:从多元异质到协同共生[J].中央民族大学学报(哲学社会科学版),2022,49(2):77-87.

[55] 文宏,林彬.摆脱路径依赖:城乡融合发展与制度创新的过程研究[J].社会政策研究,2023(2):16-27.

[56] 文军,刘雨婷."技术解围":不确定性视角下数字社会学研究的方法论反思及其变革[J].社会科学研究,2023(2):22-33.

[57] 吴建南,陈子韬,李哲,等.基于"创新—理念"框架的城市治理数字化转型——以上海市为例[J].治理研究,2021,37(6):99-111.

[58] 熊易寒.数字化转型与中国国家治理知识体系的建构[J].开放时代,2024(1):61-64.

[59] 徐雅倩,宋锴业."数字企业家"如何促进中国数字公共服务创新?——基于三省十四市的实证研究[J].公共管理学报,2023,20(3):24-38,166.

[60] 许晓.党建引领乡村治理的制度创新与内在机理研究[J].南开学报(哲学社会科学版),2023(3):69-80.

[61] 燕继荣,林永兴,刘舒杨.制度创新的条件及实现路径——基于政府、市场、社会的协商共治经验[J].政治学研究,2023(3):35-45,168-169.

[62] 杨炳霖.监管治理体系建设理论范式与实施路径研究——回应性监管理论的启示[J].中国行政管理,2014(6):47-54.

[63] 杨丰一,孙萍.数字社会政府治理的逻辑疏理与矛盾纾解[J].中国特色社会主义研究,2023(2):93-101.

[64] 杨国栋,张锐昕.改革开放以来的行政改革:逻辑、表现和取向——基于制度分析视角[J].中国行政管理,2020(7):15-21.

[65] 于文轩,刘丽红.北京"接诉即办"的理论基础和发展方向:敏捷治理的视角[J].中国行政管理,2023,39(4):38-45.

[66] 郁建兴,樊靓.数字技术赋能社会治理及其限度——以杭州城市大脑为分析对象[J].经济社会体制比较,2022(1):117-126.

[67] 郁建兴,刘宇轩,吴超.人工智能大模型的变革与治理[J].中国行政管理,2023,39(4):6-13.

[68] 郁建兴,周幸钰.超越技术赋能:数字化改革中的治理模式重塑何以可能[J].学术月刊,2023,55(11):73-83.

[69] 张康之,程倩.网络治理理论及其实践[J].新视野,2010(6):36-39.

[70] 张鹏,高小平.数字技术驱动公共服务高质量发展——基于农村的实践与优化策略[J].理论与改革,2022(5):82-93,149-150.

[71] 张绪娥,温锋华,唐正霞.由合作生产到价值共创的社区更新何以可行?——以北京"劲松模式"为例[J].公共管理学报,2023,20(1):144-156,175-176.

[72] 张毅,贺欣萌.数字赋能可以纾解公共服务均等化差距吗?——资源视角的社区公共服务价值共创案例[J].中国行政管理,2021(11):131-137.

[73] 赵淼,鲍静,刘银喜.从赋能到包容:数字政府建设非均衡困境生成机制及化解路径[J].中国行政管理,2022(12):41-48.

[74] 赵一璋,王明玉.数字社会学:国际视野下的源起、发展与展望[J].社会学研究,2023,38(2):26-48,226-227.

[75] 郑磊,张宏,王翔.城市数字治理的期望与担忧[J].治理研究,2022,38(6):53-62,126.

[76] ARMSTRONG M. Competition in two-sided markets[J]. The RAND Journal of Economics, 2006, 37(3): 668-691.

[77] CHEUNG J C S. Alone together: Why we expect more from technology and less from each other[J]. Journal of Social Work Practice, 2013, 27(4): 471-474.

[78] FLYVERBOM M, DEIBERT R, MATTEN D. The governance of digital technology, big data, and the internet: New roles and responsibilities for business[J]. Business & Society, 2019, 58(1): 3-19.

[79] FONSECA L M. Industry 4.0 and the digital society: Concepts, dimensions and envisioned benefits[J]. Proceedings of the International Conference on Business Excellence, 2018, 12(1): 386-397.

[80] GIL-GARCIA J R, DAWES S S, PARDO T A. Digital government and public management research: Finding the crossroads [J]. Public Management Review, 2018, 20(5): 633-646.

[81] GIL-GARCIA J R, HELBIG N, OJO A. Being smart: Emerging technologies and innovation in the public sector[J]. Government Information Quarterly, 2014, 31: I1-I8.

[82] IPHOFEN R, KRITIKOS M. Regulating artificial intelligence and robotics: Ethics by design in a digital society[J]. Contemporary Social Science, 2021, 16(2): 170-184.

[83] JANSEN A, ØLNES S. The nature of public e-services and their quality dimensions[J]. Government Information Quarterly, 2016, 33(4): 647-657.

[84] KIZILHAN T, KIZILHAN S B. The rise of the network society — the information age: Economy, society, and culture [J]. Contemporary Educational Technology, 2016, 7(3): 277-280.

[85] LINDGREN I, MADSEN C Ø, HOFMANN S, et al. Close encounters of the digital kind: A research agenda for the digitalization of public services[J]. Government Information Quarterly, 2019, 36(3): 427-436.

[86] MAVROU K, MELETIOU-MAVROTHERIS M, KÄRKI A, et al. Opportunities and challenges related to ICT and ICT-AT use by people with disabilities: An explorative study into factors that impact on the digital divide [J]. Technology and Disability, 2017, 29(1-2): 63-75.

[87] MEIJER A, RODRÍGUEZ BOLÍVAR M P, GIL-GARCIA J R. From e-government to digital era governance and beyond: Lessons from 15 years of research into information and communications technology in the public sector [J]. Journal of Public Administration Research and Theory, 2018, Virtual Issue.

[88] MERGEL I, EDELMANN N, HAUG N. Defining digital transformation: Results from expert interviews[J]. Government Information Quarterly, 2019,

36(4): 101385.

[89] MOORE J F. Business ecosystems and the view from the firm[J]. The Antitrust Bulletin, 2006, 51(1): 31-75.

[90] SKOBELEV P, BOROVIK S. On the way from Industry 4.0 to Industry 5.0: From digital manufacturing to digital society[J]. Industry 4.0, 2017, 2(6): 307-311.

[91] OSBORNE S P. From public service-dominant logic to public service logic: Are public service organizations capable of co-production and value co-creation? [J]. Public Management Review, 2018, 20(2): 225-231.

[92] PANAGIOTOPOULOS P, KLIEVINK B, CORDELLA A. Public value creation in digital government[J]. Government Information Quarterly, 2019, 36(4): 101421.

[93] PEREIRA G V, PARYCEK P, FALCO E, et al. Smart governance in the context of smart cities: A literature review[J]. Information Polity, 2018, 23(2): 143-162.

[94] ROBERTS E, BEEL D, PHILIP L, et al. Rural resilience in a digital society: Editorial[J]. Journal of Rural Studies, 2017, 54: 355-359.

[95] SCUPOLA A, ZANFEI A. Governance and innovation in public sector services: The case of the digital library[J]. Government Information Quarterly, 2016, 33(2): 237-249.

[96] SKÅLÉN P, GUMMERUS J, VON KOSKULL C, et al. Exploring value propositions and service innovation: A service-dominant logic study[J]. Journal of the Academy of Marketing Science, 2015, 43(2): 137-158.

[97] SKLYAR A, KOWALKOWSKI C, TRONVOLL B, et al. Organizing for digital servitization: A service ecosystem perspective[J]. Journal of Business Research, 2019, 104: 450-460.

[98] VATOLKINA N, GORBASHKO E, KAMYNINA N, et al. E-service quality from attributes to outcomes: The similarity and difference between digital and hybrid services[J]. Journal of Open Innovation: Technology, Market, and Complexity, 2020, 6(4): 143.

[99] VERHOEF P C, BROEKHUIZEN T, BART Y, et al. Digital transformation: A multidisciplinary reflection and research agenda[J]. Journal of Business Research, 2021, 122: 889-901.

[100] WYNN J R. Digital sociology: Emergent technologies in the field and the classroom[J]. Sociological Forum, 2009, 24(2): 448-456.

后　记

在数字化浪潮的席卷下，城市治理也迎来了前所未有的变革。本书正是对这一变革的深入探索与研究。回首写作过程，笔者深感责任重大，同时也为能有机会与读者共同分享这一时代的超大城市的数字化转型与治理变革而深感兴奋。毕竟在城市治理的复杂谱系中，超大城市作为超常规的风险聚合体，面临更为复杂且动态的治理环境与治理难题，衍生出中国式现代化发展必须解决的最前沿、最复杂的问题。伴随第四次工业革命浪潮席卷而来，数字技术为超大城市治理转型与治理优化提供了契机，世界各国纷纷把握数字化机遇，发挥数字化转型优势，以创新超大城市治理模式，提升超大城市治理效能，期待以数字化转型驱动超大城市治理能级的提升。

在撰写本书的过程中，笔者深入研究了超大城市数字化转型的现状、瓶颈及潜在路径。通过对国内外典型模式的对比分析，本书试图为读者呈现一幅全面而深入的超大城市治理数字化转型的画卷。书中不仅涵盖了治理转型的理念、逻辑和价值，还以北京、杭州、深圳、成都和上海等超大城市为例，详细阐述了数字化转型在城市治理中的具体实践与典型模式。

在数字化转型的大背景下，城市治理面临着前所未有的挑战和机遇。如何有效利用数字技术提升治理效能，实现城市治理的现代化，是我们这一代学者与实务部门的管理者需要共同思考的问题。本书虽然试图对这一问题做出回答，但深知仍有许多不足和需要深入探讨与研究的领域。希望本书能引发更多学者和管理者对城市治理数字化转型的关注和思考。

为了将数字化转型时期中国超大城市治理的创新模式与实践路径知识化、理论化,本书尝试提炼超大城市治理数字化转型的新路径,重点关注可复制、可推广的实践经验。超大城市治理数字化转型是实现超大城市治理现代化发展的重要途径,也是有效回应"数字中国"、网络强国战略的关键举措。超大城市数字化治理的典型模式、超大城市治理数字化转型的痛难点,以及超大城市治理数字化转型的优化路径等,都已成为当前理论界与实践界共同关注的前沿议题。随着数字化转型的不断推进,北京的"接诉即办"、上海的"一网统管"、杭州的"城市大脑"、深圳的"数字先锋城市"以及成都的"智慧蓉城"等超大城市治理的"枫桥经验"越来越完善,在系统集成、技术升级、数据共享、场景牵引、治理优化等方面都取得了有益的成效,形成了一系列宝贵的、极具引领性的中国经验。在政策指引下,中国各超大城市立足自身实际,积极探索数字化转型期治理的新路径,形成了数字化转型时期中国超大城市治理创新的多元化模式与样本,向世界输出了超大城市治理数字化转型的中国智慧与中国方案。

顾丽梅教授负责全书的框架设计和全书统稿工作,以及领导研究团队的调研与组织分工等工作。李欢欢、杨楠、宋晔琴、张扬、凌佳亨、李雨荃、刘进进深入参与了本书草稿的整理、深度研讨与修订工作;李雨荃、刘进进、张筱慧作为项目科研助理承担了大量事务性工作和文字校对工作。各章分工如下:

第一章,顾丽梅撰写;

第二章,李欢欢、顾丽梅撰写,宋晔琴、刘进进校订;

第三章,凌佳亨撰写,刘进进校订;

第四章,杨楠撰写,李雨荃校订;

第五章,宋晔琴撰写,刘进进校订;

第六章,宋晔琴撰写,张筱慧校订;

第七章,凌佳亨撰写,刘进进校订;

第八章,杨楠撰写,张筱慧校订;

第九章,张扬撰写,刘进进校订;

第十章,李欢欢撰写,李雨荃校订;

第十一章,方南希、吴玉洁、谢昕莹撰写;

第十二章,张扬撰写。

写作过程中,衷心感谢清华大学孟庆国教授、孟天广教授,四川大学姜晓萍教授,以及复旦大学同事郑磊教授、熊易寒教授、陈水生教授、李瑞昌教授所给予的支持,他们与课题组多次分享自己对于超大城市数字化治理的深刻观点。衷心感谢上海市人民政府副秘书长、上海市数据局局长、上海市城市运行管理中心主任徐惠丽为课题调研和讨论提供的重要帮助。尤其要感谢清华大学孟庆国教授和我的同事郑磊教授所给予的学术支持与无私的学术观点分享,本书的写作从他们的学术分享中深受启发。感谢学院科研秘书赵欣老师为本书的出版提供的帮助。此外,复旦大学出版社张鑫、孙程姣等编辑同人为书稿贡献良多。最后,要特别感谢复旦大学国际关系与公共事务学院为本书写作和出版提供的宝贵支持。

图书在版编目(CIP)数据

数字化转型时期的超大城市治理/顾丽梅等著. —上海:复旦大学出版社,2025.1
ISBN 978-7-309-17069-6

Ⅰ.①数… Ⅱ.①顾… Ⅲ.①特大城市-城市管理-研究-中国 Ⅳ.①F299.23

中国国家版本馆 CIP 数据核字(2023)第 223924 号

数字化转型时期的超大城市治理
顾丽梅 等 著
责任编辑/张 鑫

复旦大学出版社有限公司出版发行
上海市国权路 579 号 邮编:200433
网址:fupnet@fudanpress.com http://www.fudanpress.com
门市零售:86-21-65102580 团体订购:86-21-65104505
出版部电话:86-21-65642845
上海盛通时代印刷有限公司

开本 787 毫米×960 毫米 1/16 印张 27 字数 363 千字
2025 年 1 月第 1 版
2025 年 1 月第 1 版第 1 次印刷

ISBN 978-7-309-17069-6/F·3010
定价:98.00 元

如有印装质量问题,请向复旦大学出版社有限公司出版部调换。
版权所有 侵权必究